Ludovica Squirru Dari

Horóscopo Chino 2016

URANO

Argentina - Chile - Colombia - España
Estados Unidos - México - Perú - Uruguay - Venezuela

MONO

2004 **2016** 2028

1.ª edición Octubre 2015

EDICIÓN
Anabel Jurado

PRODUCCIÓN GENERAL E IDEAS L. S. D.

COORDINACIÓN EDITORIAL Y CORRECCIÓN
Marisa Corgatelli

DISEÑO Y SUPERVISIÓN DE ARTE
Natalia Marano

FOTOS TAPA, CONTRATAPA, INTERIOR
Y PÓSTER CALENDARIO
Claudio Herdener
gatophoto@gmail.com
gatophoto.blogspot.com

RETOQUE DIGITAL
Alejandro Calderone
accphoto@gmail.com

ARTE INTERIOR
Uschi Demaría

VESTUARIO
Claudia Pandolfo

DISEÑO DE INDUMENTARIA
Leticia Carosella y Mona Estecho
Gabriel Oyhanarte

MAQUILLAJE Y PEINADO
Gabriel Oyhanarte
gabrieloyhanarte@gmail.com

BIJOU
Iván Salinas by May Casal

ZAPATOS
Michelluzi

COLABORACIONES ESPECIALES
Miguel Grinberg
mutantia@gmail.com

Cristina Alvarado
islacentral@yahoo.com

Ana Isabel Veny
zonaatomica@gmail.com

Flavia Canellas Grinberg
flaviagrinberg@yahoo.com.br

AGRADECIMIENTOS
Hoby De Fino
Claudio Herdener
Clara Campos
Nadia Cacheda

Proyecto Carayá
Centro de rescate y rehabilitación de primates
Señora Alejandra Juárez
Valle de Punilla, La Cumbre, Córdoba, Argentina
https://facebook.com/ProyectoCarayaArgentina

Fundación Espiritual de la Argentina
http://www.ludovicasquirru.com.ar/html/fundacion.htm

DIRECCIÓN DE INTERNET
www.ludovicasquirru.com.ar

CORREO ELECTRÓNICO
lulisquirru@ludovicasquirru.com.ar

Aribau, 142, pral. – 08036 Barcelona
www.edicionesurano.com

ISBN: 978-84-7953-933-7
E-ISBN: 978-84-9944-937-1
Depósito legal: B-23.284-2015

Fotocomposición: Montserrat Gómez Lao

Impreso por: Reinbook Imprès, S.L. – Avinguda Barcelona, 260
Polígon Industrial El Pla – 08750 Molins de Rei

Impreso en España – *Printed in Spain*

Dedicatoria simia

A los Monos de Fuego
en su TAI SUI, año celestial
MARTÍN FM
HUGO URTUBEY
LUZ O'FARRELL
RICARDO DARÍN
LILITA
GUILLERMO ASENCIO
PATTY VH
ULISES SÁBATO
EDUARDO FAIN
MABEL UGARTE
ENZO GIANNI
LSD

A los Monos de Tierra
ADRIANA NAMASTÉ
LEO ABREMÓN
ADRIÁN SUAR
SERGIO DE FINO

A los Monos de Metal
OLGA OROZCO
NICO WIÑAZKI
LUIS ORTEGA
RITA MOLTER
BABY VH
LUCÍA RADA
ILEANA

A los Monos de Madera
USCHI DEMARÍA
ANA CANDIOTI
MIRINA
MARIO MACTAS
ELISEO SUBIELA
VÍCTOR LAPLACE
ROSI STUDEL

A los Monos de Agua
visibles e invisibles, para que
apaguen los incendios del Mono
de Fuego.

Y especialmente a la tribu
del ADN
MARÍA EUGENIA, MARTÍN, LORENZO
y CLARITA.

L. S. D.

Índice

Las musas y los nahuales

Hoy es día ahau 7 en el TZOLKIN, el calendario más exacto que practican los mayas desde el origen del tiempo.

Coincide con mi cumpleaños bajo esta cosmovisión que integré hace más de veinte años (un katún), y que forma parte de mi día a día junto al bazi, el almanaque de los diez mil años, donde hoy es día cerdo, que significa que estamos bajo la influencia del signo.

En un Buenos Aires tropical casi promediando marzo, siento que las musas y los nahuales se alinearon para que comience a relatarles mis aventuras entre el año del caballo de madera y el de su socia y cómplice, la cabra de la misma energía que nos regirá hasta que termine este querido anuario del que ya somos parte varios de los animales que reencarnamos en la rueda del Samsara.

Aterricé más muerta que viva en mi templo porteño después de una gira galáctica de más de cuatro meses en la cual remonté Latinoamérica y España.

Después de una reveladora CONSTELACIÓN recuperé el poder que había delegado a los nibelungos y decidí poner en práctica mis PREDICCIONES y reconquistar mercados, amigos, viajes, culturas en las que viví y me sumergí hace tiempo, para ser parte de ellas nuevamente.

Le di importancia al planeta URANO que rige mi Casa Uno y desde allí comencé mi RETORNO, hexagrama que el I CHING me aconsejó un año atrás.

Lejos de ser *superwoman* como a algunos les gustaría, dejé que el impacto del cambio se acomodara con grandes dificultades, y convoqué a las MUSAS y los NAHUALES para que me guíen rumbo al libro que estoy escribiendo en el preámbulo de mi TAI SUI, año celestial, cuando el mono de fuego rija el año de mi nacimiento.

Los años madera (2014-2015) son generadores de grandes transformaciones y cambios en mí.

También quemé más de un katún de relaciones insanas, tóxicas, peligrosas, con grandes pérdidas afectivas y económicas, estas últimas las menos importantes, porque en el mundo de hoy, tener más de lo necesario es un *boomerang* que pulveriza cualquier deseo materialista.

Tantas semillas floreciendo mientras ocurren tempestades, huracanes, volcanes con la lava en erupción que oscurecen bosques milenarios en el mundo y en el sur del país, incendios intencionales que dejan un paisaje marciano en horas, días, en lugares donde hasta hace poco reinaban el oxígeno, la sombra, los perfumes de sus flores y frutos que nos permitían refugiarnos de la alienación a la que llegamos como especie por alejarnos de la naturaleza, depredarla, blasfemarla, violarla a pesar de LA INCONDICIONALIDAD que nos brindó durante millones de años.

LA HISTORIA VUELVE A REPETIRSE sin que podamos detenerla con el mando a distancia, como hacemos con una escena que queremos eternizar en nuestra memoria.

Y LO QUE CREÍAMOS LEJANO YA NOS PASA EN CARNE PROPIA O AL PRÓJIMO.

No hay que escapar del karma, hay que mirarlo, agradecerle que nos visite y pagarlo cuanto antes, para que no crezca como Frankenstein y nos devore.

Otro día para entregarme al ejercicio de RECORDAR y RELATAR el reencuentro tántrico con el zoo de Latinoamérica, Miami y España.

Organizar la reconquista de un zoo al que no veía en la 3D hacía quince, diez o siete años fue UN GRAN DESAFÍO.

Volver a Colombia, país que marcó mis años de juventud, amigas entrañables, magia caribeña, el contacto con GABO y sus lugares, el realismo mágico que solo hay que transcribir sin cargar las tintas para sentirnos HUMANOS Y VULNERABLES, rebeldes, infinitos como la línea del mar que se observa desde la muralla en CARTAGENA DE INDIAS, imaginando las invasiones de piratas, corsarios y supuestos colonizadores, que dejaron más sangre mezclada que fusión de razas, credos y culturas.

El privilegiado compañero de millas fue CLAUDIO, el cerdo que muy a su pesar y buena voluntad sube a los aviones temblando para compartir estos misterios de LSD que escuchó en «las mil y una siestas» de Traslasierra, y que dejará con su tercer ojo *click-blow up* en libros, videos, cubiertas y corazón.

Bogotá, primer destino de la gira debido a la imperiosa orden del caballo de madera, DON ORLANDO, para ser nuevamente importante en las ventas del país.

Con AA (Aerolíneas Argentinas) despegamos del clima pegajoso de Buenos Aires, atendidos con gran amabilidad por un comisario, mono de fuego, que me hablaba como si lo hubiera visto ayer... pasaron treinta años desde una salida con amigos del mundo del teatro que recordaba con todo lujo de detalles, ¡¡hasta como estaba vestida!!

Champán y mucho cotilleo en el vuelo hasta aterrizar al atardecer en la fertilidad de sus montañas, valles y sembrados, que tanto extrañaba.

EL CORAZÓN LATÍA ARRÍTMICAMENTE, Y LAS GANAS DE OLER BOGOTÁ CON EL AROMA DE SU CAFÉ DESPERTARON MIS PAPILAS GUSTATIVAS.

El aeropuerto me sorprendió gratamente; algo había cambiado en su dimensión humana y noté más confort.

Lloviznaba y hacía frío al salir, cuando las sombras de la noche nos presintieron con ILEANA, la monita encargada de la prensa, de Ediciones Urano Colombia que muy amablemente nos condujo al coche que nos enfrentaría al tránsito más tenaz en la hora punta hasta llegar al hotel, que nos recibió con esa calidez que añoraba.

Cansados, con frío, fuimos a dormir y soñar con un desayuno de papaya, mango, frutas tropicales, y el tintito INSUPERABLE DEL CAFÉ DE COLOMBIA.

El reencuentro con la prensa de radio y televisión fue tan natural y fluido como quince años atrás; EL CARIÑO Y LA COMUNICACIÓN FUERON *INSTANT KARMA*.

Sentí gratitud; volver a un país donde tengo amigas de hace treinta años, y verlas con sus hijos, parejas y madre me dio fuerza para dejar que la cabra se adueñara de un público ávido, profundo y cariñoso.

La gira coincidió con la visita del PRÍNCIPE CARLOS Y SU POLÉMICA MUJER, en busca de la tan ansiada reconciliación de paz entre las FARC y la gente a través del gobierno.

Una tarde, cuando atravesábamos la ciudad rumbo a un reportaje, nos cruzamos con la realeza y sus guardaespaldas, que causaron gran alboroto en las calles colombianas.

Día del debut en el subsuelo de un hotel céntrico, y la curiosidad por conocer a la gente que iría.

Se llenó el salón, hubo gente esotérica, académicos de arte, literatura y ciencia que escucharon con atención a LSD y sus predicciones mundiales y sobre todo locales.

Fueron días de lluvia y poco sol, pero se compensó con la calidez de los colombianos, pueblo aguerrido, al que quiero y admiro.

Próximo destino: Miami.

La partida fue el día de Halloween; en el aeropuerto todas las chicas de los stands de las compañías estaban disfrazadas de brujitas con sus calabazas, velas, escobas, y sonreían al despedirnos.

La espera entre país y país estuvo marcada por la buena estrella y comodidades hasta embarcar.

Retornar a Miami, después de un año desde que comprobé que el horóscopo chino está en pañales para el público latino, era EL GRAN DESAFÍO.

Llegamos de noche en un día en el que Halloween es la invitada del año en USA.

Por suerte había muy buena sintonía entre las aduanas y los que muchas veces nos toman examen para entrar en el país.

Allí estaba Jennifer, esperándonos, muy pizpireta, para conducirnos a un hotel en CORAL GABLES, adonde llegamos preguntando mil veces a cada ser humano que se nos cruzaba: LA CHICA estaba hablando con su novio sin importarle el destino de sus pasajeros.

OMOMOM.

No era el *look* de los lugares que pido en la gira: sitios pequeños y personalizados, lejos de cadenas 5 *STARS*.

Llegamos al bar del hotel donde, desde ese día hasta el de nuestra partida, el amable mono de tierra MARTÍN, venezolano, nos atendió, y con él filosofamos de nuestros caóticos países y sus dirigentes-*less*.

También de Maradona, Messi y de Boca, que son los referentes deportivos que tanto admiran en el mundo.

Tiempo de elecciones en Florida, y debí *aggiornarme* con sus candidatos.

Qué desazón comprobar que en USA la gente tampoco tiene entusiasmo civil, pues la CORRUPCIÓN es endémica, y está en casi todos los que un día son de un partido y venden su alma al mejor postor.

Nos instalamos unos días previos al inicio laboral y recorrimos como en una película de ciencia ficción las calles de Coral Gables.

Salíamos a las 10 a.m. y no veíamos a nadieeee en la calle.

Parecía una maqueta de cine para sus protagonistas: Catman *and* LSD que, absortos ante la pulcritud inmaculada de sus calles, las palmeras de plástico —aunque reales—, las vidrieras inalcanzables por sus precios en ropa, joyas, automóviles voladores, recordábamos la frase mítica de Alberto Lataliste: «Hay un mundo mejor… pero es carísimo».

Fotos, videos y días de sol nos pusieron de buen *mood*, antes del reencuentro con amigos del TAO, del alma, de la «juventud, divino tesoro».

Cuántas emociones entrelazas surgen en los viajes.

El descanso mental de salir del país y sus dramas que no solo no se resuelven sino que se agudizan en el día a día.

La adrenalina ante gente de diferentes culturas y sus hábitos, costumbres y enlaces con vidas que van y vienen del planeta.

Prepararme para transmitir el horóscopo chino con un nivel que llegue a la gente sin aburrirlos.

Y conocer a quienes me llevarían a los medios gráficos, radio y televisión.

Urano tiene gente muy profesional en cada país; y en Miami conocí a Lucía, a Enrique, su marido, y a Amarilis, la mágica mona de fuego que organizó mi agenda de prensa con precisión.

Fueron días de madrugar, que no me cuesta nada, y algunos de trasnoche televisiva: tenía que hacerme conocer en Miami y en USA entre el zoo latino que busca allí ¿mejor porvenir que en sus países?

Días ágiles, divertidos, con *feed back* al libro y a la autora.

Muy cariñosos los conductores de TV, radio y medios de prensa, que escuchaban atentos las predicciones para el año de la cabra.

A Coral Gables no llega mucha gente; está alejado del ruido de Miami y sus playas, así que decidimos hacer vida interior en los recreos.

En una semana reunimos la energía para el día de la presentación en Books & Books en Coral Gables.

Esteban, mi amigo gato, por cábala me maquilló para la ocasión y nos acompañó para recibir a amigos en común que se vistieron de gala guiados por una luna llena que atesoro en mi memoria celular.

Lentamente, la mítica librería se fue llenando de fanes, amigos, curiosos y gente que viajó hasta allí para conocerme y escuchar las predicciones que son el *leitmotiv* del libro.

Me presentó Mercedes Marti, quien fue el *link* con Urano, y que junto a Eduardo, su marido, y amigo lejano mío, compartieron esa noche inolvidable.

Mi pasión por transmitir mis experiencias, y la intuición —acentuada por la luna— colmaron la sala, que estalló en aplausos y venta de libros.

Y como siempre, después quedamos los íntimos para celebrar en un restaurante argentino donde nos recibieron con mucha energía y atención, y la moza charrúa parecía una embajadora del horóscopo chino, pues conocía a la perfección mis 31 libros de atrás para adelante y viceversa.

Gran festín báquico y dionisíaco. Gran debut en Miami y mucho PRANA para la continuidad de la obra.

Gracias a la vida una vez más, y volvimos silbando bajito al hotel para dormir y soñar con la librería llena de gente en un lugar donde circulan escritores de todo el mundo dejando huellas invisibles.

Compartimos esa noche de luna llena con queridos amigos, entre ellos Alfie, que sabiamente pregona esta frase: «A Miami pedile poco, que te dará mucho». Y así fue en el desembarco uraniano.

Con Catman *blow up* nos despedimos en Miami, nombre que proviene de los indios tequesta, originarios de la región, y que significa agua dulce. Él fue a Buenos Aires y yo a México.

Siempre cuesta cortar el cordón umbilical cuando se quiere y viaja, así que la noche previa nadie pegó el ojo.

Yoga del desprendimiento.

Llovía con esos chubascos caribeños que pensamos que no terminarán nunca pero al rato vemos el arcoíris sobre el mar.

Prepararme para el regreso a México DF, después de siete años, no fue fácil; demasiadas batallas con la ex *matrix* me alejaron de su tierra.

Realmente ese día tenía escalofríos en el alma; la gira estaba abriendo heridas, despertando recuerdos de más de treinta años, cuando fui una mujer que recibió el legado maya y recorrió Yucatán y remotos lugares: templos, altares, pirámides, parques, para descubrirse a través de profetas y calendarios sagrados, y podando el GRAN ESPÍRITU.

Cuando tomé el vuelo hacia el DF, me encomendé más que al viajar a cualquier otro destino.

Muchas kalpas de vidas en esta que estaba desmalezando, y el corazón cabalgaba alocado.

Fue un vuelo al atardecer, teñido de luces dignas de la cultura maya. Verde obsidiana, lapislázuli, amatista y coral eran los colores que el cielo me regalaba antes del aterrizaje.

Las luces desparramadas como luciérnagas en la capital me despabilaron en un instante.

Bajé y noté que el aeropuerto estaba muy agilizado en trámites de migración, algo que me alegró profundamente.

Allí me esperaba Elizabeth, la gallita encargada de mi desembarco un domingo en el barrio de La Condesa.

Extrañé con las tripas a Federico Catalano, mi amigo, editor y GPS en el DF, y de pronto lo sentí a mi lado.

El hotel-casa de familia que me hospedaría me cayó mal de entrada, cuando abrí la puerta y vi que en el vestíbulo dos calaveras gigantes nos daban la bienvenida.

No es lo mejor llegar de noche cuando se viaja, pues la inseguridad mundial acecha en cada esquina y puerta.

OMOMOM. Y hasta mañana, chamarrita, con la agenda laboral.

Compartí el desayuno con latinoamericanos, en una mesa popular que fue la base de cada amanecer allí.

Y sentí que las papayas, el mango, la piña y el café me devolvían un tiempo entre paréntesis que extrañé.

La situación de Urano en México estaba acompañada por el trágico incidente de los 40 estudiantes desaparecidos y asesinados en el estado de Guerrero.

Y el año del caballo para el país, que es un corcel metálico, no acompañaba la situación de mi presencia en ese mes.

A pesar de eso, en la radio —que era mi segundo hogar en DF— hice una nota muy reconfortante con Eloína Moreno, y algunas de prensa en el hotel, antes de la presentación en Coyoacán, a una calle de la casa azul de Frida Khalo.

Convoqué a mis maestras chinas, Acacia Eng Fui y Cristina Alvarado, para que nutrieran al zoo, y a pesar de la lluvia estuvieron firmes y puntuales en una ceremonia inolvidable de reencuentro espiritual.

Durante los pocos días que permanecí en el DF, caminé por las pintorescas calles del barrio disfrutando de sus mercados con olor a copal y hierbas medicinales, chiles picantes y cilantros para adobar pescados del mar Caribe, exquisitos y aún latiendo en mis papilas.

Entré en la iglesia de la Virgen de la Magdalena y me encomendé a ella con plenitud.

Hice mi trayecto en cámara lenta, hasta desembocar en un restaurante argentino con la foto de Gardel y unos tangos que produjeron la primera añoranza de mi país, que se asentó en el tantra hasta que partí esa noche hacia Santiago de Chile.

Adiós tequila y serenatas de mariachis que imaginé, pues la emoción me acompañó junto a mi sombra en mi querido México.

Nada se pierde, todo se transforma.

El vuelo salía a medianoche y los gerentes de Urano me acompañaron al aeropuerto después del balance de la fugaz gira, que les dejaba abiertos los canales de comunicación con mis avatares.

Los vuelos fueron muy buenos, y creo que esta etapa de retornar del otoño boreal a la primavera austral me despabiló cuando aterricé y emergí con un cielo azul cobalto y más de 30 grados en busca de mis anfitriones chilenos que brillaron por su ausencia, debido a que entendieron que salía por otra puerta del inmenso aeropuerto de Santiago.

Taxi, a la deriva y sin suerte, pues me contó su vida mientras me paseaba por las *free ways* de un Santiago que no podía conocer bien.

Hotel moderno para dejar los siete cuerpos antes de una agitada agenda de prensa que me perseguía desde que inicié la gira.

Por la tarde estaba con los tres mosqueteros que no me dejaron ni a sol ni a sombra en la semana que me quedé en Chile.

Ricardo, el mono de Urano, el Ricardo mono de fuego periodista y RRPP y el dragón Abdula que fue un insistente nexo entre mi familia y el trabajo.

Hice entrevistas en radio y en televisión en los mejores programas del país; muchas para páginas web y esotéricas, para *Uno Mismo*, y diversos medios, porque en Chile la búsqueda espiritual es amplia, obligatoria y se nota en cada una de las mujeres sabias, valientes y con templanza que me entrevistaron, y con las que establecí un vínculo de luz y afecto.

Y dejé que el calor de noviembre ardiera para quemar culpas y destiempos que aún llevo en mi mochila existencial.

Actualmente viven en Santiago mi hermana Margarita y su marido Richard.

Tenía muchas ganas de ver a la yegüita que audazmente atravesó la cordillera para quedarse, al menos por un tiempo, viviendo en Santiago.

Abdula se ofreció a llevarme a la zona sur de Santiago, donde moran la yegüita y la cabra.

Allí, en el zaguán de su casita me esperaba Magui, con su colita de caballo, vestidita y sus ojos chinitos negros con un lagrimón asomando y bajando por sus mejillas, que saboreé al abrazarla.

En esta hermandad, soy la que siempre viaja por el mundo, la que esperaban después de sus aventuras simias; esta vez mi hermana mayor cruzó la cordillera en avión hace dos años y se quedó en Santiago junto a su macho cabrío, que es más nómada que sedentario, dirimiendo la constelación familiar.

Tiempo de contarnos algo de nosotras, en medio de un clima caluroso y aun con interferencias afectivas.

Santiago nunca es gratis, hay algún temblor que nos pone en alerta sobre lo efímeros que somos.

Siempre siento a Pablo y Matilde, a Isabel Allende, la escritora, a Violeta Parra.

En un país tan sufrido, el alma de los poetas brilla como el lucero aun en los *malls* espantosos que le extirparon ese clima de gran pueblo que siempre tuvo Santiago.

Tan cerca de Argentina y tan diferentes. Nuestras historias siguen teñidas de sangre del pasado, presente, y futuro tan difícil de revertir.

De allí mi destino era Lima.

Solo había hecho escala en mis viajes hacia el Norte, pero nunca me había quedado a visitar este país que siempre me interesó por su cultura e historia. Y por la cantidad de lectores que me enviaban sus voces acerca de mis libros, diseminados por todo Perú.

De todos los vuelos, salidas y llegadas, el más kármico fue el de Santiago-Lima. Retraso, puertas que no se abrían para embarcar; paseo por el aeropuerto como un rebaño descarriado que no encuentra a la cabra madrina.

Dos horas y adentro, como ganado, a Lima.

Allí me esperaba un día larguísimoooo…

Sobrevolé el esmog de Lima y vi desde el cielo los barquitos borrosos en el mar.

El corazón me latió fuerte; pedí permiso a los espíritus antes de aterrizar.

Al salir de trámites inmigratorios, con mi maleta que pesaba una tonelada, y explotaba, vi a dos chicas adorables con una sonrisa digna de Inti que me dieron un abrazo de Madre Tierra.

Paloma y Myriam, serpiente de fuego y perro de metal, fueron dos cómplices con las que compartimos un eterno viaje de tres horas hasta el hotel.

Sí, tres horas; más que el vuelo desde Santiago a Lima. Creí que estaba en Shanghái nuevamente. ¡¡QUÉ HORROR!!

Y además en una hora, a medianoche, debía presentarme en el programa de TV más visto de Perú.

OMOMOM.

Sopa, por favor, un baño, y a no protestar. Ser profesional.

Allí estuve con mis amigas cálidas y amenas en el pico de *rating* de Perú junto a la gallita Milagros Leiva, que me recibió con muchísimo cariño y conocimiento del horóscopo chino.

Lima tiene los duendes sueltos de día, y mucho más de noche, acechando a los visitantes.

Así lo sentí ese día y las pocas horas que dormí hasta levantarme y tomar un desayuno frugal comparado con los de otros hoteles de la gira.

Más notas, gente serena, atenta, respetuosa.

A la noche la presentación sería en un restaurante chino en el centro, lugar que me esperaba desde hace varias reencarnaciones.

Llegamos con Paloma, que en los recreos de viajes en coche y esperas me contó su vida afectiva, tan interesante como su persona.

Cuando faltaban diez minutos, y con un inmenso zoo en el lugar, se cortó la luz para siempre…

Y ante el nerviosismo de todos allí, les dije que haría igual la charla con luz de velas.

Así fue y salió la ceremonia de la tan esperada astróloga china en Lima.

El nivel de intimidad, comunión, receptividad que surgió aquella noche fue para todos el mejor debut en la 3D en Lima.

Cuando tenía que firmar los libros y compartir el gran ágape con que me agasajaron mis anfitriones, volvió la luz.

Brindis, fotos, admiradores, y un buey aborigen que me regaló un rosario, collar de semillas de la selva que aún llevo con fe milagrosa.

Las chicas me llevaron esa noche a la muralla, lugar de ceremonias que fue templo y que hoy es un restaurante de lujo.

Mucha abundancia afectiva y una buena humita* y sopa antes del descanso, y fin de la gira por América hasta el retorno a mi ya Buenos Aires querido y extrañado.

Al día siguiente Paloma me llevó en su coche a recorrer Miraflores, ese barrio tan pintoresco; también me señaló la casa de Mario Vargas Llosa, la de Jaime Bayly y la de ella.

Almorzamos en un lugar sobre el Pacífico.

Fue maravilloso el nivel de conexión con la bella Paloma, que debutaba conmigo y con Urano esos días.

¡¡QUÉ BIEN LO PASÉ EN LIMA!!

El mar, tan vaporoso, con el cielo gris atemperaron los soles de Chile que aún me quemaban por dentro.

Por suerte, despedida de domingo: solo media hora hasta el aeropuerto, otro pájaro de acero hacia un abrazo que necesitaba para templar el alma.

Buenos Aires en noviembre huele a jazmines; intento tener esa ráfaga sensorial que borra por poco tiempo los otros sentidos bombardeados de bajo astral.

Me esperaba Claudio; quince días fue una eternidad en su reloj afectivo.

El mío estaba pleno de nuevos seres que aún irradiaban calor en mi plexo solar.

---

* Arg., Bol., Chile, Ec., Perú y Ur. Comida criolla hecha con pasta de maíz o granos de choclo triturados, a la que se agrega una fritura preparada generalmente con cebolla, tomate y ají colorado molido. Se sirve en pequeños envoltorios de chala, en empanadas o a modo de pastel.

Volver a mi casa porteña y reencontrarme con la selva exuberante en el pasillo; plantas que suben hasta el techo y siguen enroscándose por otros vericuetos.

¡¡CUÁNTO PARA METABOLIZAR!!

Pocos días en mi ciudad natal, y partir rumbo a Rosario para seguir con la cábala que inicié hace décadas de debutar en Argentina en esa ciudad cuando sale el anuario chino.

Rosario tiene un olor único. Mezcla de río y de trampa en cada *corner*.

Cultura, chicas físicamente superdotadas que caminan casi desnudas en el verano tórrido que empalaga y marea.

Cuánto tiempo para eternizarse en bares, plazas o en el Boulevard Oroño.

Recalé en el Savoy, donde a veces la atención no coincide con la *Belle Époque* de sus antiguos huéspedes.

Conocer a quien me llevaría por radios, programas de televisión y frugales entrevistas gráficas siempre es divertido.

Presentar el libro caprino en una sala clásica, amplia y muy afín a mi estilo en la Universidad de Rosario fue un gran desafío.

Un zoo que cursó las tres décadas de LSD y que se renueva en sus descendientes colmó la sala.

Ese día, una hora antes, resbalé en el baño del hotel y me pegué un porrazo; estaba con un brazo hinchado y moratones.

Tal vez la triste noticia de la muerte de Alberto Gollán, ícono de Rosario y amigo personal, me hizo trastabillar.

Reconozco que en cada presentación se suma el arte de quienes me acompañan a través de videos de gira, cuadros de los animales o la puesta en escena con luces que crean un clima más coloquial.

Autora y zoo salimos empachados de tanto PRANA y retornamos a nuestra vida, que dio y recibió mucha energía.

A la mañana siguiente, Guillermo, nuestro veloz tigre de agua, nos buscó para recorrer con paciencia china una vez más la autopista Rosario-Córdoba y de allí a casa, en las reencontradas y reverdecidas sierras que me esperaban para refundarme, refundarnos, el 4 de diciembre a las 5 p.m. en Ojo de Agua, Nono.

Dejé a mi ahijado, rebautizado Peperina, y a los Morteritos, pareja mítica de la zona, a cargo de la productora artística del evento.

Aterrizar en Feng Shui después de la gira por Latinoamérica fue una bendición.

Tantos vuelos, aeropuertos, tonadas, hábitos, comidas, perfumes, caricias al alma necesitaban macerarse.

Quedaban pocos días para convocar a los fundanautas* y dar el *gong* en el cada vez más cercano campo donde el puente que une Nono con Ojo de Agua estaba en su recta final.

Allí estuvimos Mike Green, Flavia, Catman, Clara López Gordillo, gran amiga y consteladora, nuestros amigos serranos y visitantes del país y del mundo, el *staff* de Urano —que confió en LSD para iniciar la gira en su Madre Tierra—, el Gallego y su adorable familia que trajeron cabras y quesos para compartir en una tarde tórrida en que la bola de fuego solar se hizo sentir hasta que invitó a la luna a darnos intimidad. Hubo canciones magistrales de Fernando Mangus para mover el KUNDALINI y fluir en un nuevo ciclo lleno de preguntas para compartir en el país y en el planeta.

Aldo, Antonia, Oscar, su mujer, Martín, Vanessa y el niño fundacional Diego Joel nos brindaron empanadas criollas, un asado digno de sus dones y el cariño de recibir a quienes de lejos o de muy cerca se arriman a celebrar un nacimiento del país bien aspectado desde lo cosmicotelúrico.

Es mi día en el año en el que siento que debo guiar al rebaño con lo que sigo cosechando de experiencia en la vida.

En estas reuniones del equipo humano y creativo que somos se producen encuentros y seminarios que aún están germinando.

Volví a Buenos Aires para almorzar con Mirtha y difundir el anuario que ya es tradición en nuestro pueblo.

Y de allí al puerto a remontar el Río de la Plata rumbo a Montevideo, otra ciudad que amo y donde siento que vuelvo a casa.

María Inés y Alejandra, las hadas de la gira, me dieron la bienvenida, además del Radisson, que me conoce desde que era una muchacha.

Todo salió mejor que siempre: notas, amigos, reencuentros y, a pesar de que la presentación en la ciudad vieja era el 18 de diciembre por la tarde, el zoo llegó a la cita esperada haciendo *zapping* con desfile militar, tránsito, calles cortadas.

Allí estaba Ago Páez Vilaró, mi amiga del TAO, con quien nos fundimos en un largo abrazo sanando heridas del cruel año del caballo.

Magia, humor, risas y mucho público ávido de leer a LSD.

Al día siguiente, una mujer bella y sabia se acercó para contarme que en el hotel harían una despedida para su empresa, dedicada a la

---

* Término creado por la autora para hacer referencia a las personas que desean refundar espiritualmente su país de residencia (Argentina).

salud integral, y me ofreció que animara la noche con mis predicciones.

Acepté y todos quedamos contentos rumbo a la Navidad y el año nuevo.

Lo que quedaba de mí y de Catman *blow up* tuvimos el mejor de los úteros para renacer: el Argentino Hotel y su entrañable gente que nos abrazaron con esa tibieza que necesitan los recién nacidos para seguir vivos.

Navidad, año nuevo y presentación en enero allí, fueron la recompensa de un galope que jamás olvidaré en mi existencia.

Gracias, amigos de Piria, Gabriel y zoo, por abrir sus brazos a LSD con amigos y manjares que sin duda se notan en mi figura.

Ya habrá tiempo para el régimen y la buena letra.

Uruguay, país con Tabaré de nuevo: suerte para seguir siendo ejemplo para el mío, que se debate en luchas con los nibelungos.

Buenos Aires en enero es el limbo.

A veces hago escalas por mis giras, o recalo para sentirme inubicable en la 3D, en la ciudad donde nací y por suerte visito cada vez menos.

Me cuesta adaptarme a la falta de respeto desde lo mínimo hasta lo más visible de la ciudadanía.

Gracias, aire acondicionado, que no sé cuánto durará encendido por la crisis energética.

Unos días en el purgatorio para retomar la cabalgata hacia el sur del país.

A pesar de que desde pequeña amo recorrer nuestra patria, nunca conocí Puerto Madryn.

Mariana, una insistente serpiente de fuego, GPS de mi anterior gira sureña, fue la que organizó la presentación allí.

Qué maravilla aterrizar en Trelew, desde el cielo ese desierto color púrpura junto al mar, sus dunas y misterio de fósiles de la era Jurásica.

Nos esperaban jóvenes libreros entusiastas y una camioneta digna de las películas de Sorín en la Patagonia.

Aire cálido con vahos marinos, y a recorrer un camino desierto hasta Puerto Madryn.

Catman es en esta etapa el acompañante silencioso que detecta con su tercer ojo esos paisajes, personas, climas que luego están en mis libros, videos, o cámaras ocultas que detesto e imploro «nunca más».

Llegamos cerca de las 9 de la noche a una ciudad abierta, despejada, bien iluminada, con buen FENG SHUI.

Alegría en la camioneta con una mujer fan nativa de Madryn que me dio la bienvenida en nombre de su gente y a quien invité para la presentación en el mágico museo de la Fundación Ecocentro-Mar Patagonia sobre el océano.

El hotel donde nos quedamos nos recibió con gran calidez, y un cóctel de frutas tan sabroso que aún atesoro en mi paladar.

Buen gusto, sensación de estar en casa, algo que no siempre se logra viajando, pero que Urano se encargó de hacernos sentir con sus elecciones de hospedaje y anfitriones.

Pedir *room-service* desde mi cuarto mientras degustábamos una panorámica sobre el mar y la carretera principal.

Y a soñar con inmigrantes, barcos, naufragios, galeses, y estar bien para la rueda de prensa a la mañana.

El día amaneció ventoso, y Mariana vino con una yegüita de fuego que destilaba pasión por la vida y el horóscopo chino.

Nos dieron un paseo por Madryn y llegamos al primer *shopping* con dimensiones humanas y la librería en el primer piso en chaflán con vista al mar y las playas de Madryn.

Gente cariñosa, poco *rating* pues a la misma hora había una convocatoria a la intendencia por los cortes de luz, que son cada vez más frecuentes y dañan el turismo y el progreso de las obras en la ciudad.

Entender, acompañar y ser portavoz o médium de la vida de la gente en el vasto territorio argentino.

Llegó el día de la presentación, que se realizaría al atardecer en el museo.

Antes, al mediodía caminamos con Catman por la rambla, que es un portal galáctico del tiempo y el espacio.

Su amplio horizonte marino, el cambio en segundos del color de sus aguas, de verde esmeralda a azul petróleo, las olas que rompen en sus playas de caracolas y promesas de amores que se despidieron y nunca más se vieron, dejando estrangulado el corazón entre algas y lobos marinos.

El indio tehuelche que reina en la plazoleta custodiando sus tierras infinitas y los recuerdos de sus descendientes que aún tambalean en identidad o la resuelven buscando en el mar cofres de tesoros humanos y riquezas devoradas por las ballenas.

Admiro a los deportistas. Hacía frío, y mujeres mayores semidesnudas, sirenas del siglo XXI chamuscadas por el sol, fortalecían sus músculos.

Si eres delgadita, en el Sur el viento te eleva hacia esas nubes que parecen cuadros de Rubens con los querubines celestiales.

Rumbo a la presentación, misterio del debut de LSD, y al llegar vimos gente haciendo cola para entrar.

También se había cortado la luz, no había aire acondicionado en la sala, y por ser mona de fuego, no hay abanico que pueda apaciguar mi termostato.

OMOMOM.

Me preparé en las salas escolares del museo con vista al océano y respiré profundamente.

Cuando entré había multitudes: gente parada, sentada, arrodillada, y la charla fue sin duda de una gran inspiración.

Por la calidez de cada persona, la forma en que me dan el libro para firmar, comprendo que hacen un gran esfuerzo para seguir con la colección, y estudiarla de padres a hijos. Ya casi son tres generaciones que leen este anuario tan esperado y conocido entre mi gente.

Por supuesto siempre tengo invitaciones deliciosas, propuestas decentes e indecentes para quedarme: en este caso, la yegüita de fuego me quería llevar a Puerto Pirámides, donde prometí llegar en un futuro cercano.

Qué emoción siento al ver a cada mujer, hombre, adolescente, anciana que atesora los libros y los estudia, transmitiéndolos con la misma pasión y vocación que lo hago yo.

Llegué opípara al hotel, previo masaje con una chamana local que también me contó su vida en un *rap* que me produce endorfinas.

Hay lugares que me atrapan apenas los intuyo, y Madryn es mi novedad afectiva, querido zoo.

Al día siguiente madrugón a Trelew, de allí nuevamente a Ushuaia, el fin o inicio del mundo.

Buen vuelo, acomodación, y aterrizar un mediodía de sol en enero fue seguir en sintonía con un viaje hiperrealista.

Entre presentación y presentación tengo día y medio y a veces dos para aterrizar, dar entrevistas y escribir en mis cuadernitos de viaje poemas y notas de diario.

Ushuaia, Las Yamanas, hotel con una *suite* panorámica al Canal de Beagle.

Algo flotaba en el aire denso y no sabía qué era…

Al amanecer del día siguiente abro mi *netbook* y leo: el fiscal Nisman apareció muerto.

SILENCIO LETAL. El que solo aturde en el fin del mundo.

Y compartir esta bomba con Catman, que azorado encendió el televisor para seguir este hecho histórico digno de nuestra trágica vida en Argentina; pasaron tres meses y monedas y el caso se cerró con más corrupción e injusticia para seguir acumulando como karma en la Cruz del Sur.

Nos quedamos helados con la noticia, como los picos de las montañas que teníamos enfrente.

Y esa tarde, que tuve que conocer el teatro donde daría la charla, fue plomo en el cuerpo y el alma.

Nada ni nadie podían cambiar esta tragedia que nos abarcaba desde allí a La Quiaca y volaba a cada rincón del mundo como pólvora.

Al día siguiente el teatro se llenó de fueguinos que atentos compartieron esta charla de comunión entre argentinos polarizados, comprometidos o veletas: sin duda todos estábamos unidos por el cordón de plata invisible.

Y por supuesto el broche de oro fue compartir la última cena con la rata de metal dueño de Volver, el mejor restaurante de esos pagos, pues Lino Gómez Adillon, su dueño, es alma pura, y su talento artístico conjuga los manjares que sabiamente nos hace llegar con su pintoresca vida y sus anécdotas del lugar.

Él cerró el boliche y nos llevó al hotel, donde nos despedimos «hasta la próxima», y nos deseamos suerte para el año de la cabra de madera.

Dejamos una foto de Catman firmada, en la que estoy en el puerto de Colonia, para su exclusivo restaurante galería de arte y de almas que llegaron en distintas kalpas.

Ushuaia, adiós, y a mi querido mono de fuego mendocino, taxista y filósofo, que es parte de nuestras vivencias en el lugar, que nos condujo rumbo al aeropuerto internacional repleto de orientales, europeos y latinoamericanos que viajan fascinados por nuestro infinito país.

Destino obligado: Calafate antes del retorno a Bariloche.

El Sur tiene ya una infraestructura montada para bien y para mal de quienes visitamos esos paraísos donde el cielo, los lagos, las montañas, los bosques nos esperan para rendir examen.

Otro vuelo acompañado por ángeles; la espera de tres horas en el aeropuerto de Calafate obliga a quedarse en sus bares carísimos llenos de moscas imaginando el Perito Moreno, el Lago Argentino más de cerca, pero sin tiempo para ir y volver.

Durante la espera hice una apuesta a un perro amigo sobre el ganador de las elecciones presidenciales argentinas. El ganador disfrutará de una estancia en Calafate, glaciar y aledaños a cargo de quien pierda, y están incluidas nuestras parejas.

En eso estamos, en medio de las PASO…

En la mítica Bariloche nos esperaba Roberto, el conejo de metal que junto a su zoo nos recibe como viejos amigos y nos hospeda con mucha atención en su lugar de vida y arduo trabajo.

Llegamos con alta temperatura al atardecer, y los mismos habitantes nos decían que era inédito ese calor en esa época.

Cabañas en las afueras, *spa* y piscina para acomodar los siete cuerpos.

Y al día siguiente fuimos a conocer el mágico espacio sobre el Nahuel Huapi, donde sentí que AL FINNNN me captaban en mis alaridos de mona aulladora pidiendo lugares afines a la integración de la naturaleza para la presentación de mis libros.

Un escenario majestuoso donde al mediodía nos recibieron ángeles que prepararon el lugar con alma y poesía.

Esa tarde, multitudes llegaron para escuchar a LSD y ocupar sus sillas en un acto que Librería Cultura y su gente organizaron con cariño.

Artistas plásticas, amigos *gourmet* y muy buen ambiente acompañaron junto a las últimas luces de la tarde la presentación del año de la cabra de madera en Bariloche.

Y después, un cordero patagónico en el mejor restaurante del centro y la grata sorpresa de ver a María Montes, una casi sobrina cordobesa, trabajando de camarera allí, en su estancia veraniega.

Gracias por tanto cariño, interés y clorofila.

Conocer a Lorenzo, hijo de Adrián, nuestro amigo multimedia y su madre, en el viaje al aeropuerto fue tan humano como familiar.

Despedida, abrazo y tomar otro pájaro de metal para hacer escala un día antes de presentar el libro en mi santuario de años luz: Villa Ocampo en Mar del Plata.

Dentro de los ángeles que hacen posible que el libro encarne cada año, Marisa Corgatelli, mi correctora y amiga, es una parte esencial con su ojo clínico y su profesionalismo.

Me pareció buena idea invitarla a la feliz, pues nunca podemos disfrutar juntas la cosecha del libro y además porque merece desconectar de tanta dedicación al prójimo y de sus diversas actividades, y porque estrenaba TAI SUI, año celestial, que siempre es fuerte.

Nos encontramos en Aeroparque y llegamos como quinceañeras a respirar aire de mar en un enero lleno de gente, que esquivamos al refugiarnos en un chalet típico de Mar del Plata transformado en hotel cálido, alegre y con atención personalizada.

Ese día por la tarde presentaba el libro, y apenas un *break* para que Mariana Paz, amiga y maquilladora, me pusiera guapa para el amado zoo que me sigue cada año y va sumando nuevos lectores.

A veces creo que mis alineaciones con agendas chinas y mayas dan un resultado óptimo.

Esa tarde fue sin duda la más diáfana, calma, serena en nuestra ciudad estrella marítima y la energía que me rodeaba con las hadas de la villa era una bendición.

Sobre un escenario rodeado de los frondosos árboles del parque y con Victoria de anfitriona, fluí con mi habitual charla mientras las luces de la tarde se fundían con el lucero que apuntaba mi frente.

Una cola interminable para la firma, reencuentros, gente siempre interesante que me deja propuestas artísticas y hombres escépticos que escuchándome fuera de la villa se arrimaron al fogón y coronaron una despedida hasta el año que viene.

TAO MEDIANTE.

Con Marisa y Juan, el encargado de prensa de Urano, celebramos en la taberna vasca dándonos un banquete de calamares y mariscos que jamás olvidaremos.

A dormir, soñar y dar entrevistas los días siguientes.

Fue una estancia muy placentera en el Barrio Los Troncos, lejos de la movida que ya siento de otra reencarnación.

Marisa rejuveneció, salía, caminaba, fue al mar, se bañó y hasta dejó que un fuerte chubasco la empapara en la calle.

Qué buen viaje nos tocó, lleno de recuerdos de infancia junto a mi abuela Mamma y mi hermana Margarita, papá, mamá y una vida que parecía tan fácil entre caracoles y tilos en un jardín entrañable.

Retornar a Buenos Aires durante unos pocos días antes de volver a mi hogar serrano Feng Shui a abrazar a Yolsie, supervisar como un cóndor en vuelo fugaz mi reino y tomar un avión que me conectara en Ezeiza con Catman rumbo a España, para volver después de 14 años de ausencia como escritora era un verdadero desafío.

En Ezeiza se acercó cálidamente Diego Olivera, que es mono de tierra y un rey en México. Hablamos de la vida, de los signos, de su ratita amada, Mónica, y lo convoqué con mi cola de mona araña a escribir en el libro de los simios.

Viajando, siempre aparecen seres de luz, conexiones entre gente en común, se abren grandes angulares de vida.

Nos deseamos suerte para el año de la cabra, que aún se hacía desear.

Salimos a medianoche rumbo a Madrid muy bien atendidos por AA; orgullosa de volar en aviones nuevos, muy confortables y cálidamente atendidos por su tripulación.

Catman inspiró profundo y después de saciar su apetito se tomó una pastilla para dormir que compartimos para llegar entresoñando ambos mundos.

Hubo un fuerte bajón de altura en medio de la noche, nos dimos la mano y como siempre rezamos.

Cada vez que voy a España, imagino a Colón, Solís, Mendoza, y a cada colonizador que se embarcó con sus carabelas, entregados todos al sino, a jugar la vida a cara o cruz, sin saber hacia dónde iría su destino tatuado... y pienso que si un vuelo se hace largo, ¡lo que sería llegar por mar!, y a veces con motines a bordo, cambio de eje, locura, epidemias, hambrunas, sífilis, y precariedad en alta mar.

Tal vez esos bruscos movimientos o turbulencias sean esas vidas que reclaman desde el fondo del océano que los acompañemos en un tránsito a la otra vida que no pudo ser concedida.

Desde el cielo Madrid se veía gris, marrón, triste. En invierno todo disminuye: colores, sonidos, energía vital.

Qué emociónnnn volver a la ciudad donde coseché tantos buenos momentos: amigos, éxito, inspiración, búsqueda personal, amores, realidades que se esfumaron o quedaron esperándome hasta que las condiciones del TAO lo decidieran.

Control de pasaportes fue amable y veloz y el tema del equipaje también: salimos a buscar un taxi mientras se colaba el frío de una tarde con poco sol y muchas ganas de alargarla rumbo al Barrio de las Letras, Hostal Armesto, mi útero en Madrid hace años.

Catman estaba abierto, sorprendido de reencontrarse con esta ciudad de la que no tenía buen recuerdo.

Hace 20 años el día antes de volver le tiraron una botella en la cabeza al estilo «satori» y no se iluminó: terminó en un hospital con puntos que cambiaron su humor para no volver.

Llegamos rápidamente a la calle San Agustín, y tocando el timbre de muchos viajes anteriores apareció Emilio, el anfitrión del lugar, dándonos la bienvenida tan cálido como siempre.

Jet lag; frío, hambre… Salir ya de noche a Los Gatos, una fonda donde las tapas, las risas y el lugar te dan el pasaporte: ¡¡estás en Madrid!!

Sabía que mi estancia sería acumular kilos por esos manjares que extrañaba tanto: tapas de atún, bacalao, setas, queso manchego, raras especias, en fin, una taurina en su salsa.

Catman es un cerdo que no engulle, más bien cuida su peso específico, pero se tentó ante tanta calidez y aromas en cada bodegón, bar, mesón que daba siempre a lugares muy amenos y con clima cultural, algo que en Buenos Aires ya no existe.

Una semana visitando el Reina Sofía, librerías para echar un vistazo si estaba mi libro y confirmar que se había vendido muy bien desde octubre, tiendas en rebajas, amigos como Sheila y Beltrán, y el día de San Valentín una exposición de Marta Minujín sobre Cortázar, muy mágica y colorida, en el ex Correo Central.

MADRID SIEMPRE TIENE SORPRESAS GRATAS PARA EL VIAJERO.

Conocer a Patricia Perales, la chica de Urano en Madrid, ir a la editorial y organizar la presentación en una librería esotérica con una salita en su parte superior que se llenó y me hizo saltar un lagrimón fue recuperar un gran amor en la madurez.

Esa sintonía inmediata que tengo con el zoo es una comunión eterna.

Después nuestras anfitrionas jabalí y mono, de la Librería Ithaca, nos brindaron unas buenas tapas y tinto para apaciguar el frío que caía como un manto gris en Madrid.

FUI MUY FELIZ, Y SE NOTABA.

Sabía que después de un ciclo chino sin estar en librerías y medios, algún germen había permanecido invisible esperando quemejores tiempos me llevaran hasta allí.

Algunas mujeres viajaron desde lejos para verme. Era martes 17 de febrero, el cumpleaños de mi hermana yegüita a la que llamé temprano desde un locutorio en la Gran Vía para que nos deseáramos suerte mutua.

La aparición de Sonia para embellecerme fue clave; la amiga conejita de madera que se quedó en España decidiendo un destino de crecimiento humano y artístico.

A la mañana siguiente desde Atocha despedí a mi amado Madrid rumbo a Barcelona en el AVE.

Había que digerir esta etapa del viaje y nada mejor que mirar desde la ventanilla la tierra y la meseta de Castilla, aún con los verdes musgos del invierno.

Catman estaba molesto con una gripe que pilló gastando suelas en la ciudad e inmortalizando nuestras visitas a la basílica de la Almudena, el palacio real, la Ópera, el barrio de Fuencarral donde me reencontré con el *tea shop* y traje exceso de equipaje de variedades del Lejano Oriente: té moruno y verde, *lapsang souchong,* Earl Gray, *orange tea*, y el más *hot hot:* el *sexual tea*, que probé en el lugar y encendió la serotonina y la dopamina en instantes.

El viaje a Cataluña fue por la mañana, con el necesario cambio de luces entre ambas ciudades, reinos y mundos…

No encontramos a la chica de prensa y raudos tomamos un taxi al hotel situado en el Paseo de Gracia.

La última vez que estuve allí fue hace quince años, y Catman veinte; ya no conocíamos la ciudad, que es ahora una vidriera de las mejores del mundo: con marcas y sellos que lejos de entusiasmarme me descorazonaron.

Extrañaba ya el Barrio de las Letras en Madrid: austero, culto, silencioso.

Hotel, cambio de cuartos, *check in, check out.* «ATERRIZAJE».

Al día siguiente presentación y prensa.

Descansé hasta la noche, cuando pasó a buscarme por el hotel Rodolfo, la rata que me llevó desde su baticueva a Urano.

Me esperaban Joaquín Sabaté Junior y los gerentes de Urano para celebrar la exitosa gira de LSD en las alturas.

Y entre la bóveda celeste y las nubes subimos a un piso sin número para contemplar el globo terrestre desde Barcelona, en un restaurante exclusivo que el jabalí de metal buscó para agasajarme.

Fue el inicio del año de la cabra de madera y dejamos un plato y un asiento en la mesa para recibirla espiritualmente.

Loas, piropos, promesas y manjares saciaron mi sed gastronómica y espiritual.

Con un brindis nos despedimos hasta el día siguiente, en el que se realizaría la presentación del anuario chino en la Casa del Libro, con los creadores de Urano en el lugar.

Por suerte pude estar unos días antes con Marcelo Barragán, el artista plástico, y Diana, su mujer, que viajaban a Argentina.

Era clave que compartiéramos juntos la celebración, con su gentil saxo amenizando y su talento desbordando en el lugar.

Con ayuda de Catman y las chicas del local, logramos crear un clima más humano en la inmensa librería para que los dueños y los amigos del lugar escucharan a la mítica LSD.

Mi presentación fue diferente; más veloz, histriónica y sintética. Firmé libros y saludé al gallo mayor don Joaquín y su dama mona Mariela.

Fin del parto de una gira de casi cinco meses por el mundo que extrañaba y me extrañaba.

Marcelo y Diana nos acompañaron a festejar en un maravilloso restaurante de la zona el lanzamiento del libro caprino.

Y allí sí tuve mi primer gran atracón del viaje: pedí una bandeja de jamón de bellota, que nadie degustó, y me dejaron sola frente al éxtasis que aún tenía atesorado en mi paladar.

Todos comimos y bebimos como reyes; hablamos de Argentina, de la situación del año electoral, y les hicimos a los amigos un GPS de lo que les esperaría al llegar.

A nosotros nos quedaban diez días más, tres en Barcelona y una semana en Holanda, para visitar a mi querido sobrino Usi y a Lolita, mi sobrina nieta, en los Países Bajos.

Al día siguiente no podía moverme; el jamón de bellota danzaba en mi vientre, quizás con el mismo malestar que sintió el jabalí mientras lo domesticaban para luego ser saboreado como un manjar de los dioses.

Fui a la farmacia de la esquina y les conté de mi empacho: se rieron. En España hay pastillas para antes y después de semejantes manjares pantagruélicos, e hice buena letra.

Tenía que bajar del ovni y aterrizar en silencio en el hotel con vistas a una plazoleta calma y mustia de invierno.

Al renacer, madrugamos un domingo, y después de desayunar partimos al Museo Picasso, a deleitarnos con su obra y la arquitectura del lugar; después caminamos por la Barceloneta volando como hojas que no se resignan a dejarse llevar por el viento.

Quería ver el Mediterráneo de Serrat, el de la historia de la humanidad, que en la actualidad trae más cadáveres de inmigrantes de África que sirenas y tesoros.

Y el sol ya nos quemaba y animaba para seguir entre avenidas, con carril bici. Finalmente aparecieron el puerto, el mar, y nos tiramos en la colina debajo de un árbol a contemplar tanta belleza.

Las playas vacías podían ser imaginadas en primavera y verano, llenas como la Bristol de Mar del Plata.

Qué día tan energizante pasamos hasta la tarde, cuando de golpe el sol se alejó y el frío se hizo presente.

Al hotel, un té y a jugar unas partidas de canasta, terapia entre ambos que nos divierte y entretiene.

Catman salió hasta el atardecer a capturar más imágenes de la majestuosa ciudad.

Al día siguiente al mediodía dejábamos España rumbo a Ámsterdam.

Siempre viajar de un país hacia otro, aunque sea en la Comunidad Europea, produce adrenalina. Catman estaba un poco asustado con un reciente atentado en Dinamarca, y si bien la idea de reencontrarse con la ciudad que le entregó un Word Press hace 21 años lo intrigaba, miramos Barcelona con cariño antes del despegue.

Fue un viaje tranquilo, apacible, surcando el cielo boreal de Europa.

Dejamos unos días de sol en los que templamos alma y cuerpo y aterrizamos con lluvia, viento y frío que nos sacaron del nido catalán.

De allí un taxi muy moderno rumbo al hotelito donde hacía diez años moría de amor en una cama después de una separación traumática.

Holanda. El orden obsesivo. Las bicicletas que te pisan si no miras bien, lo bucólico de sus parques de simetría matemática, los arios estoicos en cada generación aceptando el frío que cala sus huesos desde que Europa se asentó como masa continental.

Después de un cambio de habitación y un recibimiento gélido; llegamos a un altillo con vista a la ciudad de juguete que fue nuestra guarida hasta el *gong* final.

Hablar con mi querido sobrino Santiago, que vive en Nymeger hace una década, que tiene una hija, Lolita, mi sobrina nieta, y que trabaja con éxito en una empresa que fabrica juegos digitales para aviones o sitios web.

Hacía tres años que no nos veíamos. Dicen que Dios, al que no le da hijos, le da sobrinos, y este es mi caso: los quiero profundamente y estoy orgullosa de ellos.

Tenía un antojo de mujer embarazada de ir a comer a un restaurante indio.

No sé si mi GPS de memoria intuyó que había alguno cerca; cuando la temprana noche cubría la apacible ciudad salimos en busca de un refugio para nutrirnos en calorías y dormir en la habitación de Hansel y Gretel.

Y a dos manzanas vimos titilar luces: «Restaurante indio».

¡QUÉ FELICIDADDD! Una sopa que nos sacó dragones de la lengua, arroz con curry, pollo, y reírnos por la buena suerte.

Al día siguiente en el hotel un desayuno frugal y a caminar por Ámsterdam con el sol tenue que apenas nos rozaba la cara.

Qué ciudad mágica, entre canales, puentes, bares, tiendas...

Perderse, olvidarse de una, esa es la mejor terapia para mí.

Catman estaba alucinado sin ningún ingrediente, pero la curiosidad de ir a un *coffee shop* nos tentó y el Bull Dog nos esperaba como un tugurio al mediodía en la zona del centro.

Allí Catman dejó un billete argentino con nuestros nombres colgado en la barra, en medio del humo que nos mareó al entrar.

Mi pintor favorito nos esperaba en su museo para seguir con el banquete báquico y dionisíaco: Van Gogh.

Hicimos una cola larga, y como llovía, Catman compró un paraguas con el estampado del cuadro de sus lilas.

La humanidad se encontraba allí ese mediodía: turistas, escuelas, holandeses, maestras con niños que frente al cuadro de los girasoles estaban en el suelo tirados, pintando, dibujando, inspirándose con el genio de sus tierras.

Es la segunda vez que visito Ámsterdam y el museo de Vincent: estaba en otro lugar hace un tiempo, pero admiro profundamente el amor de la gente y de su familia y amigos que dieron hasta la última carta, foto, recuerdo para que podamos seguir paso a paso la vida de un genio que aún mueve como el sol a los planetas para que giren en sus órbitas. Cuánta belleza, dolor, miseria humana, esplendor, síntesis, vuelo hay en su obra.

Salimos de allí con hambre; un restaurante italiano apaciguó con sus sopas y pasta esa tarde, que llevaremos hacia otras, en nuestro valle serrano teñido de ocres y dorados mirando el Lago de la Viña al atardecer.

Siempre cruzábamos el Vondelpark (el Central Park de Holanda), limbo entre la vida y la muerte, con sus lagunas y patos mustios que nos recordaban que estaban vivos por algún graznido.

Al día siguiente Santiago, Usi, apareció de visita en el hotel con un ramo de tulipanes que provocó unas lágrimas saladas que bebí cuando se derramaron.

Qué alto, guapo, íntegro estaba mi Usi, radiante, enérgico y vivaz.

Nos saludamos con alegría y luego fuimos a tomar un café y almuerzo por el barrio para contarnos lo que la vida nos enseñó en este tiempo, además de planear un viaje a Traslasierra, donde vivo y donde fue gestado, en Nomai, la casa de la abuela Muna, y donde junto a Peperina pasaron los veranos más felices de sus vidas.

¡¡CÓMO SE MUEVE EL ADN EN EL EXTRANJERO!!

Nos despedimos, le di regalitos para Lolita y prometimos vernos en

Nymeger al día siguiente; con GPS de tren, horario, y como siempre en Europa, salió todo perfectamente milimetrado.

Allí nos esperaba en su bici al mediodía del único día frío pero con sol que tuvimos en Holanda.

Y cuando el tren estaba llegando, cruzó el Rhin, ancho, poderoso, mítico, y sentí que era parte de los anillos de los nibelungos.

Caminamos por el barrio tranquilo, abierto, apacible. Cuando abrió la puerta de su casa de dos plantas, la luz abarcó el amplio espacio.

Me reí; qué bien tenía todo, a pesar de vivir solo con su gata y de tener a Lolita, su hija, varios días a la semana.

Sin lugar a dudas, partir hacia Europa o a donde el TAO te envíe a los 20 años cambia tu vida y te organiza *for ever*.

Tomamos té, café, agua; hablamos de aquí, de allí, nos integramos en un día semanal a su vida y salimos a conocer el barrio y a almorzar.

Quería ver a Lolita, perrita de fuego, que es mezcla holando-argentina, pues su mamá, Brigitte, conoció a Usi en Barcelona, y lo atrapó en su gallinero.

Apareció Lolita espiándome desde la valla del jardín.

Y nos abrazamos fuerte a pesar de su timidez.

Me hizo un dibujo muy bueno que traje a Argentina y que tengo en mi escritorio.

Y cuando caía la noche salimos a cenar todos: Catman, Lolita, Usi, Brigitte y yo. Ardía el restaurante en la noche de Nymeger. Chuletas de cerdo, patatas fritas, algún plato local y celebrar el hecho de estar tan lejos de casa con el zoo.

Odio las despedidas; lo hicimos de manera casual, nos fuimos en un taxi que tardó 5 minutos y tomamos el tren rumbo a Ámsterdam.

En silencio, metabolizando tanto afecto en poco tiempo para digerir.

Al llegar un viernes a medianoche, la estación central parecía Retiro al mediodía.

Llovía, hacía frío, taxi urgente; un té al llegar al hotel y a dormir antes de planear el día previo al retorno a la Cruz del Sur.

Despertamos casi al mediodía, era sábado y desayunamos en el barrio antes de ir hacia el centro, porque Catman quería mostrarme laiglesia donde le habían dado el premio por ecología en fotografía 21 años atrás.

Trámite fugaz, y un hormiguero humano en las calles. Compramos algo, caminamos, nos perdimos y llegamos tarde al hotel a preparar maletas que explotaban para el viaje con escala en Madrid rumbo a Argentina, estrenando marzo en Europa.

Amaneció con sol y mucho viento.

El doyo en Europa se sentía. Les faltaban veinte días para la primavera y a nosotros para el equinoccio de otoño.

Siempre algo explota «pre *trip*» con Catman y la noche previa y todo el día de vuelos fue TAO *off*.

¡¡CÓMO SE MUEVE LA VIDA CUANDO SALIMOS DE CASA!!

Son precipicios del pasado no resuelto, o dejado en alguna calle o autopista de las que recorrimos que nos asaltan en una tarde oscura de invierno y nos replantean la vida.

Desde que hago constelaciones, intento dejar *net* la vida.

Pero es cierto que éramos dos personas con sus planetas y lunas girando en Europa.

Y en los viajes «sale todo afuera», lo bueno, lo malo, miserias, dolores, duelos, penas, amores, recuerdos, de la caja de Pandora.

Quien nos acompaña pasa a ser un extraño y viceversa.

Y fue áspero el retorno.

AA tuvo un servicio excelente: horarios, atención, pilotos lúcidos y de nuevo Ezeiza.

Allí estaba un optimista chofer rescatándonos rumbo a casita.

Ahora venía la segunda parte del viaje: metabolizar los casi cinco meses uranianos.

Abrir la puerta y agradecerles a Maximón y a Marilú que nos trajeron sanos y salvos.

Y pedir SOS a Flavia, mi amiga gallo sanadora con su bagaje de experiencia terapéutica.

Llegué muy cansada, con sobrepeso y contracturada.

Marzo en Buenos Aires fue realmente agobiante.

El calor húmedo trastocó el frío que aún llevaba en mis huesos y ensoñaciones.

Lentamente, aceptando mis límites me puse al día en Buenos Aires.

Y pude volver a las sierras mejor, prometiéndome recuperar la «salud, divino tesoro» en el día a día.

Así fue: partimos en Red Ryder con Catman y Peperina y devoré los kilómetros en medio de un fuerte aguacero por la autopista Rosario-Córdoba hasta abrir el portón de mi casa, que se llama Feng Shui.

Ver a Yolsie, mi amada perrita vivaz, contenta y cariñosa fue el mejor regalo de la vida.

Y disfrutar aun de un verano en pleno otoño, verde, colmado de fragancias, liebres, el Lago de la Viña lleno de agua bendita, como en mi niñez, asentó mis chakras apaciblemente.

A los pocos días Yolsie se quedó sentada en la humedad del estío y comenzó a declinar.

Me asusté mucho; fuimos a consultar a Ezequiel, el amoroso veterinario que la operó de un tumor hace tres años, y viendo mi angustia me preparó para lo que llegó inexorablemente.

Le di mi CHI, tiempo, y fue dama de honor en mi cuarto día y noche con medicinas y comidas especiales.

Y a pesar del cariño de Catman y de Peperina, Yolsie oscilaba como un péndulo entre la vida y la muerte.

Pude hacer el BARDO TODOL en esos quince días que el GRAN ESPÍRITU nos dio para despedirnos con amor y entrega.

Y el 15 de abril, en medio de una gran agonía, en mi alfombra de las Hijas de la Luna expiró con alaridos que llevaré tatuados en mi ADN hasta que nos reencontremos.

Catman, solidario, cavó su tumba enfrente de la ventana de mi cuarto, donde descansan Sofía, mi amada gata negra, Cabral, el cachorro que partió como el sargento con una traición por la espalda, y donde la tortuga LO SHU debajo del aguaribay está orientada mirando hacia el cementerio de la colina en Nono, lugar de reposo de mi abuela Muna, mi tía Beba y Marilú.

La mañana gris del día del entierro solo asomó rayos de sol cuando le di el último adiós.

Un liquidambar ya con hojas de otoño la custodia hacia la eternidad.

El día que estaba muriendo Yolsie, apareció decidida por el camino una gatita té con leche, que me produjo un gran malestar.

Fui hostil con ella, para ahuyentarla, pero igualmente se acomodó por la zona de la galería.

Quizá Yolsie, de celosa que era, me mandó su espíritu en forma de gata para que me acompañara en los días que siguieron al duelo.

Abril, así la bauticé. Se fue ganando el sustento y la nutrición del cuerpo y del alma y se coló en mi casa y cama, durmiendo a mis pies cada noche.

No sé… Dios dirige el tránsito.

Retomé la lectura de *El retorno de los brujos*.

Qué libro iniciático. En estos tiempos, lo que parecía una locura demencial ya está ocurriendo.

Vivir inmersa en el silencio y en el ciclo del día en su máxima pureza me mantiene en comunión con el cosmos.

El milagro está ocurriendo en sintonía con el canto de un pájaro, el crecimiento de la luna, la tenue lluvia de abril que humedece el pasto y los árboles, les da vida como un vaporizador de rosas que nos cambia el humor.

La abundancia de los elementos (fuego, aire, tierra, agua) que danzan entre sí en nubes que se evaporan y el arcoíris que asoma de punta a punta, anunciándonos un gran porvenir.

La fuerza que me dio la Madre Tierra entre el BARDO TODOL de Yolsie, las flechas envenenadas de los nibelungos, los malestares en la mutación de la pareja, las cuentas que el valle reclama a diario pusieron mi templanza a prueba.

El mes dragón, mi aliado, también me dio un *bonus track*.

Le di la espalda al Gran Duque, el Este, y miré de frente al dragón.

Desmalecé mis yuyos tóxicos y los extirpé igual que a los hongos que ahorcan a los espinillos como bufandas de gasa rojiza al poniente.

Desholliné chimeneas en el ritual de la energía fuego convertida en cenizas que vuelve a la tierra para fertilizarla.

Y asocié mi relación con Catman, que es así.

Espié el cielo con su legión de estrellas cada vez más refulgentes y no me animé a hablar con ellas esta vez.

Administré mi tiempo incorporando la luz del día como aliada para volver al centro. Acepté lo agridulce de años de liviandad del ser que pago en incómodas cuotas.

Anduve despacio, el cuerpo aún dolido de tanto salto cuántico.

Rumbo al TAI SUI

En estos días estreno estufa rusa con horno en la habitación que es mi base otoño-invierno: dirección NE y SO.

A pesar del prolongado veranillo en el centro del país, los días son éxtasis puro con su brisa, aire, melodías, texturas, paleta de colores dorados, ocres, rojizos… Así estoy en esa sintonía del DOYO, la estación intermedia entre el verano y el otoño, observándome, despidiendo la década entre los 50 y los 60, con el incómodo 59 que aun pesa antes de llegar al TAI SUI.

Los chinos aseguran que únicamente sabemos lo que queremos en la vida cuando cumplimos 60 años; o el ciclo que da el propio signo cuando retorna a la energía de nacimiento, después de visitar a los cuatro previos (tierra, metal, agua, madera y en mi caso fuego).

Soy periodista de mi propia vida en estos tiempos; interlocutora del tiempo maya que está actuando como un reloj de arena.

Repasando etapas simias o kalpas en esta vida, intento descubrir si transité universos paralelos entre el ser y el tener.

Tal vez la vorágine de la infancia no permitió que me detuviera a soñar el futuro; lo fui haciendo en el día a día, inmersa en el arte de vivir improvisando situaciones traumáticas (muerte de mi padre a los 15 años, incendio de la casa quinta donde vivimos a los 17) y renacer, refundarme mirando hacia adelante con la energía que tenía en una adolescencia precoz, en la cual, más que soñar con príncipes azules y estudios universitarios, tuve que salir a ganarme el pan de cada día para mantener a mi madre perro devastada por ambos episodios y la yegüita Margarita destilando *sex-appeal* para cabalgar en busca de algún candidato que la enamorara lo antes posible para cumplir con sus deseos genuinos.

Desarrollé buenas notas en primaria y secundaria y, a pesar del mandato del jabalí paterno para que fuera química/física nuclear, volé hacia el Conservatorio de Arte Dramático dirigido por Carlos Gandolfo, que vio algo en mí, para ser elegida entre los nuevos discípulos.

Y sentí que el alma volvía a los siete cuerpos descuartizados por tantos golpes prematuros.

Fui la mona que comenzaron a conocer después, a través de Tato Bores, Andrés Percivale, el café concert y una novela de Migré para darme el gusto.

Escribía mis guiones, y era y soy una *rara avis*, convencida de tener dones histriónicos que serían mi sustento y el de mi zoo.

Lo demás, algunos lo conocen, otros tal vez no tanto.

Surgí como actriz de vanguardia en TV introduciendo el horóscopo chino, el I CHING, el FENG SHUI, ciencias que no se conocían, y abrí caminos que despertaron interés y curiosidad en el zoo.

Simultáneamente me sumergí en estudios del I CHING con chinos, en Dharma, anexo de la Universidad del Salvador, y supe que ese era mi camino.

No solo porque me estaba haciendo conocida en medios gráficos, radio y televisión sino porque intuía que era el instrumento para entender, ordenar, aceptar una vida familiar caótica, con agujeros en los que me hundía como en los lagos de turba negra de Tierra del Fuego.

Desde joven, mi búsqueda espiritual estuvo remunerada; los primeros libros parecían pasquines, pero eran devorados por el zoo.

Y desde entonces, hace treinta y dos años sigo como una hilandera de seda china tejiendo estos libros junto a quienes se acercaron en diferentes etapas a mi vida.

Me emociona sentir el entusiasmo que sigue despertando la difusión de la obra en América y España.

Y TAMBIÉN EN MÍ.

Muchos canales, ríos, arroyos, paneles solares, lunares se abren para dar a luz este libro.

Y llegan caravanas de artistas plásticos, músicos, astrólogos, científicos que me proponen participar.

Abro puertas: me fue bien y no tanto.

LSD es un sol que atrae a quienes buscan su canal de expresión, y a veces la gran oportunidad se transforma en un *boomerang*.

Sigo cursando materias con activistas galácticos y serranos.

Y también formé parejas, tuve socios, amigos e íntimos enemigos.

La balanza oscila entre pérdidas afectivas, familiares, materiales, pero sigue a favor en crecimiento espiritual que cada día, como una escultura de arcilla, se moldea y toma forma.

Los viajes fueron y siguen siendo mis mejores maestros: en ellos olvido quién soy para que cada movimiento de contacto con personas, climas, hábitats, idiomas, comidas, medios de transporte me hagan reaprender otra manera de ver la vida, y permitan que me adapte.

La cosmovisión es fundamental para aceptar que Atlántida y Lemuria existieron como continentes en el fondo del mar.

Atlántida y Lemuria

Como cada año, ahora, mientras escribo el libro que llegará para acompañarlos en el tránsito entre la cabra de madera y el mono de fuego, evoco a mis avatares, nahuales y espíritus para que me guíen.

Un domingo de mayo, cuando descansaba en la mágica POSADA DE QUENTI, entré en su tienda a ver qué había allí.

Lo primero que vi fueron unos libros de Rudolf Steiner que me invitaron a leer sus títulos: ATLÁNTIDA Y LEMURIA fue uno de los elegidos para esta etapa otoño/invierno durante la cual se gesta el libro simio.

Creo, una vez más, que ellos me visitan en tiempos en que la crucial recuperación de la memoria de quiénes fuimos, somos y seremos es la bisagra para seguir transitando por esta experiencia que es la VIDA.

El gran aprendizaje es desaprender lo que el pensamiento nos produjo en el último milenio y, como lémures y atlantes, navegar por las imágenes que captura la memoria para adaptarnos al mundo que olvidamos.

Seguir ensañados en repetir eternamente una conducta que nos aleja de la condición de ser cocreadores y jardineros del planeta es la principal causa de la CRISIS planetaria, humana, y de allí sus derivaciones: social, política, económica.

NO HAY FUTURO SI NO ACEPTAMOS QUE EXISTIERON ESTOS CONTINENTES CON SUS HABITANTES EVOLUCIONADOS EN EL ARTE DE RECORDAR LO QUE SUS ANTEPASADOS LES TRANSMITIERON EN VALORES, FORMAS DE VIVIR, EN EL ARTE, LA CIENCIA Y LOS MEDIOS DE COMUNICACIÓN.

Su gran evolución marcó un ANTES Y UN DESPUÉS en la humanidad.

LA MEMORIA, EL RECORDAR fueron suplantados por el PENSAMIENTO Y LA RAZÓN, y desde los subgrupos de razas que derivaron de las razas raíces, LÉMURES, ATLANTES, estamos distorsionando la misión que traían para continuar descubriendo el SENTIDO SAGRADO DE NUESTRA EXISTENCIA.

Allí estoy; recordando lo que es UNIVERSAL, EL ORIGEN, LO ATEMPORAL, LA SÍNTESIS DE LOS ENCUENTROS Y DESENCUENTROS que nos alteran o ayudan a mejorar el presente.

Me reconozco en esas tribus que vivían recordando, soñando a través de imágenes que se revelaban o aparecían en símbolos en la naturaleza.

Hacia allí será, con el zoo que colabora en este libro, el mensaje para recuperar en este mundo cotidiano nuestra brújula interior.

Profundizando en el libro de Steiner, viajo dentro del gran ciclo del tiempo y descubro la importancia de la mujer entre los lémures como «intérprete» de las costumbres, hábitos y formas de asimilar la experiencia vivida de cada una de ellas y de sus antepasados.

El varón solo seguía sus impulsos instintivos y se encargaba del plano espiritual sin recordar o recuperar la memoria de sus guías, semidioses que actuaron para transmitirles conocimientos de alta tecnología, sabiduría y amor hacia la naturaleza.

Asocio inmediatamente la época cruel que estamos viviendo con el femicidio en la que pocos buscan la causa de este trastorno de gran magnitud en la evolución de nuestra especie.

Sin duda, la mujer es la destinataria de los poderes ocultos que el varón teme tanto.

La intuición, el manejo de la energía invisible, los dones de clarividencia, telepatía, ubicuidad, están en los atributos que los maestros, guías o dioses (según la creencia atlante y lemuria) destinaron a las mujeres.

El varón se ocupó de destituir estos poderes desde el origen, sabiendo que si las mujeres se organizaban en comunidades, en tribus (además de parir y criar a sus hijos) podían destruirlos con su imaginación puesta en acción.

Han pasado millones de años desde que la Atlántida y Lemuria desaparecieron bajo del mar; no así sus enseñanzas, instrucciones que fueron a determinadas personas que estaban en condiciones de gobernar con una cosmovisión de gran respeto a la naturaleza y a las fuerzas invisibles de las que pocos hablan.

No es casual que en un fin de ciclo anunciado por profecías indias, chinas, mayas y de gran parte de los herméticos e iniciados, incluida la Biblia con su Apocalipsis, se manifieste este odio atávico del hombre hacia la mujer.

Citar lo conquistado por ellas es escribir un libro infinito de quienes nos enseñaron el arte de crear sin necesidad de maestros, dogmas, claustros, para obtener un conocimiento innato de los secretos de la naturaleza que envía sus señales constantemente para que las interpretemos y las utilicemos para mejorar la condición humana en la tierra.

El varón, macho, desconoce estas virtudes que mueven montañas, sacuden cimientos de templos, pirámides, y dan vida a esos futuros hombres que serán nuestros padres, parejas, hermanos, amigos o posibles asesinos.

¿Qué mandatos milenarios acumuló el varón para llegar a este estado de «persecución de brujas»?

¿Es envidia?

¿Es miedo?

¿Es furia?

¿Es no poder obtener lo más secreto y profundo del alma y querer matarla como un tigre hambriento devora a una gacela en la sabana, pues su gracia y elegancia lo enfurecen, le ciega, y da por sentado que esa vida le pertenece?

En pocos días, en Argentina se realizará una marcha hacia el Congreso de la Nación por esta causa, que ya es parte de una de las tragedias más patéticas que protagonizamos.

En el ADN del hombre existe un oculto resentimiento por el arte de vivir en su opuesto que los desorienta, cegándolos.

La independencia económica, laboral, y el salir de la cueva-casa han trastocado en los últimos cincuenta años el rol de la antiquísima mujer que no podía expresarse en su totalidad por miedo a que la quemaran en la hoguera.

La pornografía, el exhibicionismo, la osadía de la mujer por vender su cuerpo sin alma en los medios y a través de la globalización desmoronó la autoridad del hombre sobre ella.

Y como un toro de lidia, al menor rasgo de rebelión, matarla = matar a su madre parece que es la solución.

La mujer acumuló en su ADN milenios de sometimiento, esclavitud, maltrato, servidumbre, y la venganza resulta inmediata ante la menor posibilidad de demostrar que es libre, independiente, joven o madura para ignorar al varón.

El puente que debe equilibrar esta relación llevará milenios, o tal vez menos, es cuestión de aceptar que los roles se invirtieron y que en la naturaleza no hay *copyright*.

LA NATURALEZA SABE RECICLARSE SOLA.

Quienes son padres o madres tienen una inmensa responsabilidad por traer al mundo un nuevo ser humano que acepte el cambio que nuestro planeta aceleró sin posibilidad de retorno.

El poder del sol fue concedido a la mujer; y el de la luna al hombre.

Esta investigación de mitos muy antiguos revela que el varón «le quitó el poder solar a la mujer» y se adueñó de generar «la vida», haciéndole creer que es un satélite de él.

A METABOLIZAR ESTAS IDEAS, QUERIDO ZOO, EN EL AÑO DEL SIMIO.

Tal vez algunos crean, como Darwin, que el hombre desciende del mono.

Y la mujer, de la estrellas.

L. S. D.

Introducción a la Astrología china

Fángzhõng Zhù Shù 房中之术
Las artes de la alcoba y la salud en la cosmogonía china

por Cristina Alvarado

Sin duda, la salud y la felicidad en el sexo
son igualmente importantes para el hombre y para la mujer,
pero el Tao nos informa que para el hombre el principal objetivo es la salud,
mientras que para la mujer su objetivo más difícil de obtener es la felicidad.

Daniel Reid

El objetivo principal de las prácticas sexuales chinas de origen taoísta es atraer la salud integral del cuerpo y la mente. Sus practicantes pueden obtener el orgasmo femenino con poco esfuerzo; las mujeres adquieren una apariencia joven a pesar de la edad. Los hombres no pierden nunca su fuerza física, ninguno de los dos muere prematuramente y además, pueden controlar la cantidad de hijos que desean tener.

La sexualidad se basaba en un principio sencillo: el cuidado atento de la energía central de humanos y de todo ser vivo. Esta energía se encuentra acumulada en una especie de reactor que se llama Xià Dãn Tián o Tan Tien 丹田. El significado real es «campo de cinabrio», pero si buscan la traducción literal, 丹田 significa «vello púbico». El Xià Dãn Tián es la base de una energía limitada que obtenemos en el momento de la gestación, esta energía no se puede renovar una vez que se desperdicia. La energía se pierde por medio de prácticas irracionales como son: dormir mal a propósito, usar drogas y estimulantes, perder la compostura, sentir celos o envidia, la violación y, por supuesto, practicar el coito sin control.

El acto sexual, con o sin penetración, se realizaba para encontrar la salud y el nivel de inmortalidad o Xiãnrén 仙人 para el hombre y Xiãnnü, 仙女 para la mujer.

La astrología china solo se ocupaba de encontrar esposas y concubinas adecuadas para el señor feudal o cualquier hombre con cierta posición acomodada. Los horóscopos formaban parte de la intrincada estructura social imperial, y buscaban la armonía de cada miembro de la familia. Hoy en día es una herramienta que puede ser usada por cualquiera que sepa que existe, y la compatibilidad que se puede cotejar por medio de ella incluye el saber qué amante es perfecto, independientemente de la compatibilidad emocional.

En cambio, la práctica sexual medicinal no tenía que ver con la afinidad de la pareja, sino con la salud, y esta dependía principalmente de los miembros de la pareja, o en algunos casos de las múltiples esposas y concubinas del señor feudal. Esto se ha malinterpretado violentamente en Occidente.

La práctica sexual medicinal o Fángzhōng Zhī Shù 房中之术 se lograba a través de un pequeño libro de cabecera escrito durante la dinastía Qín (221 a 226 a.C.) que se llama *Sù Nü Jīng* 素女經, *El documento de la joven sencilla* o *El libro de la tigresa blanca.*

Este libro habla de «las artes de la alcoba». Una de las prácticas que lleva a la inmortalidad, junto con una dieta especial, ejercicio, arte y meditación.

Las madres daban el libro a sus hijas con la esperanza de verlas felices a pesar del intercambio comercial que implicaba el matrimonio.

El libro estaba bellamente ilustrado con unas treinta o sesenta ilustraciones explícitas sobre el acto sexual. Los textos que acompañaban dichas ilustraciones eran una entrevista entre el mítico Emperador Amarillo Huángdì 黄帝 y cuatro mujeres de distintas edades, la más prominente de las cuatro era Sù Nü 素女, La Mujer Blanca, Joven Sencilla o Joven Tigresa, hija de Hsi Wang-mu 西王母, la mítica Reina Madre del Oeste.

Más o menos durante esa misma época, otro libro; *Huángdì Nèijīng*, 黄帝内經 o *El canon de las 81 dificultades del Emperador Amarillo* utiliza el mismo método de entrevista para contestar todas las dudas acerca de la salud.

A diferencia de *El canon de las 81 dificultades del Emperador Amarillo, El documento de la joven sencilla* sobrevivió a las constantes guerras, los cambios de dinastía y las migraciones, por lo tanto sigue formando parte de los libros relativamente fáciles de conseguir sobre el tema de la Medicina Tradicional China. Debido a las ilustraciones, se perdió entre publicaciones pornográficas, sobre todo con la llegada de los misioneros católicos a China y durante la primera migración moderna china, a principios del siglo IX.

Entre todas las prácticas, la que provocaba sospechas entre los occidentales y otros extranjeros era la del coito con la mayor cantidad de mujeres posibles sin eyacular, para tomar de ellas toda la energía *yang* que se pudiera. La mujer es esencialmente de energía *yin*, pero el orgasmo femenino es una explosión de energía *yang* que a ella no le sirve mayormente, y que incluso debilita su energía *yin*. Esa energía *yang* que a ella le sobra sí puede ser usada por el hombre. Curiosamente, uno de los objetivos primordiales era el de conseguir el orgasmo masculino sin la eyaculación, o simplemente no experimentar un orgasmo a pesar del acto.

Esto ha dado lugar a muchas dudas y debates no solo entre maestros taoístas, sino entre médicos de todos los ramos, tiempos y países. La creencia sostenía que el semen no eyaculado caminaba de los testículos al cerebro y que este tonificaba todo el cuerpo por su paso. Algo que sabemos imposible, pero en este texto no se habla de las secreciones *per se*, sino de la energía que acompaña a esas secreciones.

Algunos maestros taoístas aseguran que es posible experimentar orgasmos sin eyacular después de muchos años de practicar los ejercicios propuestos, la cantidad de semen que pudiera ser expulsado se iría reduciendo hasta no aparecer.

Esta práctica se llama Hái jïng bû nâo 还精补脑, que significa «retornar el semen para nutrir el cuerpo», aunque literalmente podría significar «también es bueno para el cerebro».

No se trata de no experimentar orgasmos o eyaculación sino de experimentarlos de manera ordenada, según la edad y condición física.

Edad/ década	Frecuencia en que se puede eyacular si está sano	Frecuencia en que se puede eyacular si está enfermo o débil
Adolescentes	Una vez al día	Depende de la gravedad
20 años	Dos veces al día	Un día sí, un día no
30 años	Una vez al día	Un día sí, un día no
40 años	Una vez cada tres días	Una vez cada cuatro días
50 años	Una vez cada cinco días	Una vez cada diez días
60 años	Una vez cada diez días	Una vez cada veinte días
70 en adelante	Una vez al mes	Abstenerse de eyacular

Eyacular no es sinónimo de coito, por lo tanto se puede practicar el coito varias veces al día, bajo cualquier condición de salud y edad, sobre todo si está agotado o enfermo. Esa práctica es útil para recuperar la salud, pero solo con los ejercicios de respiración se puede alcanzar ese estado. Las mujeres son capaces de experimentar orgasmos siempre, la ausencia de estos significa que no está saludable o que ha sido objeto de abuso y/o celos. Bajo esta práctica, la única excepción en cuanto a no experimentar orgasmos es durante el primer trimestre del embarazo, los ejercicios propuestos por el *Sù Nü Jīng* para la mujer son más sencillos e involucran el *cunnilingus*, masajes, masturbación consciente, el uso de pesas especiales para reforzar la pared pélvica y los esfínteres y la respiración profunda como herramientas para lograr el orgasmo, sola o acompañada.

El objetivo del hombre es el de provocar el orgasmo en su compañera sin experimentar él la eyaculación, ya que el orgasmo es energía *yang* que ella posee en reservas interminables y la energía *yang* mantiene la salud del hombre sin debilitar a la mujer en el proceso, porque cuando el hombre le da placer a la mujer, ella obtiene de él la energía *yin* que necesita para estar feliz y satisfecha. El orgasmo femenino es visto como una fuente de vida primordial, pero para alcanzar esta energía, el amante tiene que saber cómo tener *orgasmos en seco* y cómo darle placer efectivamente a su compañera y así lograr el intercambio de las energías femenina y masculina como vemos en el diagrama del Taiji ☯ o *«yin-yang»*.

El siguiente ejemplo podría ser un resumen de lo que trata el libro y la posición de ambos sexos en el tema de la sexualidad taoísta:

> *Huángdì preguntó: «¿Qué se obtiene por medio de la práctica del coito según la vía del yin-yang?».*
>
> *El objetivo del coito para el hombre es engendrar sus energías; para la mujer, eliminar enfermedades.*
>
> Sù Nü

El libro es precioso, al grado de considerarse un ejemplo no solo de medicina y sexualidad, sino de arte. Pueden encontrarse algunas copias originales en algunos museos y colecciones privadas en China, Estados Unidos y Europa. Hay varias ilustraciones colgadas en internet, en algunos artículos de uso personal. Unas ilustraciones son más bellas, recientes o antiguas que otras, pero para algunos pueden parecer descriptivas y hasta de mal gusto.

En pleno siglo XXI, se pueden conseguir imágenes de Sù Nü, como amuleto para atraer al sexo opuesto. No hay resultados documentados de la efectividad de Sù Nü como amuleto, pero esa búsqueda vana cancela el propósito primordial del personaje que es el de guiar al Emperador Amarillo y a sus lectores por el camino del Tao Sexual.

Este es el párrafo más famoso y el peor comprendido en este libro:

> *Sù Nü dijo a Huángdì: «Frente al enemigo, conviene considerarle como un objeto vil, como un guijarro o una teja; mientras pretendemos ser jade y oro. Al unirse a una mujer, hay que sentirse como un caballero sobre un caballo al galope, cuyas riendas están podridas, cabalgando al borde de un precipicio cuyo fondo está sembrado de puñales apuntando hacia el cielo. Si se consigue conservar la simiente, la vida será eterna».*

Quizá la traducción no resulte la más certera; sin embargo, la visión de la mujer como un enemigo, o peor, como un objeto vil, sea malinterpretada. Aquí, el autor anónimo del *Sù Nü Jīng* se refiere al coito sin sentido, y es ese coito el que interpreta como un ladrón de energía, no a la mujer como un objeto de placer.

Dos personas enfrascadas en pleno coito, durante el período de meseta*, se dejan llevar individualmente. Está comprobado que algunas áreas del cerebro se desconectan durante ese período y el resultado al obtener la recompensa del orgasmo es que el hombre queda a merced de lo que sea después del orgasmo, mientras que la mujer se queda como la fresca lechuga o de plano insatisfecha en caso de que su amante se haya dejado llevar sin medir las sensaciones de ella.

Táohuā 桃花 Flor de melocotón

En estos días, la pareja puede ser monogámica o poligámica. Puede tener hijos o no. Puede ser entre personas de distinto o igual sexo. La seguridad, la estabilidad, el amor y la salud son importantes, y las herramientas para conseguir eso son ilimitadas. Pero aquí vamos a proporcionar la herramienta básica de la astrología china de los ocho signos o Bā Zì 八字.

Como reza el dicho «Si no hay química, no hay física», entonces lo primero que tenemos que conseguir es la atracción. La siguiente tabla indica cuál es el signo que despierta más atracción sexual en cada signo. Esta compatibilidad no es amorosa, pero puede darnos una idea de qué pareja sexual sería la que más deseo nos despierte.

Notarán que los amantes Táo Huâ son solamente el gallo, el caba-

---

*La meseta es una de las cinco fases de la respuesta sexual humana propuesta por Masters & Johnson: excitación, estimulación, meseta, orgasmo y resolución.

llo, el conejo y la rata. Eso ocurre porque son los signos que tienen su propia energía pura, es decir, sin combinaciones con otras energías.

Signo zodiacal chino propio	Signo del amante Táo Huā 桃花
Rata	Gallo
Búfalo	Caballo
Tigre	Conejo
Conejo	Rata
Dragón	Gallo
Serpiente	Caballo
Caballo	Conejo
Cabra	Rata
Mono	Gallo
Gallo	Caballo
Perro	Conejo
Cerdo	Rata

Una vez elegido el compañero o compañera sexual y establecidos los tiempos, la salud del cuerpo y la información, podemos tomar las riendas de nuestra sexualidad sin sentirnos «como un caballero sobre un caballo al galope, cuyas riendas están podridas, cabalgando al borde de un precipicio cuyo fondo está sembrado de puñales apuntando hacia el cielo». El coito sería mejor descrito como un romántico paseo en calesa.

Al final del libro ofrecemos una bibliografía completa con los libros que describen paso a paso las posiciones y las técnicas de respiración del Tao del Sexo, dado que este tema daría suficiente letra para llenar varios libros.

Como dice una de las máximas de Hipócrates: «Que tu medicina sea tu alimento, y el alimento tu medicina». No es mala idea que la sexualidad, practicada solo o acompañado, sea también medicina y alimento energético.

El amor, el enamoramiento, el compromiso, la compatibilidad, la monogamia romántica son temas intensos, por lo tanto hay que estar preparados para ir al Valle de Jade (coito) y dejar que el Campo de Cinabrio se exprese en plenitud.

Un ejemplo de los nueve métodos de *Sù Nü Jing*

Los nueve métodos son nueve posiciones sugeridas por Sù Nü a Huángdì una vez lograda la excitación de la mujer previa al coito. En el hombre, llegar a la erección del Tallo de Jade «es pan comido» cuando se está saludable. Cuando eso no ocurre, entonces sí hay problemas, pero se puede hacer por otros medios que la mujer esté lista para el intercambio del *yin* y el *yang*.

La mujer habrá alcanzado el deseo sexual porque cada órgano de su cuerpo dará siete señales: dificultad para respirar, deseo de tragar saliva, deseo de estrechar a su pareja, lubricación vaginal, pedir a su pareja que la complazca, sudor en la piel y deseo de enganchar las piernas a las de su pareja. Cuando ocurran las siete señales, su pareja podrá usar uno o varios de los nueve métodos, según qué enfermedad desee combatir.

Los nombres de los genitales y las posiciones son descritas con palabras poéticas que hablan de la cultura china en los tiempos en que fue escrito el libro.

En el siguiente ejemplo hay una referencia al nivel de penetración del Tallo de Jade, en otras lecturas y traducciones se deja ver que esa penetración poco profunda puede servir para obtener una erección en caso de alguna insuficiencia. Claro que si hay algún problema ya existente en ese campo, más vale ver a un urólogo; pero los practicantes de estas técnicas dicen que tras mucho ensayar, lograron vencer todos sus problemas de impotencia, eyaculación precoz y enfermedades relacionadas con todo el aparato reproductor y hasta los riñones.

Lóngmén fêi 龙门飞 El Dragón al vuelo o conmovido

La mujer se tiende sobre la espalda, él sobre ella. Él levanta la Puerta de Jade para ser penetrada por el Tallo de Jade. Primero penetra superficialmente ocho veces, luego dos veces profundamente. Cuando ella sienta que regresa de la muerte (orgasmo), puede disfrutar sin contención como poseída. Este método refuerza toda la salud y aleja todas las enfermedades.

El número de penetraciones es importante, así como el modo en que se respira durante ese proceso. Ambos tienen que «cerrar el circuito», que es tocar con la punta de la lengua las encías de la parte posterior de los dos dientes frontales superiores. La Puerta de Jade es la vulva, y el esfínter de la entrada a la vagina es interpretado hoy en día como el muy elusivo punto G.

En los nueve métodos se espera a que la mujer experimente el orgasmo y solo así se penetra para hacer el intercambio de energía *yin* y *yang*. Los casos de anorgasmia en la mujer eran interpretados como si su energía en el Xià Dān Tián hubiese sido robada tras una violación o por agotamiento de los riñones. En esos casos, se hacía un diagnóstico por medio del pulso y un médico podía recomendar masajes especiales y acupuntura.

Una vez que se han aprendido a dominar las artes de la alcoba Fángzhōng Zhī Shù, el siguiente paso es el de trascender las enfermedades, el envejecimiento prematuro y los problemas de pareja. El objetivo de una vida sexual saludable tiene que ver con la alegría. Ya sea solo o acompañado, con una sola pareja sexual o varias, no hay nada como saber que cada acto tiene una consecuencia positiva.

Tal vez la idea de alcanzar la inmortalidad no sea tan atractiva hoy en día, pero sí la salud, que es el tema predominante en el siglo XXI.

El actual despertar de conciencia incluye un abordaje distinto de la sexualidad. No es descabellado tomar las viejas disciplinas y adaptarlas, ponerlas a prueba, comprobar su eficacia y así dar nuevamente un salto de calidad en nuestra especie. Para ello, el sexo es la puerta de la vida, y el coito, su morada.

Que el Tao les sea propicio.

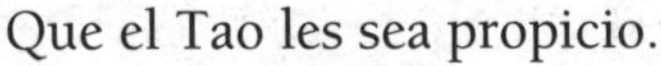

Los años lunares exactos desde 1912 a 2020

SIGNO					
Rata	18/02/1912	a	05/02/1913	agua	+
Búfalo	06/02/1913	a	25/01/1914	agua	-
Tigre	26/01/1914	a	13/02/1915	madera	+
Conejo	14/02/1915	a	02/02/1916	madera	-
Dragón	03/02/1916	a	22/01/1917	fuego	+
Serpiente	23/01/1917	a	10/02/1918	fuego	-
Caballo	11/02/1918	a	31/01/1919	tierra	+
Cabra	01/02/1919	a	19/02/1920	tierra	-
Mono	20/02/1920	a	07/02/1921	metal	+
Gallo	08/02/1921	a	27/01/1922	metal	-
Perro	28/01/1922	a	15/02/1923	agua	+
Cerdo	16/02/1923	a	04/02/1924	agua	-
Rata	05/02/1924	a	24/01/1925	madera	+
Búfalo	25/01/1925	a	12/02/1926	madera	-
Tigre	13/02/1926	a	01/02/1927	fuego	+
Conejo	02/02/1927	a	22/01/1928	fuego	-
Dragón	23/01/1928	a	09/02/1929	tierra	+
Serpiente	10/02/1929	a	29/01/1930	tierra	-
Caballo	30/01/1930	a	16/02/1931	metal	+
Cabra	17/02/1931	a	05/02/1932	metal	-
Mono	06/02/1932	a	25/01/1933	agua	+
Gallo	26/01/1933	a	13/02/1934	agua	-
Perro	14/02/1934	a	03/02/1935	madera	+
Cerdo	04/02/1935	a	23/01/1936	madera	-
Rata	24/01/1936	a	10/02/1937	fuego	+
Búfalo	11/02/1937	a	30/01/1938	fuego	-
Tigre	31/01/1938	a	18/02/1939	tierra	+
Conejo	19/02/1939	a	07/02/1940	tierra	-
Dragón	08/02/1940	a	26/01/1941	metal	+
Serpiente	27/01/1941	a	14/02/1942	metal	-
Caballo	15/02/1942	a	04/02/1943	agua	+
Cabra	05/02/1943	a	24/01/1944	agua	-
Mono	25/01/1944	a	12/02/1945	madera	+
Gallo	13/02/1945	a	01/02/1946	madera	-
Perro	02/02/1946	a	21/01/1947	fuego	+
Cerdo	22/01/1947	a	09/02/1948	fuego	-

SIGNO					
Rata	10/02/1948	a	28/01/1949	tierra	+
Búfalo	29/01/1949	a	16/02/1950	tierra	-
Tigre	17/02/1950	a	05/02/1951	metal	+
Conejo	06/02/1951	a	26/01/1952	metal	-
Dragón	27/01/1952	a	13/02/1953	agua	+
Serpiente	14/02/1953	a	02/02/1954	agua	-
Caballo	03/02/1954	a	23/01/1955	madera	+
Cabra	24/01/1955	a	11/02/1956	madera	-
Mono	12/02/1956	a	30/01/1957	fuego	+
Gallo	31/01/1957	a	17/02/1958	fuego	-
Perro	18/02/1958	a	07/02/1959	tierra	+
Cerdo	08/02/1959	a	27/01/1960	tierra	-
Rata	28/01/1960	a	14/02/1961	metal	+
Búfalo	15/02/1961	a	04/02/1962	metal	-
Tigre	05/02/1962	a	24/01/1963	agua	+
Conejo	25/01/1963	a	12/02/1964	agua	-
Dragón	13/02/1964	a	01/02/1965	madera	+
Serpiente	02/02/1965	a	20/01/1966	madera	-
Caballo	21/01/1966	a	08/02/1967	fuego	+
Cabra	09/02/1967	a	29/01/1968	fuego	-
Mono	30/01/1968	a	16/02/1969	tierra	+
Gallo	17/02/1969	a	05/02/1970	tierra	-
Perro	06/02/1970	a	26/01/1971	metal	+
Cerdo	27/01/1971	a	14/02/1972	metal	-
Rata	15/02/1972	a	02/02/1973	agua	+
Búfalo	03/02/1973	a	22/01/1974	agua	-
Tigre	23/01/1974	a	10/02/1975	madera	+
Conejo	11/02/1975	a	30/01/1976	madera	-
Dragón	31/01/1976	a	17/02/1977	fuego	+
Serpiente	18/02/1977	a	06/02/1978	fuego	-
Caballo	07/02/1978	a	27/01/1979	tierra	+
Cabra	28/01/1979	a	15/02/1980	tierra	-
Mono	16/02/1980	a	04/02/1981	metal	+
Gallo	05/02/1981	a	24/01/1982	metal	-
Perro	25/01/1982	a	12/02/1983	agua	+
Cerdo	13/02/1983	a	01/02/1984	agua	-

SIGNO					
Rata	02/02/1984	a	19/02/1985	madera	+
Búfalo	20/02/1985	a	08/02/1986	madera	-
Tigre	09/02/1986	a	28/01/1987	fuego	+
Conejo	29/01/1987	a	16/02/1988	fuego	-
Dragón	17/02/1988	a	05/02/1989	tierra	+
Serpiente	06/02/1989	a	26/01/1990	tierra	-
Caballo	27/01/1990	a	14/02/1991	metal	+
Cabra	15/02/1991	a	03/02/1992	metal	-
Mono	04/02/1992	a	22/01/1993	agua	+
Gallo	23/01/1993	a	09/02/1994	agua	-
Perro	10/02/1994	a	30/01/1995	madera	+
Cerdo	31/01/1995	a	18/02/1996	madera	-
Rata	19/02/1996	a	06/02/1997	fuego	+
Búfalo	07/02/1997	a	27/01/1998	fuego	-
Tigre	28/01/1998	a	15/02/1999	tierra	+
Conejo	16/02/1999	a	04/02/2000	tierra	-
Dragón	05/02/2000	a	23/01/2001	metal	+
Serpiente	24/01/2001	a	11/02/2002	metal	-
Caballo	12/02/2002	a	31/01/2003	agua	+
Cabra	01/02/2003	a	21/01/2004	agua	-
Mono	22/01/2004	a	08/02/2005	madera	+
Gallo	09/02/2005	a	28/01/2006	madera	-
Perro	29/01/2006	a	17/02/2007	fuego	+
Cerdo	18/02/2007	a	06/02/2008	fuego	-
Rata	07/02/2008	a	25/01/2009	tierra	+
Búfalo	26/01/2009	a	13/02/2010	tierra	-
Tigre	14/02/2010	a	02/02/2011	metal	+
Conejo	03/02/2011	a	22/01/2012	metal	-
Dragón	23/01/2012	a	09/02/2013	agua	+
Serpiente	10/02/2013	a	30/01/2014	agua	-
Caballo	31/01/2014	a	18/02/2015	madera	+
Cabra	19/02/2015	a	07/02/2016	madera	-
Mono	08/02/2016	a	27/01/2017	fuego	+
Gallo	28/01/2017	a	15/02/2018	fuego	-
Perro	16/02/2018	a	04/02/2019	tierra	+
Cerdo	05/02/2019	a	24/01/2020	tierra	-

Correspondencia según fecha de nacimiento y ki nueve estrellas

AÑO	10 KAN		12 SHI		KI 9 ESTRELLAS
1912	Agua mayor	9	Rata	7	Metal rojo
1913	Agua menor	6	Vaca (buey búfalo)	6	Metal blanco
1914	Árbol mayor	3	Tigre	5	Tierra amarilla
1915	Árbol menor	9	Conejo (liebre-gato)	4	Árbol verde oscuro
1916	Fuego mayor	6	Dragón	3	Árbol verde brillante
1917	Fuego menor	3	Serpiente	2	Tierra negra
1918	Tierra mayor	9	Caballo	1	Agua blanca
1919	Tierra menor	6	Oveja (cabra)	9	Fuego púrpura
1920	Metal mayor	3	Mono	8	Tierra blanca
1921	Metal menor	9	Gallo	7	Metal rojo
1922	Agua mayor	6	Perro	6	Metal blanco
1923	Agua menor	3	Jabalí (cerdo-cerdo)	5	Tierra amarilla
1924	Árbol mayor	9	Rata	4	Árbol verde oscuro
1925	Árbol menor	6	Vaca (buey-búfalo)	3	Árbol verde brillante
1926	Fuego mayor	3	Tigre	2	Tierra negra
1927	Fuego menor	9	Conejo (liebre-gato)	1	Agua blanca
1928	Tierra mayor	6	Dragón	9	Fuego púrpura
1929	Tierra menor	3	Serpiente	8	Tierra blanca
1930	Metal mayor	9	Caballo	7	Metal rojo
1931	Metal menor	6	Oveja (cabra)	6	Metal blanco
1932	Agua mayor	3	Mono	5	Tierra amarilla
1934	Árbol mayor	6	Perro	3	Árbol verde brillante
1935	Árbol menor	3	Jabalí (cerdo-cerdo)	2	Tierra negra
1936	Fuego mayor	9	Rata	1	Agua blanca
1937	Fuego menor	6	Vaca (buey-búfalo)	9	Fuego púrpura
1938	Tierra mayor	3	Tigre	8	Tierra blanca
1939	Tierra menor	9	Conejo (liebre-gato)	7	Metal rojo
1940	Metal mayor	6	Dragón	6	Metal blanco
1941	Metal menor	3	Serpiente	5	Tierra amarilla
1942	Agua mayor	9	Caballo	4	Árbol verde oscuro
1943	Agua menor	6	Oveja (cabra)	3	Árbol verde brillante
1944	Árbol mayor	3	Mono	2	Tierra negra
1945	Árbol menor	9	Gallo	1	Agua blanca

AÑO	10 KAN		12 SHI		KI 9 ESTRELLAS
1946	Fuego mayor	6	Perro	9	Fuego púrpura
1947	Fuego menor	3	Jabalí (cerdo-cerdo)	8	Tierra blanca
1948	Tierra mayor	9	Rata	7	Metal rojo
1949	Tierra menor	6	Vaca (buey-búfalo)	6	Metal blanco
1950	Metal mayor	3	Tigre	5	Tierra amarilla
1951	Metal menor	9	Conejo (liebre-gato)	4	Árbol verde oscuro
1952	Agua mayor	6	Dragón	3	Árbol verde brillante
1953	Agua menor	3	Serpiente	2	Tierra negra
1954	Árbol mayor	9	Caballo	1	Agua blanca
1955	Árbol menor	6	Oveja (cabra)	9	Fuego púrpura
1956	Fuego mayor	3	Mono	8	Tierra blanca
1957	Fuego menor	9	Gallo	7	Metal rojo
1958	Tierra mayor	6	Perro	6	Metal blanco
1959	Tierra menor	3	Jabalí (cerdo-cerdo)	5	Tierra amarilla
1960	Metal mayor	9	Rata	4	Árbol verde oscuro
1961	Metal menor	6	Vaca (buey-búfalo)	3	Árbol verde brillante
1962	Agua mayor	3	Tigre	2	Tierra negra
1963	Agua menor	9	Conejo (liebre-gato)	1	Agua blanca
1964	Árbol mayor	6	Dragón	9	Fuego púrpura
1965	Árbol menor	3	Serpiente	8	Tierra blanca
1966	Fuego mayor	9	Caballo	7	Metal rojo
1967	Fuego menor	6	Oveja (cabra)	6	Metal blanco
1968	Tierra mayor	3	Mono	5	Tierra amarilla
1969	Tierra menor	9	Gallo	4	Árbol verde oscuro
1970	Metal mayor	6	Perro	3	Árbol verde brillante
1971	Metal menor	3	Jabalí (cerdo-cerdo)	2	Tierra negra
1972	Agua mayor	9	Rata	1	Agua blanca
1973	Agua menor	6	Vaca (buey-búfalo)	9	Fuego púrpura
1974	Árbol mayor	3	Tigre	8	Tierra blanca
1975	Árbol menor	9	Conejo (liebre-gato)	7	Metal rojo
1976	Fuego mayor	6	Dragón	6	Metal blanco
1977	Fuego menor	3	Serpiente	5	Tierra amarilla
1978	Tierra mayor	9	Caballo	4	Árbol verde oscuro
1979	Tierra menor	6	Oveja (cabra)	3	Árbol verde brillante
1980	Metal mayor	3	Mono	2	Tierra negra

AÑO	10 KAN		12 SHI		KI 9 ESTRELLAS
1981	Metal menor	9	Gallo	1	Agua blanca
1982	Agua mayor	6	Perro	9	Fuego púrpura
1983	Agua menor	3	Jabalí (cerdo-cerdo)	8	Tierra blanca
1984	Árbol mayor	9	Rata	7	Metal rojo
1985	Árbol menor	6	Vaca (buey-búfalo)	6	Metal blanco
1986	Fuego mayor	3	Tigre	5	Tierra amarilla
1987	Fuego menor	9	Conejo (liebre-gato)	4	Árbol verde oscuro
1988	Tierra mayor	6	Dragón	3	Árbol verde brillante
1989	Tierra menor	3	Serpiente	2	Tierra negra
1990	Metal mayor	9	Caballo	1	Agua blanca
1991	Metal menor	6	Oveja (cabra)	9	Fuego púrpura
1992	Agua mayor	3	Mono	8	Tierra blanca
1993	Agua menor	9	Gallo	7	Metal rojo
1994	Árbol mayor	6	Perro	6	Metal blanco
1995	Árbol menor	3	Jabalí (cerdo-cerdo)	5	Tierra amarilla
1996	Fuego mayor	9	Rata	4	Árbol verde oscuro
1997	Fuego menor	6	Vaca (buey-búfalo)	3	Árbol verde brillante
1998	Tierra mayor	3	Tigre	2	Tierra negra
1999	Tierra menor	9	Conejo (liebre-gato)	1	Agua blanca
2000	Metal mayor	6	Dragón	9	Fuego púrpura
2001	Metal menor	3	Serpiente	8	Tierra blanca
2002	Agua mayor	9	Caballo	7	Metal rojo
2003	Agua menor	6	Oveja (cabra)	6	Metal blanco
2004	Árbol mayor	3	Mono	5	Tierra amarilla
2006	Fuego mayor	6	Perro	9	Fuego púrpura
2007	Fuego menor	3	Jabalí (cerdo-cerdo)	8	Tierra blanca
2008	Tierra mayor	9	Rata	7	Metal rojo
2009	Tierra menor	6	Vaca (buey-búfalo)	6	Metal blanco
2010	Metal mayor	3	Tigre	5	Tierra amarilla
2011	Metal menor	9	Conejo (liebre-gato)	4	Árbol verde oscuro
2012	Agua mayor	6	Dragón	3	Árbol verde brillante
2013	Agua menor	3	Serpiente	2	Tierra negra
2014	Árbol mayor	9	Caballo	1	Agua blanca
2015	Árbol menor	6	Oveja (cabra)	9	Fuego púrpura
2016	Fuego mayor	3	Mono	8	Tierra blanca

Un viaje por los años del Mono

02/02/1908 al 21/01/1909 Mono de Tierra

• En Buenos Aires se inauguró el Teatro Colón. • En Siberia (Rusia) cayó el meteorito conocido como «Evento de Tunguska». • En Estados Unidos salió a la venta el Ford T, primer automóvil fabricado en masa. • En Buenos Aires se fundó el Club Atlético San Lorenzo de Almagro, en Santiago de Cali (Colombia) el equipo Asociación Club Deportivo Cali, y en Milán (Italia) el Inter de Milán. • Fallecieron Edmondo De Amicis, Nikolái Rimski-Kórsakov, Victorien Sardou, Cixi.

20/02/1920 al 07/02/1921 Mono de Metal

• Fue canonizada Juana de Arco. • Gandhi comenzó en la India una campaña de desobediencia civil. • El 27 de agosto se realizó en Buenos Aires, Argentina, la primera transmisión mundial de radio. • Armenia y Turquía firmaron la paz. • En Suecia, las mujeres obtuvieron el derecho a votar. • Fallecieron James O'Neill, Venustiano Carranza, Manuel Pérez y Curis, Eugenia de Montijo.

06/02/1932 al 25/01/1933 Mono de Agua

• En Tiahuanaco fue descubierto el monolito de Bennett. • En Perú se logró el primer ascenso al nevado Huascarán. • El transatlántico francés *Atlantic* se incendió frente a la costa francesa. • En San Francisco (Estados Unidos) comenzó la construcción del Golden Gate. • Fallecieron Julieta Lanteri, Alberto Santos Dumont, Julia Wernicke, Louis Comfort Tiffany.

25/01/1944 al 12/02/1945 Mono de Madera

• Los aliados entraron en Roma y desembarcaron en Normandía (Francia). • En Buenos Aires, Argentina, se inauguró la Línea E de subterráneos. • Se llevó a cabo la Conferencia de Yalta. • El Comité Internacional de la Cruz Roja obtuvo el Premio Nobel de la Paz. • Fallecieron Vasily Kandinsky, Edvard Munch, Piet Mondrian, Glenn Miller, Alexis Carrel, Romain Rolland.

12/02/1956 al 30/01/1957 Mono de Fuego

• Marilyn Monroe se casó con Arthur Miller y Grace Kelly con el príncipe Rainiero. • Se hundió el famoso transatlántico *Andrea Doria*. • Fidel Castro y el *Che* Guevara partieron desde México para iniciar la Revolución. • Elvis Presley se convirtió en El Rey del *rock and roll.* • Juan Ramón Jiménez Mantecón ganó el Premio Nobel de Literatura. • Fallecieron Jackson Pollock, Bertolt Brecht, Béla Lugosi, Pío Baroja, Alexander Rodchenko, Marie Laurencin, Giovanni Papini.

30/01/1968 AL 16/02/1969 MONO DE TIERRA

• En Estados Unidos asesinaron a Martin Luther King y a Robert Kennedy. • En la Biblioteca Nacional de España, encontraron un volumen con trabajos de Leonardo da Vinci. • Comenzó en Francia el Mayo Francés. • La URSS invadió Checoslovaquia y puso fin a la Primavera de Praga. • Fallecieron José Pedroni, Yuri Gagarin, Salvatore Quasimodo, Otto Hahn, Lucio Fontana, Marcel Duchamp, Ramón Novarro, Arnold Zweig, Thomas Merton, John Steinbeck, Roberto Noble, Boris Karloff.

16/02/1980 AL 04/02/1981 MONO DE METAL

• Se abrió el túnel de San Gotardo, en Suiza. • John Lennon fue asesinado en Nueva York. • Grecia ingresó en la Unión Europea. • El Voyager 1 voló alrededor de Saturno. • Se publicó *El nombre de la rosa*, de Umberto Eco. • Fallecieron Alejo Carpentier, Félix Rodríguez de la Fuente, Alfred Hitchcock, Peter Sellers, Henry Miller, Jean Piaget, Steve McQueen, A. J. Cronin, Jean-Paul Sartre, Jesse Owens.

04/02/1992 AL 22/01/1993 MONO DE AGUA

• Se firmó el Tratado de Maastricht. • En Colombia ocurrió el apagón eléctrico más largo en la historia de ese país. • En Buenos Aires, Argentina, un atentado destruyó la embajada de Israel. • Fallecieron Francis Bacon, Willy Brandt, Augusto Conte, Alfredo De Angelis, Camarón de la Isla, Doña Petrona, Marlene Dietrich, Federico Manuel Peralta Ramos, Atahualpa Yupanqui, Florencio Escardó.

22/01/2004 AL 08/02/2005 MONO DE MADERA

• Mark Zuckerberg fundó Facebook (entonces Thefacebook). • En la iglesia de El Salvador, en Sevilla, España, hallaron tumbas del siglo XVIII. • En Madrid, España, ocurrieron los atentados del 11-M. • En la Antártida descubrieron, restos de dos especies desconocidas de dinosaurios. • Fallecieron Pola Alonso, Susana Campos, M. Rosa Gallo, Yasir Arafat, John Drew Barrymore, Phillipe De Broca; Sacha Distel, Antonio Gades, Narciso Ibáñez Menta, Sir Peter Ustinov.

Astrología poética

Rata

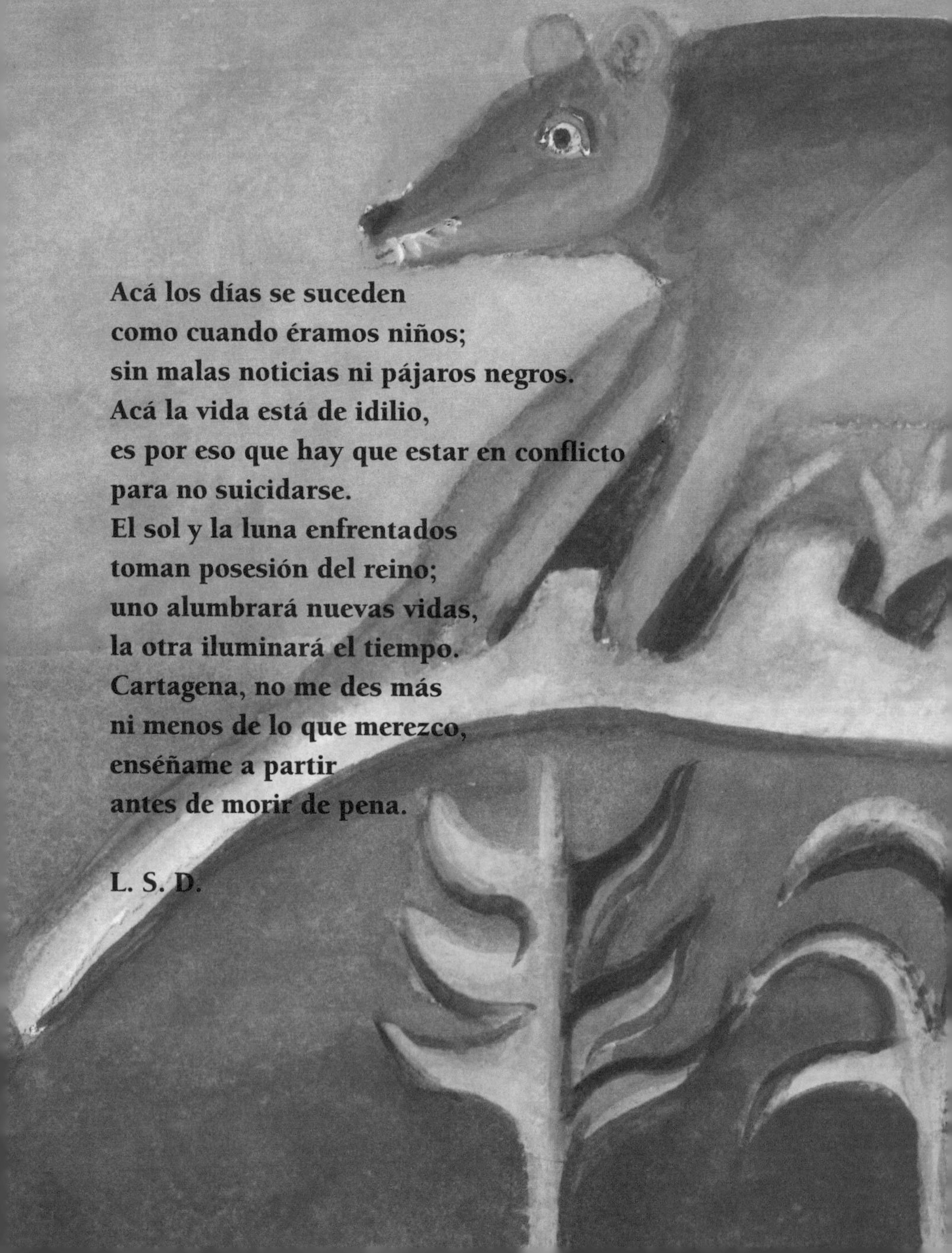

Acá los días se suceden
como cuando éramos niños;
sin malas noticias ni pájaros negros.
Acá la vida está de idilio,
es por eso que hay que estar en conflicto
para no suicidarse.
El sol y la luna enfrentados
toman posesión del reino;
uno alumbrará nuevas vidas,
la otra iluminará el tiempo.
Cartagena, no me des más
ni menos de lo que merezco,
enséñame a partir
antes de morir de pena.

L. S. D.

Ficha técnica

Nombre chino de la rata
SHIU

Número de orden
PRIMERO

Horas regidas por la rata
23.00 A 01.00

Dirección de su signo
DIRECTAMENTE HACIA EL NORTE

Estación y mes principal
INVIERNO-DICIEMBRE

Corresponde al signo occidental
SAGITARIO

Energía fija
AGUA

Tronco
POSITIVO

Eres rata si naciste

18/02/1912 - 05/02/1913
RATA DE AGUA

05/02/1924 - 24/01/1925
RATA DE MADERA

24/01/1936 - 10/02/1937
RATA DE FUEGO

10/02/1948 - 28/01/1949
RATA DE TIERRA

28/01/1960 - 14/02/1961
RATA DE METAL

15/02/1972 - 02/02/1973
RATA DE AGUA

02/02/1984 - 19/02/1985
RATA DE MADERA

19/02/1996 - 06/02/1997
RATA DE FUEGO

07/02/2008 - 25/01/2009
RATA DE TIERRA

Es algo que no falla jamás.

La atracción, fascinación, admiración mutua que existe entre la rata y el mono.

En mi vida las presiento llegar sin verlas; un soplo dulzón que flota en el aire, una corriente eléctrica que sacude el KUNDALINI, una voz que me envuelve por teléfono, una sintonía sin palabras al estar juntos.

Vivian apareció en los años en que los mayas lograron capturar mi atención, abarcar mi búsqueda en América de calendarios, profecías, viajes infinitos que cambiaron mi cosmovisión para siempre.

Cuando surgían cursos, seminarios, conferencias con José Argüelles y sus seguidores, y la curiosidad de encontrar una relación entre el I CHING y el TZOLKIN, Vivian, rata de metal, fue una aliada, socia y cómplice con la que nos dimos el lujo de construir bases de estudio e intercambio astrológico.

Pasó casi un katún (veinte años) para que nos reencontráramos junto a Mike, otro maya artista, con quien dieron el paso de ser una pareja en la cual «el tiempo es arte y el arte es tiempo». Y nos reencontramos en una presentación del libro del año de la rata en el Conservatorio de Arte Dramático, donde fui tan feliz en mis veinte años, y al que no volvía hacía otros tantos.

El TAO los cría y ellos se juntan.

Vivian es una mujer orquesta: rata pura sangre en el hogar, con su marido e hijos, que comparte en educación y crianza.

Y es una experta creadora de velas que aromatizan mis templos hace años.

Es la que cuando abro mi *netbook* cada día me regala *mails* coloridos con fotos cósmicas, mensajes que despejan mis dudas y me dan CHI, QUI, PRANA.

Ella y Gaba son mis astrólogas cercanas que me guían con su conocimiento intuitivo.

Y ambas se autoconvocaron para escribir sobre su signo para mi año del mono de fuego.

Como este libro es el del TAI SUI, acepté que los signos afines me ayuden a profundizar sobre su propio animal del zodíaco.

GRACIAS A AMBAS.

La descripción que hacen es magia pura y un láser al corazón.

L. S. D.

La Rata en el Trabajo

En el año del mono los roedores tendrán que poner a prueba su ingenio y creatividad; se les exigirá más pero conseguirán salir airosos si ponen a prueba su talento nato para encontrar soluciones simples, prácticas y fáciles de aplicar. Lo laboral este año presentará algunas situaciones imprevistas o sorpresivas de las que no hay que preocuparse sino ocuparse; un buen consejo es seguir la intuición roedora, tener paciencia, pensar antes de hablar, decidir con cautela. La rata tiene siempre un as bajo la manga.

Ese ascenso tan esperado se avecina. La rata tendrá asegurado un aumento de sueldo si las exigencias aumentan. Si las responsabilidades crecen, el roedor estará en condiciones de demostrar que su trabajo se ha vuelto más complejo y dará pruebas concretas de ello en su desenvolvimiento laboral, razón por la cual el reconocimiento por parte de los superiores no se hará esperar y la remuneración a fin de mes aumentará.

La rata estará más colaboradora con sus pares, más conectada con el entorno laboral, dispuesta a dar y a brindarse a sus compañeros sin esperar recompensas por esto. Cuando menos lo espere, el cosmos se encargará de devolverle con premios todo aquello que ofrece de corazón y desinteresadamente. No es buena en la especulación sino en la acción concreta y solidaria.

Habrá posibilidad de cambios y avances; también de jugarse, animarse a lo nuevo, a romper estructuras.

Una rata autónoma —que no trabaja en relación de dependencia— podrá realizar ese emprendimiento personal que viene gestando desde hace un tiempo. Y así podrá ganar su sustento dignamente.

La Rata en el Amor

Dada la buena onda que el roedor tiene con el signo del mono, a la rata se le hará más fácil encontrarse con su medio queso. Esto lo conseguirá siempre y cuando pueda dominar su carácter apasionado que tan bien la caracteriza. Si quiere lograr el equilibrio con su pareja, la rata deberá estar dispuesta a dejar de lado su tendencia a la rigidez para dar cabida a una actitud más flexible y paciente. Tendrá que saber escuchar los reclamos de su pareja y utilizar el buen humor que le brinda el año del mono para salir airosa del cobro de tantas facturas.

Deberá bajar a tierra, salir del ensueño y la fantasía. La rata es muy imaginativa y suele idealizar a su compañero; tendrá entonces que hacer constantemente un balance, sopesar los factores en pro y en contra y estar sintonizada con lo bueno de las cosas simples que subyacen en lo cotidiano, poner el énfasis en lo que se va construyendo en el día a día. Por eso el roedor deberá reconocer que no puede solo con todo y que es bueno apoyarse en su pareja.

Hay ratas jóvenes que se enamorarán en el extranjero y organizarán su vida con mucho amor y éxito allí lejos, y tendrán que esperar un tiempo considerable para volver a estas costas.

La Rata en la Familia

Los roedores son bipolares en temas familiares: o se desviven por su familia y el hogar constituido o, por el contrario, eligen subirse al barco y partir a conocer el mundo. Esto es así porque poseen un espíritu libre que los hace transitar por caminos nuevos y sorprendentes, que les aseguren aventuras, proyectarse, viajar mucho e incluso instalarse lejos de su lugar de origen si fuera necesario. En esencia, se trata de un ser con gran sed de novedades, y por eso, siempre que puede, se lanza a lo desconocido.

Por otra parte, las ratas tienen un gran deseo de emplazarse en un lugar y ser prolíficas, sueñan con formar su familia y hacerse cargo de ella; si esta tendencia es la predominante, elegirán con astucia y gran intuición a su compañero/a ideal, que sea capaz de secundarla en esta trascendente elección.

Siempre están preocupadas por el aseo y el bienestar del hogar, son muy hacendosas y dedicadas; pero si la rata descubre cómo entretenerse fuera de su casa, porque es muy laboriosa y hábil para encontrar un trabajo que le permita dar sustento y abastecerla, hallará una mano atenta dentro del zoo que la ayudará a mantener todo en orden cuando esté fuera de su hogar, sin perder de vista ningún detalle.

Seguirá con su espíritu protector, y hospedará durante más tiempo a su prole ya que esta no puede despegar aún de su nido. Pero tendrá que aprender a ser más contenedora y no tan controladora: deberá abandonar su tendencia tan marcada a querer tener todo bajo su estricto dominio.

La rata tendrá especial cuidado en aplicar la experiencia de vida en las enseñanzas que transmita a sus hijos; dará consejos prácticos y concretos para que ellos estén seguros y dispuestos a aplicarlos. Buen momento para predicar con el ejemplo.

VIVIAN GRÜN

Encuesta

Rata de Agua - Fecha de nacimiento: 27/01/1973

- **¿Qué te apasiona?** Trabajar el barro con las manos.
- **¿Cómo atraes?** Con la sonrisa.
- **¿Cuál es tu arma de seducción fatal?** Mi suspicacia.
- **¿Eres cazador o cazado?** Cazador.
- **¿Qué te da seguridad?** Lo vivido.
- **¿Qué te aburre?** La mentira.
- **¿Qué te hace sentir libre?** El mar.
- **¿Propones o dispones?** Propongo y después dispongo.
- **En el amor, ¿quieres dar o recibir atención?** Ambos.
- **¿Hechos o palabras?** Muchas palabras, trabajo para convertirlas en hechos.
- **¿Cómo demuestras rechazo y cómo atención?** Rechazo, con una buena cara de enojado; atención, con mimos.
- **Tus locuras por amor son:** Dejar una vida organizada por estar al lado de un gran hombre.
- **¿Qué lectura haces de la incondicionalidad en el amor?** Solo soy incondicional con mi hija, con el resto negocio.

Rata de Madera - Fecha de nacimiento: 13/07/1984

- **¿Qué te apasiona?** Viajar, dormir, entrenar.
- **¿Cómo atraes?** Simplemente soy yo mismo.
- **¿Eres cazador o cazado?** Ni uno ni lo otro.
- **¿Qué te hace sentir libre?** Nací libre.
- **¿Qué te da seguridad?** Me cuido solo.
- **¿Propones o dispones?** Dependerá de las circunstancias y de qué haya que ganar o perder.
- **En el amor, ¿quieres dar o recibir atención?** Ninguna de las dos cosas, es más que eso.

Rata de Madera - Fecha de nacimiento: 16/09/1984

- **¿Qué te apasiona?** La música. Los helados.
- **¿Cuál es tu arma de seducción fatal?** Mis piernas, pechos y labios.
- **¿Eres cazadora o cazada?** Cazo.
- **¿Qué te aburre?** La rutina. Los hombres con el mismo discurso.
- **¿Propones o dispones?** Propongo.
- **¿Hechos o palabras?** Hechos.

- **Tus locuras por amor son:** Viajar de Buenos Aires a la costa solo con el pasaje, sin equipaje, en busca de mi novio porque me había dejado por teléfono.

RATA DE FUEGO - FECHA DE NACIMIENTO: **12/06/1996**
- **¿Qué te apasiona?** El descubrimiento en las ciencias físicas y la música.
- **¿Cuál es tu arma de seducción fatal?** Mi arma de seducción es mi personalidad, o mi forma de ser.
- **¿Eres cazador o cazado?** Me cazan.
- **¿Qué te aburre?** Me aburre la monotonía, el hecho de que algo sea siempre igual.
- **¿Qué te hace sentir libre?** El sol en mi cara, buena música, y no tener que preocuparme por nada.
- **¿Qué te da seguridad?** Me dan seguridad reafirmando cosas que hice, o dándome pie para hacer cosas nuevas.
- **¿Propones o dispones?** Creo que propongo.
- **En el amor, ¿quieres dar o recibir atención?** Yo creo que el amor es dar sin esperar nada a cambio; por eso es tan genial cuando pasa.
- **¿Hechos o palabras?** Los hechos dan firmeza, pero las palabras vuelan, y pueden ser más creativas, por eso, prefiero palabras.

La Rata y su energía

RATA DE MADERA (1864-1924-1984) UNA RATA CREATIVA.

La madera le aporta creatividad, que junto con la lucidez le augura un camino seguro, firme, lleno de progresos paulatinos y originales. Tiene poderes de clarividencia, es intuitiva y muy amistosa. Con mucha confianza en sí misma, a veces testaruda, puede comportarse de manera diplomática y disimular su egoísmo innato. Trata de ser honesta, pero muchas veces se pierde en su «laberinto de pasiones». Es muy sensible a la adulación.

Rata de Fuego (1876-1936-1996) Una rata apasionada.

El fuego la convierte en una rata muy autodestructiva, insatisfecha y llena de contradicciones. La lucidez se opone a su pasión por conseguir todo ya. Está siempre lista para los proyectos más quijotescos, aunque le cuesten la vida. Es muy vital, sanguínea, colérica y llamativa. Le gusta el sexo más que respirar, y cuando se enamora es Romeo y Adela H. juntos.

Rata de Tierra (1888-1948-2008) Una rata realista.

Su realismo es a menudo excesivo, y su preocupación por las cosas cotidianas a veces oscurece su lucidez. Cumple con su trabajo regularmente, es disciplinada, leal y fiel con quienes ama y respeta. En el fondo es hogareña aunque le guste salir; le desagrada sentirse prisionera. Muy buena administradora y con virtudes organizativas.

Rata de Metal (1900-1960-2020) Una rata financiera.

Todo lo que toca lo transforma en oro. Lúcida y voluntariosa, sabe manejar su barca magistralmente, y el metal le fluye como un manantial. Celosa y obsesiva, sabe esconder su juego. Es a la vez avara y derrochadora (para ella), idealista y hábil en los negocios. Muy ambiciosa, le encantan la fama y el poder, y no para hasta obtenerlos, pero es víctima de sus pasiones.

Rata de Agua (1912-1972) Una rata cristalina.

La rata más típica de la especie. La más lúcida, inteligente, vulnerable, permisiva e influenciable. Testaruda, sabe alcanzar sus fines con dulzura y refinamiento, y odia las peleas y la violencia. Puede lograr el éxito porque es hábil para gustar y utilizar a sus amigos; sin embargo no comprende que «todo adulador vive a expensas de aquel que lo escucha» y corre el riesgo de otorgarle demasiada confianza a un auditorio complaciente. Está ávida por saber y no se cansará jamás de aprender.

La Rata y su ascendente

Rata ascendente Rata: 23.00 a 01.00

Una rata que conoce su encanto y cómo debe usarlo; tiene muchas contradicciones, es lúcida, crítica y manipuladora, agresiva y muy ambiciosa. Su máxima: «El fin justifica los medios». Trata de guardar provisiones para el invierno.

Rata ascendente Búfalo: 01.00 a 03.00
El búfalo atenúa las extravagancias de la rata y limita su acción. Es obstinada y planea los proyectos con tiempo. Solidaria, tendrá amistades y amores sólidos y estables.

Rata ascendente Tigre: 03.00 a 05.00
El tigre aporta a la rata una dimensión de nobleza y justicia. Su generosidad es grande y sabe vivir día a día. Agresiva, no le gusta que la contradigan.

Rata ascendente Conejo: 05.00 a 07.00
Poseerá la cautela del conejo sumada a la inteligencia manipuladora de la rata. El dinero no tendrá secretos para ella. Confiará en poca gente y seguramente impondrá su opinión sobre los demás.

Rata ascendente Dragón: 07.00 a 09.00
Esta rata puede ser un emperador noble, valiente, talentoso. Peca de exceso de ambición, pero tiene tanta suerte que se justifica. Sus amores son sinceros y profundos.

Rata ascendente Serpiente: 09.00 a 11.00
Es tan astuta que atraviesa los muros. Un genio de las finanzas y una especuladora genial. Una rata envolvente, mágica, magnética, fascinante, subyuga a todos. Apasionada, celosa y sensual, ama sin límites. La suerte la acompaña.

Rata ascendente Caballo: 11.00 a 13.00
¡Qué ratón! No se priva de aventuras, lleva un viaje eterno en busca de experiencias. Libre como el viento, extravagante, seguro de sí, es capaz de cualquier hazaña con tal de no perder su libertad. Su karma es la inestabilidad afectiva.

Rata ascendente Cabra: 13.00 a 15.00
La cabra graduará su temperamento agresivo y tornará a la rata más estable. Presentará un lado estético y artístico; será mundana, comprensiva, liberal, algo frágil y no muy pasional.

Rata ascendente Mono: 15.00 a 17.00
El mono reforzará la lucidez de la rata, aumentando así su clarividencia. No tendrá ningún tipo de moral. Hábil, diabólica, gentil, culta, será irresistible.

Rata ascendente Gallo: 17.00 a 19.00
Esta rata será espectacular. No soportará la crítica, que lastima su ego; oscilará entre amasar una fortuna y dilapidarla. Le costará enfrentarse a la verdad.

Rata ascendente Perro: 19.00 a 21.00
El pesimista perro frenará el ímpetu arribista de la rata. Será un ejemplo de comprensión y honestidad. Artista sensible, defiende lo suyo con convicción. Es una amiga fiel e inteligente.

Rata ascendente Cerdo: 21.00 a 23.00
Altruista, llena de contradicciones internas, y muy ciclotímica. Es una amante maravillosamente sensual, desenvuelta. Ama la vida.

Cuéntame un cuento chino

Alejandro Calderone Caviglia • Fotógrafo especialista en Photoshop • Argentino

¡Sí, señor, soy León y también Rata!

Nací el 13 de agosto de 1960 en Argentina, justo al otro lado de China.

Por estos pagos y en esos tiempos se hablaba más del horóscopo occidental que del oriental y hasta donde llegaba mi curiosidad, pertenecía al signo de Leo.

Hermoso signo regido por el León, rey de la selva, justo y poderoso, orgulloso y capaz ¡y no sé cuántas cualidades más! Esto siempre me gustó, para ser sincero. Que te comparen con semejante bicho, fuerte y respetado no es poca cosa, sobre todo en este mundo en el que si te descuidas, te pasan fácilmente por encima…

Así anduve gran parte de mi vida, tranquilo y feliz de pertenecer a un signo de reyes, y sintiéndome muy cómodo si me preguntaban: «¿De qué signo eres…?». Cuando respondía, todos asentían haciendo buenos gestos y comentarios y a lo sumo me hacían algún chiste sobre la soberbia, cosa que nunca me molestó, dado que algo de cierto debe haber.

Con el tiempo las cosas van cambiando, el planeta se fue globalizando y la información de otras culturas y tradiciones comenzaron a llegar a nuestras vidas. Entre ellas el milenario horóscopo chino de la mano de mi amiga Ludovica. A partir de ese momento la pregunta se duplicó y pasó a ser: «¿De qué signo eres…? ¿Y en el chino…?».

¡Cuando me enteré de que era rata casi me da un ataque!

¿Cómo yo, el rey de la selva en la que vivimos había bajado de un plumazo a ser una miserable rata? Entré en pánico.

Me llevó un tiempo, pero mi curiosidad y voluntad ante la adversidad hicieron que reflexionara sobre el tema y pudiera darme cuenta de lo equivocado que estaba.

Habiendo calmado mi desesperación con una copita de un buen licor sudamericano, decidí indagar un poco sobre la mirada de Oriente sobre algunas cuestiones y para mi sorpresa descubrí que la pobre rata, a la que en Occidente se la considera un animal repugnante, en la India es adorada en un templo, les atribuyen relaciones con los dioses, y las cuidan y alimentan desde hace siglos. Los chinos las respetan de igual modo, las consideran sabias y astutas, más que al resto de los animales, y cuentan una simpática historia sobre cómo llegó a ser la primera entre los doce elegidos.

Encontrar similitudes con un león es bien fácil, con una rata, no tanto. Tuve que ponerme a pensar bastante, pero terminé encontrando varias cosas con las que me siento identificado. La primera es que son todo terreno. Las ratas se adaptan a cualquier superficie y clima. Pueden vivir en el Alvear Palace Hotel en una alcantarilla, en la puna o en el delta. Son viajeras. Suben a los barcos y bajan en todos los puertos. Son capaces de caminar por el suelo, las paredes y los techos, hacen equilibrio en alambres, sogas y piolines. Curiosas. Comen de todo. Son familiares. Ligeras, difíciles de atrapar. Valientes, atrevidas, y, si las acorralas, ¡más vale que tengas con qué frenarlas!

Son indiferentes a las malas lenguas y siguen adelante pese a todos los palos y trampas que les arrojan durante la vida.

En fin, el pobre bicho goza de mala reputación por este lado del globo, pero si miramos sin prejuicios, como deberíamos hacer con cada ser de este mundo, tiene tantas cosas buenas como malas.

Volviendo a pensar en chino, es algo así como el *ying* y el *yang*.

Tengo tanto de león como de rata. Siempre en perfecto equilibrio…

En Occidente soy de Leo y mi mujer es de Tauro, y en Oriente ella es tigre y yo una rata.

Café Gijón
Rata de Tierra

Personajes famosos

RATA DE MADERA (1864-1924-1984)

Paula Chávez, Andrés Iniesta, Charles Aznavour, Marcelo Mastroianni, Toulouse-Lautrec, William Shakespeare, Carlos Tevez, Narciso Ibáñez Menta, Henry Mancini, Hugo Guerrero Marthineitz, Scarlett Johanson, Lauren Bacall, Eva Gabor, Johan Strauss (padre), Doris Day, Lisa Simpson, Mark Zuckerberg, Marlon Brando.

RATA DE FUEGO (1876-1936-1996)

Norma Aleandro, Anthony Hopkins, Mario Vargas Llosa, Pino Solanas, Mata Hari, Úrsula Andress, Charlotte Brontë, Kris Kristofferson, Wolfang Amadeus Mozart, Glenda Jackson, Pablo Casals, Rodolfo Bebán, Padre Luis Farinello, Antonio Gades, Jorge Mario Bergoglio, Bill Wyman, Richard Bach.

RATA DE TIERRA (1888-1948-2008)

Leon Tolstoi, Robert Plant, Irma Salinas, Rubén Blades, Olivia Newton-John, Thierry Mugler, Karlos Arguiñano, Vitico, Brian Eno, James Taylor, Donna Karam, príncipe Carlos de Inglaterra, Gerard Depardieu, Chacho Álvarez, Lito Nebbia, Indio Solari.

RATA DE METAL (1900-1960)

Jorge Lanata, Roberto Arlt, Cura Brochero, Tchaikovsky, Gabriel Corrado, Lucrecia Borgia, Gustavo Francisco Petro Urrego, José Luis Rodríguez Zapatero, Bono, Antonio Banderas, Luis Buñuel, Ayrton Senna, Nastassia Kinsky, Tomás Ardí, John John Kennedy, Spencer Tracy, Sean Penn, Juan Cruz Sáenz, Alejandro Sokol, Daryl Hannah, Ginette Reynal, Diego Maradona.

RATA DE AGUA (1912-1972)

Antonio Gaudí, Gene Kelly, reina Letizia Ortiz, Loretta Young, Facundo Arana, Zinedine Zidane, Lolo Fuentes, Pablo Lescano, Raj Patel, Cameron Díaz, Maju Lozano, Eve Arden, Antonio Rossini, Pity Álvarez, Valentina Bassi, George Washington, Lawrence Durrell, Roy Rogers, Pablo Rago, Valeria Mazza.

Tabla de compatibilidad

	Amor	Salud	Trabajo	Amistad
	4	3	4	2
	3	3	2	1
	2	2	3	1
	2	2	3	1
	2	4	5	4
	1	1	2	1
	3	2	1	2
	2	2	2	1
	3	1	1	2
	4	1	4	3
	5	2	5	3
	1	3	2	2

1 • mal   2 • regular   3 • bien   4 • muy bien   5 • excelente

Búfalo

Objetivos claros.
Salud, divino tesoro,
amor de a ratos,
una cuenta en el banco,
amigos en todos lados,
un ticket en la mano,
caminar pausado,
interés en la vida,
deudas saldadas.
Corazón aquietado.
Libros esperando,
hijos bocetando,
Credicard espiritual,
baño termal
vuelta a rezar y a cocinar.
Música de flauta al despertar,
mate amargo,
sol en el cuarto
con Yolsie al lado.
Todo esto
ya lo tengo.
No quiero más.

L. S. D.

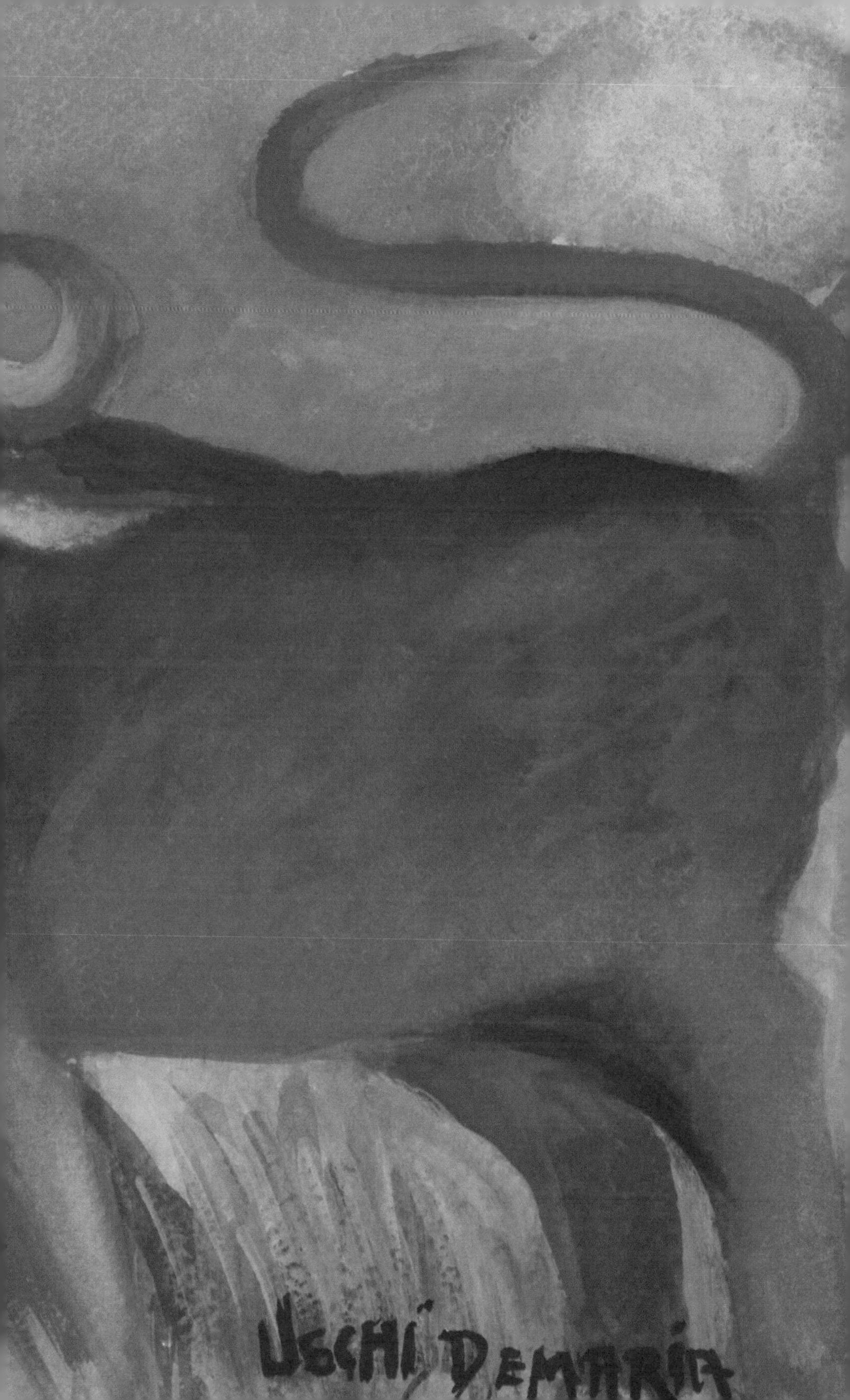
USCHI DEMARIA

Ficha técnica

Nombre chino del búfalo
NIU

Número de orden
SEGUNDO

Horas regidas por el búfalo
01.00 A 03.00

Dirección de su signo
NOR-NORDESTE

Estación y mes principal
INVIERNO-ENERO

Corresponde al signo occidental
CAPRICORNIO

Energía fija
AGUA

Tronco
NEGATIVO

Eres búfalo si naciste

06/02/1913 - 25/01/1914
BÚFALO DE AGUA

25/01/1925 - 12/02/1926
BÚFALO DE MADERA

11/02/1937 - 30/01/1938
BÚFALO DE FUEGO

29/01/1949 - 16/02/1950
BÚFALO DE TIERRA

15/02/1961 - 04/02/1962
BÚFALO DE METAL

03/02/1973 - 22/01/1974
BÚFALO DE AGUA

20/02/1985 - 08/02/1986
BÚFALO DE MADERA

07/02/1997 - 27/01/1998
BÚFALO DE FUEGO

26/01/2009 - 13/02/2010
BÚFALO DE TIERRA

El año de la cabra me trajo una sorpresa digna de mis predicciones.

En febrero, Córdoba sufrió una catástrofe inmensa: gran parte de las zonas norte, nordeste y centro fueron arrasadas por la lluvia del génesis que desbordó ríos, arroyos, diques y se llevó en pocas horas, y días, gran parte de la gente que vivía en sus orillas y aledaños.

Desde que nací, Córdoba se caracterizó por un clima templado, mediterráneo; sin embargo, la Corriente del Niño, que nos visita hace casi dos años, trastocó la naturaleza, transmutándola en un clima subtropical y pagano.

Me tocó verlo desde Europa en mi gira del año caprino.

Rezaba, hacía ceremonias a mi estilo, que no sirvieron para paliar este incesante castigo del cielo; caminos cortados, el aeropuerto no podía funcionar y nuestros hermanos —junto con los del Sur, diezmados por el fuego— quedaban «en Pampa y la vía».

Apenas llegué, sonaban teléfonos, aparecían mails y pedidos para que fuera a colaborar a través de Cáritas en una presentación para los damnificados de la inundación.

Quien tomó contacto conmigo fue Florencia Larguía: se presentó lacónica y firme: «Soy parienta tuya y búfala de agua».

¿¿¿QUÉÉÉÉÉÉ???

¿¿ALGÚN ADN SUELTO EN LA GALAXIA??

¡¡QUÉ SENSACIÓN TÉRMICA MÁS EXTRAÑA!!

Su insistencia por reafirmar el vínculo familiar despertó mi curiosidad y noté que los chinos no fallan con sus predicciones: «Es la cabra la que nos unirá con el gen perdido, regalándonos sorpresas inéditas que cambiarán el rumbo de nuestra existencia».

Y entre mi aterrizaje de escritora internacional y las ganas de llegar a Feng Shui, le supliqué a Florencia que confiara en que saldría todo genial a cambio de no azuzar mi paciencia dos meses antes.

OMOMOM.

Pedirle esto a un búfalo es *misión imposible.*

El evento solidario estaba organizado por Florencia al cuadrado: su socia búfala de agua estaba tan ansiosa y en carrera que llegaban sus bufidos por las ondas magnéticas que atravesaban las sierras… y paredes porteñas.

La única vez que hablé con Flor noté que estaba sobrepasada de responsabilidades.

Eran las seis de la tarde; se entrecortaba el teléfono móvil, me preguntaba mil cosas a la vez, y cuando supe que estaba conduciendo con sus hijos por la autopista le dije: «Cuando estés tranquila, hablamos», a lo que me respondió: «Es el único momento del día que tengo para hablar…». «Qué búfala pura sangre», le contesté.

Al mismo tiempo me pedía predicciones para ella, su socia, marido, padres, en fin…

Se estaba adelantando la constelación familiar que conocería este último fin de semana de mayo en Córdoba.

Mi ánimo para embarcar en el vuelo fue óptimo.

Al llegar, una simpática monita de tierra, Verónica, hermana de Virginia, socia de Flor, me transportó con buen humor y códigos simios hacia… oh… oh… oh… SORPRESAAAA…

Una casa colonial con un jardín armónico, árboles antiguos y banco de piedra de los padres de Flor, Ángel Larguía, mi primo segundo, y Gogo, su mujer.

Con gran naturalidad abrimos el portón de entrada, caminamos por ese sendero que trazaría un canal de cariño entre nosotros para llegar a una galería proporcionada, donde presentí generaciones conversando, llorando, amándose, meditando entre mate, té, vino tinto y champán.

Y la monita abrió la puerta de entrada de la casa que sería mi hogar ese fin de semana histórico, donde cada paso que daba era sentirme en casa; esa casa familiar que tenemos dentro y que pocas veces encontramos fuera.

Una obra de arte en sí misma: su olor, dimensiones, cuartos, baño, sala de estar, cocina me dieron el «Síííííí, pasá, LSD», al instante.

Frigorífico lleno, pan, facturas, bebidas: todo estaba allí esperándome.

Tenía que metabolizar tanta felicidad. Y además intentar una siestita antes de la presentación.

Vero se fue con la promesa de rescatarme y llevarme a Lomas de Carolina, donde era la cita del show.

Así fue: no pude dormir.

Eran emociones que se superponían; caras que no conocía que me abrían sus corazones para que me sintiera feliz allí, en Villa Allende, cerca del golf.

Tuve sensaciones de estar en la quinta de Parque Leloir, donde nací y me crié.

Los pájaros que rompían la pesada tarde gris, mi respiración que estaba entrecortada de tanta emoción que debía sintonizar antes de no sé qué charla, disertación, aluvión de mujeres cordobesas que estarían esperándome.

¡¡QUÉ BANQUETE FAMILIAR INESPERADO!!

Esta familia viene por el lado de la mítica abuela Alicia, Muna, la fundadora de la casa Marilú Bragance, y por la cual vivo en Traslasierra.

Creo que mi ascética vida familiar, sin padres ni hijos, con tibias hermanas fugaces que aparecen esporádicamente, activó endorfinas, serotoninas y glándulas que no sabía que tenía tan adormecidas.

Realmente un baño de amor, eros, recuerdos, retazos del ayer y del mañana fluyeron como un manantial bendito.

El éxtasis que sentí a través del aire aun cálido de mayo se acentuó por la mañana cuando estaba tomando mis primeros mates debajo de un gran árbol, y el portón se abrió de golpe al grito de: «¡¡Vinimos a invadirte!!».

Florencia y Santiago, su tigre marido, se quedaron en la galería contándome su largo matrimonio con tres hijos, viajes a Salta, La Rioja, para atender sus fincas, bodegas, y matizamos con amigos en común en Tilcara y Córdoba, sintiéndonos cómplices del sino.

Raudos partieron, con la promesa de visitarme en Traslasierra y seguir con la constelación familiar.

Florencia interrumpía la charla preguntándome si necesitaba algo, si estaba bien, si quería más comida, vino...

STOPPP, BÚFALA, eres una sobredosis de exigencia y vine a liberarte.

A fluir con nuevos médiums que lleguen a tu corazón empotrado debajo de tu gruesa piel.

Gracias por estar labrando el camino de los distraídos, dispersos y desagradecidos.

Que la magia te sorprenda en la cola del supermercado y delegues tus responsabilidades al de atrás.

El Búfalo en el Trabajo

Según los chinos hay dos tipos de búfalos: los que nacen en verano, que son los que hacen el trabajo de todo el mundo, metódicos e infatigables, y los que nacen en invierno, que desarrollan el ocio creativo y no son tan competitivos.

El búfalo odia delegar responsabilidades, sabe mandar a la tropa y tiene carácter para combatir disturbios sociales, choques, y lograr que todo vuelva a la normalidad.

Intuitivo para elegir a sus socios y colaboradores, es confiable, honesto y tiene palabra. Se destaca por su gran profesionalidad.

Sus mayores virtudes son la paciencia y la perseverancia; sabe adónde va y nadie lo distraerá de su camino.

Es el animal que eligió Lao Tsé para recorrer China, porque es infatigable y metódico.

Materialista, tiene lo necesario para vivir con perfil bajo y siempre invierte en temas caseros más que en lujos.

El Búfalo en el Amor

A toda búfala o buey le llega en la vida su «puente de Madison».

La mayoría conoce la pasión a través de personas que son relaciones fugaces o amores prohibidos. Son capaces de enamorarse a primera vista y proponerle matrimonio a su elegido/a.

Es audaz en el acercamiento; después mide cada paso, encuentro, cita; cuida los detalles y exige que lo traten con devoción.

Se comprometerá a medida que se sienta aceptado, correspondido, valorado.

El sexo es primordial para todos los búfalos, sin distinción de género, y cuando se obsesionan pueden ser Otelo o *Kramer versus Kramer*.

La intensidad que tiene para amar es agobiante; no sabe medir los encuentros, y en más de una ocasión hará «tocata y fuga».

Pueden ser infieles dentro de la pareja; pero saben hacer como nadie «mutis por el foro».

Si él descubre una infidelidad, puede ser feroz y revanchista.

Es un arte mantener una relación con un búfalo sin aburrirse.

El Búfalo en la Familia

En China simboliza «Dios, patria, hogar». Representa la autoridad y el respeto.

Será contenedor, proveedor, exigente, atento, generoso, bien dispuesto a socorrer a la constelación familiar.

Le encanta criar hijos, tendrá propios y también adoptados; será exigente y fijará límites y estímulos para que todos sean cultos y estudiosos.

Cuando se aleja de su familia, esta se desmorona y enferma; su sobreprotección crea lazos profundos.

En ambos sexos, el buey inspira respeto y temor en el seno familiar.

L. S. D.

Encuestas

Búfalo de Madera - Fecha de nacimiento: 12/04/1985

- **¿Cuál es tu arma de seducción fatal?** Mi personalidad; creo que muchas personas me ven como muy fuerte, distante, y cuando me conocen sorprendo como más afectiva y no tan indiferente como me muestro en un principio; creo que mi inteligencia tampoco se ve en un principio y cuando me empiezan a conocer van admirando esa parte mía y es lo que termina seduciendo a mis parejas.
- **¿Qué te da seguridad?** Los celos por mi parte son constantes con amigos, novios, familiares; siempre quiero la atención, y el primer lugar me da seguridad, por ejemplo cuando veo que suben fotos conmigo a las redes sociales, que si están conmigo se lo comunican a todo mundo y me invitan a todos los planes…
- **¿Hechos o palabras?** Odio a las personas que solo hablan y proponen o prometen... solo creo en hechos como dicen aquí en México, y lo aplico mucho; de lengua, me hago un lío.
- **Tus locuras por amor son:** Lo más loco que hice por amor fue venirme a 12.000 km de mi casa después de que mi novio decidiera no casarse conmigo para demostrarle con hechos lo que yo siento por él... No resultó, no volvimos, pero yo soy así, entregada a todo o nada... El precio de no seguir tu corazón es pasar el resto de tu vida deseando haberlo hecho, y aquí estoy, un año más hasta terminar la maestría.

Búfalo de Madera - Fecha de nacimiento: 15/05/1985

- **¿Qué te apasiona?** Todo lo relacionado con la música y los viajes.
- **¿Cómo atraes?** Gestionando cosas que generen buena sintonía.
- **¿Cuál es tu arma de seducción fatal?** La guitarra.
- **¿Eres cazador o cazado?** Cazador.
- **¿Qué te da seguridad?** Estar rodeado de buena gente.
- **¿Qué te hace sentir libre?** La música.
- **¿Propones o dispones?** Propongo.
- **En el amor, ¿quieres dar o recibir atención?** Ambas cosas.
- **¿Hechos o palabras?** Hechos; las palabras se las lleva el viento.
- **¿Qué te colma?** La familia.

Búfalo de Agua - Fecha de nacimiento: 12/10/1973

- **¿Cómo atraes?** Con la mirada.

- **¿Qué te aburre?** La rutina, la repetición, las personas que hablan siempre de sí mismas.
- **¿Qué te hace sentir libre?** Conocer.
- **¿Hechos o palabras?** No hay verdaderas palabras sin hechos.
- **¿Cómo demuestras rechazo y cómo atención?** Ignorando, y atención, haciendo cosas.

El Búfalo y su energía

Búfalo de Madera (1865-1925-1985) Un búfalo amistoso.

Está segmentado entre su profunda tendencia realista y su genio creador, es también el menos obstinado y el más inseguro de todos los búfalos. Esta debilidad de carácter es, paradójicamente, la razón de su éxito en el plano social y en las relaciones humanas. Es muy *sexy*, tolerante, divertido, sabe trabajar en equipo y se adapta bien a todas las circunstancias.

Búfalo de Fuego (1877-1937-1997) Un búfalo apasionado.

Es, por naturaleza, bastante inestable, dividido entre su sentido terráqueo y su pasión, y eso lo lleva a tener un carácter difícil. Es el más orgulloso y arrogante de todos los búfalos, de modo que puede ser agresivo. Leal, triunfará honestamente sin utilizar a nadie. Busca la seguridad para él y los suyos. Lujurioso cuando se enamora, es capaz de aventuras de ciencia ficción.

Búfalo de Tierra (1889-1949-2009) Un búfalo por excelencia.

Este búfalo pura sangre lleva sus cualidades y defectos hasta el extremo. Su tenacidad puede convertirse en terquedad; tiene un deseo demasiado grande de perfección, lleno de escrúpulos y de sentido del deber. No sabe controlarse, entonces muchas veces cae indigesto; posee tendencia a exagerar sus defectos y limitaciones. Es muy fiel con los pocos amigos que tiene. Con su familia actúa de manera posesiva, pero la quiere y la protege con furia. No es brillante, pero sí sólido, y así se labra su camino. Trabaja duramente y no se queja, todo lo hace para mejorar su situación. Testarudo, le cuesta retroceder o admitir errores.

Búfalo de Metal (1901-1961-2021). Un búfalo con suerte.

En este caso, la tradición considera que el metal significa «oro». Y este es un signo de riqueza. Muy voluntarioso y resuelto, sabe lo que quiere y será capaz de oponerse a sus contrincantes. Conoce su valor y no tiene miedo a nada. Pero su necedad y su ambición lo pueden llevar a emprender acciones sin la debida reflexión. Es más resistente que otros búfalos, no escatima esfuerzos. Poco comprensivo, puede ser rencoroso y muy vengativo.

BÚFALO DE AGUA (1913-1973) UN BÚFALO LÚCIDO.
A pesar de su lucidez, o tal vez por culpa de ella, el lado realista de su temperamento lo convierte en indeciso e inquieto. Si se sobrepone al miedo de equivocarse y actuar mal, podrá realizar sus ambiciones, pues es astuto y sabe resolver las situaciones; pero le irá mejor si tiene el apoyo de quienes están a su lado. Es muy intuitivo y ameno. Rodeándose de la gente adecuada y escuchando sus consejos, triunfará en la vida.

El Búfalo y su ascendente

BÚFALO ASCENDENTE RATA: 23.00 A 01.00
Un búfalo con verdadero sentimiento. La rata lo suaviza y lo torna más comunicativo. Cuidará del dinero.

BÚFALO ASCENDENTE BÚFALO: 01.00 A 03.00
Materialista y preocupado por la seguridad. No tendrá humor ni imaginación, sin embargo llegará alto, y será un líder.

BÚFALO ASCENDENTE TIGRE: 03.00 A 05.00
Un búfalo cautivante y de gran magnetismo. Fiel a sus impulsos, pero... ¡a cuidarse de su mal genio!

BÚFALO ASCENDENTE CONEJO: 05.00 A 07.00
Será un búfalo diplomático y muy discreto. No se esforzará demasiado y se dedicará al arte.

BÚFALO ASCENDENTE DRAGÓN: 07.00 A 09.00
Un nativo de gran fuerza y poder. Gracias a esas cualidades logrará siempre sus objetivos. Tiene demasiado amor propio. Le convendría ser más receptivo.

BÚFALO ASCENDENTE SERPIENTE: 09.00 A 11.00
Esta combinación de signos reservados y reacios a aceptar consejos da como resultado un búfalo solitario y astuto.

Búfalo ascendente Caballo: 11.00 a 13.00

Este es un búfalo con un ritmo muy especial y extremadamente fantasioso. Probablemente le guste el deporte.

Búfalo ascendente Cabra: 13.00 a 15.00

Un búfalo muy tierno, con tendencias artísticas y también muy receptivo. Sabrá hacer dinero a partir de su talento.

Búfalo ascendente Mono: 15.00 a 17.00

Este búfalo no se tomará demasiado en serio los problemas. Será astuto, jovial, y siempre tendrá un naipe escondido en la manga.

Búfalo ascendente Gallo: 17.00 a 19.00

Un búfalo dinámico y concienzudo. Antes de usar los puños se valdrá de su pintoresca retórica. Una mezcla de predicador y soldado.

Búfalo ascendente Perro: 19.00 a 21.00

El temperamento del perro le dará una apertura a su vida, haciendo que la enfrente desde una óptica distinta.

Búfalo ascendente Cerdo: 21.00 a 23.00

Este búfalo es afectuoso, muy exigente y sobre todo muy conservador. Para su bien, le convendrá ser menos flexible en situaciones de su propio interés y cuidarse en las comidas.

Cuéntame un cuento chino

Jairo • Búfalo de Tierra • Artista cósmico y juglar de los pueblos • Argentino

Nací en la pradera. Conocí el sosiego de la vida sedentaria. Comer y dormir, dormir y comer, o, en un desborde de alegría, corretear y saltar. En caso de sobresalto, encontraba cobijo en mi madre, que se movía a sus anchas en medio de la manada. Un tiempo bucólico que duró lo que duran los sueños. El tiempo pasó y un día decidí marcharme a probar fortuna en la ciudad. Un búfalo caminando por las calles de la gran urbe produce zozobra y es visto con hostilidad. Me sentía observado, estudiado y señalado. En la entrada de un callejón sombrío, un león, ese animal con complejo de rey, cantaba una letanía: «Qué pensará mi madre, ay, ay, sí, qué pensará...». Me acerqué y le pregunté cómo era eso de ser a la vez león y artista en una ciudad. «Y... es cosa de circo», me respondió, y continuó a su aire: «qué pensará mi pueblo, ay, ay, sí, qué pensará...». En el interior del callejón, un grupo de elementos, es decir: gallos, tigres, perros, gatos, cabras, caballos, cerdos y conejos, escuchaban absortos a un hombre con sombrero que reclutaba animadores para su circo. Lo acompañaba un dragón que, como buen dragón de tierra, era de lo más cordial. Recordé las palabras del león-artista y me ofrecí. «¿Y tú qué sabes hacer?», me preguntó el reclutador. No supe qué responder. «Dile que eres domador de dragones», me susurró el perro, «eso lo va a impresionar», dijo el gallo. Y así fue. Seguí el consejo del perro y se me abrieron las puertas del circo. Desde entonces el perro ejerció un gran poder sobre mí y el gallo se ganó mi simpatía.

En el circo la vida discurría sin sobresaltos. Hasta que un día llegó un coche del que bajaron unos señores con trajes amarillos y mascarillas protectoras; se dirigieron directamente a la cocina, que estaba a cargo de las ratas, las más astutas y ambiciosas del circo (tengo una buena relación con ellas). Al cabo de media hora vimos salir a los hombres llevándose a los payasos. Estos estaban en plena fase de llanto y soltaban grandes lágrimas que caían como una lluvia tibia sobre todos nosotros. «Ellos venían a por las ratas, pero se llevan a los payasos porque las muy astutas los engañaron con un simple juego de palabras», dijo el mono. «¿Qué les dijeron?», se interesó el cerdo. «Los convencieron de que últimamente las bromas de los payasos carecían de lógica». «¿Y tú cómo has llegado a esa conclusión?», le inquirió la serpiente, y el mono, mirándola de soslayo, culminó: «...Porque eran del Servicio Bromatológico».

Aquí me siento bien. Todos me llaman Bill y me respetan; sin embargo, cuando llega el verano siento nostalgia de la pradera y busco un rincón solitario para observar las estrellas. Me gusta pensar que mi madre es una de ellas. Cuando la melancolía me desborda, siento más fuerte que nunca mi ascendente perro, entonces levanto la cabeza y le ladro a la luna.

Museo Van Gogh
Búfalo de Agua

Personajes famosos

BÚFALO DE MADERA (1865-1925-1985)
Johann Sebastian Bach, Roberto Goyeneche, Peter Sellers, B. B. King, Jack Lemmon, Paul Newman, Carlos Balá, Rafael Squirru, Dick van Dyke, Richard Burton, Malcolm X, Tony Curtis, Johnny Carson, Rock Hudson, Bill Halley, Bert Hellinnger, Sammy Davis Jr., Rosario Ortega, Jimmy Scott.

BÚFALO DE FUEGO (1877-1937-1997)
Dustin Hoffman, Trini López, Robert Redford, Norman Brisky, Martina Stoessel, Jack Nicholson, Facundo Cabral, Diego Baracchini, Jane Fonda, Boris Spassky, Herman Hesse, José Sacristán, Bill Cosby, Warren Beatty, rey don Juan Carlos I de España, María Kodama.

BÚFALO DE TIERRA (1889-1949-2009)
Jairo, Meryl Streep, Fernando Parrado, Renata Schussheim, Paloma Picasso, Ángeles Mastretta, Joaquín Sabina, Oscar Martínez, Claudio Gabis, Charles Chaplin, Alejandro Medina, Luis Alberto Spinetta, Billy Joel, José Pekerman, Richard Gere, Jessica Lange, Sergio Puglia, Jean Cocteau, Gene Simmons, Napoleón Bonaparte.

BÚFALO DE METAL (1901-1961)
Barack Obama, Alfonso Cuarón, James Gandolfini, Louis Armstrong, Enzo Francescoli, Boy George, Cinthia Pérez, Alejandro Agresti, Ronnie Arias, Alejandro Awada, The Edge, Sergio Bergman, Diego Capusotto, Nadia Comaneci, Jim Carrey, Lucía Galán, Ingrid Betancourt, Eddie Murphy, Juana Molina, Andrés Calamaro, Andrea Frigerio, Walt Disney.

BÚFALO DE AGUA (1853-1913-1973)
Juan Manuel de Rosas, Belén Esteban, Albert Camus, Sebastián Ortega, Zambayonny, Juan Manuel Gil Navarro, Inés Sastre, Nicolás Pauls, Bruno Stagnaro, Alan Ladd, Cecilia Carrizo, Juliette Lewis, Vivien Leigh, Burt Lancaster, Cristina Pérez, Mariana Fabiani, Iván González, Carolina Fal, Carlo Ponti, Martín Palermo.

Tabla de compatibilidad

	Amor	Salud	Trabajo	Amistad
	2	5	5	3
	2	4	3	2
	3	4	3	2
	3	4	3	3
	5	5	4	5
	4	5	4	5
	4	4	5	5
	4	3	3	5
	3	4	2	1
	3	3	3	4
	3	4	2	2
	4	2	4	2

1 • mal 2 • regular 3 • bien 4 • muy bien 5 • excelente

Tigre

En Cartagena
todo sale o se esconde.
Nacen, mueren, sufren,
mar adentro
no me aventuro,
días enteros,
hay que vivirlos.
Nadie supo volver
sin escucharse.
Nado en mi propio mar
no espero salvataje.
Acá me podría quedar
sin que nadie me buscase.
Me convierto en mango,
al despertar soy papaya
el que me quiera probar
que se acerque a mi ventana.
Ahora es acá;
lo demás no me pasa.

L. S. D.

Ficha técnica

Nombre chino del tigre
HU

Número de orden
TERCERO

Horas regidas por el tigre
03.00 A 05.00

Dirección de su signo
ESTE-NORDESTE

Estación y mes principal
INVIERNO-FEBRERO

Corresponde al signo occidental
ACUARIO

Energía fija
MADERA

Tronco
POSITIVO

Eres tigre si naciste

26/01/1914 - 13/02/1915
TIGRE DE MADERA

13/02/1926 - 01/02/1927
TIGRE DE FUEGO

31/01/1938 - 18/02/1939
TIGRE DE TIERRA

17/02/1950 - 05/02/1951
TIGRE DE METAL

05/02/1962 - 24/01/1963
TIGRE DE AGUA

23/01/1974 - 10/02/1975
TIGRE DE MADERA

09/02/1986 - 28/01/1987
TIGRE DE FUEGO

28/01/1998 - 15/02/1999
TIGRE DE TIERRA

14/02/2010 - 02/02/2011
TIGRE DE METAL

Ayer por la tarde sintonicé canal Encuentro, obra maestra de la cultura, y me topé con Pichuco. Rauda, miré su fecha de nacimiento y descubrí a un Tigre de madera que vivió como tal.

Su padre fue un humilde carnicero del Abasto que murió tempranamente y dejó al cachorro criándose en el arrabal, en ese Buenos Aires que sintió en sus cacerías diurnas y nocturnas antes de que el bandoneón* lo eligiera para ser su intérprete.

Vivaz, curioso, seductor, fue repartiendo su tiempo, sueños y afectos y creciendo, simultáneamente, entre los ecos de Gardel, Fioravanti y una orquesta que era el refugio de sus safaris nocturnos.

Se enamoró de Zita, esa beldad griega que fue su compañera hasta después de su muerte.

Y le dio sabor a tango al país y al mundo haciendo vibrar su bandoneón hasta el último hálito.

Con Manzi fueron creadores de música y letras que están en el inconsciente colectivo y nos resucitan en alguna esquina de Buenos Aires cuando sentimos que la vida se detuvo para no ir tan de prisa.

Aníbal Troilo es un tigre que destila pasión por la vida y que se la jugó en cada acto que lo llevó a lugares peligrosos y lo sacó a tiempo, confiando en su poderosa intuición.

El amor lo encadenó en una jaula de libertad creativa y jamás dejó a nadie desprotegido cuando le pedían ayuda. Su corazón era grande, dio con generosidad a cada alma y quedó enraizado en nuestro pueblo.

Su cara atemporal, de niño pícaro, fue madurando sin dejar señales de envejecimiento; este tigre vivía en contra de las agujas del tiempo y plasmaba su rebeldía en leguas de gira o millas de vuelo extraterrestre.

Mientras disfrutaba de las imágenes de su prolífica vida sentía nostalgia del futuro.

Y pienso en mi opuesto complementario, lleno de pasión, insolencia, coraje, arte para embrujarnos y hacernos olvidar de la vida cuando la cotidianidad nos exaspera y no sabemos qué autopista elegir para hacer «mutis por el foro».

En China, donde él es rey de la tierra y el dragón rey del cielo, se lo venera por la protección que brinda contra los ladrones, los fantasmas y el fuego.

---

* Instrumento musical de viento parecido al acordeón pero sin teclado y con los armazones laterales cuadrados o rectangulares. «El bandoneón es el instrumento típico de la música de tango».

Su naturaleza indomable, pasional, valiente, lo convierte en líder desde que está en el jardín de infancia, y tendrá una legión de seguidores que lo obedecerán incondicionalmente.

Carece de diplomacia y su lema es: «Ojo por ojo, diente por diente».

Tendrá que autodisciplinarse para ser dueño de sus actos y palabras; su carisma transmuta enemigos y opositores apenas entran en contacto con su energía, que quema como el sol en verano, derritiéndolos.

Es un relámpago que ilumina en momentos de gran zozobra, su rugido se impone en la selva y sabe organizar un ejército en segundos para ir a la guerra.

Rompe con tabúes y acorta distancias con sus ideas solucionando problemas en la comunidad de los hombres.

La mayoría de los tigres son muy atractivos; saben atrapar a su presa de un zarpazo y dejarla fulminada.

El tigre explorará cada rincón del mundo propio y ajeno hasta quedar exhausto, ser atrapado o morir en el intento.

Su imaginación, como la de Cortázar, nos inspirará profundamente y cambiará mandatos, modelos, abriendo nuestra percepción con cirugía invisible.

Estar con ellos es un banquete afrodisíaco; su sentido del humor, capacidad de juego, talento, rapidez mental son armas que los distinguen del resto del zoo.

ADORAN APOSTAR: TODO O NADA. Muchos tienen el vicio del juego, del sexo, de las adicciones, que los llevarán por laberintos muy complejos.

El tigre sabe seducir, mentir, burlarse del prójimo.

Y no hay que pedirle continuidad ni fidelidad.

Detesta ser empleado; siempre elegirá ser libre e independiente en el oficio o profesión que elija.

Sabe cazar tesoros ocultos y esconderlos o dilapidar fortunas en viajes alrededor del mundo o en negocios ilícitos.

Sagaz, es capaz de estar en el centro de la escena o de ser invisible en tiempos desfavorables, pero su innata autoridad siempre se sentirá.

El Tigre en el Trabajo

Enseña a sus crías a cazar en la selva desde que son pequeñas, y si bien la tigresa es una madre ejemplar, no dejará su vocación o estudios para sacrificarse por los suyos.

Nació con un destino de liderazgo; será perseverante y transmitirá buenas enseñanzas en el zoo.

Hacer negocios con un tigre tiene alto riesgo. Puede ser el gordo de Navidad, el premio mayor de la lotería, o una pesadilla si no cumple con lo pactado.

Detesta firmar papeles; para él la palabra es sinónimo de garantía.

Temerario, imperial, déspota; no soporta el fracaso ni los reclamos cuando él no es el dueño del circo.

Su inconstancia hace peligrar el negocio, y muchas veces se aburre y deja el barco con los tripulantes a la deriva.

El Tigre en el Amor

Nació para darnos lecciones; exótico, *sexy*, despiadado, cuando elige obsesionarse por su presa, es capaz de hacer vivir *Las mil y una noches* sin aviso a su elegido.

Imprevisible, original, marcará un antes y un después en la vida de quien se le cruce en su camino. Adora los amores prohibidos e imposibles. Y es muy exigente en la elección de su pareja: buscará sensualidad, gracia, inteligencia, osadía y una cuota de sadismo para tener relaciones que despierten su adrenalina.

El Tigre en la Familia

Forma la propia desde joven, sin que le importe mucho estar en casa criando a sus hijos.

Y tiene varias más, en cada puerto un amor, y tal vez hijos que le reclaman análisis de ADN para confirmar que fueron el fruto de una noche inolvidable.

Es nómada, y prefiere calidad a cantidad de tiempo con su familia suigéneris.

L. S. D.

PD: Rocío es una tigresita que vive en Traslasierra a quien conozco desde pequeña.

Multifacética, bella y segura de sus deseos, la veo crecer mientras Mónica, su mamá yegüita, me da masajes, embellece mi cuerpo, y nos confesamos en ese tiempo fuera del tiempo que a veces tenemos para nosotras.

Un día Rocío me dio una carta que escribió a su padre, Day, que fue también un carpintero notable y que dejó su talento en mis refugios.

La leí una tarde sobre el río de Mina Clavero y me identifiqué con su prematura orfandad. Por eso la convoqué a que escriba sobre su naturaleza de tigresa en mi libro.

Se la presento.

Mi nombre es Rocío Lacasia Mosquera, tengo 17 años y vivo en Mina Clavero, Córdoba. Una de las cosas que más me apasiona en la vida es escribir. ¿Por qué? Porque al escribir expreso en una hoja mis pensamientos y sentimientos más profundos. A veces tan solo necesitamos tomar un papel y un lápiz y escribir un poco de lo que nos pasa, de lo que sentimos, o simplemente tener entre las manos un libro y leer, encontrarnos entre frases, compartir un momento agradable.

La noticia de tener la oportunidad de hacerlo en este libro de nuestra querida Ludovica es sin duda todo un placer.

Soy tigre de tierra, ascendente en mono, ariana. Además de escribir, algo que hago como un hermoso pasatiempo, quiero dedicar mi vida a la peluquería, amo la fotografía, el arte con las manos, tener el poder de capturar un momento perfecto. Me encanta la estética, debe ser porque mi casa siempre estuvo llena de cremas, maquillajes, cepillos, secadores y planchas.

Mi madre, Mónica Mosquera, se dedica a la estética; es cosmetóloga y esteticista. Es caballo de madera y, como bien está descrito en el horóscopo, «encantadora, sibarita y elegante», la persona más fuerte y alegre que conozco, amante de su profesión y con un amor eterno a su familia e hijos.

Mi padre, Hugo Damaso Lacasia, era perro de tierra, dedicó su vida a la carpintería, amante del ciclismo, lo hizo siempre con pasión. Sin dudas esas dos cosas me llevan a él. Cada día me veo más parecida a él y estoy totalmente orgullosa de que sea así.

Mi hermano, Nicolás Lacasia Mosquera era gallo de agua. Un ángel en mi vida, esa persona que llegó a nosotros para colmarnos de luz y darnos enseñanzas y valores verdaderos.

Dentro del Reino Animal, el tigre es uno de los animales más poderosos, admirado por su belleza y temido por su conocido carácter de depredador, así somos, así nos mostramos, como el animal más fuerte y poderoso.

Sabemos disfrutar de los momentos, estamos en constante búsqueda de la felicidad, esa felicidad que teníamos de cachorros, donde lo más hermoso era saltar y correr por grandes extensiones, jugar con algún insecto, lamernos el pelaje, exponernos al sol y refugiarnos en el lomo de mamá. En momentos difíciles queremos volver a aquellos tiempos donde el mayor dolor que podíamos tener era lastimarnos la pata, pero así fuimos aprendiendo, de lo bueno y de lo malo, entendimos el yin y el yang (lo «malo» o lo «bueno», lo «malo» que hay en lo «bueno», lo «bueno» que hay en lo «malo»).

Siempre nos va a gustar tener nuestros momentos a solas, pero no durante mucho tiempo, nos gusta pasarlo con las personas que queremos, como nuestra familia, amigos, esas personas por quienes sacaríamos nuestros grandes colmillos y nuestras afiladas garras en caso de que los ataquen; con nuestra pareja, en la cual pasamos a ser el felino admirado por su belleza exterior e interior, nos volvemos adorables y algo posesivos, cuidamos lo nuestro de buena manera y buscamos estar más cómodos. No duraríamos más de un par de meses con alguien que no nos complete, que no admire lo mejor de nosotros y no nos daríamos por vencidos si tuviéramos que salir nuevamente a buscar un amor para vivir plenamente.

El tigre necesita vivir sus experiencias, desde las más difíciles hasta las más sencillas, podemos ser tan débiles como fuertes en cuestión de segundos. La vida no deja de vernos como ese animal fuerte y poderoso y nos pone a prueba porque sabe que resultaremos victoriosos, sin temor a nada, con el valor de salir a recorrer la selva en paz.

Disfrutamos de la buena música, un café caliente, una mirada como melodía de fondo, un poema, un consejo, un beso sincero, entrelazar las manos... Nos gusta estar activos, disfrutamos los días soleados, revolcarnos en la arena y echarnos al sol, los días lluviosos, el pasto mojado, los charcos, disfrutamos del frío y del calor, disfrutamos de la vida.

Y así me despido. Gracias de nuevo por el espacio.

Encuestas

Tigre de Agua - Fecha de nacimiento: 05/07/1962
- **¿Qué te apasiona?** El fútbol y ser maestra jardinera, tener amigos.
- **¿Cómo atraes?** Ni idea de qué contestar; supongo que atraigo por mi temperamento, por simpatía.
- **¿Eres cazadora o cazada?** Cazadora…
- **¿Qué te da seguridad?** Tener el control de las cosas.
- **¿Qué te aburre?** Me aburre que me hablen de un mismo tema como algo central… me gusta tener varios frentes abiertos… ¡y divertirme!
- **¿Qué te hace sentir libre?** Sentir libre… Estar de vacaciones en el mar.
- **En el amor, ¿quieres dar o recibir atención?** En el amor… quiero recibir y dar.
- **¿Hechos o palabras?** Hechos y palabras… primero palabras y después hechos.
- **¿Que te colma?** Me colma hacer lo que me gusta.

Tigre de Agua - Fecha de nacimiento: 12/11/1962
- **¿Cómo atraes?** Si se refieren al sexo opuesto, no digas nada, pero miro insistentemente.
- **¿Qué te aburre?** La rutina.
- **¿Qué te hace sentir libre?** Caminar por el mar, lo másssss.
- **¿Hechos o palabras?** Hechos, mamita, las palabras se las lleva el viento; es como el dinero: desaparece…
- **¿Qué lectura haces de la incondicionalidad en el amor?** No hay lectura si no hay respeto; con eso te lo digo todo, cortito.

Tigre de Madera - Fecha de nacimiento: 30/04/1974
- **¿Qué te apasiona?** El amor.
- **¿Cuál es tu arma de seducción fatal?** La honestidad.
- **¿Eres cazador o cazado?** Cazo.
- **¿Qué te aburre?** La rutina laboral.
- **¿Qué te hace sentir libre?** Crear y contar historias.
- **¿Propones o dispones?** Propongo.
- **En el amor, ¿quieres dar o recibir atención?** Las dos cosas.
- **¿Hechos o palabras?** Las dos.

- **Tus locuras por amor son:** Refregarme una hamburguesa gigante por la cara para que la chica que tenía enfrente no sintiera vergüenza al comer delante de mí.
- **¿Qué lectura haces de la incondicionalidad en el amor?** Es algo a lo que se llega con el tiempo.

TIGRE DE MADERA - FECHA DE NACIMIENTO: 01/01/1975

- **¿Qué te apasiona?** La música bien concebida en todos sus géneros, la lectura y el cine.
- **¿Cuál es tu arma de seducción fatal?** La retórica.
- **¿Eres cazador o cazado?** Ambas opciones.
- **¿Qué te aburre?** La falta de atención.
- **¿Qué te hace sentir libre?** La ecuanimidad.
- **¿Propones o dispones?** Ambas cosas.
- **En el amor, ¿quieres dar o recibir atención?** Un balance entre dar y recibir.
- **¿Hechos o palabras?** Hechos.
- **Tus locuras por amor son:** Inflar más de cien globos para el cumpleaños y que se despierte flotando (me mareo tremendamente, ja).

TIGRE DE FUEGO - FECHA DE NACIMIENTO: 29/02/1986

- **¿Qué te apasiona?** La inmensidad.
- **¿Cuál es tu arma de seducción fatal?** La pasión.
- **¿Eres cazador o cazado?** Cazo.
- **¿Qué te aburre?** Casi todo.
- **¿Qué te hace sentir libre?** No dar explicaciones.
- **¿Propones o dispones?** Ambas/Ninguna.
- **¿Qué lectura haces de la incondicionalidad en el amor?** Que es eso, el amor, y no otra cosa.

TIGRE DE FUEGO - FECHA DE NACIMIENTO: 17/04/1986

- **¿Qué te apasiona?** Nadar desnudo en el río.
- **¿Cuál es tu arma de seducción fatal?** La indiferencia.
- **¿Eres cazador o cazado?** Cazo.
- **¿Qué te aburre?** Esperar que me atiendan en un hospital.
- **¿Qué te hace sentir libre?** Orinar en el arcén de una carretera.
- **¿Propones o dispones?** Propongo y dispongo.
- **Tus locuras por amor son:** Dejar a mis amigos de lado, en vacaciones, tomar un micro y llevarle flores a mi novia desde una costa hacia otra.

El Tigre y su energía

Tigre de Madera (1914-1974) Un tigre típico.

Este tigre de una sola pieza está dotado de sentido artístico y puede ser un creativo. Su afabilidad y don de gentes atraerá amigos, con los que será leal a lo largo de su vida. En realidad es bastante superficial y a menudo no se destaca por su lucidez; no le gusta tener responsabilidades. Aunque le cueste admitirlo, tiene que ser consciente de sus límites.

Tigre de Fuego (1866-1926-1986) Un tigre al rojo vivo.

Su espíritu inventivo y creador alimenta su amor por la acción. Ardiente y apasionado, siempre está listo para entrar en campaña o para emprender nuevas aventuras. Es imprevisible, y no se sabe adónde lo puede llevar su pasión. Pero su fuerza, cuando él lo desea, impresiona y galvaniza; podría ser conductor de masas si se lo propusiera. Vive el presente; lo único que le importa es seguir su instinto a costa de los demás.

Tigre de Tierra (1878-1938-1998) Un tigre realista.

Un espécimen tranquilo, responsable, con posibilidades de hacer fortuna, pues tiene más paciencia que sus congéneres. Sabe modular la acción y comprende la relativa importancia de cada cosa. Tal vez no titile tanto como los otros tigres, pero sus amistades serán sólidas, aunque a menudo demasiado razonables. A veces su narcisismo lo lleva a enredarse en un laberinto de pasiones sin escapatoria; pero en general es estable y responsable.

Tigre de Metal (1890-1950-2010) Un tigre inoxidable.

Este tigre es el James Dean del zodíaco. Está ávido de cambios, es nómada y nunca se queda en la jaula. En general se convierte en un viajero, se autoexilia y se integra en cada lugar del mundo con flexibilidad. Muy egoísta, solo se ocupa de sus intereses y puede aplicar cualquier método para triunfar. Ansioso, enérgico, toma a veces sus deseos como realidades. Es independiente, romántico y muy influenciable.

Tigre de Agua (1902-1962-2022) Un tigre sagaz.

Su extrema lucidez a veces lo convierte en un ser demasiado prudente, y pierde oportunidades que le vendrían muy bien, entonces tiene que trabajar encarnizadamente para compensar.

Es un ejemplar sensible, optimista, sentimental, generoso y muy abierto a los cambios. Excelente amigo y confidente, se puede contar con su amistad incondicional en todas las ocasiones; nunca va a defraudar.

El Tigre y su ascendente

TIGRE ASCENDENTE RATA: 23.00 A 01.00
Esta combinación tendrá energía y optimismo, pasión instantánea y explosiva. Será un tigre independiente, con una gran cuota de posesividad e inseguridad.

TIGRE ASCENDENTE BÚFALO: 01.00 A 03.00
Una combinación muy favorable. Será un tigre previsor, perseverante, dotado para las grandes causas, más realista que otros. Solitario, tenaz y entusiasta, llegará a sus fines honestamente.

TIGRE ASCENDENTE TIGRE: 03.00 A 05.00
Es el rey de los tigres. Imprevisible, temerario, idealista, no conoce la mesura y arremete sin piedad. Su carácter oscila entre un ciclón y un estanque.

TIGRE ASCENDENTE CONEJO: 05.00 A 07.00
Es independiente. Será previsor, aristocrático y muy sociable. No dará puntada sin hilo, buscará fama, poder y gloria.

TIGRE ASCENDENTE DRAGÓN: 07.00 A 09.00
Es extraordinario. Será noble, valiente, enérgico y muy bello. Imperial, generoso, tendrá una ambición desmedida y exigirá pleitesía.

TIGRE ASCENDENTE SERPIENTE: 09.00 A 11.00
Reservado, seductor y muy ambicioso, este tigre no se dejará atrapar fácilmente y será peligroso. La serpiente lo manejará enmascarada tras su imagen.

TIGRE ASCENDENTE CABALLO: 11.00 A 13.00
Será un tigre irrefrenable, lleno de matices. Ávido de espacio, de libertad, no conocerá lo que son las responsabilidades. Se la jugará por los demás y será un orador genial. Se calmará en la vejez.

TIGRE ASCENDENTE CABRA: 13.00 A 15.00
La cabra le aportará un sentido estético, saltarín y gracioso. Tendrá un humor lunático, será interesado y muy posesivo. Deberá elegir entre el confort y la libertad.

TIGRE ASCENDENTE MONO: 15.00 A 17.00
Esta combinación hará que este nativo concrete todo lo que se propone. El tigre aporta fuerza, determinación y riesgo, y el mono su profundidad y su astucia. Tendrá mucho encanto.

TIGRE ASCENDENTE GALLO: 17.00 A 19.00
Un tigre autoritario. Necesitará admirar a su adversario para actuar. Le faltará humor pero será muy leal. Su honor será intachable.

TIGRE ASCENDENTE PERRO: 19.00 A 21.00
Aunque su apariencia sea fogosa, este tigre es introvertido y reflexivo. Descubre las realidades y las enfrenta. Un filósofo que conoce los misterios de la vida y es el mejor amigo del mundo.

TIGRE ASCENDENTE CERDO: 21.00 A 23.00
El cerdo le aporta virtudes que resaltan su lealtad. Servicial, generoso, tendrá una familia a la cual entregará su vida. Si lo decepcionan, se hará humo.

Cuéntame un cuento chino

Gustavo Ponte • Tigre de Agua • Amigo del Tao • Argentino

Érase una vez que comenzó a correr la leyenda de un Tigre que enseñaba a hacer la GUERRA y a conducirla, obviamente, para «ganarla». Estudiándola más, para enseñarla mejor, fue que le ocurrió aquello de que: más la conocía, más la aborrecía. Además, al tiempo que más... y más... la conocía... aumentaba su amor por la PAZ.

En ese sentido, uno de sus caballitos de batalla preferido, para mostrar la brutalidad que significan las guerras, era repetir de vez en cuando una frase que según decía él, se le atribuía al Duque de Wellington. A este militar, político y estadista inglés, la historia universal lo recuerda por haber vencido a Bonaparte en Waterloo.

En sus clases sobre la guerra, nuestro Tigre Profesor decía que Wellington solía preguntar a sus eventuales auditorios: «A partir de entender que la peor de las escenas que uno pueda imaginarse es la de una batalla perdida, ¿saben cuál es la peor escena que le sigue en términos de brutalidad?». La respuesta, para quienes saben de la guerra y para quienes saben de la vida, era igual de espeluznante. Para Wellington, siempre según lo recogido por el profesor Tigre, la peor de las escenas que le sigue a la de una batalla perdida es la de una batalla ganada.

De alguna forma, el famoso guerrero inglés dejaba implícito que nada hay peor que la guerra, situación que conlleva muchísimo más de animal que de humano. El nivel de violencia al que se llega para mantener el instinto más animal, que es el de supervivencia, lleva a grados de brutalidad inimaginables para quienes tienen un mínimo de educación. ¿Cómo se explica el hecho de que la guerra, que lleva implícita la necesidad de matar para no morir, mantenga la vigencia y el grado de aceptabilidad que aún tiene entre seres que nos preciamos de humanos? Pues no hay otra explicación mejor que por la falta de educación. A mayor educación, menor necesidad de violencia; y sin violencia no habría necesidad de guerras. Como contrapartida, a mayor educación, mayor comprensión de mí y de los otros, todos. Si se comprendiera a los otros, semejantes a uno, ¿cómo explicar la necesidad de llegar a la violencia? La peor de las violencias es la guerra, entendida como esa parte de la política en la que, por razones de imponer poder, unos contra otros guerrean hasta el límite de provocarse la muerte.

Fueron, entre otros, los enormes ejemplos dados por Sócrates, quien habiendo sido heroico hoplita devino en padre de la filosofía occidental; por Descartes, quien comenzó como soldado voluntario en el ejército de Mauricio de Nassau y terminó convirtiéndose en padre del método científico; y por el mismísimo San Martín (de quien se dice que solía acompañarse con un retrato del duque de Wellington, al que admiraba), quien prefirió el ostracismo a seguir desenvainando su famoso sable corvo, los que convencieron a este Profesor Tigre de que vale mucho más sembrar aunque más no fuere el equivalente a un gramo de arena en favor de educar para la PAZ, que los millones y millones de dinero que se «invierten» (cuánta hipocresía ¿verdad?) por o para las guerras.

Rafael Nadal
Tigre de Fuego

Personajes famosos

TIGRE DE MADERA (1854-1914-1974)

Adolfo Bioy Casares, Elena Roger, Germán Paoloski, Julio Cortázar, Oscar Wilde, Thomas Merton, Penélope Cruz, Richard Widmark, Rafael Amargo, Leonardo Di Caprio, Alberto Castillo, Marguerite Duras, Dani Umpi, Robbie Williams, Eleonora Wexler, Meg White, Ariel Ortega, Emmanuel Horvilleur, María Julia Oliván.

TIGRE DE FUEGO (1866-1926-1986)

Martín Piroyansky, Luis Suárez, Marilyn Monroe, Alfredo Distéfano, Rafael Nadal, Lady Gaga, Martina Soto Pose, Sai Baba, Dalmiro Sáenz, Jerry Lewis, Lea Michele, Klaus Kinsky, Mel Brooks, Miles Davis, Robert Pattinson, Oscar Ustari, Alberto de Mendoza, Fidel Castro.

TIGRE DE TIERRA (1878-1938-1998)

Angela Torres, Isadora Duncan, Tina Turner, Roberta Flack, Rudolf Nureyev, reina Sofía de España, Roberto Carnaghi, Karl Lagerfeld, Alejandro Sessa, Alan Watts, Ellen Johnson-Sirleaf, Kofi Atta Annan, Issey Miyake, Pérez Celis, Augusto Mengelle, Jaime Torres, Héctor Larrea, Leonardo Favio.

TIGRE DE METAL (1890-1950-2010)

Carlos Gardel, Matildo Ubaldo Fillol, Stan Laurel, Stevie Wonder, Dolli Irigoyen, Miguel Ángel Solá, Oscar Mulet, Peter Gabriel, Quinquela Martín, Norberto «Pappo» Napolitano, Pelito Gálvez, Laura Esquivel, Michael Rutherford, Charles de Gaulle, Laurie Anderson, Hugo Arias, Marcela Tinayre, Teté Coustarot.

TIGRE DE AGUA (1842-1902-1962)

Andrea Bonelli, Alfredo Casero, Simón Bolívar, Carola Reyna, Divina Gloria, Jodie Foster, Ricardo Iorio, Silvina Chediek, Ivo Cutzarida, Karina Lascarin, Bahiano, Ian Astbury, Sandra Ballesteros, Juan Namuncurá, Ana Tarántola, Fernando Bonfante, Leonardo Becchini, Tom Cruise, Juanse Gutiérrez.

Tabla de compatibilidad

	Amor	Salud	Trabajo	Amistad
	**2**	**4**	**2**	**2**
	**3**	**4**	**3**	**2**
	**2**	**4**	**1**	**2**
	**2**	**4**	**3**	**4**
	**2**	**2**	**3**	**3**
	**1**	**2**	**3**	**2**
	**5**	**4**	**3**	**5**
	**4**	**3**	**1**	**5**
	**4**	**4**	**3**	**3**
	**1**	**1**	**2**	**4**
	**2**	**2**	**5**	**3**
	**4**	**5**	**5**	**3**

1 • mal 2 • regular 3 • bien 4 • muy bien 5 • excelente

Conejo

Invertí vida
en destinos inciertos
y aún no cobré la partida.
Quiero todo nuevo.
Amor, lavarropas y tu silencio.
L. S. D.
USCHI DEMARÍA

Ficha técnica

Nombre chino del conejo
TU

Número de orden
CUARTO

Horas regidas por el conejo
05.00 A 07.00

Dirección de su signo
AL ESTE DIRECTAMENTE

Estación y mes principal
PRIMAVERA-MARZO

Corresponde al signo occidental
PISCIS

Energía fija
MADERA

Tronco
NEGATIVO

Eres conejo si naciste

14/02/1915 - 02/02/1916
CONEJO DE MADERA

02/02/1927 - 22/01/1928
CONEJO DE FUEGO

19/02/1939 - 07/02/1940
CONEJO DE TIERRA

06/02/1951 - 26/01/1952
CONEJO DE METAL

25/01/1963 - 12/02/1964
CONEJO DE AGUA

11/02/1975 - 30/01/1976
CONEJO DE MADERA

29/01/1987 - 16/02/1988
CONEJO DE FUEGO

16/02/1999 - 04/02/2000
CONEJO DE TIERRA

03/02/2011 - 22/01/2012
CONEJO DE METAL

Tenía una gran asignatura pendiente y pude concretarla hace una semana: visitar el actual Museo o Casa de las Esclavas del Corazón de Jesús en Cura Brochero, el pueblo ya mítico que lleva el nombre de este sacerdote.

La tarde dulce y dorada de fin de otoño fue un buen impulso para dejar a Tita, mi jeep, en un taller y caminar pausadamente, casi en cámara lenta, rumbo a esta casa típica colonial con patio y aljibe y cuartos contiguos para honrar, en comunión con el cura y sus monjas, la inmensa tarea de caridad, cultura y obras de ingeniería que hicieron de Rosario del Tránsito una localidad donde despuntó el desarrollo en la zona oeste de la provincia de Córdoba.

Pagué la entrada sin precio de jubilada, que TAO mediante seré el año que viene, y agradecí estar allí finalmente.

Cada ámbito, muy ordenado, pulcro y bien explicado, nos ubica en la geografía y la historia del lugar.

Zona de comechingones* y sanavirones,** y de sus morteros donde machacaban maíz, algarrobo, chañar*** y semillas con las que se alimentaban.

La zona gaucha, donde se mestizaron los españoles con los aborígenes en esa mezcla que la mayoría llevamos en el ADN y en el corazón.

Y de pronto llegar al cuarto de las Hermanas Esclavas del Corazón de Jesús que dieron su vida para vivir y morir allí cuidando, curando y educando a los pobladores salvajes y sin domesticar, herederos de caudillos, como el Chacho Peñaloza, que sabían cómo someter a los que no acataban sus órdenes. De pronto, me detuve en una foto. Se desprendía de ella la mirada de la Virgen María y su camino desde la Tierra hacia las alturas para guiarnos.

Victoria Torres, nacida el 11 de julio de 1915. Allí estaban su cama, su órgano, su semipiano, su rosario, sus humildes pertenencias.

Junto a otras hermanas cruzó las Altas Cumbres con el cura Bro-

---

* Es la denominación vulgar con la cual se alude a dos etnias originarias de la República Argentina, los hênîa y los kâmîare, que a la llegada de los conquistadores españoles en el siglo XVI habitaba las Sierras Pampeanas de las actuales provincias de Córdoba y San Luis.

** Nombre con el cual es conocido un pueblo aborigen que habitó en el centro del actual territorio continental americano de Argentina; esta etnia formaba parte del grupo pámpido, con elementos genéticos y culturales amazónidos y ándidos, hacia el siglo XV.

*** Árbol de la familia de las fabáceas de corteza verde amarillenta y fruto dulce y comestible.

chero desde Córdoba, a lomos de una mula, cuando no existía siquiera un camino de tierra ni puentes levadizos.

Épocas difíciles en la patria, que se hacía así, de corazón, de vocación, de pura solidaridad con el hermano necesitado y solo porque el amor movilizaba más que cualquier oferta de los que estaban en el poder.

Allí Victoria, una conejita de madera, dejó su huella.

Sentí ganas de nombrarla, acercarla al zoo, acostumbrado más a escuchar chismes de Brad Pitt y Angelina Jolie y su bisexualidad, que saturan a la humanidad desde los medios.

Pensé en el día a día de Victoria y las otras hermanas que seguro no se divertirían tanto como las de *Esperanza mía*, y las que fueron *yin-yang* en sus obras a pesar de usar hábitos.

Me conecté con la parte bondadosa del conejo; su altruismo, energía arrolladora para unir gente de diferentes mundos y clases sociales, su dinamismo para generar ideas creativas y concretarlas sin prensa.

Su libertad para fluir cuando el corazón, el deseo, los placeres llaman y no los reprime sino que los suelta, libera endorfinas que se mezclan con los aromas de los jazmines, rosas y violetas, y nos envuelven en un microclima embriagador.

El conejo representa el mundo subterráneo donde Perséfone vivió su condena, y pudo salir a la superficie durante la mitad del año, para convivir en ambos mundos con sabiduría y sentido del humor; algo que es fundamental para su equilibrio y el del ecosistema.

Su presencia es balsámica; puede tener estrés, ataques de pánico, fobias y miles de somatizaciones, pero cuando logra recuperar la armonía, la salud holística y el equilibrio se convierte en un mago, alquimista, sanador, chamán que nos transmite paz y felicidad.

Para el conejo, gato o liebre la vida es sencilla.

«NON CALENTARUM LARGUM VIVIRUM».

Sabe graduar el CHI, QUI, PRANA y no se desgasta en debates ni en peleas estériles.

Sale bien parado: es un genio para evaporarse cuando Interpol lo busca, y aparecer en un hotel de cinco estrellas o con prisión domiciliaria en un principado.

El arte de vivir, comer sano, respirar, hacer el amor y cultivar el carácter son virtudes muy acentuadas en el conejo.

Signo de suerte, de situaciones inesperadas, cambios radicales por amor, viajes o mecenas que se le cruzan en el camino.

Protagonista de situaciones de película, como Anaïs Nin y Henry Miller, un dúo intelectual y pasional que nos sigue inspirando a través de la vida, imaginándolos juntos en los bistró de París o en los hoteles donde dejaban en las sábanas sus arrebatos de amor en luna llena.

El conejo es intuitivo, sentimental, hipersensible, y cualquier situación agresiva lo perturba más que a los otros signos.

Su fragilidad anímica lo hace hipocondríaco, y si no tiene una familia sistémica, cariñosa y contenedora puede terminar arruinando su vida a través de drogas y otras adicciones.

En ambos sexos, y sobre todo en gays y lesbianas, su *look* es impecable, elegante, *sexy*, sensual, atrevido. Cuando entra en un lugar, todo el mundo lo mira; el conejo lo sabe y despliega su seducción sin importarle si el marido de su mejor amiga cae rendido ante sus ronroneos.

Es sociable, adora estar en eventos artísticos, culturales, deportivos y esotéricos; no se quiere perder nada, y será el mejor transmisor de cotilleos y detalles de cómo estaban vestidos, con quién o quiénes llegaron y se fueron los invitados.

Considerado en China como un talismán de la buena suerte, exprimirá sus siete vidas hasta agotarlas… y agotarnos.

Su talento despuntará temprano; un golpe de suerte lo relacionará con mecenas o gente que valoren sus dones y le den una gran oportunidad que cambiará su vida.

El conejo desarrolla clarividencia, telepatía, ubicuidad y las artes adivinatorias como nadie: su responsabilidad es mayor si utiliza la buena fe de quien se le cruza en el TAO para fines personales y bajos.

Signo tripolar; aunque duerma la mitad de su vida, no descansa en sueños eróticos, viajes lejanos, citas a ciegas y reencuentros con vidas pasadas.

En el jardín aparecen liebres saltarinas, que están dispuestas a recordarme amores, amigos y futuros inspiradores del signo más afortunado del zoo chino.

El Conejo en el Trabajo

Santa Rita es la carnicería a la que siempre vamos, pues su anfitrión Eduardo es un santiagueño sumamente simpático que enraizó con mujer serrana y tres hijos que atienden al público según días y horarios.

«Vamos a lo del gordo», decimos con ganas, no solo por su exquisita carne, los cortes y embutidos, sino por su corazón de oro, siempre dispuesto a contarnos lo que pasa en el pueblo, bautizado por él como «el puticlub».

Les aseguro que caiga el día del año y la hora que sea, con elevada temperatura de las siestas en enero, o en madrugones en que la escarcha se infiltra por el cuello, el gordo siempre está detrás del mostrador dispuesto a atendernos con cariño.

Buen ejemplo de conejo de agua, excepción a la fama que tienen los santiagueños y su signo, y hoy me late dejarlos con este ejemplar para que sepan que un conejo feliz en su trabajo está siempre listo para trabajar con ahínco.

Los demás...

MIAUAUUAUAU. ¡¡Sonó el despertador!! ¡Arriba!

El Conejo en el Amor

Se han escrito enciclopedias sobre EL TAO DEL AMOR Y DEL SEXO, el *Kamasutra* y los libros eróticos de cada cultura.

El conejo, sin leer nada, es el que sabe del arte de amar y lo practica con dedicación. Estar con él o ella es magia continua; sabe tocar el punto G del alma y crear dependencia física y mental.

Artistas supremos, coleccionan amores como objetos de arte y saben que siempre hay una lista *stand by* esperando turno.

UNA EXPERIENCIA TRASCENDENTAL.

El Conejo en la Familia

Es cierto que el conejo pura sangre elige a sus amigos o andariegos ocasionales como su familia.

Otros se reproducen como conejos y adoptan niños y mascotas acrecentando su abanico afectivo.

SON SUI GÉNERIS.

Lo mejor es no pedirles que sean clásicos en la estructura familiar.

Ellos darán más amor que el resto del zoo, como Frank Sinatra, «a su manera».

Es recomendable que cuando hijos, padres, hermanos le pidan más atención, dedicación, hagan una constelación familiar que les dará el SATORI para lograr más kilómetros para viajar.

L. S. D.

Encuesta

Conejo de Madera - Fecha de nacimiento: **13/04/1975**

- **¿Qué te apasiona?** La belleza.
- **¿Cuál es tu arma de seducción fatal?** Hacerme el misterioso.
- **¿Eres cazador o cazado?** Ambas cosas.
- **¿Qué te aburre?** Después de un tiempo, todo.
- **¿Qué te hace sentir libre?** Que el otro sea libre.
- **¿Propones o dispones?** Propongo.
- **En el amor, ¿quieres dar o recibir atención?** Las dos cosas.
- **¿Hechos o palabras?** Hechos.
- **Tus locuras por amor son:** Pelearme con otra persona para defender a mi pareja.
- **¿Qué lectura haces de la incondicionalidad en el amor?** No debería haber.

Conejo de Fuego - Fecha de nacimiento: **19/09/1987**

- **¿Qué te apasiona?** Me apasiona conocer lugares nuevos, personas diferentes. Crear, descubrir. Reírme mucho. El arte en todas sus formas. La música, el sonido del piano. Entender cómo funcionan las cosas.
- **¿Cómo atraes?** Sinceramente no tengo idea. Siendo agradable, con sonrisas y tranquilidad. Con humor y chistes.
- **¿Cuál es tu arma de seducción fatal?** Tampoco tengo idea. Me parece que mi sentido del humor.
- **¿Eres cazadora o cazada?** Intuyo que soy cazadora.
- **¿Qué te da seguridad?** La confianza en los otros. Un trabajo que me guste. Un proyecto que vea que se puede llevar a cabo, que estoy logrando. Estar cerca de mis seres queridos.
- **¿Qué te aburre?** El sedentarismo. La falta de creatividad. Un día en el que me desperté sin saber qué querer hacer de él. La televisión.
- **¿Qué te hace sentir libre?** El conocimiento. Me hace sentir libre el intentar querer ser menos ignorante. Elegir. Escuchar a los demás y tratar de comprender sus puntos de vista, cuanto más diferentes al mío sean, mejor. Ir en bicicleta, disfrutar de la naturaleza.
- **¿Propones o dispones?** Me parece que propongo.
- **En el amor, ¿quieres dar o recibir atención?** Ambas en el equilibrio justo. En algún momento puede que uno esté más necesitado

de recibir y otras veces más dispuesto a dar. Pero cualquiera de las dos en exceso puede que lleve a la saturación. Se podría decir que cada gesto de recibir se puede devolver dando y viceversa, para alimentar ese equilibrio.

- **¿Hechos o palabras?** ¡Hechos!
- **¿Qué te colma?** La intolerancia y el egoísmo del ser humano. Las pocas ganas de todos de no ponerse en el lugar del otro. El hambre en el mundo. Su negación.
- **¿Cómo demuestras rechazo y cómo atención?** Demuestro rechazo simplemente ignorando aquello que rechazo. Intento controlar la intensidad para poder hacerlo sutilmente y no con expresiones sobreexplícitas (no siempre me sale). Demuestro atención preguntando, observando.
- **Tus locuras por amor son:** No estoy segura de haber cometido muchas locuras por amor. Decidir mantener una relación a distancia puede que sea una gran locura que estoy llevando adelante. Llevo un año, así que la locura continúa.
- **¿Qué lectura haces de la incondicionalidad en el amor?** Puede que la incondicionalidad en el amor no exista siempre. Existe en el amor de madre y el de los hijos, en el amor de algunos hermanos. La incondicionalidad al amor propio. Para la amistad y la pareja pienso que esa incondicionalidad tiene un límite mucho más acotado. También pienso que la incondicionalidad absoluta para estos últimos no es del todo sana. Ni qué hablar de querer imponerla en uno y pretenderla en los demás.

Conejo de Fuego - Fecha de nacimiento: 04/11/1987

- **¿Qué te apasiona?** Complacer a otros, a mí misma, a mis sentidos, cantar, bailar, hacer el amor, sentirme libre, la moda, la música, viajar, los besos, el amor.
- **¿Cuál es tu arma de seducción fatal?** Las sutilezas, la conversación, la ropa transparente o de encaje, la mirada, la hipnosis.
- **¿Eres cazadora o cazada?** Disfruto de ambas, prefiero que me cacen, pero cuando me apasiono no puedo evitar perseguir la presa.
- **¿Qué te aburre?** La indiferencia, que no haya *feedback*, la deshonestidad descubierta y mantenida.
- **¿Qué te hace sentir libre?** El viento, la altura, la naturaleza, tomar decisiones, viajar, ir y venir como quiero, el amor bien llevado.
- **¿Propones o dispones?** Ambas opciones; prefiero disponer, pero también me gusta la espontaneidad de poder invitar a jugar al otro.

- **¿Hechos o palabras?** Las palabras como regalo, para endulzar momentos, pero siempre los hechos hablan más alto que las palabras.
- **Tus locuras por amor son:** Ir sola a un recital sin conocer a nadie para ver al batería, que me fascinaba; terminamos siendo novios, así que salió bien.

El Conejo y su energía

Conejo de Madera (1915-1975) Un conejo modelo.

Tiene una personalidad compleja, su imaginación y su desbordante fantasía pueden jugarle malas pasadas si no logra controlarlas. Es generoso y bastante comprensivo. Muy ambicioso, evitará enfrentarse con las autoridades constituidas. Su inteligencia creativa le permite comprender las situaciones para adaptarse mejor. No puede esperar un éxito fulgurante, pero su paciencia y su creatividad permiten augurarle un buen futuro. Además de que es lento para decidirse, siempre se niega a tomar partido y eso podría convertirse en una gran limitación.

Conejo de Fuego (1867-1927-1987) Un conejo ardiente.

Aunque nos cueste imaginar a un conejo ardiente, su temperamento se acomoda bien con la pasión, su creatividad la nutre, siempre que no sea para el amor romántico, porque para él el amor tiene que ser divertido y no una relación trágica, porque no le permitiría desplegar toda su seducción. Si la ocasión se presenta, puede convertirse en un conductor de hombres. Nunca ataca de frente a sus adversarios. Si lo critican o lo hieren, puede ser muy malo.

Conejo de Tierra (1879-1939-1999) Un conejo práctico.

Es una excelente combinación, y puede ser un signo de éxito y fortuna. El realismo que tiene le permite superar los excesos de su temperamento imaginativo y poético para lograr un magnífico equilibrio. Sabe controlarse perfectamente, y el dominio de sí mismo es muy apreciado por sus jefes. Adora el lujo, el confort, los placeres terrenales; es un gran sibarita y solo cuando ama profundamente comparte su vida con alguien. Puede ser el más egoísta y avaro de los de su especie. Sabe controlar sus defectos y tiene en sus manos todas las posibilidades del éxito.

Conejo de Metal (1891-1951-2011) Un conejo lujurioso.

Su carácter metódico, constante, apasionado podría serle de gran utilidad, siempre y cuando su imaginación no interfiera tornándolo inestable, pues eso lo haría volar sin ala delta. Nunca muestra el juego, es imprevisible, original, talentoso, *sexy*, vital y muy lujurioso. Tiene una fe ciega en lo que dice y hace, en sus propios juicios, en sus pedidos y exigencias. Su privilegiado sentido estético y artístico de la vida puede convertirlo en un artista. Es capaz de enamorarse locamente, pero se comportará de modo posesivo, celoso, y nunca se entregará totalmente.

Conejo de Agua (1903-1963-2023) Un conejo médium.

Su lucidez puede ser a veces más un defecto que una virtud, porque suele generarle una prudencia excesiva y convertirlo en un timorato. Sus cualidades intelectuales y su excelente memoria tal vez lo lleven a ser un investigador muy dotado. Introvertido, hipersensible, le teme a los cambios y da mil vueltas antes de tomar una decisión. Su clarividencia y perspicacia le atraerán a muchos amigos, y será para ellos un excelente consejero.

Muy delicado, es receloso y rencoroso. Si pudiera expresarse mejor en la vida, tendría éxito, porque sus ambiciones son ilimitadas.

El Conejo y su ascendente

Conejo ascendente Rata: 23.00 a 01.00

La rata le aporta vitalidad y agresividad a este conejo, que será más rápido y astuto que los demás. Enfrentará con habilidad los obstáculos y dirá grandes verdades. Su cólera y sus celos serán explosivos.

Conejo ascendente Búfalo: 01.00 a 03.00

Sumamente trabajador, apegado y ambicioso. Lúcido y conservador, este nativo será muy sociable y también antisociable: un conejo contradictorio. Tendrá una fuerza oculta que nunca lo abandonará.

Conejo ascendente Tigre: 03.00 a 05.00

Vivirá desdoblado; por un lado será impulsivo, temperamental, apasionado, y por otro lado, tranquilo, medido y previsor. Muy independiente, es un compañero apasionado difícil para convivir.

Conejo ascendente Conejo: 05.00 a 07.00
Será irresistible, capaz de seducir a las mariposas. Discreto, refinado, culto y sibarita, conocerá los secretos del amor como un mago.

Conejo ascendente Dragón: 07.00 a 09.00
Este nativo será muy ambicioso, capaz de recurrir a cualquier arma para conseguir lo que se propone. Será muy pasional, romántico, y tendrá hipnotizados a los demás.

Conejo ascendente Serpiente: 09.00 a 11.00
Este conejo será Mandrake y tendrá a todo el mundo fascinado con su misterio. Refinado al extremo, discreto, jamás conoceremos sus secretos. Intuitivo y muy sensual.

Conejo ascendente Caballo: 11.00 a 13.00
Será muy alegre, movedizo y competitivo. Estará ávido de honores, viajes y gloria. Su *sex-appeal* no tiene límites. Es optimista, inconstante y divertido; no conoce la prudencia.

Conejo ascendente Cabra: 13.00 a 15.00
Este conejo será artista, muy divertido y sibarita. Buscará seguridad y no se privará de nada; tal vez se case por conveniencia. Aparecerán mecenas que lo protegerán a lo largo de su vida.

Conejo ascendente Mono: 15.00 a 17.00
Será genial, un emperador de la tragedia y la comedia, y carecerá de moral... Tendrá suerte en lo que emprenda y un séquito de admiradores que no lo abandonarán jamás.

Conejo ascendente Gallo: 17.00 a 19.00
Este conejo estará interferido por las exigencias del gallo. No parará de trabajar y vivirá el ocio con culpa. Adora recibir amigos, aconsejar y juzgar. Tendrá estados ciclotímicos.

Conejo ascendente Perro: 19.00 a 21.00
Será muy depresivo y necesitará una fortaleza para refugiarse del mundo. Muy sensible, creativo, defenderá a quienes ama. Inconstante y un poco perezoso.

Conejo ascendente Cerdo: 21.00 a 23.00
Es un filósofo pacifista, solitario y terriblemente independiente. Vivirá con lujuria y será muy intelectual, tendrá un corazón de oro y dará la vida por lo que cree.

Cuéntame un cuento chino

Don Miguel Ruiz Jr. • Conejo de Madera • Escritor • Autor de *Los cinco niveles del apego y Meditaciones Toltecas* • Mexicano

Soy un conejo, un ser que para mí ha representado la belleza de la naturaleza, la curiosidad, la supervivencia y el amor.

A pesar de no haber crecido dentro del seno de una familia china, he sido capaz de entender, desde la distancia, lo que significa haber nacido en el año del conejo y traduzco ese significado a valores que yo comprendo plenamente.

Un conejo se supone que representa la suerte, pero para mí significa que fui bendecido por la propia vida al nacer. Haber nacido en una familia que me da amor más allá de solo formación me lleva a reconocer las oportunidades de la vida con las que fui bendecido. Mi humildad viene de saber esto, así que hago lo mejor que puedo con las oportunidades que me brinda la vida.

El conejo es un veloz y ágil sobreviviente que se torna indefenso cuando no está alerta en su derredor, una perfecta combinación de sabiduría e inocencia que crea el carácter de un individuo como yo. Es similar a las primeras etapas de cuando estás aprendiendo a jugar ajedrez, cuando concentramos tanto nuestra atención en cómo mover cada pieza, que no ponemos atención en lo que está sucediendo en el tablero. Conforme vamos practicando nuestras habilidades en la vida, vamos ganando confianza y es así que nos vamos dando cuenta de lo que pasa a nuestro alrededor y llegamos a la sabiduría de nuestra vida.

Somos seres vulnerables, hasta el momento en que nuestras habilidades físicas se alinean en armonía con nuestra percepción intelectual, la cual nos hace supervivientes ágiles y veloces. Especialmente cuando nos volvemos sabios para expresar nuestro amor mediante nuestra pasión.

Los conejos hemos sido bendecidos por el amor y, por eso, amamos la vida.

Marcelo Ríos
Conejo de Madera

Personajes famosos

CONEJO DE MADERA (1855-1915-1975)

Liliana Simoni, Edith Piaf, Michael Bublé, Ingrid Bergman, Anthony Quinn, Eugenia Tobal, Paola Barrientos, Angelina Jolie, Daniel Hendler, Orson Wells, Osvaldo Miranda, Dolores Barreiro, Abel Santa Cruz, David Beckham, Bertin Osborne, Jack White, Charly Menditeguy, Hernán Crespo, Enrique Iglesias, Luciano Castro, Gabriel Ruiz Díaz, Billie Holiday, Tiger Woods, Leticia Bredice, David Rockefeller, Frank Sinatra.

CONEJO DE FUEGO (1867-1927-1987)

Ángel di María, Jimena Barón, Raúl Alfonsín, Gabriel García Márquez, Tato Bores, Choly Berreteaga, Leo Messi, Peter Falk, Luisana Lopilato, Neil Simon, Gina Lollobrigida, Mirtha Legrand, Harry Belafonte, Francisca Valenzuela, Ken Russel, Gilbert Bécaud, Emilia Attias, Osvaldo Bayer, Raúl Matera.

CONEJO DE TIERRA (1879-1939-1999)

Paul Klee, Albert Einstein, Francis Ford Coppola, reina Victoria, Andrés Percivale, George Hamilton, Peter Fonda, Centro Bert Hellinger de Argentina, Stalin.

CONEJO DE METAL (1891-1951-2011)

Ana Belén, Anjelica Huston, Michael Keaton, Sting, Confucio, Pedro Almodóvar, Rosa Gloria Chagoyan, Carlos Barrios, Christian Lacroix, Romeo Gigli, Valeria Lynch, Cheryl Ladd, Raymond Domenech, Isabel Preisler, Gustavo Santaolalla, Jaco Pastorius, Thelma Biral, Juan Leyrado, Charly García, León Gieco, Hugo Porta.

CONEJO DE AGUA (1843-1903-1963)

Gisela Valcárcel Álvarez, Niní Marshall, Johnny Depp, Fernando Peña, Brad Pitt, Xuxa, Whitney Houston, Bob Hope, Fabián Gianola, Fatboy Slim, Rosario Flores, George Michael, Norma Antunes, Hilda Lizarazu, Ramiro Agulla, Sergio Goycochea, Quentin Tarantino, Elio Rossi, Sheila Cremaschi, Germán Palacios, Gabriela Epumer, infanta Elena de España, Gustavo Elía, Jaime Marichalar, Fernando Samalea, Costi Vigil, Fito Páez.

Tabla de compatibilidad

	Amor	Salud	Trabajo	Amistad
	3	5	4	2
	3	5	4	3
	2	4	3	3
	3	3	4	3
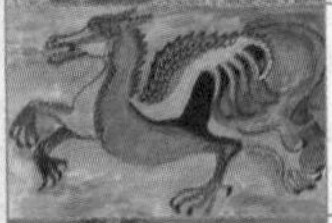	2	3	3	2
	3	2	3	3
	2	5	3	4
	2	4	4	2
	1	4	4	2
	2	3	3	2
	2	1	1	2
	2	1	1	2

1 • mal 2 • regular 3 • bien 4 • muy bien 5 • excelente

Dragón

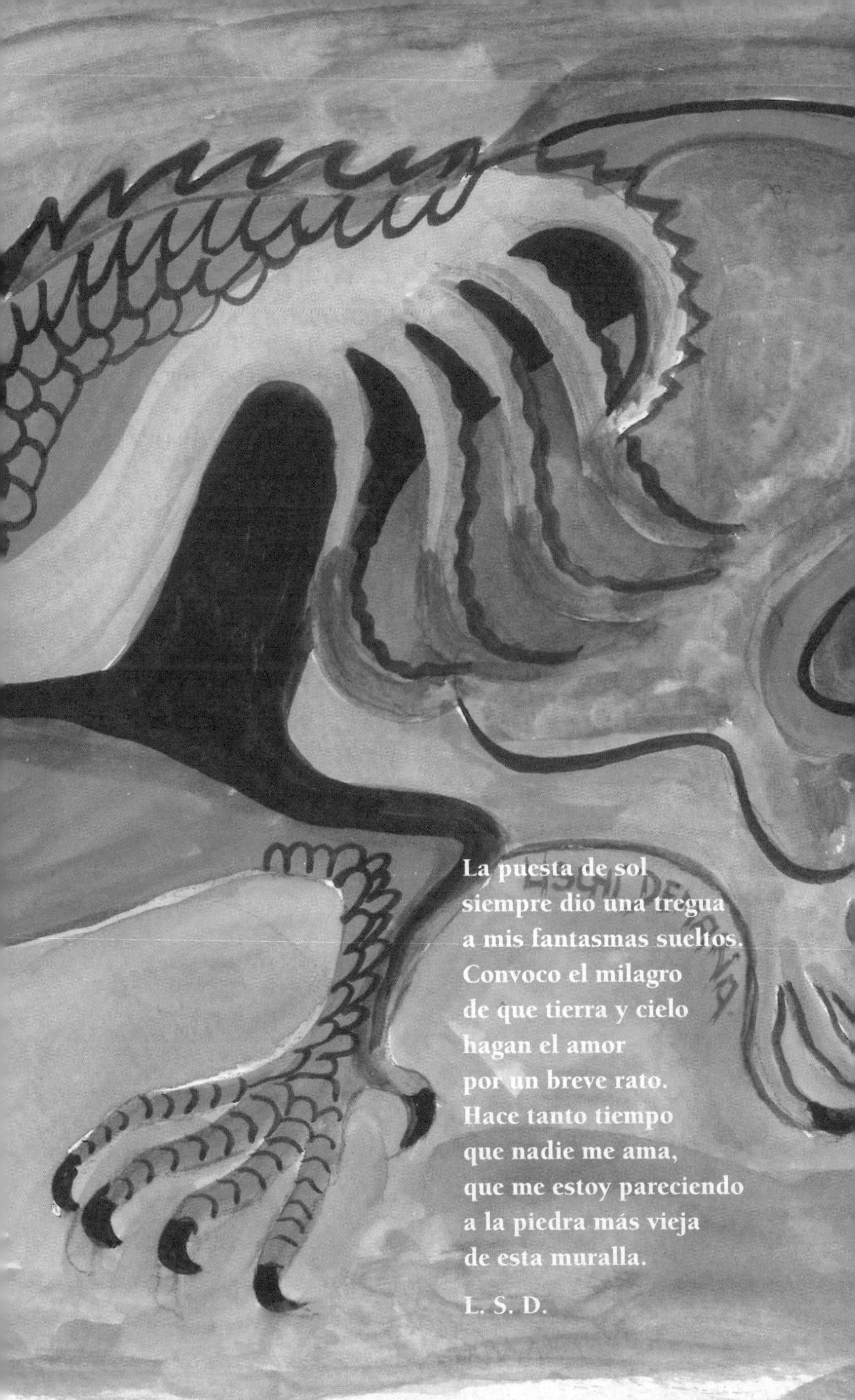

La puesta de sol
siempre dio una tregua
a mis fantasmas sueltos.
Convoco el milagro
de que tierra y cielo
hagan el amor
por un breve rato.
Hace tanto tiempo
que nadie me ama,
que me estoy pareciendo
a la piedra más vieja
de esta muralla.

L. S. D.

Ficha técnica

Nombre chino del dragón
LONG

Número de orden
QUINTO

Horas regidas por el dragón
07.00 A 09.00

Dirección de su signo
ESTE-SUDESTE

Estación y mes principal
PRIMAVERA-ABRIL

Corresponde al signo occidental
ARIES

Energía fija
MADERA

Tronco
POSITIVO

Eres dragón si naciste

03/02/1916 - 22/01/1917
DRAGÓN DE FUEGO

23/01/1928 - 09/02/1929
DRAGÓN DE TIERRA

08/02/1940 - 26/01/1941
DRAGÓN DE METAL

27/01/1952 - 13/02/1953
DRAGÓN DE AGUA

13/02/1964 - 01/02/1965
DRAGÓN DE MADERA

31/01/1976 - 17/02/1977
DRAGÓN DE FUEGO

17/02/1988 - 05/02/1989
DRAGÓN DE TIERRA

05/02/2000 - 23/01/2001
DRAGÓN DE METAL

23/01/2012 - 09/02/2013
DRAGÓN DE AGUA

Todos los hombres llevan dentro de sí una dosis de opio natural
que segregan lentamente durante la vida hasta la muerte.
¿Cuántas horas tenemos llenas de goce positivo,
de acción triunfante y resuelta?

BAUDELAIRE

El dragón como hacedor de karmas, aleteador de mares inconscientes y protector cibernético, conectado siempre, queda perplejo ante la ironía que mastica el mono en cada segundo que no es, en cada segundo que se fue, en cada segundo que no pasa.

El dragón dice:

Fabrico un ecosistema que rejuvenece a los que traspasan mi portal escondido. Creo una fragancia que me persigue y perfuma a quienes entran en mi guarida simbólica. Construyo óperas de seres que no se ven, pero que transformarán mi recinto en colaboración permanente conmigo. Creo un tejido entre mi silencio y el sonido de pájaros irreverentes, que vibran en los árboles que miran desde arriba. Fabrico algo que tenga sentido para mí.

Siento que abro espacios en dimensiones nuevas, callados por mi búsqueda fuera, sin vida por no verlos antes de verlos. Como un juego que se abre y se cierra expando lugares, hábitos, tiempos, y callo esquinas que no estuvieron. Un olor hay en estos nuevos espacios colonizados que me dice que siempre fueron. Una humedad que por las noches es fresca e incómoda habla del pasado. Siempre fue y siempre estuvo. La luna es testigo de mis festines. Un silencio sagrado encierra este rincón encontrado, que los pájaros conocían antes que yo.

El momento justo en el que me doy cuenta se extiende y me envuelve cubriéndome con una manta serena que transpira mi sed.

Ahora ando más conectado esperando apretar otro botón en un rayo incierto y abrir un portal más que me invite a entrar en un lugar que nunca vi.

Mis rincones se evaporan cuando mi mente se obsesiona con una línea recta.

Nítidamente brota la energía que siento y necesito, soy un petróleo que aun no se encontró, soy un motor que nadie pudo arrancar.

Una dimensión diferente de sentir abro cuando así lo deseo. Otro estado, imán de la existencia de lo que tengo, mis espacios diarios, la sinceridad de lo que soy, cuando soy, y soy, estando sola y siendo. Los sonidos de los llamadores de ángeles retumban en mi timo y ese sonido esencial e ingenuo contiene la imagen interna de ser.

Traspaso mis creencias, cultura, tradiciones y costumbres acomodando entre almohadones de plumas la corporalidad que a veces no encaja en la realidad actual. Descifro molestias que están tan incorporadas a la vida que hasta son difíciles de descubrir. Se amasan las cosas que genero y las que no genero en algo que ya es «un completo». Si tamizo y se encierra lo feo, eliminaré miradas que ensucian mi rostro con quejas moldeadas y enceradas. Lo bello no es lo más arreglado y adornado, lo bello es puramente lo que es.

Mis sensaciones térmicas hablan de lo que persigo sin hacerme cargo, sin consentimiento alguno, sin medidas ni ensayos.

La evolución que se produce es tan inmensa como un océano aún no descubierto en el cielo.

Solo quiero perseguirme en mis intentos.

Estupefacto quedo cuando me descubro.

Colonizándome ya no soy más un ser que espera.

Los cielos de la naturaleza, que es la vida en su máxima expresión, me avispan que antes, cuando no los veía, ni estaban en mi agenda uteral diaria, yo estaba equivocada y equivocadas eran mis ilusiones deshojadas de tiempos naturales que son los que marcan los destinos concretos.

Los silencios del dragón son hojas en un calendario sin días.

Simio que mueve poderes que el dragón no domina.

Simio que se ríe en altavoz de aquello que el dragón padece, dejando al descubierto un porcentaje de ingenuidad que oscurece a semejante dios dorado.

Simio que critica la solemnidad de los dragones sabios.

Simio que se aleja sin billete de viaje, ida y vuelta, de estas escamas que resienten su brillo ante tal impotencia.

El Dragón en el Trabajo

Siempre un dragón independiente innova y genera un atrapante desparpajo. Maneja como una autoescultura su propia sintonía interna, modelándose a sí mismo en la forma de expresarse, que es cambiante, pero siempre fascinante. Si es empleado, es un empleado que se cree jefe, un líder, el que encabeza movimientos. Quiere ser el empleado elegido del mes los doce meses, tiene tendencia al mando. Necesita actividades fuertes, con adrenalina o responsabilidades, conducir un Ferrari, una ambulancia, ser cirujano o guardaespaldas de Jack Bauer, pero si el trabajo es lento o minucioso, como bordar mostacillas o pintar caritas de santo, se aburre y lo deja.

El dragón en el Amor

El amor en el dragón es un sortilegio que lo envuelve y le cava el PH de sus escamas, que seguramente quedaron secas y desvitalizadas después de su último arrebato del corazón.

El dragón ama sin folios a llenar, sin estructuras conocidas y sin música ambiental. Se enciende cuando ama y desparrama calor a kilómetros de distancia.

Un dragón enamorado hace sonar sirenas dormidas y dopadas, abre portales místicos que ya no están, rejuvenece pirámides y barniza monumentos griegos.

El dragón se entrega y toma a su ser amado, sin detenerse en abrir válvulas para llenar tanques.

El amor para el dragón es libre y contra su querer no hay ningún límite.

El dragón en el amor lo puede todo.

Lo quiere todo.

Lo da todo.

Su esplendor se abre al amado en 4G. Se lanza al amor sin *air bag*, sin chaqueta ni protector solar.

El amor lo enloquece y embellece.

Para una dragona las citas a ciegas son peligrosas y sospechosas.Para ellas abrir la puerta del personaje en cuestión puede ser un movimiento vibracional, como un *lifting* instantáneo, o en caso contrario un endurecimiento de papilas gustativas y organización mental para saber cómo se hace para pasar las dos o tres horas que vienen, salvo que sean valientes y decidan decir «Voy al *toilette*» y no vuelvan nunca más.

El sexo es ley, si bien seduce hasta al espejo retrovisor, no se entusiasma con las relaciones ocasionales, que tendrá, y por paquete cerrado; él prefiere amar sin capucha que lo oculte.

El dragón ama y copula con una energía espiritual que nutre sus hormonas teñidas por el sol.

El sexo es una conexión sobrenatural que lo droga y lo lleva a inconscientes en los que conduce en busca del vellocino. Cuando el dragón es herido, mutila vientos y dice frases que son comunicados del Isis. Nunca traiciones a un dragón, te lo piden todas las naciones del mundo, por favor, no lo hagas.

El Dragón en la Familia

El dragón no será el que hace el flan —y menos el pudín de pan— los domingos. Él nunca será rebaño, el dragón será pilar. El dragón es lo más sólido a nivel esencia.

No es dócil, es protección. Marcará tendencia en la sobremesa familiar.

El dragón adora las casas de antes en cuanto a su funcionamiento. Con mantas de lana y cerillas guardadas. Con cortinas necesarias para el calor y el frío que se hacen presentes siempre. Inciensos, hierbas y comida como mandato de la Unesco. Salpicadas en el espacio hay huellas al tacto de algo que fue y se siente.

Las mujeres dragonas hacen los lugares, o mejor dicho la energía femenina. Cuando un hogar funciona energéticamente como un campamento emocional de los que lo integran, la vida se hace más fácil, para ellos, para ella, para los pájaros, para el planeta. Lo creativo enciende.

Gaba Robin

Encuestas

Dragón de Tierra - Fecha de nacimiento: 27/06/1988

- **¿Cuál es tu arma de seducción fatal?** Arma de seducción: Mirar a los ojos constantemente, buscando una reacción.
- **¿Que te aburre?** Me aburre el no diálogo, la no interacción, la no empatía del otro lado.
- **¿Qué te hace sentir libre?** Escucharme a mí misma.
- **¿Qué lectura haces de la incondicionalidad en el amor?** La incondicionalidad en el amor es compañerismo eterno, conocimiento profundo, más allá de la piel y el sexo en sí mismo.

Dragón de Tierra - Fecha de nacimiento: 10/08/1988

- **¿Eres cazador o cazado?** Me cazan.
- **¿Qué te aburre?** La rutina.
- **¿Qué te hace sentir libre?** Que me den espacio.
- **¿Propones o dispones?** Dispongo 50% y 50%.
- **¿Hechos o palabras?** Hechos.

DRAGÓN DE METAL - FECHA DE NACIMIENTO: 24/10/2000
- **¿Qué te apasiona?** Los animales.
- **¿Cuál es tu arma de seducción fatal?** Ser yo misma.
- **¿Eres cazadora o cazada?** Cazada.
- **¿Qué te aburre?** La rutina.
- **¿Qué te hace sentir libre?** La naturaleza.
- **¿Qué te da seguridad?** Mi familia.
- **¿Propones o dispones?** Ambas cosas, depende de la situación.

El Dragón y su energía

DRAGÓN DE MADERA (1904-1964) UN DRAGÓN ARTÍSTICO.

Este dragón es el más benéfico, seguro, humano porque en su temperamento existe una contradicción entre su sentido realista y su genio creador, y no siempre se siente bien consigo mismo. Si logra dominar esa dificultad, su imaginación y realismo harán de él un excelente guía y profesor, pero no un educador, ya que le falta autoridad. Es minucioso y discutidor. Puede llegar lejos en lo que se proponga, pues su talento potencia su creatividad. Es sentimental y buen amigo.

DRAGÓN DE FUEGO (1916-1976) UN DRAGÓN IMPETUOSO.

Es antes que nada un hombre de acción; puede ser bastante agresivo, y su pasión suele confundirse a veces con su fuerza de carácter. Líder carismático, es capaz de ser muy omnipotente y creerse el Mesías. No le gusta recibir críticas, y en ocasiones reacciona ante ellas con cierta violencia. Resulta difícil seguirle el paso porque desborda energía. Es generoso e integra a su vida a aquellos a quienes ama.

DRAGÓN DE TIERRA (1868-1928-1988) UN DRAGÓN ATERRIZANDO.

Su extremo realismo da mucha armonía a toda la riqueza de su temperamento y corrige lo que podría tener de peligroso. Autoritario, dominante y posesivo, querrá controlar todo a su alrededor. Pero como también es un sabio, aprecia la opinión de los demás. Tiene un gran autodominio y constancia en su trabajo y busca siempre perfeccionarse. Cuando se enoja, puede ser despiadado y rencoroso.

DRAGÓN DE METAL (1880-1940-2000) UN DRAGÓN DE ORO.

Como el Rey Midas, todo lo que toca se convierte en oro. Su carácter es fuerte, no retrocede jamás y busca ascender a las alturas a cualquier precio. Ambicioso, soberbio, a veces pedante e irracional, para él la vida es en blanco y negro. Si se dedica a la religión o a algún tipo de predicación puede convertirse en un fanático, por la inflexibilidad que aplica en sus juicios y valores. Su patrimonio es la fe ciega que se tiene. Puede destacarse por sus valores nobles e innobles.

DRAGÓN DE AGUA (1892-1952-2012) UN DRAGÓN CASI HUMANO.
Este dragón será el más accesible de su especie. Tendrá lucidez, sentido moral, sensibilidad y receptividad. Es desinteresado, abierto, original, vanguardista, y acepta las derrotas con entereza. Sabe negociar su arte, pero a veces por falta de paciencia es capaz de dejar pasar la ocasión, que no siempre aprovecha debido a su optimismo natural y a su espíritu bohemio.

El Dragón y su ascendente

DRAGÓN ASCENDENTE RATA: 23.00 A 01.00
Le costará ser objetivo y terminante en sus críticas. Manejará la economía y el afecto con equilibrio.

DRAGÓN ASCENDENTE BÚFALO: 01.00 A 03.00
Un dragón que rumia mucho y es firme en sus decisiones. Escupirá fuego y se enfrentará con valor a todos sus adversarios.

DRAGÓN ASCENDENTE TIGRE: 03.00 A 05.00
Se meterá de cabeza en el trabajo. Tendrá impulsos irrefrenables por conseguir todo lo que se propone.

DRAGÓN ASCENDENTE CONEJO: 05.00 A 07.00
Fuerte, sutil, reflexivo y de ideas claras. Es una combinación de diplomacia y fuerza.

DRAGÓN ASCENDENTE DRAGÓN: 07.00 A 09.00
Su sentido de la vida es la esencia de la armonía cósmica. Un sacerdote digno de respeto. Impone obediencia y devoción a su alrededor.

DRAGÓN ASCENDENTE SERPIENTE: 09.00 A 11.00
Su ambición no tiene límites. Esconde sus jugadas, pero actúa con precisión. ¡Un dragón peligrosísimo!

Dragón ascendente Caballo: 11.00 a 13.00
Le gusta el riesgo. Puede descolocarse si no tiene disciplina en la vida. Es el rey de la diversión.

Dragón ascendente Cabra: 13.00 a 15.00
Este es un dragón moderado y comprensivo que logra superarse sin necesidad de recurrir a la fuerza.

Dragón ascendente Mono: 15.00 a 17.00
Gran sentido de la entereza y del humor; pero ojo, ¡no te dejará pasar nada! Superestrella. Combinación de fuerza y justicia.

Dragón ascendente Gallo: 17.00 a 19.00
Con él, jamás tendrás un momento de aburrimiento. Dragón intrépido y fantasioso, con gran amor propio. ¡Estará siempre alerta!

Dragón ascendente Perro: 19.00 a 21.00
Atacará a la injusticia y tendrá mucho humor y estabilidad. Es un dragón práctico.

Dragón ascendente Cerdo: 21.00 a 23.00
Siempre se podrá contar con él. Este dragón tendrá un corazón de oro… ¡Y también será humilde!

Cuéntame un cuento chino

David Lebon • Dragón de Agua • Artista macromambo, músico • Argentino

Lejos de ser ambicioso y dominante, soy un dragón que vive bajo sus propias reglas, amo mi extrema sensibilidad, me entrego al amor, a la música, a la poesía.

Camino y percibo, sonrío y lloro, amo y amo… nunca odio… ¿Estará bien?

Me siento afortunado, feliz de ser dragón.

Me inspira la vida, la gente… Como un amigo mío dice: «Yo nací para mirar lo que pocos quieren ver».

Marta Minujín
Dragón de Metal

Personajes famosos

DRAGÓN DE MADERA (1844-1904-1964)

Pablo Neruda, Sandra Bullok, Ricardo Balbín, Osvaldo Pugliese, Gustavo Bermúdez, Bing Crosby, Humberto Tortonese, Jorge Drexler, Sergio Lapegüe, Tita Merello, Eleonora Cassano, Kevin Johansen, Felicitas Córdoba, Palo Pandolfo, Matt Dillon, Salvador Dalí, Raúl Urtizberea, Nietzsche, Mario Pergolini, Esther Feldman.

DRAGÓN DE FUEGO (1856-1916-1976)

Gregory Peck, Glenn Ford, Nadine Heredia Alarcón de Humala, Damián Szifron, Shakira, Anita Álvarez Toledo, Françoise Miterrand, Monoto Grimaldi, Paloma Herrera, Pérez Prado, Luciano Cáceres, Valeria Subbert, Paz Vega, Sigmund Freud, Roberto Galán, Dante Spinetta, Carola del Bianco, Kirk Douglas, Florencia de la V.

DRAGÓN DE TIERRA (1868-1928-1988)

Martin Luther King, Adam West, Roger Moore, Javier «Chicharito» Hernández, Carlos Fuentes, Ximena Navarrete, Sarita Montiel, Shirley Temple, Ernesto «Che» Guevara, James Brown, Eddie Fisher, Alan Pakula, Rihanna.

DRAGÓN DE METAL (1880-1940-2000)

Ringo Starr, Tom Jones, Andy Warhol, Al Pacino, Joan Baez, Brian De Palma, John Lennon, Wangari Maathai, Oscar Araiz, Raquel Welch, Amelita Baltar, John Maxwell Coetzee, Jesucristo, Pelé, Federico García Vigil, Muta Maathtai, Frank Zappa, John Kale, Muhammad Yunus, Herbie Hancock, David Carradine, Antonio Skarmeta, Bruce Lee, Bernardo Bertolucci, Nacha Guevara, Carlos Bilardo.

DRAGÓN DE AGUA (1892-1952-2012)

Mae West, Lalo Mir, Miguel Ruiz, Robin Williams, Sylvia Kristel, Grace Jones, Nito Mestre, Norberto Alonso, Jimmy Connors, Hugo Soto, Guillermo Vilas, Susú Pecoraro, Raúl Perrone, Jean Paul Gaultier, Ferit Orthan Pamuk, Federico Trillo, Stewart Copeland, Soledad Silveyra.

Tabla de compatibilidad

	Amor	Salud	Trabajo	Amistad
	5	5	5	5
	4	3	4	2
	3	2	1	0
	3	4	2	3
	2	2	2	2
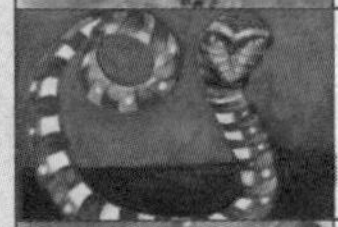	5	4	3	5
	5	5	5	5
	5	4	3	5
	5	5	5	5
	3	2	1	4
	4	3	3	2
	4	2	3	3

1 • mal 2 • regular 3 • bien 4 • muy bien 5 • excelente

Dura, implacable, mala
así soy con vos
que la tenés tan clara en la vida.
Perdí la costumbre
de que me quieran.
Ligaste la epopeya.
El mundo me hace ver
lo grande que soy;
vos, todas mis miserias.
Infinito es tu espacio;
seré mariposa al lado
o me transformaré ante el cambio.

L. S. D.

Serpiente

Ficha técnica

Nombre chino de la serpiente
SHE

Número de orden
SEXTO

Horas regidas por la serpiente
09.00 A 11.00

Dirección de su signo
SUD-SUDESTE

Estación y mes principal
PRIMAVERA-MAYO

Corresponde al signo occidental
TAURO

Energía fija
FUEGO

Tronco
NEGATIVO

Eres serpiente si naciste

23/01/1917 - 10/02/1918
SERPIENTE DE FUEGO

10/02/1929 - 29/01/1930
SERPIENTE DE TIERRA

27/01/1941 - 14/02/1942
SERPIENTE DE METAL

14/02/1953 - 02/02/1954
SERPIENTE DE AGUA

02/02/1965 - 20/01/1966
SERPIENTE DE MADERA

18/02/1977 - 06/02/1978
SERPIENTE DE FUEGO

06/02/1989 - 26/01/1990
SERPIENTE DE TIERRA

24/01/2001 - 11/02/2002
SERPIENTE DE METAL

10/02/2013 - 30/01/2014
SERPIENTE DE AGUA

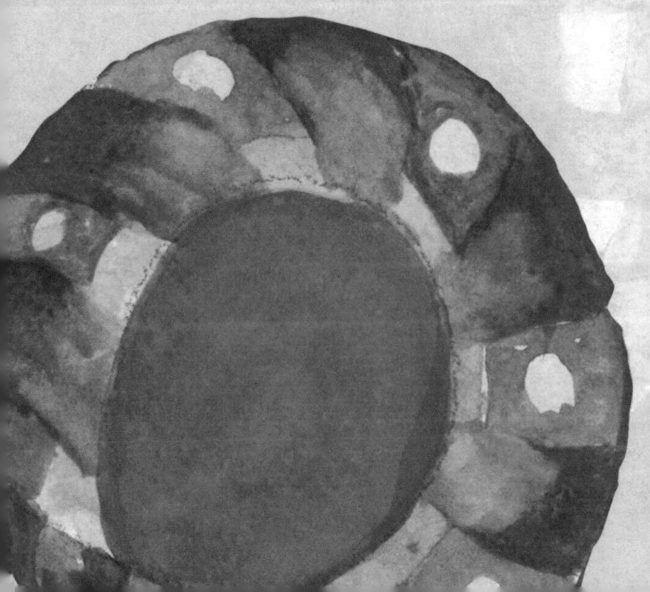

Hoy es día serpiente en el bazi.

Peperina, mi ahijado sierpe flamígera, y Catman, su opuesto complementario, partieron al alba zigzagueando o reptando por el camino de altas cumbres, azaroso en días como el de hoy, cuando las nubes son el asfalto por donde hay que deslizarse intuyendo no atropellar a ningún paisano que se aventure a caballo o en mula, como lo hacía el Cura Brochero hace un siglo y medio para ayudar a los olvidados habitantes de este rincón del mundo.

Levanté a Maximón temprano, prendí una vela verde esperanza para que lleguen bien a casa.

Mi ahijado, desde pequeño, estuvo muy seguro en sus ideas, actos y convicciones.

Ocupó el rol de padre de familia cuando mi hermana se separó, y tuvo que deglutir traumas y situaciones prematuras que tatuaron su temple para siempre.

Verlo crecer en cada etapa es percibir el reflejo de la propia; somos una familia en que las herencias enquistadas de rencores y desamor nos diluyeron en abrazos y domingos de Campanelli que ciertamente envidiamos.

Por eso es doble el disfrute de acompañarnos en la serranía, lugar que amamos pues nuestras infancias florecieron junto a las de nuestros hermanos en banquetes de cielos estrellados.

Carolina es una gallita de fuego, compañera de pilates, que tiene alegría en el ADN a pesar de las dificultades, algo que a algunas mujeres nos regala la vida.

Además de compartir la clase, hacemos multiterapia entre las que estamos allí, contando lo que nos pasó, pasa o pasará.

De pronto cacareó que una de sus hijas está construyendo su casa sola.

—¡¡¿Cómo?!! —preguntamos todas las acróbatas al unísono.

—Sí, piedra a piedra; las busca en el arroyo, las junta, prepara la mezcla, hace los cimientos...

De nuevo grité: «¿¿Sola??».

—Sí —dijo la orgullosa mamá gallina— no quiere que nadie la ayude: en verano trabajó para comprar el tejado, y sabe hacerlo muy bien.

—¿Qué signo es en el horóscopo chino? —le pregunté.

—Serpiente de tierra —me respondió—. Y Capricornio.

No falla, jamás falla la vocación en lo más profundo del alma con el signo chino.

Le dije que la quería conocer, que la felicitara de mi parte, que la admiraba.

Y sentí en mis vísceras la constancia, el tesón, la perseverancia, la convicción, el orgullo, la paciencia china y comechingona para construir el sueño más alocado, la utopía más abstracta cuando es guiada por el corazón, el tercer ojo y la sabiduría innata que tienen representantes del ofidio como Ghandi, John Kennedy, Jackie antes y después de Aristóteles Onassis.

La serpiente nace con algún déficit que convertirá en hándicap apenas crezca.

Es tan atractiva por su físico, su mente o talento que logra hipnotizar a quien se le cruce en el camino.

Sus ambiciones son altas: pueden oscilar entre ayudar a gente discapacitada, anciana, excluida, enferma, organizar comedores hasta engullirse un país sin pausa para la digestión de sus reinos minerales, vegetales, animales y humanos.

Dirá «el fin justifica los medios», y usará toda la artillería pesada o la más sutil tecnología para enroscar a su víctima.

Su inteligencia es emocional, y su percepción un radar que detecta el punto G, o el de mayor vulnerabilidad de su presa.

Su mirada es una flecha que atraviesa la psique de un mago adivinando sus trucos y puede socavar emocionalmente a quien elija en un duelo al sol.

La serpiente sabe que no cuenta con buena prensa en Occidente a pesar del orgullo que tienen presidentes, cancilleres, y altos funcionarios cuando se juntan para ser protagonistas de la serie *Juego de tronos*.

La seducción es un arma letal para ellas. Algunas tienen recursos grotescos, burdos, otras con nivel, sofisticación, elegancia, agudeza de espíritu. Hay serpientes artísticas, deportivas, intelectuales, artesanales, maquiavélicas, perversas, sádicas y masoquistas.

De todo el zoo chino, este es el signo con más recursos para lograr hacer jaque mate o dejar *knock out* a quien se enfrente a ella en algún *round* de la vida afectiva, social, política, artística, del mundo de la ciencia y la tecnología o del inframundo o supramundo maya.

La mujer es realmente una diva. Muy sensual, provocativa, sabe decir lo que el hombre quiere escuchar; es geisha y dueña de sus actos y decisiones al mismo tiempo, y empalaga con su danza del vientre o *striptease*, su vocación de oradora, hechicera o musa inspiradora.

Es la mujer más buscada para el matrimonio en China; sabrá repartir su tiempo entre el deber y el placer y dividir para reinar en la madriguera o en las altas cúpulas del poder.

EN AMBOS SEXOS TIENE GUSTOS CARÍSIMOS.

Raras veces gastan su propia fortuna, son especialistas en dilapidar la ajena; y exigir más de lo que puede darle el otro.

Succionan con su voracidad lo que encuentran a su paso y a su alrededor; saben devorar hipnotizando o paralizando con su presencia a quien se le enfrente o desenmascare en público; su mordedura es letal y su veneno provoca una larga agonía a quien lo recibe.

El que sepa ser encantador de sierpes, como los adiestrados hombres de la plaza central de Marrakesh, logrará sus favores, mecenazgo, protección ¡¡y hasta heredará su fortuna!!

Quien no se encandile con su luz, quien le ponga límites en su invasión territorial y no le de la tarjeta VIP, ni la Gold para que haga de las suyas será el dueño de su corazón y respeto.

Admira a quien no es obsecuente ni se deja comprar con su máquina de hacer billetes y mantendrá la distancia papal hasta que lo necesite desesperadamente y le implore que le confiese de sus pecados mortales y capitales.

Dicen los chinos que el dragón y la serpiente son hermanos kármicos, pues no se vuelven a reencarnar y por eso «el cielo es el límite» en sus excesos, demandas y antojos.

En mi larga experiencia al respecto, creo que tal vez sí vuelven a reencarnarse, pero en el sentido opuesto: involución según haya sido su karma: acción incompleta de lo que hacen, dicen y piensan.

Les pido disculpas si notan que estoy influenciada por una serpiente de agua que ha producido un cambio antisistémico en el inconsciente colectivo.

Como formo parte de la transformación de constelaciones familiares desde que las realizo, he intentado acercarlas a ellas.

Algunas me han escuchado y las practican; otras predican y hacen lo opuesto de lo que sería ni más ni menos que aceptar que esa conducta no es propia sino heredada del árbol genealógico donde empezó todo: las versiones bíblicas y teatrales de Adán, Eva y la serpiente del paraíso terrenal.

El *yin* y el *yang*: la dualidad que tenemos todos los seres humanos; algunos conviven mejor, otros más o menos y algunos en conflicto eterno con la propia identidad.

La serpiente lleva en cada anillo una kalpa india de vida o reencarnación que debe dejar al cambiar la piel para renacer siendo otra persona.

En mi vida se cruzaron varias especies: intentaron hacerme a su imagen y semejanza, lavarme el cerebro, enroscarme y transformarme en esclava, manipularme, comprarme, pedirme obediencia de por vida.

No lo consiguieron.

Cerca del TAI SUI, me pregunto si realmente tendré ascendente caballo o serpiente. Creo que tengo mucho de esta criatura sobrenatural que sabe involucrarse apasionadamente o hacer «mutis por el foro» cuando siente que debe escuchar los designios del tiempo.

La Serpiente en el Trabajo

Según sea su Dharma, la serpiente trabajará desde que está en el vientre materno o delegará esa tarea para quien sea su benefactor en esta vida.

La vocación es el motor para desarrollar autodisciplina, ambición y pruebas entre sus rivales. Sabe generar su fuente de trabajo con ideas claras y perseverar en sus objetivos.

Su biorritmo es «pm»; por la mañana es una zombi y corre peligro de que la despidan del trabajo por llegar tarde.

Sabe coleccionar socios que pueden durarle toda la vida o un segundo; siempre será el líder o jefe de la SRL.

Si la traicionan es capaz de sentenciar a muerte: «ojo por ojo, diente por diente».

También dilapidará su fortuna en una apuesta y será nuevamente príncipe o mendigo.

La Serpiente en el Amor

Es una especialista en el arte de enamorar y de seducir.

Necesita adictivamente tener una o más personas pendientes de sus juegos prohibidos.

Sabe derramar sus siete cuerpos cuando elige, quizás una vez en la vida, a quien será su gran amor, y le costarán muy caras sus infidelidades.

El sexo es esencial en su vida.

Algunas especies, en general los varones, están disociadas, pueden tener una *perfomance* sexual practicando el *Kamasutra* y volver a la madriguera con su cónyuge con total naturalidad.

Sabe dejar mordeduras en las vísceras del amante y tatuar una relación a perpetuidad.

Cuando madura elige la estabilidad emocional, y pasará *las mil y una noches* recordando sus hazañas juveniles entre amigos o parientes que le elogien su ardua vida amorosa.

La Serpiente en la Familia

Cuando es una persona de bien será cariñosa y generosa con sus padres, hermanos e hijos.

Si nació en la oscuridad de una relación clandestina, se vengará de la humanidad buscando ese calor de hogar que nunca tuvo.

Tiene principios, sabe educar y genera miedo y respeto entre sus familiares.

¿El matrimonio es una meca? Prefiere asegurarse la estabilidad familiar y desde allí enroscarse por internet con quien más le guste para adoptar con o sin papeles y agrandar la prole.

Será recordada por su fuerte carácter y gestos polémicos dentro del ámbito familiar.

L. S. D.

Encuesta

Serpiente de Fuego - Fecha de nacimiento: 23/03/1977

- **¿Qué te apasiona?** Me apasiona la vida misma, las pequeñas y grandes cosas. Creo que todo tiene un pro y un contra, imagino la vida como un equilibrio constante donde hasta en las cosas más feas existe belleza. Por eso busco el placer, la pasión y la sabiduría de la vida cada hora de mi vida.
- **¿Cuál es tu arma de seducción fatal?** Tengo varias. La primera es mi mente, no soy presumido pero considero mi mente uno de mis mayores atributos, me gusta analizar y descifrar los secretos de las personas que me rodean, conocer sus debilidades y gustos para poder utilizarlos a mi favor. Otra de mis armas son mis ojos, oscuros como dos cuervos, penetrantes como la noche; suelo mirar fijo y dejar que los contemplen, me gusta ver qué comentario sale al respecto sobre ellos. ¿Mis labios? ¿Mi boca? Yo no los consideraría un arma aunque muchos me han hecho grandes elogios sobre ellos. Y por último, lo estético, el estilo. La moda es algo importante en mi vida, que me acompaña y yo la utilizo como un arma; también me gusta adornarme, estar en cada detalle de mi persona, pelo, maquillaje, ropa, perfume, considero esto un atributo simple y fácil de reproducir.
- **¿Eres cazador o cazado?** Creo que soy cazador por naturaleza. Por eso pienso que lo más entretenido de esto es aparentar que te

cazan cuando en realidad los estás cazando. Me divierte analizar a las personas, conocer sus gustos, ver sus gestos, prestar atención a sus palabras, mirarlos fijo a los ojos y seducir mientras me hablan de ellos.
- **¿Qué te da seguridad?** Creo que yo mismo me doy seguridad, porque nunca confío plenamente en nadie; las personas —y me incluyo— todas solemos distorsionar la realidad a nuestro alrededor; entonces, sabiendo eso, me es más fácil sentirme seguro yo de lo que hago día a día y buscar mi propia satisfacción en mí mismo.

Serpiente de Tierra - Fecha de nacimiento: 11/02/1989
- **¿Qué te apasiona?** La moda.
- **¿Cuál es tu arma de seducción fatal?** Los labios.
- **¿Eres cazadora o cazada?** Me cazan.
- **¿Qué te aburre?** Las novias de los amigos de mi novio.
- **¿Qué te hace sentir libre?** Mis amistades.
- **¿Qué te da seguridad?** Solo una mirada.
- **¿Propones o dispones?** Dispongo.

Serpiente de Tierra - Fecha de nacimiento: 4/12/1989
- **¿Qué te apasiona?** Contar historias.
- **¿Qué te aburre?** La gente común.
- **¿Qué te hace sentir libre?** Autoconfianza.
- **En el amor, ¿quieres dar o recibir atención?** Ambos por igual.

Serpiente de Tierra - Fecha de nacimiento: 10/07/1989
- **¿Qué te apasiona?** Diseñar.
- **¿Eres cazadora o cazada?** Ambas cosas.
- **¿Qué te aburre?** Quedarme quieta.
- **¿Qué te hace sentir libre?** Ser impulsiva.

Serpiente de Tierra - Fecha de nacimiento: 19/10/1989
- **¿Qué te apasiona?** Danzar.
- **¿Cuál es tu arma de seducción fatal?** Mi sonrisa.
- **¿Eres cazador o cazado?** Cazo.
- **¿Qué te aburre?** La tele.
- **¿Qué te hace sentir libre?** Ayudar al otro.
- **¿Propones o dispones?** Propongo.
- **¿Hechos o palabras?** Hechos.
- **Tus locuras por amor son:** Irme a otro país.

SERPIENTE DE TIERRA - FECHA DE NACIMIENTO: 01/09/1989

- **¿Qué te apasiona?** Actuar, escribir, cantar…
- **¿Cuál es tu arma de seducción fatal?** Mis ojos y mi forma de ser.
- **¿Eres cazadora o cazada?** Al principio soy cazadora, pero después termino siendo totalmente cazada.
- **¿Qué te da seguridad?** Saberme inteligente.
- **¿Qué te aburre?** La gente negativa y que siempre quiere llamar la atención hablando de lo «mal» que le va en la vida.
- **¿Qué te hace sentir libre?** Aprender cosas nuevas y viajar. También, poder dar mi opinión sin que me juzguen.
- **¿Propones o dispones?** Propongo. Soy muy impaciente como para esperar solamente disponer.
- **En el amor, ¿quieres dar o recibir atención?** Doy mucha atención y espero recibir la misma cantidad. Suelo sentirme mal cuando veo que no es recíproca la cantidad de atención.
- **¿Hechos o palabras?** Palabras que se transformen en hechos. Los hechos sin palabras son aburridos.
- **¿Qué te colma?** Pasar tiempo con mis perros, mis sobrinos y hacer lo que me gusta.
- **¿Cómo demuestras rechazo y cómo atención?** El rechazo lo demuestro alejándome, con indiferencia, y hasta en algunos casos con palabras hirientes. La atención la demuestro con compañía, con preocupación por el otro y recordando los detalles.
- **Tus locuras por amor son:** No suelo cometer muchas locuras por amor. Lo más loco que hice fue un viaje relámpago de 7.000 kilómetros para ver durante un día y medio a la persona que amaba.
- **¿Qué lectura haces de la incondicionalidad en el amor?** Ser incondicional en el amor significa no atar al otro, brindarle nuestro apoyo incluso en las cosas en las que no estamos de acuerdo, aprender a amar sin querer cambiar al otro, amar y dejarnos amar sin dar tantas vueltas. Estar por placer y no por obligación.

La Serpiente y su energía

SERPIENTE DE MADERA (1905-1965-2025) UNA SERPIENTE HIPNÓTICA.

Esta atractiva variedad de reptil tendrá una lucha entre su ardiente temperamento y su realismo para concretar sus sueños. Tiene un gran deseo de libertad, pero eso no le impide ser fiel a sus amores ni buscar la estabilidad de sus finanzas. Muy perspicaz, sabe ver el lado oculto de las cosas y de la gente. A menudo puede predecir el futuro y parece poseer ese don de doble visión que la tradición china siempre atribuyó a este animal. Esteta y muy elocuente, ejerce influencia en los otros. Es más apasionada de lo que aparenta, pero su razonamiento no le permite excesos. Busca ávidamente el éxito.

Serpiente de Fuego (1917-1977) Una serpiente por excelencia.
Su energía viene a reforzar su carácter fogoso. Está siempre en movimiento tanto en el plano físico como en el intelectual. Puede tener éxito en cualquier carrera pública, pues posee el don de inspirar seguridad y es líder por naturaleza. Desconfiada, valiente, soberbia e intrépida, su ambición no tiene límites; si llega al poder, difícilmente lo dejará. Muy sensual, es una apasionada enamorada pero excesiva tanto en sus amores como en sus odios.

Serpiente de Tierra (1869-1929-1989) Una serpiente sabia.
Es uno de los signos más afortunados, bajo la influencia de las estrellas de la felicidad y la longevidad. Su realismo le impedirá dejarse llevar por su pasión y por su ardor, y será la más virtuosa y sólida de las serpientes. Ambiciosa, segura de sí misma, con sangre fría, no se deja intimidar en los momentos de pánico. Aunque no se prodiga, puede ser muy popular e influyente porque resulta encantadora. Extremadamente ahorrativa y previsora, podría triunfar en los negocios bancarios. Conoce perfectamente sus límites.

Serpiente de Metal (1881-1941-2001) Una serpiente fatal.
Es una alianza difícil, por la rigidez moral del metal que se opone al ardor nativo de la serpiente. Está dotada de una voluntad casi excesiva y de una fuerte determinación. Es clarividente y sabe dónde está la suerte. Reservada, sutil, no es fácil llegar a ella. Ama el lujo y la riqueza, y puede ser envidiosa y desconfiada. Nunca acepta el fracaso y se enfrenta a las adversidades con decisión; le cuesta entregarse.

Serpiente de Agua (1893-1953-2013) Una serpiente lúcida.
Es la más lúcida de las serpientes y la que mayor influencia ejercerá en los demás. Demasiado interesada y astuta, casi siempre está motivada por las intenciones de querer sacar provecho de todas las situaciones en las que se ve envuelta. Hay que cuidarse de esta serpiente y de sus poderes hipnóticos. Entre sus defectos está la ambición; le gusta chismorrear, es muy rencorosa y no se olvida nunca de las injurias. Puede ser un as de los negocios.

La Serpiente y su ascendente

Serpiente ascendente Rata: 23.00 a 01.00
Serpiente animosa y delicada, sentimental y coqueta, con un instinto especial para la supervivencia. Es muy buena para los negocios y tiene un gran sentido estético.

Serpiente ascendente Búfalo: 01.00 a 03.00
Posee el empuje, la fuerza y la obstinación bajo un barniz de simpatía y seducción irresistibles.

Serpiente ascendente Tigre: 03.00 a 05.00
Una serpiente alerta y a la defensiva, ávida de aventuras. Recelosa, audaz, conmovedora. No se puede confiar ciegamente en ella.

Serpiente ascendente Conejo: 05.00 a 07.00
Una serpiente que convertirá en magia lo cotidiano. Blanda, graciosa, refinada. Tendrá gustos carísimos.

Serpiente ascendente Dragón: 07.00 a 09.00
Un ejemplar comprometido con su tiempo. Tiene una personalidad desbordante y algo que transmitir. Sus intenciones de reforma son auténticas.

Serpiente ascendente Serpiente: 09.00 a 11.00
Solo para masoquistas. No es que sea sádica, pero… *Átame* es *La pequeña Lulú*, al lado de ella.

Serpiente ascendente Caballo: 11.00 a 13.00
Optimista, ocurrente y con espíritu positivo. ¿Resultado? Un Don Juan o una *play-girl* de primera categoría.

Serpiente ascendente Cabra: 13.00 a 15.00
Será una artista de gran capacidad y gustos caros envueltos en una gran dulzura.

Serpiente ascendente Mono: 15.00 a 17.00
Estamos ante un genio irresistible. Sabiduría y encanto. Jamás perderá un partido.

Serpiente ascendente Gallo: 17.00 a 19.00
Tendrá siempre la batuta aunque lo disimule. Perseverante y bien informada.

Serpiente ascendente Perro: 19.00 a 21.00
Leal, fiel a sus creencias, por las que luchará toda su vida. Este ejemplar es un líder nato.

Serpiente ascendente Cerdo: 21.00 a 23.00
Desbordadamente sensual. No se privará de nada. Con mucha astucia, logrará siempre protección.

Cuéntame un cuento chino

Liliana Com • Serpiente de Agua • Poeta y Gestora Cultural, Administradora del Restaurante Oriental Wa Lok • Peruana

Saber que soy serpiente en el horóscopo chino me ha abierto muchas puertas. Porque este ofidio, que en Occidente es considerado repulsivo, y provoca asco infundiendo temor, en la cosmovisión china es absolutamente todo lo contrario, es el animal sagrado, el protector, el filósofo y el animal de los buenos augurios. Se le relaciona con el rejuvenecimiento porque muda la piel cada cierto tiempo, y con la sabiduría; observad la Vara de Esculapio que es símbolo de salud y medicina. Saber que tenemos virtudes y defectos nos ayuda a conllevar nuestros polos opuestos, a descubrir nuestros demonios internos, a conocernos más tratando de vivir en armonía con nuestro *yin-yang*. Porque toda energía mal aprovechada es un gran desperdicio.

Las serpientes captan las vibraciones a su alrededor, observan su entorno a medida que avanzan, son sensibles al movimiento. De paso sigiloso y zigzagueante, no van de frente a su objetivo, lo estudian a la distancia, sutilmente. Encuentro una gran fascinación por este animal con el cual me identifico plenamente... no sé si es por mis ancestros chinos o por mi signo del horóscopo, pero soy una serpiente de agua, nacida a la hora de la serpiente, y sus características van conmigo sin lugar a dudas. Hace poco vi en internet unas veinte figuras de mandalas, y yo tenía que escoger una y fue el número quince, que es el Mandala de la Transformación, que lleva el espíritu de la serpiente. ¿Es coincidencia? ¿O estaba escrito? He tenido cambios bruscos en mi vida, como quien muda de piel, he cambiado de rumbo varias veces, cambios que nadie comprendía, que extrañaban y hasta hacían dudar de mi buen juicio. ¡Pero eran decisiones que al fin y al cabo tenía que tomarlas yo! Todo cambio es bueno, no me arrepiento, porque te da una nueva oportunidad.

Eso es lo que me gusta cuando celebro cada año nuevo chino, porque te da pie para reorganizar tu vida, cambiarla si lo crees necesario. Al principio no entendía por qué siempre se hablaba de «primavera» en China. Porque cada año tienes la oportunidad de volver a empezar, ¿no es eso fabuloso? ¡Porque cada año podemos siempre florecer! Hacer un balance de lo vivido, retomar lo que se debe. Saber que tanto el dragón como la serpiente son animales que no vuelven a reencarnarse en otra vida solo me da la razón porque hay una frase que siempre digo: «vivo cada instante intensamente, porque es único y no vuelve más, vivo la vida disfrutando de cada momento, de cada instante como si fuese el último». En mi vida personal, con mi familia, mis amores y en el trabajo soy como soy, ¡me entrego de lleno y trato de hacer lo mejor en todo lo que me propongo! Y lo que se me encomiende, así todo tiene sentido para mí, con pasión y sin medias tintas, ¡el todo por el todo! *Ad portas* de cumplir mis 62 años, me siento una persona afortunada y doy gracias. Tengo aún mucho camino por recorrer y quiero hacerlo sabiamente, que este animal sagrado guíe mis pasos, me haga más prudente, más observadora. Porque quiero vivir al máximo, y en paz con mi entorno, y no hay ninguna contradicción en esta aseveración.

Belinda
Serpiente de Tierra

Personajes famosos

SERPIENTE DE MADERA (1845-1905-1965)
Mariana Brisky, Robert John Downey Jr., Raúl Soldi, Greta Garbo, Antonio Berni, Pablo Motos Burgos, Inés Estévez, Pilar Sordo, Daniel Barone, Christian Dior, Gillespi, Willy Crook, Sergio Pángaro, Gabriela Toscano, Javier Zucker, Gabriela Arias Uriburu, Mariana Arias, Fabián Mazzei, Bjork, Catherine Fullop, Courtney Love, Henry Fonda, Moby, Charlie Sheen.

SERPIENTE DE FUEGO (1857-1917-1977)
Esteban Lamothe, Emanuel Ginóbili, John Fitzgerald Kennedy, Natalia Oreiro, Leonora Carrington, Gonzalo Valenzuela, Dizzy Gillespie, Fionna Apple, Julieta Cardinali, Luciana Aymar, Iván de Pineda, Lucrecia Blanco, Mel Ferrer, Julieta Díaz, Leonardo Franco, Alika, Esther Cañadas, Romina Gaetani, Dean Martin.

SERPIENTE DE TIERRA (1869-1929-1989)
Milagros Schmoll, Gandhi, Alejandro Jodorowsky, Irene Papas, Roberto Gómez Bolaños «Chespirito», Belinda, princesa Grace de Mónaco, Jacqueline Onassis, Emilio «Miliki» Aragón, Imre Kertesz, Chet Baker, Carlos «Calica» Ferrer, Milan Kundera, rey Hassan de Marruecos, Jaser Arafat.

SERPIENTE DE METAL (1881-1941-2001)
Marta Pelloni, Antonio Gasalla, Plácido Domingo, Luis A. Lacalle, Bob Dylan, Raúl Ruiz, Dostoievski, Carlos Perciavalle, Paul Anka, María Teresa Campos, Tom Fogerty, Tina Serrano, Franklin Roosevelt, Sonia Breccia, Charlie Watts, Chik Corea, Pablo Picasso, Carole King, Lito Cruz, Palito Ortega, Papa Juan XXIII.

SERPIENTE DE AGUA (1893-1953-2013)
John Malkovich, Osvaldo Sánchez Salgado, Thomas Jefferson, Oprah Winfrey, Luca Prodan, Ana Botella, Herta Müller, Alan Moore, Ricardo Bochini, Raúl Taibo, Zoilo Cantón, Leonor Benedetto, Mao Tse-Tung, Francisco de Narváez, Graciela Alfano.

Tabla de compatibilidad

	Amor	Salud	Trabajo	Amistad
	**4**	**3**	**2**	**4**
	**5**	**5**	**3**	**5**
	**3**	**4**	**3**	**4**
	**5**	**4**	**2**	**2**
	**5**	**4**	**3**	**5**
	**4**	**5**	**5**	**4**
	**5**	**3**	**2**	**4**
	**5**	**5**	**4**	**5**
	**5**	**4**	**5**	**4**
	**4**	**5**	**3**	**2**
	**4**	**3**	**2**	**4**
	**4**	**2**	**3**	**4**

1 • mal 2 • regular 3 • bien 4 • muy bien 5 • excelente

Caballo

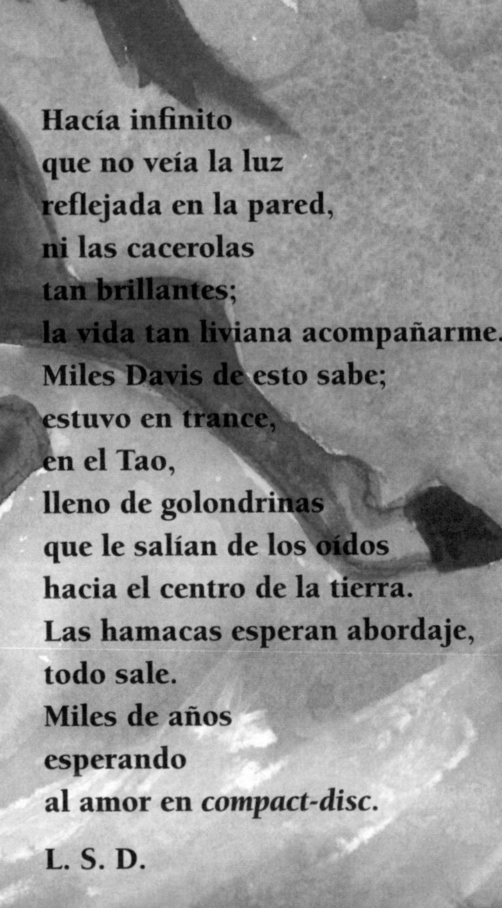

Hacía infinito
que no veía la luz
reflejada en la pared,
ni las cacerolas
tan brillantes;
la vida tan liviana acompañarme.
Miles Davis de esto sabe;
estuvo en trance,
en el Tao,
lleno de golondrinas
que le salían de los oídos
hacia el centro de la tierra.
Las hamacas esperan abordaje,
todo sale.
Miles de años
esperando
al amor en *compact-disc*.

L. S. D.

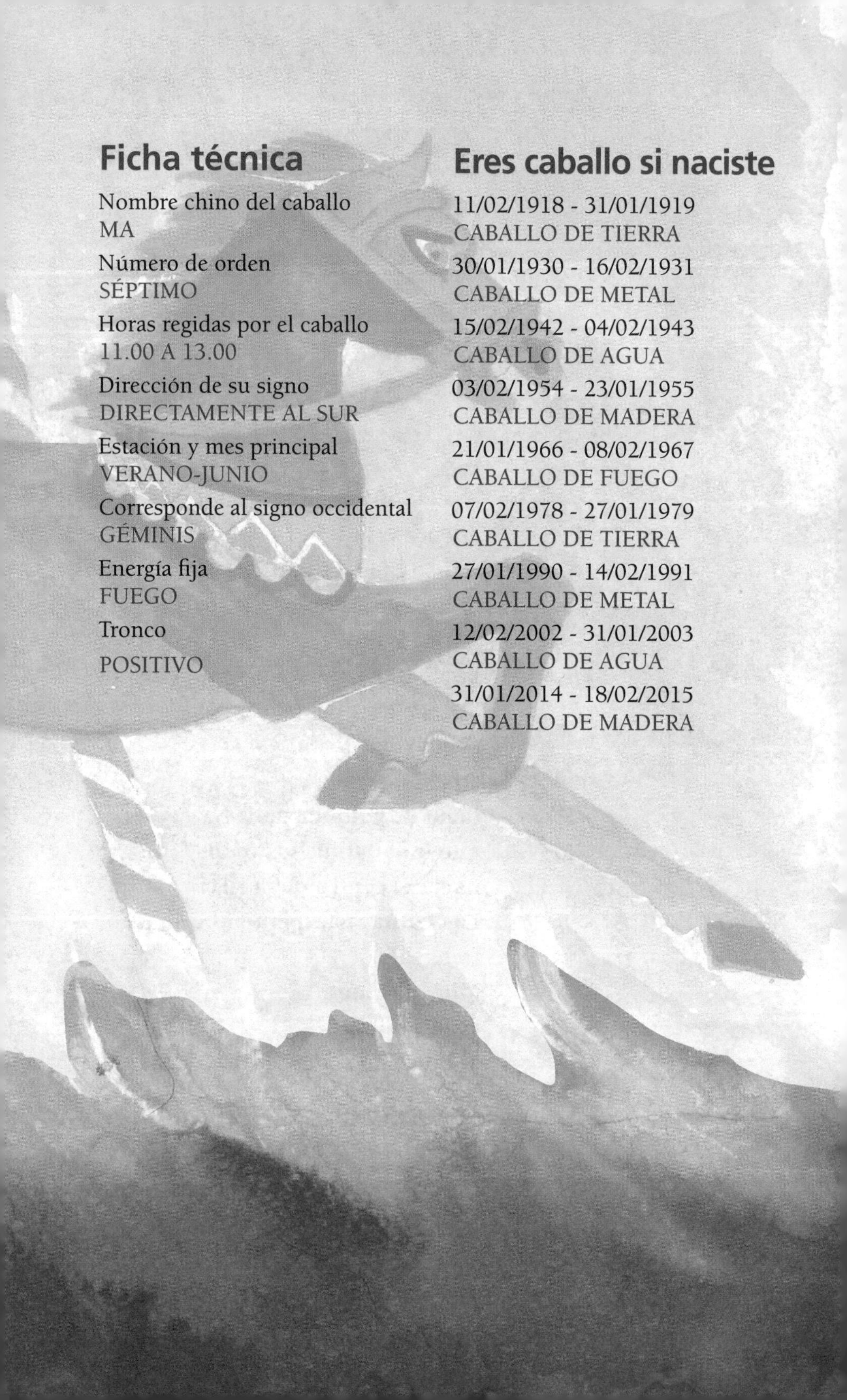

Ficha técnica

Nombre chino del caballo
MA

Número de orden
SÉPTIMO

Horas regidas por el caballo
11.00 A 13.00

Dirección de su signo
DIRECTAMENTE AL SUR

Estación y mes principal
VERANO-JUNIO

Corresponde al signo occidental
GÉMINIS

Energía fija
FUEGO

Tronco
POSITIVO

Eres caballo si naciste

11/02/1918 - 31/01/1919
CABALLO DE TIERRA

30/01/1930 - 16/02/1931
CABALLO DE METAL

15/02/1942 - 04/02/1943
CABALLO DE AGUA

03/02/1954 - 23/01/1955
CABALLO DE MADERA

21/01/1966 - 08/02/1967
CABALLO DE FUEGO

07/02/1978 - 27/01/1979
CABALLO DE TIERRA

27/01/1990 - 14/02/1991
CABALLO DE METAL

12/02/2002 - 31/01/2003
CABALLO DE AGUA

31/01/2014 - 18/02/2015
CABALLO DE MADERA

Anoche, mientras azuzaba el fuego de la chimenea, apareció nítida en mi mente Silvia Ainchil.

Fue mi gran compañera en secundaria, en el día a día, en nuestros primeros campamentos de *girl scouts*, en el cambio repentino de ser niñas a mujeres, y sobre todo en algo que el destino nos marcó para siempre: ella estaba en mi casa cuando se quemó, el 19 de septiembre de 1973.

Juntas vimos cómo ardía en llamas la mítica finca de Parque Leloir.

Silvia me confesó, cuando fuimos más grandes, que era caballo y no mono, como yo, que tengo dos años menos.

Le avergonzaba decirlo en clase, y por supuesto que para mí fue un *shock* total descubrir esto, pues esta amada amiga había sido mi gran confidente, y cuando tienes doce años, alguien de catorce te parece inalcanzable.

Acostumbrarme al cambio de animal, que es el de mi hermana yegüita Margarita, también de madera, caló hondo en mi alma.

Silvia tenía una melena negra azabache que le llegaba a la cintura, ojos aun más negros y una picardía total.

Simpática, inteligente, volaba con su imaginación en las clases aburridas y me miraba tentadora desde el pupitre.

Cómo la quise y la sigo extrañando.

El TAO dispuso que fuéramos vecinas en Barrio Norte; y siempre mantuvo a su familia: su adorable madre, hermanos y después de casarse y separarse, a su hijo Lautaro, que es un búfalo del signo trece.

Con amigos en común, más de una vez nos vimos, y su consejo fue clave hace diez años para que tuviese todo a punto y en orden (lo tenía) pero me aseguró que si le pasaba algo a algún empleado pagaría mis 32 ediciones del horóscopo chino sin anestesia.

La invité muchas veces a la sierra, pero nunca llegó.

He descubierto que a pesar de tener dos hermanas yeguas: Vero y Magui, nunca pudimos entregarnos en serio como con Silvia, Marisa, y algunas especies que llegaron a mi vida como amores, amantes, amigos, maestros, socios, o hijos del TAO.

El vínculo profundo con el equino es parte de mi infancia, juventud, madurez y, supongo, vejez.

Algo fuerte, instintivo, visceral, pasional nos une.

Esa insolencia para vivir, recuperar la autoestima cuando alguien nos combate, el relincho para sacarnos a pasear, ver vidrieras, ir al cine, a un recital, a cabalgar sin rumbo por las calles porteñas, de París, del fin del mundo.

Ese espíritu jovial, *sexy,* desbocado para fluir con el universo a cada paso, trote o salto venciendo obstáculos.

Sigo atenta a la vida que lleva este signo, pues a eso me dedico.

Si en ambos sexos no desarrollan su vida interior, vocación, servicio, amor al prójimo, tendrán una infancia difícil, una juventud en la cual el cuerpo y la salud los acompañarán, una madurez traumática por no haber cumplido con los deberes de las materias previas que se llevaron, y una vejez en absoluta soledad, pues los amigos que estaban para la pizza y el champán los dejaron olvidados.

Son como Peter Pan; en ambos sexos la idea de envejecer les aterroriza.

Saben que su físico es espectacular: atraen como un imán al zoo y tienen el sí fácil cuando alguien los invita a revolcarse en el campo a cielo abierto.

Su capacidad de asombro es infinita; ingenuos, arrebatadores, su transparencia atrae, divierte, cae muy bien o muy indigesto.

Evoco a Vicky, mi silenciosa fotógrafa de casi un katún, que me llevó a las cubiertas de mis libros y jamás discutí pues su talento siempre me sorprendía.

En ambos sexos y en los que vendrán, el caballo tiene presencia.

Sabe atrapar la atención de quienes están en platea y en el gallinero, y como Riquelme, que es un jugador bueno pero conflictivo, logran capitalizar sus caprichos.

Monzón fue campeón mundial pero su instinto pudo más que el trofeo, y dejó sobre sus víctimas la ira que no pudo transmutar en el *ring*.

Los dejo durante un rato, pues visitaré a Mónica, la yegüita que me hace «chapa y pintura» de vez en cuando.

Cuando salí de «Mosquera», mi piel brillaba como la de una Venus, y mi cuerpo estaba impregnado de fragancias afrodisíacas.

La capacidad de transmutación de Mónica es excepcional.

Ha pasado la *Ilíada* y la *Odisea* y junto a Rocío, su tigrecita faro de luz, siguen juntas inventando ferias americanas, desfiles y rifas para salir de viaje, pagar rubros de su casa Procrear* y, eso sí, ropas.

Coqueta, cariñosa, divertida, la siento una hermana del TAO.

El caballo es un signo que necesita, más que otros, estímulos para encenderse, sentirse con ganas de salir del establo para que le circule la sangre por su cuerpo ardiente y el alocado corazón le palpite.

---

* Pagar las cuotas de la casa que le otorgó el Estado Argentino.

Necesita estímulos; si no se divierte es capaz de dejar pasar trenes bala, AVE, Roca y Sarmiento de oportunidades únicas en su existencia.

Tiene más habilidad y destreza que astucia o inteligencia emocional.

Paga caros sus arrebatos, pataletas, cólera, ira, que emergen como el volcán Calbuco, inesperadamente.

Es hipersensible, maníaco depresivo, manipulador, celoso y ambicioso, aunque lo tenga oculto bajo su pelaje y crines; estas características lo convierten en la madurez en alguien que queda muchas veces excluido por su fanatismo en situaciones que no sabe reconducir a tiempo.

El caballo necesita una legión de admiradores, personas que lo consientan y le den su tiempo, energía y PRANA para succionar.

El caballo aplicado, estudioso, con metas y objetivos claros sabe que triunfará sin apuro.

Su talento innato muchas veces se desperdicia en enredos sexuales, falsas promesas de boda o discusiones estériles.

El caballo que ponga su intuición al servicio de los demás logrará ser líder como Mandela, y aceptar su destino con sabiduría.

En ambos sexos tendrá al zoo rendido a sus antojos y caprichos en la juventud, pues destila un magnetismo difícil de evitar al conocerlo.

El miedo al compromiso, al abandono, a no ser amado incondicionalmente lo detiene y no se arriesga por quienes le ayudaron en las malas rachas para que no se reflejara como Narciso en el espejo.

En un mediodía transparente de fin de otoño evoco a mi tropilla afectiva: Magui, Macarena, Hoby, Vicky, Marisa, Silvia, Haby, José María, César, avatares, ángeles y demonios que se me cruzaron en el TAO, y quizá por ese polémico ascendente caballo enseguida sentimos sintonía.

Cuánto tiempo de magia compartida: irremplazables, atemporales, intensos, compinches, solidarios y egoístas cuando la vida apremia y hay que tomar decisiones en un instante.

El caballo es el animal más importante en la historia de la humanidad. Transportaba desde alimentos hasta mensajes de amor, y aún lo hace en zonas rurales, cargando más de lo que puede, silenciosamente.

Por eso, necesitan que les cepillen el pelo, las crines, que se les pongan herraduras, se les de alfalfa, avena, y cuando ganan en el hipódromo, el mejor terrón de azúcar del más allá.

TÓMALO O DÉJALO... ANTES DE QUE ÉL LO HAGA.

El Caballo en el Trabajo

Prefiere calidad más que cantidad; en algunos casos elige ser dependiente con un sueldo básico por comodidad, y otras veces se arriesga para ser independiente, guiado por una vocación profunda.

Sabe que la vida es «pan para hoy, hambre para mañana».

Tendrá que valorar a socios y a compañeros de trabajo que subestima o con los que compite pues si no quedará fuera del *ring* o del terreno de juego.

Honesto, leal, emprendedor, es querido y respetado en su ámbito.

«El arte es tener plata* en el bolsillo», como decía Federico Peralta Ramos. Viven al día y muchas veces tienen deudas pues gastan más de lo que ganan.

El dinero les quema en las manos: aman los regalos caros y adoran ser invitados a viajes y hoteles de cinco estrellas.

Para el caballo el dinero es un medio y en contadas excepciones también un fin.

El Caballo en el Amor

Les diré que son el signo más convencional del zoo chino.

Cuando despunta el amor, que es desde el pecho de su madre, parece que serán los más originales, revolucionarios y modernos en materia afectiva.

Tienen mandatos familiares difíciles de superar; las yeguas como Susanita, se casarán jóvenes estén o no enamoradas, y los potros no dejarán de lado a ninguna muchacha que los cabalgue bien, más bien se dedicarán a completar la agenda de lunes a domingo con horarios y citas que les ocuparán la mayor parte de su cabeza y energía.

Por suerte la salud y el estado físico los acompañarán desde la cuna; y tendrán actuaciones notables entre su raza.

Cuando se enamoran, tal vez una o dos veces en la vida, olvidan el rumbo de sus aventuras y hazañas y juran amor en el registro civil y el altar.

Les gusta formar vínculos largos y a pesar de ser infieles respetan al cónyuge con su estilo de lealtad sui géneris.

Al caballo y a la yegua les encantan las películas y novelas de amor. De allí sacan artilugios para seducir y saben tocar el punto G del amado.

---

* La palabra plata hace referencia a dinero.

Despliegan un arsenal de seducción imposible de resistir; para ellos el amor es el motor de sus vidas, y cuando rebobinan recuerdan solo a quienes les costó convencer para que fuera su pareja.

Necesitan tener cerca al ser querido o al que les escucha todos los días; detestan separarse y en general son muy dependientes de su pareja.

El sexo es siempre la mejor carta de presentación que ofrecen, y salvo raras excepciones logran hacer jaque mate a quien se la juega en el desafío.

El amor cambia con los años; en la madurez añorarán el tiempo que pasaron con un amor platónico o virtual, y tendrán amnesia de los reales que aun los doman con sentido del humor y paciencia china.

El Caballo en la Familia

La idea de la familia le gusta más que estar con ella con responsabilidades limitadas.

La yegua es una excelente madraza; tal vez sublima la huida del compañero, marido o quien la acompañó en la primera etapa de fecundación y borra el pasado en busca de una quimera.

Al caballo le gusta más la calidad que la cantidad de tiempo con el zoo.

Está orgulloso de sus hijos y los lleva con él en viajes, al trabajo o al campo de fútbol.

Detesta enfrentarse a los problemas básicos: el aumento de la inflación, las tarjetas, y pone excusas para evadirse de lo esencial.

Tal vez cuando es joven ignora a sus padres, pero en la vejez sentirá el *boomerang* y aprenderá a ser más cariñoso con quienes le rodean.

Cada caballo tiene su propio karma; algunos a través de constelaciones familiares le superan, y otros se pierden en la neblina.

L. S. D.

Encuesta

Caballo de Metal - Fecha de nacimiento: **15/08/1990**

- **¿Qué te apasiona?** Me apasiona buscar lo que me apasiona.
- **¿Eres cazador o cazado?** Dejo... que me «cacen».
- **¿Qué te hace sentir libre?** Decir lo que pienso.
- **¿Hechos o palabras?** Hechos.

- **Tus locuras por amor son:** Irme a vivir a otra provincia. Tomar dos autobuses en un día para llegar a su cumpleaños.

Caballo de Metal - Fecha de nacimiento: 27/02/1990
- **¿Qué te apasiona?** Me apasiona la vida, sentir, estar viva y consciente de mi existencia, eso me hace apreciar la vida de otra manera y preocuparme menos por banalidades. La música es una de las cosas que más me apasiona en esta vida, me trae mucha felicidad.
- **¿Como atraes?** No tengo un método de atracción previamente calculado, me gusta la espontaneidad.
- **¿Cuál es tu arma de seducción fatal?** Soy espontánea, no le presto mucha atención a esas cosas.
- **¿Eres cazadora o cazada?** Cazadora.
- **¿Qué te aburre?** Me aburre el cliché.
- **¿Qué te hace sentir libre?** Ir sin sujetador.
- **¿Propones o dispones?** Propongo.
- **En el amor, ¿quieres dar o recibir atención?** Ambas cosas, el equilibrio es lo más sano.
- **¿Hechos o palabras?** Hechos.
- **¿Qué te colma?** Querer y sentirme querida, rodearme de mis seres queridos y estar en paz conmigo misma.
- **¿Como demuestras rechazo y cómo atención?** A veces, cuando me siento rechazada, puedo ponerme algo triste, luego se me pasa, y si recibo mucha atención puede agradarme o molestarme, depende de la otra persona, si es agradable o pesada para abordarte.
- **Tus locuras por amor son:** Divertidas.
- **¿Qué lectura haces de la incondicionalidad en el amor?** Creo que el amor incondicional como lo muestran en las películas realmente no existe, el «amor incondicional» como tal no se da tanto en las parejas sino de padres a hijos. No creo que el amor dure para siempre.

El Caballo y su energía

Caballo de Madera (1894-1954-2014) Un caballo razonable.

A la pasión se agrega un espíritu creativo; pero muchas veces la pasión desborda las buenas intenciones y no logra controlarse. Su sentido artístico contribuye a equilibrarlo. Mundano, ama la vida social, puede gustar por su talento y conversación, y no es demasiado egoísta. Tiene sentido de la responsabilidad, pero le falta un poco de prudencia y tacto en las relaciones humanas. Es esnob y busca siempre la novedad.

Caballo de Fuego (1906-1966) Un caballo indomable.

Es la personificación del caballo *yang* al extremo, tiene un exceso de todas las excelentes cualidades y de los defectos; por su indomable personalidad, en China se le ve como extremadamente peligroso. Es víctima de sus más bajas y altas pasiones, y si no hace un cambio profundo, las pagará carísimas. Resulta muy excitable y colérico. Inconstante por naturaleza, es extremadamente seductor. Ama los viajes y va siempre en busca de nuevas sensaciones, quiere lograr el éxtasis y se desvía fácilmente del tao. Sólo por amor, y después de los 25 años, sentirá que es capaz de entregarse y realizarse con el ser amado para construir juntos un paraíso. Necesita ser guiado por alguien más sabio y que le ate corto. Un ejemplar fascinante.

Caballo de Tierra (1918-1978) Un caballo pasuco*.

Una asociación excelente que puede asegurar riqueza y prosperidad. Un tipo de caballo alegre y amistoso. Sería perfecto si no fuera tan lento en la acción; su realismo lo hace reflexionar largamente antes de tomar una decisión. Pero en los negocios esta prudencia puede resultarle ventajosa, porque además es muy considerado en las relaciones con los demás. Sumamente meticuloso, obsesivo, puede perder el sentido de las proporciones.

Caballo de Metal (1870-1930-1990) Un caballo fascinante.

Este caballo tiene la contradicción entre su lado apasionado y el rigor de la fuerza de voluntad que aporta la energía metal; tendrá un combate muy duro para lograr que lo domine la razón. Ardiente, demostrativo, es extremadamente seductor. Ama al sexo opuesto con fiebre equina y tiene dotes de conquistador. Siempre en movimiento, deportista, es infatigable y se niega a toda rutina. Enamorado de la independencia y de la libertad, la monotonía lo deprime mucho, pero también es remiso a tomar compromisos por temor a esclavizarse.

Caballo de Agua (1882-1942-2002) Un caballo difícil.

No se puede negar que su carácter es bastante difícil, porque el agua no le conviene a su temperamento apasionado; sin embargo, el agua le

---

* Caballo que avanza moviendo mano y pata trasera de un mismo lado y no en forma cruzada. Es un caballo con paso torpe.

aportará lucidez y ponderación. Está demasiado centrado en él mismo, pero puede adaptarse más que otros caballos a los cambios y a instalarse en diferentes países del mundo. Es nómada, adora viajar, y cuando se aburre desaparece sin avisar. Muy neurótico, solo puede salvarlo su vocación, y si tiene talento, se calmará y se quedará en el establo más tiempo, ocupado en su labor. Cambia velozmente de ideas o de acciones, y detesta que no le sigan de manera incondicional. Es inteligente y puede ser brillante, a veces resulta superficial, muy conversador y de una pretensiosa inconsistencia.

El Caballo y su ascendente

Caballo ascendente Rata: 23.00 a 01.00
Sabrá capitalizar el dinero que gana. Sociable, divertido, será muy difícil no sucumbir a sus encantos físicos y mentales. Ideal para pasar *Nueve semanas y media.*

Caballo ascendente Búfalo: 01.00 a 03.00
Vivirá la vida con alegría y solo en la madurez tomará responsabilidades. Tiene fuertes principios y es un amante excepcional.

Caballo ascendente Tigre: 03.00 a 05.00
Deberá seguir su olfato y no desconfiar. Aquí se da una buena combinación de habilidad y osadía.

Caballo ascendente Conejo: 05.00 a 07.00
Un caballo apaciguado, esotérico e instintivo.

Caballo ascendente Dragón: 07.00 a 09.00
Es poderoso pero debe tener cuidado con las compañías. Reacciona mal. Un caballo difícil de montar.

Caballo ascendente Serpiente. 09.00 a 11.00
La serpiente le brindará sabiduría y lo encaminará hacia el éxito. Su seducción causará suicidios en masa.

Caballo ascendente Caballo. 11.00 a 13.00
Muy atractivo, caprichoso y engreído. Un pura sangre que hace lo que quiere.

Caballo ascendente Cabra: 13.00 a 15.00
Enamoradizo y rey de *la dolce vita.* Es un caballo menos loco que los demás, gracias a la armonía de la cabra.

Caballo ascendente Mono: 15.00 a 17.00
Un egoísta seductor que hará lo que se le antoje. Intensa alianza de agilidad e ingenio.

Caballo ascendente Gallo: 17.00 a 19.00
No le faltará nada. Vivirá despreocupado, mitad en las nubes y mitad en el suelo.

Caballo ascendente Perro: 19.00 a 21.00
Un caballo fiel, tranquilo, confiable, de mente práctica. A veces ni él mismo querrá ser tan bueno. Sin dudas, el mejor amigo.

Caballo ascendente Cerdo: 21.00 a 23.00
Tendrá intenciones claras y será complaciente. Es cooperativo, sensual, y todo lo que haga llevará siempre el sello de la originalidad.

Cuéntame un cuento chino

Chef Abdala • Caballo de Agua • Experto en comida sirio libanesa • Chef escritor • Argentino

Pertenecer a este signo me identifica bastante con las características que lo definen.

A través de los años, por cuestiones personales y otras tantas, atrapado por los avatares de la macroeconomía y las reiteradas resquebrajaduras que han producido fuertes alteraciones y cambios en nuestro país, he tenido que padecer el infortunio de volver a empezar desde cero.

Desde los afectos, el amor, y las distintas actividades que me ha tocado desarrollar, nunca esta sucesión de hechos ni las contrariedades me hicieron bajar los brazos. Ante cada adversidad, busqué y encontré la manera de superar difíciles momentos.

Soy obsesivo, consecuente, y siempre trato de llegar a la meta fijada, y a veces lo logro. Características como las anteriormente dichas son las que me hacen pertenecer a este signo.

Templo Expiatorio de la Sagrada Familia
Caballo de Agua

Personajes famosos

CABALLO DE MADERA (1894-1954-2014)
Kevin Costner, Pat Metheny, Matt Groening, John Travolta, Annie Lennox, Michael Rourke, Aníbal Landi, Luisa Kuliok, Kim Bassinger, Bob Geldoff, Georgina Barbarossa, Carlos Alberto Berlingeri.

CABALLO DE FUEGO (1846-1906-1966)
Fernando Trocca, Rembrandt, Salma Hayek, César Francis, Marina Borenstein, Hoby De Fino, Thomas Edison, Samuel Beckett, Mónica Mosquera, Marta Sánchez, Sinead O'Connor, Lucía Etxebarria, Gabriela Guimarey, Carla Bruni, Fernando Ranuschio, CindyCrawford, Macarena Argüelles, Fabián Quintiero, Leticia Sabater, Marco Rivara, Julián Weich, Claudio Paul Caniggia.

CABALLO DE TIERRA (1858-1918-1978)
Santiago del Moro, Carles Puyol Nelson Mandela, Rita Hayworth, Mariano Martínez, Mariano Mores, Robert Stack, Gonzalo Suárez, Gael García Bernal, Dolores Fonzi, Benjamín Vicuña, Catarina Spinetta, Liv Tyler, Pearl Bailey, Lionel Scaloni, Billy Graham, Leonard Bernstein, Raimon Panikkar, Juan Román Riquelme.

CABALLO DE METAL (1870-1930-1990)
Ray Charles, Alfredo Alcón, Carmen Sevilla, Sean Connery, Steve Mc Queen, Clint Eastwood, Federico Chopin, Neil Armstrong, Robert Duvall, Sean Kingston, Harold Pinter, Boris Yeltsin, Franco Macri.

CABALLO DE AGUA (1882-1942-2002)
Paul McCartney, Beatriz Sarlo, Caetano Veloso, Nick Nolte, Harrison Ford, Jimi Hendrix, Janis Joplin, Martin Scorsese, Haby Bonomo, Andy Summers, Felipe González, Rafael Argüelles, Barbra Streisand, Chris Evert, Lou Reed, Linda Evans, Hugo O. Gatti, Mohammed El Baradei, Fermín Moreno Q., Carlos Reutemann.

Tabla de compatibilidad

	Amor	Salud	Trabajo	Amistad
	3	2	4	2
	2	1	3	2
	1	2	2	1
	3	3	3	2
	4	4	4	3
	5	4	5	2
	4	4	4	3
	3	3	3	3
	4	3	3	3
	3	2	2	1
	4	3	2	2
	5	4	3	1

1 • mal 2 • regular 3 • bien 4 • muy bien 5 • excelente

Cabra

El amor brujo.
Desembrujame.
Desentrañame.
Desciframe.
Desoíme.
Desarmame.
Destilame.
Descarname.
Desacostumbrame.
Desdibujame.
Desmontame.
Despacio.
Despacio.
Despacio.

L. S. D.

USHI DEMARIA

Ficha técnica

Nombre chino de la cabra
XANG

Número de orden
OCTAVO

Horas regidas por la cabra
13.00A 15.00

Dirección de su signo
SUD-SUDOESTE

Estación y mes principal
VERANO-JULIO

Corresponde al signo occidental
CÁNCER

Energía fija
FUEGO

Tronco
NEGATIVO

Eres cabra si naciste

13/02/1907 - 01/02/1908
CABRA DE FUEGO

01/02/1919 - 19/02/1920
CABRA DE TIERRA

17/02/1931 - 05/02/1932
CABRA DE METAL

05/02/1943 - 24/01/1944
CABRA DE AGUA

24/01/1955 - 11/02/1956
CABRA DE MADERA

09/02/1967 - 29/01/1968
CABRA DE FUEGO

28/01/1979 - 15/02/1980
CABRA DE TIERRA

15/02/1991 - 03/02/1992
CABRA DE METAL

01/02/2003 - 21/01/2004
CABRA DE AGUA

19/02/2015 - 07/02/2016
CABRA DE MADERA

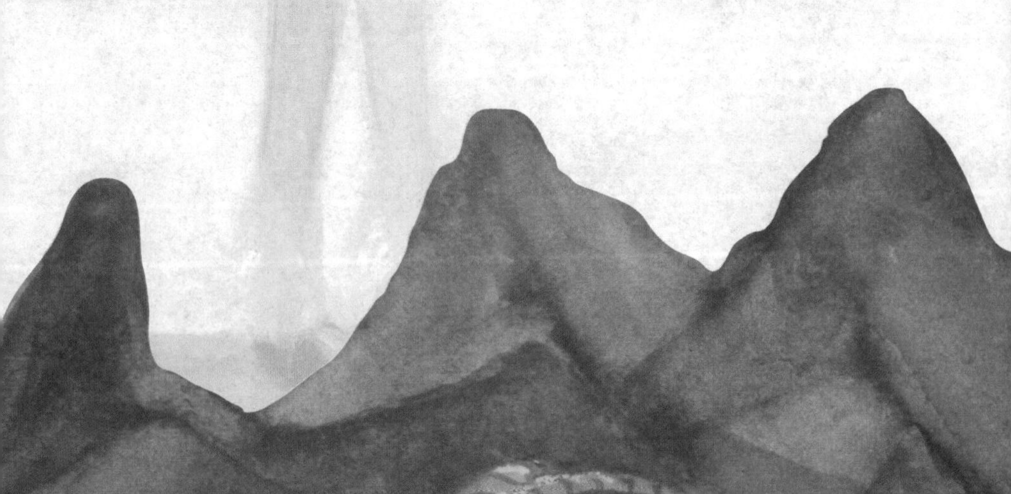

En este período intenté buscar alguna cabra que me inspirara para representarlas, o a su signo.

Y repasé las treinta y tres personas que fueron musas o «musos» inspiradores en estas décadas.

Miro hacia el Lago de la Viña, frente al campo donde hace trece años surgió la idea de refundar astrológicamente bien aspectada a Argentina, bajo el cielo estrellado y diáfano que nos abarca, bajo una cosmovisión que integre a quienes habitaron América antes de la conquista —desde los mayas a los mapuches— con la astrología asirio caldea, la ecología y el I CHING.

Ese nuevo país nació el 4 de diciembre de 2003 a las 5 de la tarde.

Y bajo la astrología china es cabra de agua ascendente mono.

No tuvo nada que ver la llegada de la era k; la causalidad así lo diseñó. Han pasado casi doce años de esa fecha que celebramos físicamente en Ojo de Agua, Nono, en el valle de Traslasierra, y en cada lugar del país, del mundo, y especialmente del corazón.

Y en pleno junio rumbo a las elecciones primarias de julio observo en qué se convirtió el país, y cada uno de nosotros.

¿NOS UNIMOS?

¿O NOS DESVIAMOS?

¿NOS INTEGRAMOS O NOS EYECTAMOS?

La cabra es un signo que si no tiene una buena cabra madrina que guíe al rebaño puede perderse en medio de senderos sin retorno al corral, a la querencia, a sus vínculos profundos y afectivos, al sentido de comunidad, de pertenencia.

Necesita admirar, sentirse amada, acariciada y muy bien patrocinada para desarrollar sus virtudes, su talento, sus habilidades y sus dones.

Es un signo que cultiva con vocación la armonía, el equilibrio, las relaciones afectivas.

Su sentido estético, refinamiento, compasión y solidaridad hacen que se la quiera desde pequeña.

Sabe pedir lo que más desea con buenos modales, gracia y simpatía; y es difícil decir que no a sus antojos y caprichos.

La cabra es un signo muy intuitivo, místico y esotérico.

Necesita libertad para su búsqueda espiritual y llegará adonde se lo proponga, como Krishnamurti y Osho, para transmitir sus experiencias y dar buenos consejos.

Su carácter oscilará entre estados de euforia y maníaco depresivos. Necesita sobredosis de amor, mimos y contención afectiva para desarrollar su vocación y talento.

Volviendo a nuestro país refundado hace doce años, pienso qué energías se mezclaron bien y cuáles como un cóctel molotov.

Qué designios de almas resurgieron para confundirnos con mensajes ambiguos, conductas autoritarias, naufragios de ideales mancillados en el barro, flechas envenenadas descuartizando a nuestra especie como chivos expiatorios.

Qué desacato del corazón nos volvió «locos como cabras».

Somos un rebaño que no tiene pastor confiable que nos escuche, sane las heridas, procure el alimento, la salud y los buenos modales.

Dónde se detuvo la fe para cumplir un ciclo de Júpiter alrededor del sol y encontrarnos perdidos dentro de nuestra decisión electoral.

La cabra respeta a quien le enseña con el corazón el camino y no la desvía hacia los vicios, los pecados mortales y los capitales.

A quien le pone límites cuando, si es macho cabrío, deja sus cuernos enredados en alambradas, ramas o pastos y le ayuda a salir de los tropiezos.

Ciertamente es el signo más fácil de corromper.

La debilidad por ser mantenida, casarse con un buen partido en ambos sexos, ser amante de un jeque árabe o de un empresario poderoso, estar atendida como una reina, o usufructuar la pradera ajena depredando bienes y pertenencias es una característica del signo.

Igual que cuando las vemos pastando en la montaña: de pronto suben, bajan, escalan o se quedan al borde del precipicio. La cabra es rebelde, polémica, indomable, misteriosa, despiadada con quienes no la veneran ni adoran.

A veces sus berrinches o cambios de humor trastocan reuniones, equipos de trabajo, cuando sin tener la menor consideración dejan plantados a socios y personal.

Mantenerla estimulada, disciplinada y mansa es un arte de algunos elegidos.

En general arremete con sus balidos dejando atónita a la audiencia. Su manera de vivir es diferente a la del resto del zoo.

Calidad más que cantidad con personas, amores, amantes, amigos y especialmente cuando de trabajo se trata.

De temperamento colérico, a veces es expulsada de su círculo de amigos, club, o de una empresa por no tener cuidado con lo que dice o por sus arrebatos.

Una cabra con vocación llegará lejos en la vida: no dudará de sus metas y objetivos.

Sentirá que tiene convicción en sus ideas y practicará «el arte es tiempo y el tiempo es arte» como filosofía de vida.

Siempre he sentido ternura y afinidad con ellas; me han dado amor y buenos consejos y hemos compartido aventuras extrasensoriales.

Cuando aparece una cabra en casa, o en un viaje o reunión siempre estabiliza la energía grupal brindando su corazón como ofrenda.

Este año cuando celebremos la Refundación Espiritual de Argentina, se cumplirán doce años de la mejor idea que tuve en mi vida.

Y serán nuestras maestras, faros, luciérnagas para reinventarnos en el futuro.

La Cabra en el Trabajo

No es la típica trabajadora de 9.00 a 17.00, ni tiene disciplina para cumplir con lo que se le pide.

Es una excepción a la regla; puede ser obsesiva con el trabajo y no tomarse ni un domingo ni un festivo para cumplir a la perfección con lo que le imponen.

Es buena consejera, pero corre el riesgo de fundir la empresa con sus inversiones, sueños y utopías.

Servicial, atenta, educada, tendrá en cuenta a sus compañeros cuando haya huelgas o asambleas.

El dinero es un medio y no un fin. Por eso podrá ganarlo y gastarlo como más le guste; pero prefiere dilapidar el de su marido, amante o socio, según sea su relación.

Cuando tiene poco, lo reserva para ir al bingo, al casino o a la lotería, esperando un golpe de suerte.

La Cabra en el Amor

Su mayor talento es el arte de amar y de ser amada.

Sabe enamorar con sus encantos y su imán para atraer a quien más le guste; hace un *casting* para elegir amantes, maridos y novios de turno y siempre hay mil candidatos en su lista.

La cabra vive pendiente de llamadas, mails, WhatsApp y necesita que todos le repitan como un DVD rayado cuánto la aman y la extrañan.

Es seductora, atrevida, *sexy*, jovial y siempre tendrá una lista de personalidades famosas que le ofrecerán *matrimonio y algo más*.

Una afortunada en sus elecciones afectivas y en su pasión por vivir.

La Cabra en la Familia

Es la reina de las constelaciones familiares, pues adora a su familia y necesita refugiarse en ella cuando el mundo es hostil.

Sabe cuidar, mimar y criar hijos propios y ajenos; es samaritana y se puede confiar en ella.

Su necesidad de aprobación es muy cansina; insegura, desconfía de quien no la ama incondicionalmente.

Si se enamora joven formará su familia, tendrá hijos y será el mejor padre o madre que se pueda recordar en el álbum del zoo.

La crianza será sui géneris.

Y siempre en la vejez estará rodeada de sus nietos y bisnietos que le pedirán que les cocine masas y milanesas a la napolitana.

La familia es su verdadera fuente de inspiración y gracia.

L. S. D.

Encuesta

Cabra de Fuego - Fecha de nacimiento: **28/11/1967**
- **¿Qué te apasiona?** Disfrutar de la naturaleza con mi familia.
- **¿Cuál es tu arma de seducción fatal?** Mi sonrisa.
- **¿Eres cazador o cazado?** Cazador.
- **¿Qué te aburre?** Los ambiciosos del dinero.
- **¿Qué te hace sentir libre?** Hacer lo que quiero y opinar.
- **¿Qué te da seguridad?** Mis padres.
- **¿Hechos o palabras?** Hechos.
- **Tus locuras por amor son:** Viajar por la otra persona.

Cabra de Metal - Fecha de nacimiento: **28/06/1991**
- **¿Qué te apasiona?** El teatro, la vida, las cosas pequeñas.
- **¿Cuál es tu arma de seducción fatal?** Los ojos.
- **¿Eres cazadora o cazada?** Me cazan, aunque yo también cazo.
- **¿Qué te aburre?** Lijar, una actividad monótona que no tiene otra razón de ser, no entra la creatividad, solo la ejecución.
- **¿Qué te hace sentir libre?** Actuar, estar contenta, no sentir culpa ni ataduras fijas.
- **¿Propones o dispones?** Me gusta proponer, pero si otro necesita, dispongo de tiempo, materia, energía, alma y alegría.

Cabra de Metal - Fecha de nacimiento: **17/10/1991**
- **¿Eres cazador o cazado?** Cazado.
- **¿Qué te aburre?** La rutina.
- **¿Qué te da seguridad?** Mis padres.
- **¿Propones o dispones?** Propongo.
- **En el amor, ¿quieres dar o recibir atención?** Recibir atención.
- **¿Hechos o palabras?** Hechos.
- **¿Como demuestras rechazo y cómo atención?** Rechazo ignorando. Busco atención con el humor.

La Cabra y su energía

Cabra de Madera (1895-1955-2015) Una cabra pacífica.
Esta cabra tiene una oposición entre su realismo y su necesidad creadora. Es la más amable de las especies, cariñosa, cooperativa y solícita. Bastante insegura para luchar, aunque tenga una alta opinión sobre sí misma deja esa ventaja a los demás y renuncia de entrada al combate: prefiere asegurar su tranquilidad. Muy sociable, samaritana y servicial, juega incondicionalmente por los que quiere.

Cabra de Fuego (1907-1967) Una cabra fantasiosa.
Va de la pasión al realismo. A pesar de que la primera la domina a menudo, el segundo le impide tener problemas serios, y así va avanzando. Confía en su intuición, pero tiende a dramatizar todo. Le da mucha importancia a su comodidad, le gusta aparentar y tiene gustos carísimos. Con frecuencia podría sufrir problemas financieros. Sabe seducir y a veces puede resultar muy agresiva y malhumorada cuando la ofenden. Para ella «la vida es un sueño», y en ocasiones se olvida de la realidad. Muy antojadiza, cambia su conducta intempestivamente.

Cabra de Tierra (1919-1979) Una cabra típica.
La más armoniosa de las cabras. Es optimista, positiva, creativa, original y muy segura de sí misma, pero debe cuidarse de tener expectativas que no pueda cubrir, pues sufriría mucho. Sabe equilibrar independencia y vida familiar. Hay muchas paradojas en ella: no le gusta gastar aunque puede ser generosa y estar siempre lista para ayudar a los demás; es hábil para disimular sus emociones, pero violenta si se defiende de quienes se oponen a las críticas. Tiene un corazón de oro.

Cabra de Metal (1871-1931-1991) Una cabra con un destino dorado.

Esta cabra tiene mucha suerte, sobre todo en el plano financiero, pues posee todo lo necesario para enriquecerse. Su autoestima es alta y sabe lo que vale; su talón de Aquiles es su alto grado de susceptibilidad, ya que se ofende fácilmente. Le resulta difícil vivir con la familia aunque aspira a una vida segura. Es muy artística, y poco sociable. Ciclotímica, inestable, irritable, tiene que trabajar mucho con ella para no ser una persona inaccesible y desagradable. Dominante, posesiva y celosa, tendrá pocos amigos a lo largo de su vida.

Cabra de Agua (1883-1943-2003) Una cabra dependiente.

No tiene personalidad fuerte porque su lucidez y su espíritu realista la hacen indecisa, entonces se respalda en terceros y obtiene ayuda fácilmente porque resulta encantadora. En el fondo es una oportunista sin mucho carácter, siempre buscando apoyo y opinando como la mayoría. Le tiene pánico a los cambios, fiel a sus caprichos y antojos, juega el papel de víctima a la perfección. Necesita mecenas que la mantengan y un escenario móvil.

La Cabra y su ascendente

Cabra ascendente Rata: 23.00 a 01.00

Estará alerta y no perderá oportunidad de sacar tajada de la gente. Será alegre, ágil, y se complicará la vida sentimental y sexualmente.

Cabra ascendente Búfalo: 01.00 a 03.00

Será puntual, organizada y responsable. Ascética y aristocrática, programará cada acto de su vida. Conocerá el camino para lograr sus objetivos lo antes posible. Tendrá una familia numerosa. ¡Cuidado con perder el buen humor!

Cabra ascendente Tigre: 03.00 a 05.00

Imprevisible, buscará aventuras y renovación de todo tipo. Defenderá su territorio con los cuernos. Una verdadera fierecilla.

Cabra ascendente Conejo: 05.00 a 07.00

Es refinadísima. Amará el confort y tendrá siempre un mecenas a su disposición. Será una buena interlocutora, aunque un poco naif; muy sociable y casi frívola.

Cabra ascendente Dragón: 07.00 a 09.00
Una cabra alada. Ambiciosa, creativa, audaz, realizará obras que trascenderán. Exigirá atención y será muy caprichosa.

Cabra ascendente Serpiente: 09.00 a 11.00
Tendrá suerte; sabrá utilizar los medios para llegar a los fines. Será muy atractiva, sutil e inteligente. Nadie detendrá sus objetivos.

Cabra ascendente Caballo: 11.00 a 13.00
Vagabunda, imaginativa, independiente y noble. Vivirá ayudando a los demás. No podrá ahorrar. Despertará pasiones en su agitada vida.

Cabra ascendente Cabra: 13.00 a 15.00
Una cabra purasangre. Será hipersensible, estética, y buscará protección. Vivirá por amor y no soportará las críticas. Una artista como ella nace una vez en un siglo.

Cabra ascendente Mono: 15.00 a 17.00
Tiene una visión clara de lo que quiere. Artista, práctica, manipuladora y sin escrúpulos, su lucidez jamás la abandonará, será irresistible.

Cabra ascendente Gallo: 17.00 a 19.00
Esta cabra será complicada. Sentirá deseos de rebelión y no soportará que le señalen errores que pudiera tener. Trabajará con tesón, pero tal vez no sepa disfrutar mientras lo hace.

Cabra ascendente Perro: 19.00 a 21.00
Escéptica, pesimista y ansiosa, tendrá una visión realista de la vida. Afrontará lo que venga con estoicismo y no delegará responsabilidades.

Cabra ascendente Cerdo: 21.00 a 23.00
Una cabra obstinada, lúcida, apasionada y muy sibarita, que tendrá alegría de vivir. Buscará protección y sabrá administrar su dinero. Un prodigio de afecto.

Cuéntame un cuento chino

Vera Spinetta • Cabra de Metal • Cantante, compositora • Argentina

Sobre las tejas está el otro,
cuenta,
perdido el tiempo.
De su mano que descansa
se desprende
un pequeño níspero.
Rueda, suena,
y en sus ojos
se dibuja la caída.

Una delgada línea anaranjada
en el horizonte.
Campanadas inundan ensordecidas
el cantar
de algunos insectos.

Una silueta se presenta
a contraluz,
mece en su mandíbula
una tibia pieza de pasto;
en un silencio mudo
nos mira,
compañera,
una cabra mestiza.
Sus colores desaparecen como el sol.
Blanca y marrón.
Pardos ojos extraviados.

En su templanza
una respuesta.
Se la ve,
y ella sabe
de todos.

El peso arraigado
al suelo
que supo pastar,
rumiando,
invierno y verano.

Ese silencio
se disipa,
frío.
Él clava su mirada.
Ella contempla
sus rasgos afinados
en ese silencio
que rompió.
Son inmovilidad
de gestos casi invisibles.
Él atina a quedarse,
sin tiempo,
como si pudiera.
Leerla.
Y ella sigue,
inmaculada,
sin necesidad.
Solo existe
como una catarata,
brotando agua
de sus poros constantes.
Sabe de la muerte.
Él descree.
Ella es fe.
Él es duda.
Ella es fe.
Él desvanece.
Ella es fe.

David Bisbal
Cabra de Tierra

Personajes famosos

CABRA DE MADERA (1895-1955-2015)
Groucho Marx, Miguel Ángel Buonarotti, Alfredo Leuco, Nelson Castro, Isabelle Adjani, Rosa Benito, Elvis Costello, Patricia Miccio, Marcelo Bielsa, Steve Jobs, Miguel Zabaleta, Johnny Rotten, Homero Simpson, Marcela Sáenz, Nina Hagen, Mercedes Morán, Jorge Valdano, Boy Olmi, Miguel Botafogo, José M. Recalde, Roberto Pettinato, Bruce Willis, Guillermo Francella, Nicolás Sarkozy, Aníbal Pachano, Julio Cobos, Krishnamurti, Mel Gibson.

CABRA DE FUEGO (1847-1907-1967)
Katharine Hepburn, Frida Kahlo, Atahualpa Yupanqui, Julio Bocca, Miguel de Cervantes, Gastón Acurio Jaramillo, Julia Roberts, Carlos Casella, Milo Lockett, Andrés Giménez, Maximiliano Guerra, Pepe Monje, Ivonne Reyes, Araceli González, Boris Becker, Karina Rabolini.

CABRA DE TIERRA (1859-1919-1979)
Brenda Martin, Andrea Pirlo, Evangeline Lilly, Adan Jodorowsky, David Bisbal, Diego Forlán, Nicole, Lana Turner, Margot Fonteyn, Zsa Zsa Gabor, Malcolm Forbes, Jack Palance, Dino De Laurentis, Vanesa Lorenzo, Ian Smith, Nicolás Cabré, Eva Perón, Andrea Galante.

CABRA DE METAL (1871-1931-1991)
Lali Esposito, Candela Vetrano, Gastón Sofritti, James Dean, Mariana Espósito, James David Rodríguez Rubio, Alice Munro, Franz Liszt, Annie Girardot, Ettore Scola, Maggie Simpson, Mónica Vitti, Osho, Angie Dickinson, Brenda Asnicar, Rita Moreno.

CABRA DE AGUA (1883-1943-2003)
Rubén Rada, Charo López, Arnaldo André, Ernesto Pesce, Adolfo Pérez Esquivel, Jim Morrison, Catherine Deneuve, Terrence Malick, Lech Walesa, Hermes Binner, Luis Aute, Marilina Ross, Muhammad Alí, José Luis Rodríguez, Jimmy Page, Keith Richards, Joan Manuel Serrat, Víctor Sueiro, Mick Jagger.

Tabla de compatibilidad

	Amor	Salud	Trabajo	Amistad
	2	5	5	3
	3	2	1	3
	4	5	2	3
	4	5	3	2
	3	5	3	1
	3	3	5	2
	3	3	5	2
	2	3	3	2
	2	4	4	4
	4	1	1	5
	3	1	3	5
	4	4	3	1

1 • mal 2 • regular 3 • bien 4 • muy bien 5 • excelente

Mono

¿Sabés que el amor no se elige?
Te cae como un misil Scud
y te inventa la vida.
Hace cosas que jamás vuelven
y dejarlas pasar es de nibelungo.
Libera más que oprime
y te despierta mejor cada mañana.
Incendia, tala y evapora
lo descartable
fertilizando el eros
promotion de lo mejor de uno.
Tenerle miedo al amor
es lo único que no te perdono.
El mío hacia vos es con todo.

L. S. D.

USCHI DEMARÍA

Ficha técnica

Nombre chino del mono
HOU

Número de orden
NOVENO

Horas regidas por el mono
15.00 A 17.00

Dirección de su signo
OESTE-SUDESTE

Estación y mes principal
VERANO-AGOSTO

Corresponde al signo occidental
LEO

Energía fija
METAL

Tronco
POSITIVO

Eres mono si naciste

02/02/1908 - 21/01/1909
MONO DE TIERRA

20/02/1920 - 07/02/1921
MONO DE METAL

06/02/1932 - 25/01/1933
MONO DE AGUA

25/01/1944 - 12/02/1945
MONO DE MADERA

12/02/1956 - 30/01/1957
MONO DE FUEGO

30/01/1968 - 16/02/1969
MONO DE TIERRA

16/02/1980 - 04/02/1981
MONO DE METAL

04/02/1992 - 22/01/1993
MONO DE AGUA

22/01/2004 - 08/02/2005
MONO DE MADERA

08/02/2016 - 27/01/2017
MONO DE FUEGO

En el bazi o calendario chino, cada día está regido por un animal.

Hoy es día tigre, lo que implica que para su opuesto complementario —el mono— es un día difícil, en el que pueden estar acechando flechas envenenadas o cáscaras de banana en algún invisible recoveco del TAO.

Dormir bien y soñar es parte de mi salud y equilibrio para la armonía hogareña, el trabajo y la inspiración.

Despierto con los tenues cantos de los pájaros en el fin del otoño y mientras revivo a la «rusita», estufa que templa mis siete cuerpos, abro las persianas y me dejo impregnar por los designios del amanecer y su sutil cambio de clima hacia la mañana.

A través de la experiencia reciente en la Reserva de Monos Carayá, en La Cumbre, Córdoba, volví a conectar con mi signo chino en lo más profundo del alma.

La llegada al territorio simio fue en un mediodía soleado junto a Gabriel, la ratita que hace tiempo me embellece en las producciones fotográficas, y comparte en sintonía estas aventuras.

El taxi se deslizaba como una serpiente por un camino de tierra y pedregullo, angosto, peligroso, donde pedí permiso una vez más para acceder.

A los monos hay que presentirlos antes de conocerlos.

Imaginarnos, no invadirnos, olernos, y sobre todo esperarnos...

Allí estaban Peperina y *Blow up* (mi fotógrafo) junto a la búfala Alejandra, creando el clima antes de que comenzara a tener contacto directo con Juliana, la mona carayá que sentí una hermana de tiempos remotos a la que volvía a ver, en cuanto la depositaron en mis brazos.

Entonces solté mi propio miedo, mi rechazo a estar expuesta, a dejar marcas, olores, pelos sobre la ropa propia y prestada, y empecé a divertirme, jugar, reencontrarme con cada espécimen que me depositaban en el regazo, en los hombros, en la cabeza.

Pero lo que latía fuerte era mi corazón, y también el de cada criatura que posaba para el futuro libro que estoy engendrando.

Allí, sueltos, huérfanos, olvidados, lastimados, robados, están centenares de monos intentando ser rescatados, reeducados, salvados para merecer una existencia humana, pues son lo más cercano y similar a nosotros.

Quienes nos ayudaron a realizar estas imágenes tuvieron una delicadeza y un cariño infinitos.

Vencimos prejuicios, nos sumergimos en el mundo que se nos abrió como un cántaro o un tesoro que esperaba ser rescatado, y nos divertimos a pesar de mis cambios de *look* delante de una platea que incluía perros, llamas, cerdos y un puma.

De mona a mona, de LSD a observarme en actitudes de entrega, rechazo, fobia, pasión, diversión, enojo, rabia, bajada de telón y «mutis por el foro».

UN GRAN ESPEJO ME REFLEJABA.

Esa indómita mujer que anida bajo el signo del mono de fuego emergía como un río que se transforma con la corriente, como un deshielo de glaciar que cae intempestivamente y sacude las entrañas de los espíritus que habitan en sus profundidades, como un látigo que lacera la piel y la quema dejando en carne viva la soledad, la incomunicación de milenios de un lenguaje que no pudo ser.

Ser mono es una misión que toca y que hay que agradecer por sus innatas virtudes, ventajas, dones de expresión artística, social, política, cultural y humanitaria.

Es ese lazo entre el supra y el inframundo, con mensajes que son indescifrables para la mayoría pero que el simio decodifica, y son necesarios en un planeta donde, a pesar de tener acceso a la globalización para aprender, estudiar, los códigos son cada vez más oscuros y perversos y alejan a las personas convirtiéndolas en enemigas en su propia familia, ámbito o pareja.

Es desnudarnos a través de situaciones muy particulares, imprevisibles, originales, mágicas, y sin testigos que nos monitoricen.

Somos una Polaroid, a pesar de que intenten coleccionarnos en cada secuencia del día, que jamás será como el de la mayoría del zoo, pues el mono se reinventa molecular e intuitivamente.

El alma del simio es la que estudió Darwin y la que deriva de los atlantes y lémures.

No se puede clasificar, ni comparar.

Es aérea, acuática, de arcilla roja o negra; de turmalina.

Al mono no hay que presionarlo en ningún aspecto.

Su obediencia de por vida es con sus creencias, filosofía, principios, búsqueda insaciable de experiencias donde convoca a espíritus, nahuales y fuerzas ocultas para no correr riesgos que lo anclen en sus objetivos.

Su cosmovisión es lo que le permite aceptar al prójimo sin perderse o hacer simbiosis. Y seguir investigando en territorios blindados para la mayoría, donde se infiltra con ubicuidad.

Alejarse del circo resulta una bendición para el mono, que es un SANNYASIN (buscador espiritual).

La danza con la Vía Láctea, los planetas, la luna y el sol es éxtasis para su evolución y vocación.

El mono puede tener etapas de mayor exposición, de ser mediático y protagonizar escándalos inolvidables. Cuando recapacita y ve que en lo profundo está solo, sin testigos que lo adulen o lo condenen, bajará de la copa de la ceiba en Tikal y comenzará a transitar por la vida con sus rituales y huellas indelebles que lo igualan al resto del zoo.

Su luz encandila; sabe perforar templos, tumbas, para ver con el tercer ojo «el más allá».

Captura el néctar de una rosa, el vuelo del colibrí, la salida de la luna detrás de la montaña para darse un baño que lo inspire y le permita enamorar a la persona que se cruce en su destino.

Quien les cuenta nuestra naturaleza es una mona flamígera que espera su TAI SUI (año celestial) para confirmar o decidir con más conciencia qué rumbo elegir en mi efímera y eterna existencia.

Sé que no equivoqué mi destino: mi mejor arte es la transmutación de cada muerte en vida que he tenido, y como la cigarra, seguir cantando…

El Mono en el Trabajo

Benditos los monos con vocación, porque de ellos será el reino de la selva.

Salvo raras excepciones, el mono nació con una estrella que lo acompañará toda su vida desplegando una artillería de talento, perseverancia, vocación, carisma, sentido común, audacia y capacidad creativa que lo mantendrá hiperactivo y con plátanos y cacahuetes para llevar un buen nivel de vida.

Competitivo, tendrá que aceptar sus límites, las reglas del juego que le causarán malestar, rebeldía, y muchas veces antipatía en su medio laboral donde siempre estará en el candelero.

El mono sabe administrar su energía; más calidad que cantidad de horas, y confiará en su inspiración para dar pinceladas de genialidad para que su trabajo se destaque entre el zoo chino.

Obsesivo, perfeccionista, puede dedicar su vida a tiempo completo a su vocación, a riesgo de perder a su pareja y familia.

El mono disfruta creando, inventando, atravesando obstáculos dignos del Rey Mono y su viaje al Oeste, de donde vuelve con trofeos, medallas, varios magullones y algún asalto que muchas veces lo deja fuera de combate.

UN SIGNO ADICTO AL TRABAJO PURASANGRE.

Por dinero baila el mono y sabe como un mago obtenerlo en cada oportunidad que se le cruza en las lianas de la vida.

Ama vivir cómodo y se da gustos exóticos que son parte del arte de disfrutar desde un *spa* cinco estrellas hasta construirse su casa con FENG SHUI.

El Mono en el Amor

AYYYY, SI LES CONTARA...

En el Doyo, les aseguro que amar es un arte que se aprende y olvida, renace y acrecienta, disuelve y palpita.

Largas temporadas de ostracismo y celibato y de golpe, como un rayo de luz en medio de la espesa selva, aparece un nuevo amor, amante, estímulo que resucita la memoria celular.

El sexo es un medio de comunión, de reconocimiento, de entrega sin límites.

El mono ama pasar horas, días, años en la cama, en la alcoba, en la playa, en un montón de hojas secas, en el heno, haciendo el amor hasta el paroxismo.

Luego descansa, repone fuerzas y desaparece hasta sentir la llamada de Tarzán o de Chita en la vulva o en la testosterona.

Afrodisíaco, sensual, imaginativo, nadie olvidará las temporadas de amor, sexo y pasión del primate.

El gran tema, les advierto, es no aburrirlo.

Lo alejan la apatía, la indiferencia, el maltrato, y lo enfrían como un glaciar de la Patagonia.

Hacer el amor es un arte que conoce muy bien desde que se levanta hasta que se acuesta, y desprecia el sexo rápido, o la brusquedad en la danza de apareamiento.

El mono es el signo que tiene más desarrollada la bisexualidad.

Su enamoramiento es más platónico que real; necesita sobredosis de caricias, mimos, piropos para sentirse seguro, y sabe atraer la atención de su elegido/a con su gracia, sentido del humor e inteligencia.

Según la edad y la sabiduría podrá desarrollar vínculos más livianos o profundos; con los años preferirá un compañero para compartir la vida en común y recordará con nostalgia, cuando escuche algún *blues*, la gran cantidad corazones rotos que aún retumban en su oído musical.

Un mono feliz vale más que la recaudación de la AFIP (Administración Federal de Ingresos Públicos) en los doce años del ciclo chino.

El Mono en la Familia

Será la alegría, el protagonista, el médium en los dramas entre padres, hermanos y parientes del zoo.

Su extravagante personalidad y su carácter resaltarán apenas haga sus primeras monerías, y tendrá siempre suerte para salir ileso en situaciones traumáticas, inciertas, en las que demostrará que su cariño familiar puede hacerle cambiar el rumbo de su horizonte.

Propulsor de constelaciones familiares, se inmolará hasta sacar a la luz los misterios del árbol genealógico; sanará heridas profundas y muy antiguas y abrazará con amor a quienes sean parte de su sangre y familia.

Necesita su espacio, su tiempo, que no lo invadan y que lo respeten en sus creencias y costumbres.

Es particular en la forma de vivir «dentro y fuera de la familia».

Hay dos tipos de simios: los que son muy fecundos y construyen la tribu desde el ADN, y los que forman su propia tribu a través de afectos, amigos, huérfanos, excluidos y seres que aparecen y desaparecen de su vida dejando huellas profundas en su alma.

L. S. D.

Encuestas

Mono de Metal - Fecha de nacimiento: **08/12/1980**

- **¿Qué te apasiona?** Realizar lo que pensé.
- **¿Cuál es tu arma de seducción fatal?** Los movimientos.
- **¿Eres cazador o cazado?** Me cazan.
- **¿Qué te hace sentir libre?** Elegir.
- **¿Propones o dispones?** Las dos cosas.
- **¿Hechos o palabras?** Hechos y palabras que no se dirigen a mí.
- **Tus locuras por amor son:** Lo más loco que hice fue tocar el timbre de su casa a las 9 de la mañana.

Mono de Metal - Fecha de nacimiento: **03/11/1980**

- **¿Qué te apasiona?** Me apasiona todo lo relacionado con el desarrollo de lo espiritual.
- **¿Cuál es tu arma de seducción fatal?** Mi personalidad.
- **¿Eres cazador o cazado?** Cazador.

- **¿Qué te aburre?** La materialidad.
- **¿Qué te hace sentir libre?** Las artes (manifestaciones artísticas).
- **¿Qué te da seguridad?** Confiar y darme la oportunidad.
- **¿Hechos o palabras?** Hechos.
- **Tus locuras por amor son:** Reprimirme.

Mono de Metal - Fecha de nacimiento: 01/02/1981
- **¿Qué te apasiona?** Los viajes y los animales.
- **¿Cuál es tu arma de seducción fatal?** El físico.
- **¿Eres cazador o cazado?** Las dos cosas.
- **¿Qué te aburre?** Me aburre lo cotidiano, la conformidad.
- **¿Qué te hace sentir libre?** No tener compromisos.
- **¿Qué te da seguridad?** Ser sincero, no mentir.
- **¿Propones o dispones?** Propongo y dispongo.

Mono de Agua - Fecha de nacimiento: 06/02/1992
- **¿Qué te apasiona?** Poder hacer que una persona pase de estar enferma a sentirse bien.
- **¿Eres cazador o cazado?** Cazado.
- **¿Qué te aburre?** La rutina, los celos, la ignorancia.
- **¿Propones o dispones?** Propongo.
- **En el amor, ¿quieres dar o recibir atención?** Creo que la idea del amor es un equilibrio entre las dos cosas.
- **¿Hechos o palabras?** Hechos.

Mono de Agua - Fecha de nacimiento: 09/03/1992
- **¿Qué te apasiona?** Me apasiona mi trabajo. Soy actriz.
- **¿Cómo atraes?** Intentando hacer reír al otro.
- **¿Eres cazadora o cazada?** Creo que cada relación tiene sus propios códigos. Me puedo reconocer en los dos lugares.
- **¿Qué te da seguridad?** Hacer bien las cosas y el reconocimiento de la gente que me rodea.
- **¿Qué te aburre?** No saber qué hacer con el tiempo libre. No poder enfocarme en lo que quiero.
- **¿Qué te hace sentir libre?** Todo lo contrario a aburrirme. Estar en actividad y elegir lo que hago me hace sentir libre.
- **¿Propones o dispones?** Propongo, aunque a veces disponer es inevitable.
- **En el amor, ¿quieres dar o recibir atención?** Creo que el equilibrio es la mejor fórmula para el amor.

- **¿Hechos o palabras?** Hechos. Aunque a veces escuchar ciertas cosas nos hace bien.
- **¿Qué te colma?** La inoperancia.
- **¿Cómo demuestras rechazo y cómo atención?** Con actos y palabras los dos. Creo que hablar las cosas llama la atención, hablar de que pasa, cómo pasa.
- **¿Qué lectura haces de la incondicionalidad en el amor?** Una lectura compleja. Creo que cada vínculo es único. Y en este sentido pienso que la incondicionalidad puede estar o no, no creo que sea fundamental para que haya amor.

El Mono y su energía

MONO DE MADERA (1884-1944-2004) UN MONO INSATISFECHO.

Su imaginación y su creatividad están a menudo en conflicto con su voluntad y su rigidez nativa, de manera que, aunque disimule, no siempre está realizado. En verdad, a pesar de su aparente impasibilidad, es inquieto y difícil de satisfacer. Muy intuitivo, tiene poderes telepáticos y dotes para las ciencias ocultas. Es inconstante, antojadizo, inmaduro, y le cuesta asumir responsabilidades. Busca estar a la vanguardia en todo y se apunta a lo nuevo. Sin embargo tiene orden y puede triunfar si sabe disciplinarse.

MONO DE FUEGO (1896-1956-2016) UN MONO APASIONADO.

La combinación de su energía indomable con su ardiente carácter no le facilita la existencia. No nació para casarse y tener una vida burguesa. Es jefe, líder y conductor y tiene éxito en sus actividades profesionales a condición de ser el primer actor. Le excitan los desafíos y se juega la vida en cada cosa que hace. Su voluntad triunfa sobre todos los obstáculos pero está siempre en guardia, es muy paranoico. Ama la vida con amor, pero le cuesta concretarlo en persona. Será un artista cien por ciento.

MONO DE TIERRA (1908-1968) UN MONO TRANQUILO.

Realista y testarudo, digno de confianza, le falta un poco de imaginación, y eso le arruina oportunidades, y como es generoso hasta la exageración, jamás tiene dinero. Demasiado ávido por las alabanzas, con un narcisismo difícil de manejar, se resiente por nada. Adora la buena vida, es sibarita, servicial y tiene un séquito de amigos que le siguen hasta el fin del mundo. Es el más santo de todos los monos.

Mono de Metal (1920-1980) Un mono en su elemento.

Este mono tiene todos los secretos para conseguir lo que se proponga en su acrobática vida. Calculador y organizado, sabe manejar sus intereses como un ordenador último modelo. Bajo una apariencia afectuosa, esconde un carácter duro y voluntarioso. No es especialmente feliz porque su carácter le desborda. Dotado para triunfar en los negocios, es cálido, jovial, convincente, y también un gran charlatán. Es un as en los negocios, astuto, independiente y genio de las jugadas macabras. Un orangután calculador.

Mono de Agua (1872-1932-1992) Un mono próspero.

Nacido bajo el signo de la suerte, parece que todo lo que toca lo transforma en oro. Tiene un aire de plenitud, a pesar de que sabe disimular y no revela sus intenciones. Es generoso con quienes ama y sabe administrar el dinero. Muy seguro, cercano, tiene un gran olfato para convencer. En vez de la lucha directa, prefiere los acuerdos, y es hábil saltando vallas. Un maestro en las relaciones humanas; saca partido de las debilidades y cualidades de la gente que lo rodea.

El Mono y su ascendente

Mono ascendente Rata: 23.00 a 01.00

Esta combinación será explosiva; la astucia y la malicia serán utilizadas sin piedad para alcanzar sus fines. Muy intelectual y sibarita. Brillante, ingenioso y netamente materialista.

Mono ascendente Búfalo: 01.00 a 03.00

Tendrá éxito en lo profesional, pero difícilmente en lo sentimental. Será un mono contradictorio, con grandes tentaciones y una dosis de «Dios, Patria, Hogar». Será serio y disciplinado solo a veces…

Mono ascendente Tigre: 03.00 a 05.00

Vivirá luchando consigo mismo. Tendrá audacia, valentía y una gran falta de escrúpulos. En el amor vivirá tormentosos momentos.

Mono ascendente Conejo: 05.00 a 07.00

Este mono apuntará alto, y no dejará nada por hacer. Intelectual, refinado, sabrá congeniar con el prójimo. Un verdadero estratega.

Mono ascendente Dragón: 07.00 a 09.00

Talento, astucia, fuerza y poder lo tendrán en la cresta de la ola. Subestimará la opinión de los demás y no hará concesiones.

Mono ascendente Serpiente: 09.00 a 11.00
Sabio y astuto para vivir y ganar dinero. Irresistiblemente seductor, conquistará y vencerá siempre. Un verdadero prodigio.

Mono ascendente Caballo: 11.00 a 13.00
Lunático, independiente y original, vivirá ganando y gastando dinero. Tendrá muchos amores y un corazón de oro. No le gusta perder.

Mono ascendente Cabra: 13.00 a 15.00
El arte y la astucia harán un verdadero prodigio de este romántico, crédulo y pesimista mono. Buen interlocutor, será irresistible.

Mono ascendente Mono: 15.00 a 17.00
Brillante, inteligente, hiperactivo, fantasioso, su buen humor lo salvará en toda ocasión. Puede ser malo y traicionero.

Mono ascendente Gallo: 17.00 a 19.00
Un mono mundano, con miedo al ridículo y muy soberbio. Tendrá grandes proyectos, movilizará gente y buscará ser protagonista.

Mono ascendente Perro: 19.00 a 21.00
Será muy intuitivo, noble, reflexivo y elucubrador. Se sacrificará, amará la vida hogareña y tendrá un humor altamente refinado.

Mono ascendente Cerdo: 21.00 a 23.00
Un erudito. Amará los placeres. Tendrá talento para despuntar en su profesión y hará muchos amigos. El silencio es sagrado para él.

Cuéntame un cuento chino

Ana Candioti • Mona de Madera • Artista plástica • Argentina

Como todos los monos, soy tan querida como odiada, sobre todo por la gran energía que desplegamos.

Claro que nos adoran, especialmente cuando no estamos... tan graciosos y creativos como muy molestos por directos y francos: «Esta mujer es peligrosa, dice lo que piensa» (sic) me señalaron un día...

Nuestra presencia resulta insoportable si nos quedamos más tiempo de lo previsto; ya que es muy demandante aun en la ausencia... Y bueno, somos capaces de dar demasiado y por lo tanto de exigir mucho sin darnos cuenta.

En mi caso, como mono de madera, Cáncer con ascendente Escorpio y de ascendente chino en Búfalo, toda una historia... pero sé encontrar siempre una rama en lo más alto del árbol para escabullirme a tiempo.

Diego Olivera • Mono de Tierra • Actor • Argentino

Soy Mono… me lo reflejan sus ojos. Una mañana —para el Mono nunca es una mañana cualquiera— en la mesa apurada del desayuno levanté la vista para encontrarme con la mirada de mi amada que me acompaña cada día. Esos ojos son un espejo sincero y me contaron, porque esos ojos también hablan, este relato de mi ser que paso a transcribir: «No sé bien si por casualidad o causalidad mi animal es el Mono en este amplio zoo de especies corriendo hacia Buda. No quisiera hacer honor a nuestra condición yéndome por las ramas… pero el Mono también entra en la formación de nombres y adjetivos con el significado de "único" o "uno solo". Como buen nómada no soporté la rutina indeseada (a lo mejor hay una rutina deseada que algunos sabios aprendieron y llamaron "armonía") que me mantenía en una jaula torturante y claustrofóbica. Una suerte de jaula imaginaria en la que yo solito fui metiéndome y no me dejaba dormir en libertad. Pero algo de audacia y valentía me dio la sabiduría de escapar de mi propio encierro hacia una nueva manera de ver el horizonte. También de dejarme cuidar. De proveer con paciencia y generosamente. De experimentar esa sensación del "descanso del guerrero" después de estar despistando a seres más astutos, poderosos o manipuladores. Ya en mi hábitat, soy un "anunciador de actividades cotidianas"; me reconozco un Mono reiterativo. Monotemático. "Estoy hablando con el dueño del circo, no con el mono", escuché decir. Pero no me ocupo en aclarar que soy socio de ese circo y prefiero que supongan que no tengo nada que ver con las decisiones. Ni de explicar que casi nunca he herido a nadie con mi navaja. Es más, casi no la uso, y si lo hago es para abrir una lata, o como destornillador… pero jamás la revolotearía sin gobierno. Como los "Monopolios". Eso sí, los Monos hemos esquivado muchas ofensas con "gracia". Muchas gracias. Mono disperso… dejando el cuerpo en "modo automático" en medio de conversaciones…. pero nada como trepar ramas imaginarias, dispersiones placenteras. Todavía no le encuentro la vuelta a hablar coherentemente entre los coherentes pero a pesar de mi léxico inconexo y despistado de vez en cuando he logrado disimular muy bien. Gracias a todos los que me conocen por ser cómplices amorosos. Pero sobre todo gracias a esos ojos espejados que todos los días me regalan su mirada. Tal vez, entre los Monos, me clasifico como el Mono organizador. Evolucionado, mucho más ordenado que cuando vagaba por la jungla dejando cáscaras de bananas tiradas por ahí. Un Mono que no anda matando el tiempo comiéndolas. Con el tiempo, este Mono formó su propio grupo, tuve hijos monitos que son un reflejo alucinante de mí mismo y con la fuerza aventurera que impulsa eternamente al simio; entre ramas y techos, entre lianas y balsas, las fronteras desaparecieron y el grupo conoció casi todos los climas que el interminable planeta ofrece. Esquivo incansablemente los "monoambientes" y agradezco los puntos panorámicos que la vida me ofrece para desde allí reubicarme y volver a orientarme. No soy un Mono que se quede quieto en la rama a menos que necesite descansar. Soy un Mono agradecido a lo eterno pero a lo tangible. Aprendo a disfrutar y a cuidar de los míos. Pero nunca podré renunciar a ser un Mono con ideología, justiciero, pensante e inquieto aunque por momentos parezca "dormido". Después de unos segundos de ensoñación la voz familiar de mi compañera, amiga y amante me dice: "¿Qué otro sueño estás planeando?"».

Lucila Rada • Mona de Metal • Artista integral, música, compositora, actriz, productora • Argentina

Soy resultado de un amor rebelde y nómada, fugaz, predicador y maestro. Amor café con leche, «ochentero» y musical.

Cada pasito, y cada paso que fui dando y que hoy recuerdo, tiene la particular mezcla de miedo, euforia, osadía, y palabras. La palabra es mi mejor y mi peor amiga. La palabra me salva o me hunde en las más diversas circunstancias, pero nunca me abandona. Mis emociones no se permiten divagar en el limbo de lo abstracto, enseguida vienen las palabras a pintarles contornos y ponerles techos, manos, alas, espinas, colores, perfumes y sabores. Mi palabra lastima a veces y calma otras tantas.

En la vida no he tenido constancia y empeño más grande que buscar obsesivamente amor en todas las cosas y personas. Hoy, a mis 34 años de Mona, sé que no en todas lo hay, no lo intenten en casa. Se pierde mucho tiempo. Cuando el amor existe surge, no se esconde, se hace ver, como una gota de sangre que al ponerle un papelito e intentar taparla se hace una mancha mucho más grande y brillante.

Soy madre del hijo que siempre supe que iba a tener y ese es el más lindo «sí» que me dio la vida. He tenido la suerte de sentirme muy fea y muy bella, muy sola y muy bien acompañada, muy cerca y muy pero que muy lejos, muy moribunda (nunca muerta) y muy viva. Siento el placer del triunfo unos instantes antes y después de conseguir el objetivo, antes me impaciento, después me olvido.

Este párrafo que ahora mismo estoy escribiendo es un triunfo que está ocurriendo justo ahora, en el último momento, cuando suelo hacer las cosas. Surgido de un encuentro mágico con la bella Ludovica que me lo pidió para antes de finales de abril de 2015 y aquí me tienen, un 29 de abril de 2015 compartiendo con ustedes algunas de mis palabras, atrapando algunas de mis emociones.

Deborah Rodríguez • Mono de Agua •
Deportista profesional • Uruguaya

Mi personalidad se comenzó a formar desde que me mudé a la ciudad de Maldonado, a los 14 años. Empecé a alinearme como persona a partir de las experiencias que tuve que padecer sola. El convertirme en una persona solitaria y responsable de mi vida en su totalidad a tan temprana edad hizo que creara mi personalidad como mono de agua con todas sus características.

Ser deportista me convirtió en una buena viajera y amante de experiencias intensas que me transformaron en una persona más sabia cada día.

También me he convertido en una persona muy exigente con mis objetivos y además me he vuelto una artista, muy creativa en mi vida deportiva y en mi vida personal, porque a pesar de que no me gusta pasar desapercibida, para mí correr es arte puro, es la diferencia que hay entre ser un corredor aficionado o un corredor recordado.

Soy una persona muy dominante, me gusta tener todo bajo control, organizado y pulcro, y siempre que me propongo un objetivo no paro hasta conseguirlo. El estar todos los días «corriendo detrás de tu sueños» hace que cada día tus anhelos sean más altos, y amo eso.

Me he vuelto una amante de mi vida, amo mi vida, así como también todo lo que me rodea. Me considero una apasionada en relaciones de amistad, de familia y de pareja, y cuando de esta hablamos, me gusta mucho utilizar mis encantos para conseguir lo que deseo.

Desde niña soy una persona hiperactiva, algo digno de un mono, estar siempre en acción y pensando en qué puedo hacer para mantenerme en constante movimiento.

Mi lema es siempre correr hacia adelante sin mirar hacia atrás con una sonrisa que siempre sea recordada.

Ludovica Squirru Dari • Mona de Fuego

A veces creo
que soy un cohete lanzado al espacio;
sin radar, base, ni fórmula,
que salí del tubo de ensayo
de un hombre que experimentaba algo.
Que no tengo la misma aleación
que la gente cotidiana:
ni los deseos, sentimientos y proyectos
de la gente civilizada.
Que voy y vengo
e iré millones de veces
a visitar la Vía Láctea
o donde esté la magia
adaptándome a climas y países
donde mi alma
haga click y basta.

L. S. D.

Quino
Mono de Agua

Personajes famosos

MONO DE MADERA (1884-1944-2004)
Danny de Vito, Eliseo Subiela, Rod Stewart, Gabriela Acher, George Lucas, Antonio Grimau, Michel Douglas, Susana Giménez, Arturo Puig, Selva Alemán, Diana Ross, Marta Oyhanarte, Talina Fernández, Bob Marley, Sebastián Spreng, María Marta Serra Lima, Roger Waters, Nora Cárpena, Mario Mactas, Zulma Faiad, David Gilmour.

MONO DE FUEGO (1896-1956-2016)
Ricardo Darín, Imanol Arias, Bryan Lee Cranston, Geena Davis, Luis Luque, Carolina de Mónaco, Ludovica Squirru, Luz O'Farell, Andy García, Patricia Von Hermann, Ulises Sábato, Björn Borg, Osvaldo Laport, Alejandro Kuropatwa, Julio Chávez, Helmut Lang, Daniel Grinbank, Peteco Carabajal, Celeste Carballo.

MONO DE TIERRA (1848-1908-1968)
Leonardo Abremón, Darío Sztajnszrajber, Diego Olivera, Nicole Kidman, Daniel Craig, Betty Davis, Gabriel Batistuta, Fabián Vena, Chayanne, Viviana Saccone, Guillermo Andino, James Stewart, Salvador Allende, Adrián Suar, Antonio Birabent, rey Felipe de Borbón y Grecia, Alejandro Sanz, Cartier Bresson, Adrián Dárgelos, Martín Jacovella, Fernando Ruiz Díaz, Nelson Rockefeller, Libertad Lamarque.

MONO DE METAL (1860-1920-1980)
Kim Kardashian, Ronaldinho, Olga Orosco, Justin Timberlake, Ricardo Montalbán, Gabriel Milito, Ray Douglas Bradbury, Luis Ortega, Mickey Rooney, Soledad Pastorutti, Nicole Neuman, Luis González, Federico Fellini, Valentino Spinetta, Marina Glezer, Mario Benedetti, Charlie Parker, Luciana Salazar, Lorenzo Anzoátegui, Papa Juan Pablo II.

MONO DE AGUA (1872-1932-1992)
Miley Cyrus, Cara Delevigne, Neymar Da Silva Santos Júnior, Peter O'Toole, Elizabeth Taylor, Magdalena Ruiz Guiñazú, Eugenia Suárez, Joaquín Salvador Lavado (Quino), Anthony Perkins, Omar Sharif, Jean Cacharel, Felipe Sáenz, Mariano Grondona.

Tabla de compatibilidad

	Amor	Salud	Trabajo	Amistad
	3	3	3	3
	3	2	4	4
	4	4	3	3
	2	3	2	3
	2	2	4	5
	3	3	4	5
	4	4	5	3
	3	2	3	3
	3	4	4	5
	4	3	2	3
	4	5	4	5
	4	3	2	3

1 • mal 2 • regular 3 • bien 4 • muy bien 5 • excelente

Zulma Faiad

Jorge Enrique Abello

Mario Benedetti

Quino

Adrián Suar

Ricardo Darín

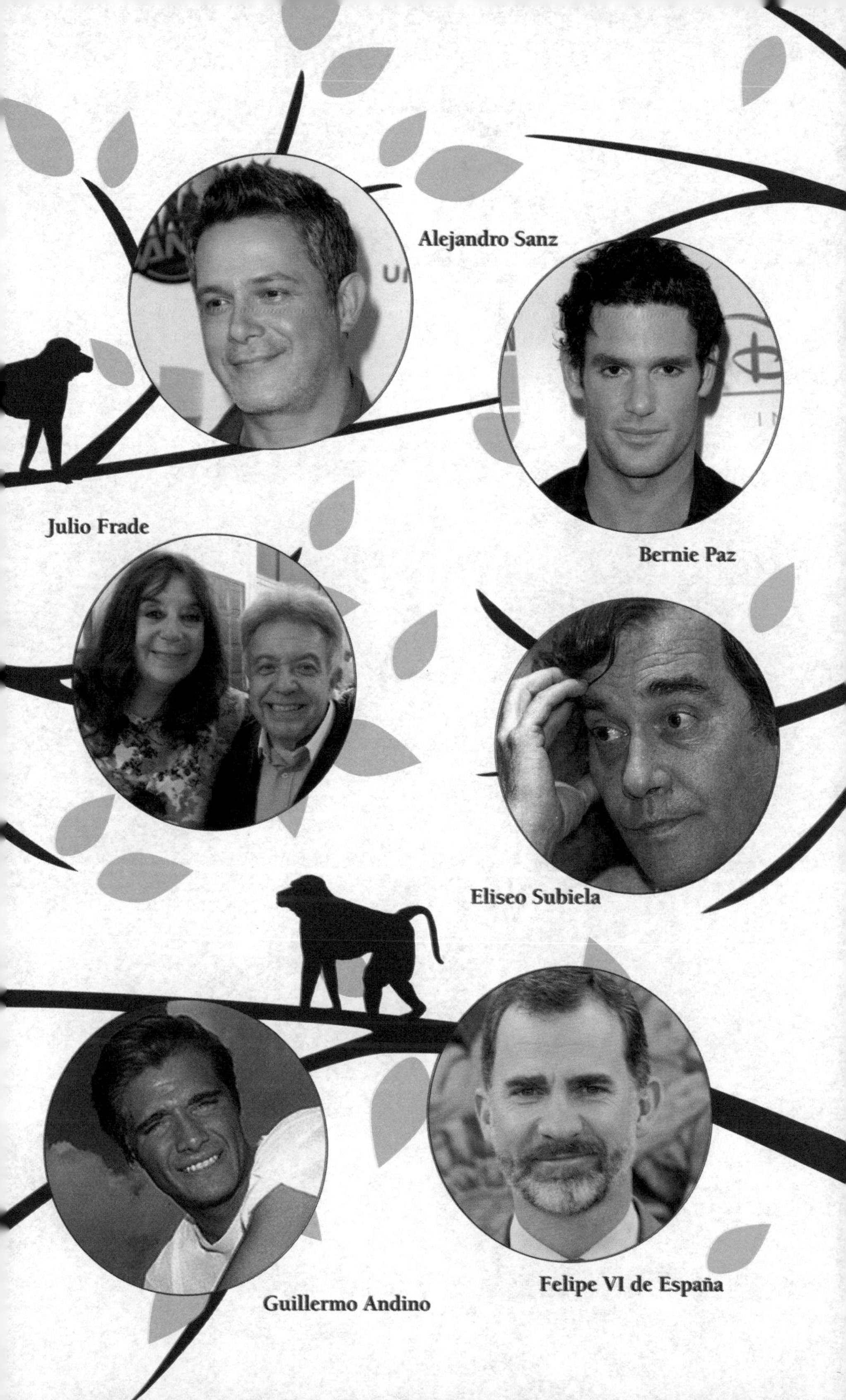
Alejandro Sanz
Julio Frade
Bernie Paz
Eliseo Subiela
Felipe VI de España
Guillermo Andino

Gallo

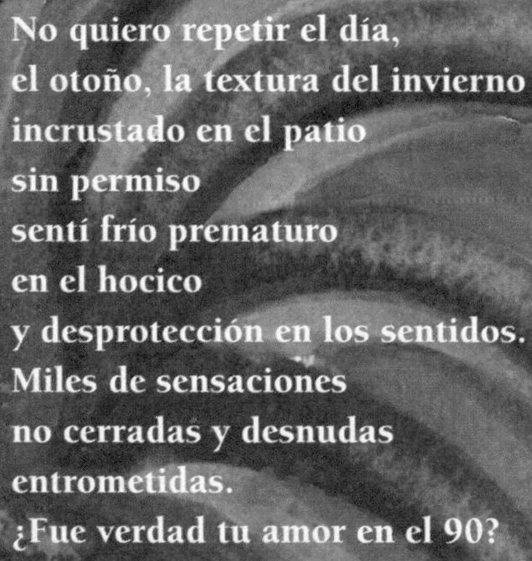

No quiero repetir el día,
el otoño, la textura del invierno
incrustado en el patio
sin permiso
sentí frío prematuro
en el hocico
y desprotección en los sentidos.
Miles de sensaciones
no cerradas y desnudas
entrometidas.
¿Fue verdad tu amor en el 90?

L. S. D.

Uschi Demaria

Ficha técnica

Nombre chino del gallo
JI

Número de orden
DÉCIMO

Horas regidas por el gallo
17.00 A 19.00

Dirección de su signo
DIRECTAMENTE AL OESTE

Estación y mes principal
OTOÑO-SEPTIEMBRE

Corresponde al signo occidental
VIRGO

Energía fija
METAL

Tronco
NEGATIVO

Eres gallo si naciste

22/01/1909 - 09/02/1910
GALLO DE TIERRA

08/02/1921 - 27/01/1922
GALLO DE METAL

26/01/1933 - 13/02/1934
GALLO DE AGUA

13/02/1945 - 01/02/1946
GALLO DE MADERA

31/01/1957 - 17/02/1958
GALLO DE FUEGO

17/02/1969 - 05/02/1970
GALLO DE TIERRA

05/02/1981 - 24/01/1982
GALLO DE METAL

23/01/1993 - 09/02/1994
GALLO DE AGUA

09/02/2005 - 28/01/2006
GALLO DE MADERA

El viaje a La Cumbre me deparaba muchas sorpresas, alegrías, encuentros inesperados y reconciliación con los gallos de ambos sexos.

Cuando me topé con una peluquería unisex, el viernes previo a la producción en la Reserva de Monos Carayá, supe que tenía que armarme de paciencia china para esperar turno, en la seminublada siesta del armónico paraje.

Al entrar noté que una mujer que se estaba tintando el pelo de espaldas a mí hablaba como una radio en AM, sin poder bajar el volumen.

La resignada empleada, muda, dejaba que fluyeran sus cacareos sin inmutarse.

La manicura aún estaba con una clienta y mi turno llegaría cuando quien me antecedía terminara de secar sus uñas con impaciencia.

El monólogo de la atemporal mujer continuaba como la lava del volcán CALBUCO impregnando nuestros pensamientos a la deriva.

Al colocarme en el asiento frente a la manicura, la locuaz mujer se paró frente a mí y me lanzó una mirada.

—¡ÉRES LUDOVICA!

—SOY LSD —afirmé.

Jamás olvidaré el salto, brinco, grito que lanzó, azuzando a las chicas del lugar.

—¡NO, NO, NO! La vida tuerce los caminos para cumplir con sus designios —replicó—. Te cuento: hoy por la mañana fui con mi hijo a Capilla del Monte, y me metí en una librería; había dos libros: el tuyo y uno sobre el poder sanador de las piedras, que es la especialidad de mi hijo, que las estudia y de quien también aprendo. —Sin una coma, siguió: —Tú siempre me llegas en junio. No tenía dinero para comprar tu libro. Y PRESENTÍ: LUDOVICA LLEGARÁ A MÍ. ¡¡¡Y AQUÍ ESTÁS!!! Qué increíble: yo soy bruja como tú, DAME TU MANO QUE LA QUIERO VER.

Se la di, pues temía un picotazo de Ana, que se presentó como gallo de Cáncer, y no me animé a preguntarle de qué energía, pues tenía las cinco dentro, y TODOS LOS REGISTROS AKÁSHICOS.

Creo en mi experiencia de viajes cortos, medianos y largos; este encuentro no tuvo reloj, transcurrió en otra esfera.

Me contó su historia de madre con hijos secuestrados por el padre, que felizmente recuperó hace un año; su vida nómada, su búsqueda a través de ciencias esotéricas y clarividencia.

ANA ES INTENSA.

Al unísono, dentro de la estufa de leña hubo un estallido mientras la evocaba.

LA CAUSALIDAD, SINERGIA sobredosis de esa tarde VENUSIANA aun titila en mi ADN.

Me confirmó que mi piedra es la TURMALINA, NEGRA, QUE NO ES DE LA TIERRA, Y FUE ARROJADA DEL COSMOS. Vaticinó un casamiento al estilo BALI o en Asia con mi cerdo; y aunque le dije varias veces que no me veía en esa foto, me imploró «Dale el gusto a tu cerdo».

Ese tiempo fuera del tiempo donde nos vimos en la 3D fue un trampolín para la cuarta, la quinta dimensión que continuará con esta gallita cósmica. Me pidió, haciendo la única pausa de la matiné, y muy seria, que le prometiera que vendría un día para hablarle a los niños exploradores sobre «la vida».

Mis uñas estaban muy bien pintadas, y necesitaba OXÍGENO.

Un milagroso teléfono sonó: Ana se había olvidado de buscar a sus hijos en la escuela, razón por la que voló con sus plumas aun húmedas.

Rauda, pagué, me despedí y caminé por la tarde tenue de otoño, buscando amparo después de tanto cacareo. Bordeé el golf y de pronto me perdí. A veces me gusta perderme, y no saber adónde ir.

Cuando noté que era hora de volver a la cálida posada, me metí en el golf y le pedí ayuda a una dama que salía con su coche.

Como todos en La Cumbre, apeló a su amabilidad y me acercó con naturalidad.

Llegaban Peperina y Catman de su incursión en LA RESERVA, y teníamos mucho que contarnos en nuestro primer día en La Cumbre.

El sol asomaba con un rayo sobre el roble teñido de ocre, dorado, rojo en el jardín que esperaba posibles huéspedes ese fin de mayo.

El sábado amaneció con cielo azul cobalto, sol y alegría en las plantas.

Llegaba el mago Gabriel, quien me pone bien mona para cubiertas, fotos y programas de TV.

Tenía que comenzar mi viaje astral para conectarme con los MONOS, mientras que en total estado de meditación ambos trabajábamos para esta ODISEA DEL ESPÍRITU.

Llegamos cuando el mediodía regala la mejor temperatura para sentirse viva. Y allí, en ese remoto paraje del universo, estaban mi familia simia y sus cuidadores.

ALEJANDRA, búfala llena de ganas de participar, ayudar, conocerme y abrir su portal galáctico.

Sentí empatía con JULIANA, la primera mona CARAYÁ que me pusieron en mis manos; nos olimos, tocamos, me dejé chupar, y en sintonía grupal dijimos «es hora de trabajar divirtiéndonos».

Y de monos capuchinos a carayá, posé guiada por JUAN PABLO, un gallito de metal que con paciencia me daba semillas, plátanos, pan para esta tribu simia que nos deslumbró, divirtió y dejó marcas profundas en nuestra memoria celular y afectiva.

Admiré la vocación de quienes sin NINGÚN TIPO DE SUBSIDIO NI SUELDO dedican su vida a cuidar animales huérfanos, enfermos, abandonados o que han sido víctimas del tráfico.

Juan Pablo es uno con cada uno de ellos, y duerme con los recién nacidos dándoles el biberón cada tres horas.

En La Cumbre me esperaban dos gallitos *yin-yang* que me llevaron a otros universos y me dieron mucha información y afecto que atesoraré como patrimonio humano hasta que el próximo gallo capture mi atención.

El Gallo en el Trabajo

Para esta ave de corral, o del supra o inframundo, el trabajo es el *leitmotiv* de su vida.

Hiperresponsable, obsesivo, perseverante, metódico; gracias a su paciencia china logrará tener éxito con lo que se proponga en cada etapa de la vida.

Su sentido perfeccionista de la vida lo llevará a dedicarse personalmente a cada detalle y no delegará el control remoto a nadie.

Con los negocios puede durar toda la vida o un instante; no sabe ser diplomático con quien no muestra obediencia eterna.

A veces sus gustos por el lujo le hacen dilapidar su fortuna y la de quienes lo rodean.

El Gallo en el Amor

Qué signo excepcional en el arte de amar. Enamorados del AMOR, se estrellan contra el gallinero buscando el amor ideal, QUE NO EXISTE.

A pesar de sus deseos, cuando lo encuentra es el más dedicado, servicial, amoroso y destila imaginación para tener fascinada a su pareja.

Es muy exigente con el físico, la pulcritud resulta esencial para que el gallo quiera un revolcón y algo más.

El varón es déspota y necesita atención las veinticuatro horas del día para sentirse admirado, valorado y consentido en todos sus caprichos.

La gallita no se queda atrás en exigencias y demandas a su consorte. Sabe seducir con su feminidad y *sex-appeal*, pero necesita alta dosis de aprobación en cada paso o decisión que toma.

Si no practica zazen, yoga, taichi o terapias alternativas puede resultar candidata a ser comida asada.

UNA RAZA EN EXTINCIÓN.

El Gallo y la Familia

Es el signo con más espíritu familiar y adora proteger a sus pollos.

Estricto y exigente en la educación, buscará la disciplina militar para que lo obedezcan.

Aunque se adapta a los vaivenes de la existencia y sabe apechugar, sus gustos son caros y buscará tener un buen nivel económico y aparentar estatus aunque no lo posea.

Tiene doble discurso a veces, y logra apabullar a sus hijos y su cónyuge si no consigue reconciliarse consigo mismo. Deberá hacer laborterapia, tener una vocación o *hobby* para no ser tan demandante y sobreexigente. Si llega a viejo será muy mandón o un dulce de leche con la constelación familiar.

L. S. D.

Encuestas

GALLO DE TIERRA - FECHA DE NACIMIENTO: 13/04/1969

- **¿Qué te apasiona?** ¡¡Vivir!! Música, viajes, amigos, naturaleza, gratitud y amor.
- **¿Cuál es tu arma de seducción fatal?** Humor, risas, relax.
- **¿Qué te aburre?** Lo que me aburre es la pose artificial y también la histeria desmedida.
- **¿Qué te hace sentir libre?** La espontaneidad, la sinceridad y las cosas claras.
- **En el amor, ¿quieres dar o recibir atención?** El Amor es dar y recibir en proporciones lo más equilibradas posibles.

GALLO DE AGUA - FECHA DE NACIMIENTO: 07/12/1993

- **¿Qué te apasiona?** Me apasiona el deporte.
- **¿Cuál es tu arma de seducción fatal?** La sonrisa.
- **¿Eres cazador o cazado?** Cazador.
- **¿Qué te da seguridad?** No sé qué me da seguridad; mi familia.

- **¿Qué te hace sentir libre?** La naturaleza me hace sentir libre.
- **¿Propones o dispones?** Propongo y dispongo.
- **En el amor, ¿quieres dar o recibir atención?** Dar y recibir.
- **¿Qué te colma?** Me colma la gente boba y maldita.
- **¿Qué lectura haces de la incondicionalidad en el amor?** Hum, lectura: o te llega o no te llega, creo yo, y que es una mierda pero a la vez muy bonito, una explosión de sensaciones y sentimientos.

El Gallo y su energía

Gallo de Madera (1855-1945-2005) Un gallo utópico.

A este gallito no todo le sale bien, porque su austera rigidez suele estar contrariada por una imaginación desbordante. Tiende a complicar las cosas y él mismo se embrolla. No toda la gente tiene el mismo entusiasmo que él y entonces es difícil seguirlo... Flexible y comprensivo, se interesa en los demás y en los progresos sociales, pero le falta el contacto humano y sus gritos arruinarán su acción. Vive la vida como un sueño y en ocasiones intenta construir castillos en el aire.

Gallo de Fuego (1897-1957-2017) Un gallo solitario.

Tiene un carácter bastante difícil, porque debe conciliar su rígida voluntad con una fuerte pasión. Le cuesta encontrar su equilibrio; por eso a menudo está nervioso e irritable. Será mejor que trabaje solo, porque es hábil y exacto. Persona de una sola idea, puede ser un líder o un fanático al que no le importa la opinión de los demás. Y rechaza cualquier arreglo. Un espécimen para disecar.

Gallo de Tierra (1909-1969) Un gallo concienzudo.

A este gallo su realismo tozudo no le facilita la existencia; tiene una ansiosa necesidad por conocer gente sólida. En esa búsqueda es preciso y eficaz. No le tiene miedo a la soledad y es un ser ávido de espiritualidad. Asume fuertes responsabilidades, es precoz, hiperresponsable y perseverante. Puede ser un excelente profesor, predicador o gurú. Un alma bien reencarnada.

Gallo de Metal (1921-1981) Un gallo brillante.

Puede resultar excesivo porque sus cualidades lo son. Entre otras cosas seduce por sus brillantes dones intelectuales, artísticos y espirituales. Es un gran trabajador, capaz de quedarse sin dormir hasta conseguir lo que quiere. Obstinado, testarudo, despiadado en sus críticas y demandas, le cuesta admitir sus errores y se ofende fácilmente.

Gallo de Agua (1873-1933-1993) Un gallo próspero.

Se caracteriza por ser muy lúcido y decidido. La suerte lo acompañará y triunfará en lo que decida hacer. Muy inteligente y tranquilo, sabrá utilizar todas sus oportunidades. Es un genio en el arte de la expresión. Podría convertirse en un sabio brillante. El único defecto es su deseo de perfección y su obsesión por los detalles, que lo limitarán en las oportunidades que aparezcan en su vida. Un abanderado del amor.

El Gallo y su ascendente

Gallo ascendente Rata: 23.00 a 01.00

Curioso, intrépido y jovial. Será soberbio pero sentimental y flexible.

Gallo ascendente Búfalo: 01.00 a 03.00

Inflexible en su moral y capaz de encontrar oro en el patio de su casa. Es un gallo ávido de poder.

Gallo ascendente Tigre: 03.00 a 05.00

Su fuerza radica en la fe que tiene en sí mismo. Gallo contradictorio y arremetedor.

Gallo ascendente Conejo: 05.00 a 07.00

Es un gallo intrigante, eficiente, tranquilo… ¡y muy ciclotímico!

Gallo ascendente Dragón: 07.00 a 09.00

Hará su voluntad, y su ambición apuntará más allá de las nubes. Este gallo será un muro.

Gallo ascendente Serpiente: 09.00 a 11.00

Propenso a cavilar, misterioso. Un gallo reservado, temeroso e hipocondríaco.

Gallo ascendente Caballo: 11.00 a 13.00

Sus reflejos son rápidos; tiene gustos pintorescos y audacia al por mayor. Es un gallo con gallardía.

Gallo ascendente Cabra: 13.00 a 15.00
Sociable y un poco interesado, es un gallo sensible y con grandes aspiraciones artísticas.

Gallo ascendente Mono: 15.00 a 17.00
Afortunado y resuelto, determinante, conciliador y bonachón. Este gallo no sabrá lo que es perder el tiempo.

Gallo ascendente Gallo: 17.00 a 19.00
¡Insoportable! ¡Será el más excéntrico, criticón y quisquilloso!

Gallo ascendente Perro: 19.00 a 21.00
Sus ideales serán causas justas, que buscará cumplir en este mundo. Este nativo es lúcido y llamativo.

Gallo ascendente Cerdo: 21.00 a 23.00
Una estrella fugaz, incapaz de cualquier deshonestidad. Un gallo samaritano con el que se puede contar siempre.

Cuéntame un cuento chino

Melingote • Gallo de Fuego • Artista cosmicotelúrico • Argentino

El Gallo

Rodeado de gallinas para ir a la Boca,
o acompañando a otro gallo amigo yendo al Monumental,
siento la riña a flor de piel que otrora me desvelaba.
Pero hoy no me pesa picotear ese ideal.

Ya no canta el pinto corralero dormido.
El plumífero más conocido por no cantar.
Gran dormilón nuestra ave sin arrogancia que...
Canta-gallo campeón «de la Bolita y el Ping-Pong».

Ahora somos más los que nada sabemos
acerca del saber de la nada sobre los abuelos.
Alguien tiene que laburar... ¡De gallo!

Y solo por hoy,
me levantaré para despertar al protagonista.
Que conste en tu bitácora.

Natalie Portman
Gallo de Metal

Personajes famosos

GALLO DE MADERA (1885-1945-2005)
Peter Townshend, Sandro, Franz Beckenbauer, Eric Clapton, Bette Midler, Carmen Maura, Gal Costa, Diane Keaton,Ritchie Blackmore, Elton John, LuizInácio Lula Da Silva, Sergio Renán, Bryan Ferry, Tanguito, Deborah Harry, Milo Manara, Piero, Luisina Brando, Juan Alberto Mateyko, Yoko Ono, Julio Iglesias.

GALLO DE FUEGO (1837-1897-1957)
Fernando Iglesias, Alicia Moreau de Justo, Juan Luis Guerra, Melanie Griffith, Luis Salinas, Daniel Melero, Sandra Mihanovich, Miguel Bosé, Miguel Botafogo, Alejandro Lerner, Katja Alemann, Jorge Valdivieso, Andrea Tenuta, Siouxsie Sioux, Ricardo Mollo, Vando Villamil, Daniel Day-Lewis, Robert Smith, Sid Vicious, Nicolás Repetto, Alfie Martins.

GALLO DE TIERRA (1849-1909-1969)
Gwen Stefani, Diego Korol, Guiseppe Verdi, Marguerite Yourcenar, Alex Ross, Elia Kazan, Juan Di Natale, Joselillo, José Ferrer, Laura Novoa, Diego Rafecas, Valeria Bertucelli, Horacio Cabak, Cecilia Milone, Pablo Echarri.

GALLO DE METAL (1861-1921-1981)
Simone Signoret, Dionisio Aizcorbe, David Nalbandian, Fernando Alonso, Dick Bogarde, Astor Piazzolla, Jane Russel, Deborah Kerr, Esther Williams, Tita Tamames, Peter Ustinov, Luciano Pereyra, Charles Bronson, Alex Haley, Laura Azcurra, Javier Saviola, Ana Aznar, Britney Spears, Natalie Portman, Andrés D'Alessandro.

GALLO DE AGUA (1873-1933-1993)
Caballé Montserrat, Benito Cerati Amenábar, Jean Paul Belmondo, Roman Polanski, Joan Collins, María Rosa Gallo, Tato Pavlovsky, Santo De Fino, Carol Burnett, Costa-Gavras, Alberto Migré, Juan Flesca, Larry King, Sacha Distel, Alberto Olmedo, Quincy Jones.

Tabla de compatibilidad

	Amor	Salud	Trabajo	Amistad
	3	2	4	4
	3	2	4	5
	2	3	2	4
	2	3	2	2
	2	2	3	2
	3	1	3	1
	2	2	3	2
	2	3	2	4
	3	4	1	4
	3	1	1	1
	4	3	3	2
	4	3	2	1

1 • mal 2 • regular 3 • bien 4 • muy bien 5 • excelente

Perro

Placenta
hace tanto te dejé
para salir a cubierta.
Mediodía tenue de mayo,
taichi en casa
tanto me jugué
que resucité a mi padre.
Vidrio mitad verde oscuro y
claro,
amor arrimando
despegue terrestre
alunando.

L. S. D.

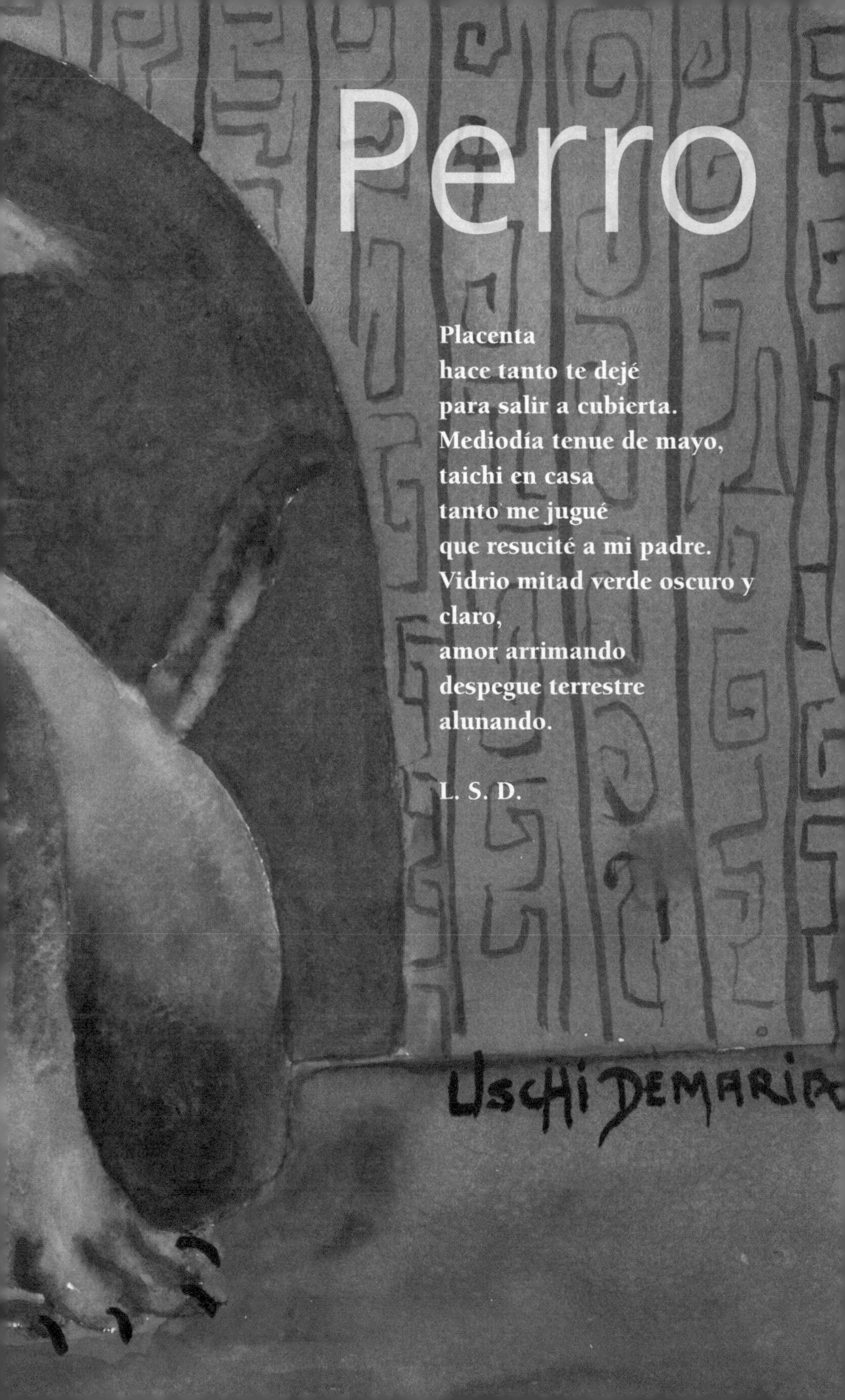

USCHI DEMARIA

Ficha técnica

Nombre chino del perro
GOU

Número de orden
UNDÉCIMO

Horas regidas por el perro
19.00 A 21.00

Dirección de su signo
OESTE-NORDESTE

Estación y mes principal
OTOÑO-OCTUBRE

Corresponde al signo occidental
LIBRA

Energía fija
METAL

Tronco
POSITIVO

Eres perro si naciste

10/02/1910 - 29/01/1911
PERRO DE METAL

28/01/1922 - 15/02/1923
PERRO DE AGUA

14/02/1934 - 03/02/1935
PERRO DE MADERA

02/02/1946 - 21/01/1947
PERRO DE FUEGO

18/02/1958 - 07/02/1959
PERRO DE TIERRA

06/02/1970 - 26/01/1971
PERRO DE METAL

25/01/1982 - 12/02/1983
PERRO DE AGUA

10/02/1994 - 30/01/1995
PERRO DE MADERA

29/01/2006 - 17/02/2007
PERRO DE FUEGO

Ayer en el bazi o calendario de los diez mil años fue día perro.

El esperado día en el país y en el mundo de la marcha por «NI UNA MENOS».

La noche previa la luna llena enfrente de mi cama me desveló a las 3 de la madrugada y ya no pude dormir. Esperé que el sol aún cálido de fin de otoño me diera el permiso para los rituales cotidianos antes de prepararme para la clase de pilates.

Respiré profundamente; sabía que éramos muchas almas que nos reuniríamos para manifestarnos contra años luz de sometimiento a ser ¿víctimas o verdugos? de un orden que se trastocó desde que en Lemuria, donde reinaba el poder femenino, se mutó hacia una nueva condición inhumana donde el varón dominaría durante siglos a la mujer.

Era un día delicado, y todos mis movimientos así lo acompañaron.

No fue casualidad que esta marcha cayera en un día perro, y que Córdoba sea la tercera provincia con mayor femicidio en el país, después de Buenos Aires y de Salta.

Aquí muere una mujer cada diecinueve días, y desde 2012 hasta la fecha han asesinado a 66 mujeres.

En La Posta tomé nuestro cuzco serrano, el cafecito, y leí *La voz del Interior*, cuyo titular era esta marcha con testimonios que siguen removiendo la memoria celular que nos iguala en el país y en cada rincón del planeta.

Día perro: el signo que defiende los derechos humanos, la libertad, la justicia y que con su valentía y coraje ladra, muerde, combate en la vida cotidiana cada acto de injusticia.

La luna llena, símbolo de la mujer, de sus sentimientos, presentimientos, poderes de intuición y clarividencia, estaba actuando desde el cielo, junto al sol que confirmaba que ambos son parte de la vida, del nacimiento del todo: reinos minerales, vegetales, animales y humanos.

La clase de pilates fue metódica, silenciosa, cada una sabía que estábamos gestando nuestra revolución interior.

Sentí muchas ganas de visitar a mi madre en el cementerio de la colina y agradecerle la vida que me fue dada, y también a Muna, mi abuela gallo, que me guió hasta este valle serrano con su pasión por el lugar y el arte de vivir creando cada minuto de su vida.

Allí descansa Beba, mi tía bella que según los cuentos familiares sufrió violencia de género, fue dominada verbal y físicamente por su último marido, que no la dejaba alejarse ni cinco minutos, y como madre aceptó situaciones violentas para no abandonar por segunda vez el hogar, igual que Nora en *Casa de muñecas*.

El sol picaba en el cuerpo y la cara mientras tenía un diálogo mudo con ellas en el apacible cementerio donde surgía una sinfonía de pájaros que nos daba valor para marchar al unísono.

A mi madre le llevo un cigarrillo encendido cuando estoy sobre su tumba y se lo fuma desde el inframundo.

Fue una idea de Peperina, su nieto, que también salió fumador y sintió que era más importante que llevarle flores.

El perro es el animal más humano del zoo chino.

Este año partió Yolsie, mi amada perrita siberiana que fue estrella de varios libros chinos. Con ella hicimos juntas el BARDO TODOL o yoga del desprendimiento para reencontrarnos en la próxima reencarnación.

Llegó hace doce años, en el año de la cabra de agua, junto a su dueño que la traía en su transportín, entre mullidos cojines como talismán de un amor que se encendería en el mismo instante que se incendiaba el campo fundacional por la caída de un rayo en seco y el maldito viento Sur que no paró su furia en una semana, y dejó un paisaje lunar.

Cabral, Pino y Lorenzo llegaron a través de Bis, la amada perrita color té con leche.

Los dos primeros fueron envenenados después de dos años consecutivos del 4 de diciembre, como venganza por refundar la patria en sintonía astrológica.

Como verán, querido zoo, la muerte visitó mi jauría, y llevó también a Caín, el guardián, ángel del campo fundacional.

Conozco la entrega canina como ninguna.

El amor incondicional, altruista, solidario, leal del perro.

Su manera de dar sin esperar ni una limosna a cambio.

La calidez de su caseta, cuando la abre para estar con sus amigos, el mejor patrimonio que tiene y colecciona; pues a veces su vida en la juventud lo lleva por caminos que lo conducen al infierno y pasa largas temporadas entre demonios que lo tientan para ser cancerbero.*

En ambos sexos y en el tercero despierta admiración por su belleza, *sex-appeal* y rebeldía. Sale de la caseta a la vida y destaca por su lengua afilada, humor ácido o negro, su inteligencia práctica, y deja atónita a la audiencia.

La ansiedad es su peor enemigo; a veces «interfiere en el karma ajeno» con «tiempo adelantado» y pasa por entrometido o pesado.

---

* Proveniente de la mitología griega, es un perro de tres cabezas que vigila la puerta del Hades (el inframundo griego).

Su carisma, su vocación de ayuda en la comunidad de los hombres despierta en el prójimo una necesidad de ser protegido, adoptado o utilizado para fines nobles e innobles.

Hay perros que son autodestructivos, boicotean sus dones y talento y se convierten en idiotas útiles de algunos mafiosos.

La necesidad de amor del perro es su talón de Aquiles.

Viene a mí China Zorrilla, con sus inefables anécdotas de corazón hacia cualquiera que le pidiera ayuda.

Y Gipsy, mi amiga purasangre que siempre tuvo y tiene tiempo para acompañarnos en momentos críticos.

Hay dos especies: los introvertidos, melancólicos, taciturnos, que ladran a la luna o a los fantasmas, y son carne de diván, o los extrovertidos, solares, volcánicos, que dejan marcas como Tomás Abraham, que es el filósofo didáctico que nos aterriza en cada entrevista, conferencia, disertación, o a través de sus libros.

El perro y la perra llevan en su ADN la historia de sus antecesores: el lobo estepario, que tenía que sobrevivir a la intemperie con lo que encontrara en sus cortos días y largas noches.

Sabe ahorrar como nadie, administrar su hueso diario, repartir los frutos de su trabajo entre quienes ama y admira.

Es el mejor compañero para compartir la vida diaria; algunos son excelentes guías y consejeros; es mordaz, agudo, no se anda con rodeos cuando hay que decir algo doloroso: valiente y original, traza una línea en el cielo para elevar la situación traumática y aceptarla.

El perro es muy celoso de su cría, de sus amigos, pareja o del tendero de la esquina.

Le gusta controlar los movimientos de sus seres queridos y muchas veces se torna insoportable.

No mide el «amodio». Es vengativo, rencoroso, y puede morder donde más duele si lo traicionan o abandonan.

Es tan simple como el perro que ojalá tengan a su lado, para atravesar la vida ligeros de equipaje.

El Perro en el Trabajo

Este signo, si no trabaja o tiene laborterapia, algún *hobby* o misión samaritana, puede desperdiciar su vida entre vicios y placeres.

Es buen segundo de un gran jefe; sabe cumplir órdenes, obedecer y administrar las tareas con éxito.

Muy cooperativo, integra a gente excluida y sabe poner límites con exabruptos.

Salvo excepciones, como Donald Trump, en general vivirá con el fruto de su trabajo y podrá llegar a fin de mes.

Su naturaleza cristalina y honesta sufre en épocas de corrupción y falta de escrúpulos.

Su gran olfato detectará las trampas y las flechas envenenadas que le llegarán por la envidia que despierta en el zoo chino.

Moderado en sus gastos o con gustos estrambóticos, el perro morirá rodeado de afectos y recuerdos más que de una gran fortuna.

El Perro en el Amor

Antes de nacer, está predestinado a ser elegido por un dueño o amo de su corazón.

El amor será el motor que le dará fuerza para levantarse cada mañana en busca del alimento para su pareja, hijos y tribu elegida.

Sentirá deseos, estará en celo y tal vez sea promiscuo.

El sexo es la sal de la vida y muchas veces se enredará en situaciones conflictivas con personas que solo son relaciones ocasionales.

Su necesidad de ser amado le impide elegir bien a sus candidatos.

Muchas veces tendrá relaciones peligrosas, sadomasoquistas o buscará parejas tóxicas que le impedirán ser feliz.

El perro es curioso y muy *sexy*; es de «sí» fácil y cae rumbo al altar con el primer piropo.

Oscilará entre una vida de perros y épocas en las que tocará el cielo con las manos.

Si tiene crías dejará que sean libres e independientes para no tener que poner límites y aparentar algo que no es.

El Perro en la Familia

El candidato a constelaciones familiares y a bucear dentro de los traumas, miedos y fobias que le impiden tener una familia sistémica.

Su vocación, búsqueda personal, su talento hacen que tenga una familia sui géneris, que a veces le reclama más calidad que cantidad de tiempo, y poder desayunar a la misma hora que él.

Cuando ama es sobreprotector y muy estricto en la educación de sus hijos.

Siempre abierto al diálogo, podrá reconocer errores, culpas y salir del karma de ser el responsable de las decisiones familiares.

La mujer perro es buscada por igual para el sexo y para el matrimonio.

Detesta que le impongan reglas, horarios, y que le impidan desarrollar su vocación.

Romperá el molde del convencionalismo y será de vanguardia en la educación de sus hijos y en nuevas formas de vínculos entre hermanos, primos y exparejas.

El perro ama «la idea de la familia» pero en la práctica le aburren los rituales que lo convierten en alguien muy serio.

L. S. D.

Encuesta

Perro de Metal - Fecha de nacimiento: 18/02/1970

- **¿Qué te apasiona?** La música.
- **¿Cuál es tu arma de seducción fatal?** La palabra.
- **¿Eres cazador o cazado?** Las dos cosas.
- **¿Qué te aburre?** Lo rutinario.
- **¿Qué te hace sentir libre?** Estar haciendo lo que me gusta.
- **¿Propones o dispones?** Las dos cosas.
- **¿Hechos o palabras?** Con hechos y palabras.

Perro de Metal - Fecha de nacimiento: 26/02/1970

- **¿Qué te apasiona?** La música y la moda.
- **¿Cuál es tu arma de seducción fatal?** Mis *outfits*.
- **¿Eres cazador o cazado?** Ninguna.
- **¿Qué te aburre?** La gente, las mismas charlas, los buscadores de coincidencias.
- **¿Qué te hace sentir libre?** Bailar y cantar cuando pongo música en las fiestas.
- **¿Propones o dispones?** Propongo.
- **¿Hechos o palabras?** Hechos y palabras. Haciendo, no criticando
- **¿Qué lectura haces de la incondicionalidad en el amor?** Estoy muy a favor.

Perro de Agua - Fecha de nacimiento: 01/03/1982

- **¿Qué te apasiona?** El arte, la invención.
- **¿Cómo atraes?** No sé.
- **¿Cuál es tu arma de seducción fatal?** No tengo.
- **¿Eres cazador o cazado?** Soy cazador cazado.
- **¿Qué te da seguridad?** La sinceridad.
- **¿Qué te aburre?** La repetición.
- **¿Qué te hace sentir libre?** Crear, opinar.
- **¿Propones o dispones?** Propongo.
- **En el amor, ¿quieres dar o recibir atención?** Quiero las dos cosas por igual.
- **¿Hechos o palabras?** Hechos, las palabras son buenas también si se cristalizan en hechos.
- **¿Qué te colma?** El cariño, el respeto.
- **¿Cómo demuestras rechazo y cómo atención?** Rechazo, no teniendo contacto o diciéndolo. Atención, siendo atento.
- **Tus locuras por amor son:** No hay distancias, no hay horario.
- **¿Qué lectura haces de la incondicionalidad en el amor?** No me parece buena, las personas deben tener límites morales e ideológicos para construir el amor.

El Perro y su energía

Perro de Madera (1874-1934-1994) Un perro sociable.

En este perro el conflicto está entre su imaginación y su sentido de la realidad. Necesita que lo tranquilicen, mimen, visiten. Eso lo torna amistoso y comunicativo, a pesar de su natural timidez. Si tiene vocación, trabajará duro para llegar. Disciplinado, estudioso, cooperativo, es la mascota de los amigos. La sociedad lo aprecia, es popular, fiel a los que ama, y su sociabilidad le ayuda a sobreponerse a su natural reserva. Sin caer en excesos, aprecia el dinero y el lujo: se da sus gustos sin culpa.

Perro de Fuego (1886-1946-2006) Un perro cálido.

Su punto G es dejarse llevar por la pasión, sobre todo por su deseo de aparentar en alguna profesión o actividad que no le saque su caudal energético. Popular y brillante en sociedad, frente a una oposición puede ser difícil. Posee un intenso encanto, y aunque es independiente por naturaleza, busca un modelo para imitar. Tiene un gran carisma, nació para ser líder de alguna causa. Es *sexy* hasta la extremaunción.

Perro de Tierra (1898-1958-2018) Un perro realizado.

Este es un perro típico: equilibrado, perspicaz, leal y fiel, y la suerte le sonríe. Pero ¡cuidado!, tiene que desconfiar de lo fácil y pasar por algunos fracasos. Es muy exigente con los demás, aunque trate de comprenderlos. Ejerce una excelente y útil influencia en sus semejantes. Optimista, cálido, talentoso y muy perseverante, deja un agujero en la capa de ozono cuando se va. Se preserva del abatimiento y el desconcierto.

Perro de Metal (1910-1970) Un perro bendecido por los dioses.

Este perro voluntarioso y realista a la vez está bien posicionado para hacer fortuna, y todo parecerá convertirse en oro para él. No abusará de sus dones, porque permanece fiel a sus principios y es extremadamente caritativo y compasivo. Sin embargo, como a todos los perros, no hay que irritarlo, porque se vuelve agresivo. Nunca indeciso, respeta siempre sus convicciones, en las que confía seriamente. Pero los chinos saben que un conjunto muy grande de cualidades puede revertirse, y si ello ocurre tal vez se convierta en alguien muy peligroso.

Perro de Agua (1922-1982) Un perro amistoso.

La unión de su realismo y su perspicacia puede impedirle ser realmente feliz. Amistoso y desconfiado, sufre heridas de muerte si lo traicionan. Le cuesta abrirse y mostrarse tal cual es: enfermizamente tímido, de poco carácter y débil con los otros y con él mismo. Su intuición lo convierte en un excelente consejero. Domina perfectamente sus emociones y posee una elocuencia convincente. Necesitará estímulo intelectual para no estancarse.

El Perro y su ascendente

Perro ascendente Rata: 23.00 a 01.00

Será agresivo, intolerante y muy astuto. Más derrochador, sibarita, sexual y apasionado que otros de su especie.

Perro ascendente Búfalo: 01.00 a 03.00

Un perro conservador, combativo y muy familiar. Será un amigo fiel, amará su trabajo y filosofar junto al mar con un buen amigo.

Perro ascendente Tigre: 03.00 a 05.00
Este perro será fogoso, entusiasta y dinámico. Con nobles ideales, defenderá sus creencias hasta el final. Apasionado, romántico y soñador: ¡un amante excepcional!

Perro ascendente Conejo: 05.00 a 07.00
Será pesimista. Lúcido, cómodo, se podrá confiar en él, luchará por conseguir una primera posición en la vida. Necesitará que lo estimulen siempre.

Perro ascendente Dragón: 07.00 a 09.00
Tendrá incentivado el amor por la justicia, la libertad y la solidaridad. Será noble, leal, servicial y abierto para el diálogo. Defenderá su territorio con valentía.

Perro ascendente Serpiente: 09.00 a 11.00
Muy inteligente, sabio y equilibrado. Sabrá disimular sus opiniones y seducirá sin piedad a quienes estén a su alrededor. Será derrotista y muy detallista.

Perro ascendente Caballo: 11.00 a 13.00
Buscará franqueza, lealtad y sinceridad antes que nada. Movedizo, independiente e impaciente, jugará con sus propias reglas. En el amor le gustará el cambio.

Perro ascendente Cabra: 13.00 a 15.00
Destacará artísticamente y buscará rodearse de equilibrio y belleza. Será contradictorio, inseguro y luchador. Lunático y solitario, exigirá más de lo que dará.

Perro ascendente Mono: 15.00 a 17.00
Tendrá imaginación, fantasía, mucho humor y una original visión hiperrealista. Dará lo mejor de sí a quienes ama. Su indiferencia puede matar.

Perro ascendente Gallo: 17.00 a 19.00
Un perro muy orgulloso. Perseverante, tenaz, analítico y organizado, su vida no estará ligada a la improvisación. Defenderá la verdad a cualquier precio.

Perro ascendente Perro: 19.00 a 21.00
Este perro tendrá duplicadas sus virtudes. En el amor exigirá fidelidad, respeto y compañerismo. Será un cónyuge fiel, amará a sus hijos y amigos.

Perro ascendente Cerdo: 21.00 a 23.00
Amará los placeres de la vida, el lujo y el confort. Concretará sus sueños, será activo, creativo y muy trabajador. Tendrá su propia moral y respetará la vida ajena.

Cuéntame un cuento chino

Lucrecia Vega Gramunt • Licenciada en artes, médium de artistas universales • Argentina

Minerva viaja hacia la luz
Entró una mañana de otoño, el sol brillaba tanto que solo pude ver la silueta dibujada en la puerta. Sentí su perfume de dulces, de tostadas y de arroz con leche tibio. Me gustó y me paré para saludarla. Fue el inicio.

Me enseñó a dar mis primeros pasos en la ciudad, a saborear otros gustos, a frecuentar las burbujas y a caminar elegante por las calles de adoquines.

Nuestra caseta está en una zona arqueológica, donde nació Julio César, fue un convento de monjas del siglo xv con un enorme patio cubierto de árboles y plantas, frente al Foro de Augusto, al Templo de Marte y de Minerva, lo que creo decisivo en la elección de mi nombre.

Los romanos oraban en el Templo del Foro, nosotras también oramos. Vemos girar las aves en el cielo azul como en los comienzos del Imperio. La palabra es mágica, ritual, plena, rigurosa, respetamos sus ceremonias.

Es un lugar fantástico, armonioso, mágico, con una energía que llega desde milenios y te inunda de fuerza.

Por allí paseamos, parques infinitos con altos pinos, esquinas de Bernini, iglesias de Borromini, plazas de Miguel Ángel, fuentes del siglo xvi redondas, simples, por donde corre el agua continuamente y provoca un rumor fresco y rítmico que te incita a beber. Ella me cuenta la historia de cada lugar. Caminando por los Foros del Rione Monti, por las calles de la universidad o por las altas escaleras de los Borgia de San Pietro in Vincoli escucho su voz y me acaricia. Después volvemos a casa, silenciosa y fresca.

La curiosidad nos mueve, tren, avión, coche. Ella viaja, yo viajo, ella espera, yo espero. Medita, trabaja, preocupa, decide. Construye constelaciones en diversos universos. Crea, vigila, protege, mima, alimenta, tiene celos, descarta, guía. Yo ayudo.

Para nosotras todo es un instrumento que revela el camino, olemos, meditamos y ¡guau!

Visitamos paisajes diferentes, unos con cientos de ocres, ondulantes y hermosos, diversos verdes y húmedos, algunos blancos y fríos. Otros, donde parece que la tierra temblara con los ritmos de las tribus.

A veces la echo de menos, pero sé que vuelve. Hay una lógica en nuestras elecciones, un alma también. Para nosotras el arte, la música, son nuestra cotidianidad, el ser que nos habita. De alguna manera mis orejas dan vueltas tratando de pescar cada nota y armonía de las cuerdas y permanezco en éxtasis el tiempo que duran los conciertos. Así como mis ojos con la pintura: una íntima, otra urbana. Descubrimos los grafiti que se suceden sobre los muros de la estación, cuando desde la ventanilla del tren sentimos el vértigo a paso veloz secuenciando las cromías. Me divierto. Nos divertimos. Comprendí que la obra de arte es un juego, no es un pasado sino un hecho que nos atraviesa y lo vivimos. Salto y camino por los brazos y los pies de los héroes de mármol. Diferentes a los cuadros de casa o museos, inmóviles y perezosos, vanidosos de su belleza que me llenan de curiosidad y quisiera tocarlos para sentir su olor. ¿Quién sabe qué hacen cuando dormimos?

Ella me dice que en la pintura encuentra un gran sentido de libertad y de alegría, de futuro, de proyección, de poder; pura liberación de la fantasía.

Ahora es primavera en casa, las glicinas han florecido y las sorpresas abundan. Dos pichones de gaviota cayeron del nido desde las tejas antiguas, un poco rotas, al patio interior. Gritan como mil elefantes. Nos despiertan a las cinco de la mañana llamando a su madre. Una vecina viene cada hora a darles de comer, los abraza contra su pecho, les abre el pico ayudándolos a deglutir, solo carne, que de milagro encontramos el domingo en un mercado de arquitectura fascista. Ellos comen, han crecido en pocos días. Uno quiere volar, yo lo ayudo un poquito pero sus saltos todavía son cortos. Estuvieron durmiendo al lado de la puerta. Creen que somos de su especie. Somos distintos y sentimos unidad en esta diferencia con inmediata naturalidad.

De madrugada apareció otro, no sabemos desde dónde. Ahora son tres. Una gaviota adulta los vigila y grazna desde la Torre del Grillo.

El diálogo ha cambiado; se ha intensificado en volumen y periodicidad. Corren y comen solos. Desde las ventanas veinte ojos los protegen. El patio se ha convertido en un nido, por ahora no podemos tirarles la pelota, ni dejarlos correr solos alrededor de las palmeras. En unos días los llevaremos a los Foros donde podrán volar para seguir sus vidas y giros alrededor de las luces nocturnas. Esperamos que ocurra pronto.

¡Descubrimos que tenemos alma y es grande, tenemos raciocinio y es fuerte, tenemos voluntad y es potente! Nos empeña lo social, el ambiente, la justicia, la belleza, la verdad. Nuestra presencia es silenciosa, comunicativa, amistosa, con un contenido aparente y otro secreto que a veces coincide. Partimos de la realidad. Nos gusta jugar y jugamos.

Somos una familia grande, con abuelos, padres, tíos, muchos hermanos en distintas costas, con viajes interoceánicos y en tantos jardines. Siempre juntos, en la Estrella, seres de Luz que nos habitan.

Mi Poema
Poema VII
En arenas.
Los fragmentos de ciudades
de notas, de silencios y almas.
En el cielo, el sonido de los vientos.
De la tierra horizontal
las cuatro cuerdas
y los ríos que reúnen en acordes la memoria.
Dentro, en la madera
en el profundo rojo
que se pierde dulce y áspero
bajo la lluvia.
La sinfonía, la luz,
la misma que vaga
por la grieta del mundo, de las cosas.
Si no fuese así.
Será una forma definida
el cielo de los dioses y de los perros.

---

* Según los antiguos, entre ellos Plutarco, Crisipo, el jesuita Bougeant, los animales saben razonar, manifiestan un comportamiento inteligente y también tienen sentimientos y gustos.

Jean François Casanovas
Perro de Fuego

Personajes famosos

PERRO DE MADERA (1874-1934-1994)

Gato Barbieri, Elvis Presley, Enrique Cáceres, Rocío Jurado, Voltaire, Shirley Mc Laine, Chunchuna Villafañe, Brigitte Bardot, Charly Squirru, Horacio Accavallo, Mónica Cahen D'Anvers, Justin Bieber, Enrique Macaya Márquez, Sofía Loren, Federico Luppi.

PERRO DE FUEGO (1826-1886-1946)

Tomás Abraham, Freddie Mercury, Javier Martínez, Susan Sarandon, Oliver Stone, Gianni Versace, Elfriede Jelinek, Cher, Bon Scott, Martín Seppi, Pipo Lernoud, Susana Torres Molina, Donal Trump, Gerardo Romano, Ilie Nastase, Pablo Nazar, Eduardo Constantini, Jorge Asís, Moria Casán, Silvester Stallone, Rolando Hanglin.

PERRO DE TIERRA (1838-1898-1958)

Tim Burton, Eduardo Blanco, Petru Valelensky, Gipsy Bonafina, Rigoberta Menchú, Michelle Pfeiffer, Madonna, Pipo Cipolatti, Reina Reech, March Simpson, Silvana Suárez, Prince, Gary Newman, Gustavo Belati, Michael Jackson, José Luis Clerc, Ana Obregón, Chou En-lai, Marcelo Zlotogwiazda, Kate Bush.

PERRO DE METAL (1850-1910-1970)

Martín Lousteau, Halit Ergeneç, Maribel Verdú, Juan Castro, Matt Damon, Madre Teresa de Calcuta, Luis Miguel, Uma Thurman, Juan Cruz Bordeu, Andre Agassi, Ernesto Alterio, Andy Chango, David Niven, Jacques Costeau, Martín Churba, Verónica Lozano, Gabriela Sabatini, Marley, Sócrates, Jorge Javier Vázquez, Puff Dady, Paola Krum, Lola Flores, Andy Kusnetzoff, Chiang Ching-Kuo, Matías Martin, Gerardo Rozín, Juan Pablo Varsky, Leonardo Sbaraglia.

PERRO DE AGUA (1862-1922-1982)

Malena Pichot, Ava Gardner, Marilú Dari, China Zorrilla, Vittorio Gassman, Juana Viale, José Saramago, Sol Mihanovich, Cory Monteith, Alejandro Dumas, Molière, Víctor Hugo, Julieta Pink, Norman Mailer, Marcela Kloosterboer, Alberto Closas, Bart Simpson, Pierre Cardin, Paula Morales, Stan Lee, Rodrigo Palacio.

Tabla de compatibilidad

	Amor	Salud	Trabajo	Amistad
	5	5	4	4
	3	4	4	4
	3	4	5	5
	4	3	3	3
	4	3	2	2
	2	2	1	1
	3	3	3	3
	4	3	2	2
	3	3	4	4
	3	2	2	2
	3	3	3	2
	3	2	3	1

1 • mal 2 • regular 3 • bien 4 • muy bien 5 • excelente

Cerdo

Avanzas cada día en la inocencia,
como tu casa de fertilidad divina,
las recovas, las calles, las presencias
la limpieza de tu tinta china.
Remota magia que al amor es parte,
dioses jóvenes habitan tu morada,
no amenazas con hacer sino que haces,
pez volador, piedra escarpada,
firmaste el mar con tu mirada,
las playas te entregaron su silencio
y abrazaron tus cálidas arenas.
Custodia para siempre nuestro templo,
mientras las olas con su música consciente
golpean como aliadas tu ballena.

Eduardo Squirru

USCHI DEMARIA

Ficha técnica

Nombre chino del cerdo
ZHU

Número de orden
DUODÉCIMO

Horas regidas por el cerdo
21.00 A 23.00

Dirección de su signo
NOR-NORDESTE

Estación y mes principal
OTOÑO-NOVIEMBRE

Corresponde al signo occidental
ESCORPIO

Energía fija
AGUA

Tronco
POSITIVO

Eres cerdo si naciste

30/01/1911 - 17/02/1912
CERDO DE METAL

16/02/1923 - 04/02/1924
CERDO DE AGUA

04/02/1935 - 23/01/1936
CERDO DE MADERA

22/01/1947 - 09/02/1948
CERDO DE FUEGO

08/02/1959 - 27/01/1960
CERDO DE TIERRA

27/01/1971 - 14/02/1972
CERDO DE METAL

13/02/1983 - 01/02/1984
CERDO DE AGUA

31/01/1995 - 18/02/1996
CERDO DE MADERA

18/02/2007 - 06/02/2008
CERDO DE FUEGO

Ayer celebramos el solsticio de invierno en el valle serrano.

El día que los pueblos de América consideran como el inicio del año amaneció con el cielo despejado y las últimas estrellas saludando.

El sol asomó por las sierras más tibio que en los días previos, y a media mañana calentaba como en el Caribe.

Abrí el I CHING temprano para guiar mi nuevo ciclo, y como le había prometido a mis amigos fundanautas Carito y zoo compartir una ceremonia de celebración para armonizar su Madre Tierra, donde vivirán apenas construyan su casa de barro y amor, preparé copal, mirra, vela, cartas del I CHING y mis instrumentos de sonido para saludar a los espíritus comechingones que todavía habitan nuestras sierras, para que puedan vivir en paz.

Estaba aún Ana, mi simia amiga pintora que se encontraba muy interesada en participar de la ceremonia y partimos en Tita Merello, mi jeep del año del cerdo, a reencontrarnos con los fundanautas.

Antes de salir llamé a Claudio, mi cerdo de tierra anclado en Buenos Aires un domingo y en el día del padre.

Estas fechas, nos gusten o no, movilizan los cimientos de nuestra relación con ellos.

Y sabía que para él sería un día muy difícil en Catalinas Sur.

Le llamé dos veces más, para reforzar su corazón huérfano de paternidad temprana.

Y después de un día tan pleno como la cosmovisión de los pueblos originarios de América, sumamos amigos en un almuerzo en Inti Huasi —el bodegón que vende las empanadas de carne más ricas de la zona—, e intercambiamos números de teléfono y/o e-mails para ayudarnos a «pasar el invierno».

Visitamos la casa donde pasé mi infancia y juventud —y que disfrutamos hasta la fecha—, la ventilamos con la siesta agradeciendo a Muna, la abuela gallo, el cariño hacia hijos y nietos, trajimos pomelos que desde hace sesenta años siguen dándonos su zumo y, como Frida Khalo, gritamos a los cuatro vientos «viva la vida».

Un solsticio inolvidable.

Cuando despedí a Ana rumbo «al yugo», como me dijo, ya entrada la noche, cerré el portón, vi el cielo neblinoso, la luna creciente con agua y respiré hondo.

Después de alimentar a Abril, que en cualquier momento parirá sus gatitos en la alfombra, abrí mi ordenador portátil y encontré este mail de un cerdo amigo que me fulminó y que, con su permiso previo, comparto con ustedes.

Me quedan ciertos rasgos de como eras, pequeños momentos, instantes como un aleteo de los recuerdos de infancia.

Siempre te esperaba, o casi siempre, en casa de los abuelos Grazzia y Pablo. Vos nunca estabas. Quedé a resguardo de los abuelos y solo venías de visita a la casa, en Temperley, una vez entre semana o a los almuerzos del domingo. La última vez que te vi estabas con tu segunda mujer, más joven. Creo que se llamaba Esther, yo andaría por los trece años. Te extrañaba mucho, como a mamá, pero tampoco estaba.

Pertenezco al club de los hijos de padres ausentes, y en mi generación eso no era moneda corriente. Ahora los cambios se imponen cada día y estamos habituados a aceptarlos…

Pero no quiero alejarme de decirte lo que me viene a la mente. Sospecho que tus ausencias me convirtieron en el adulto que soy, envuelto en la difusa melancolía de un atardecer de domingo, porteño o serrano, con o sin sol, frío o cálido, pero siempre nostálgico.

No sé bien de dónde viene, tal vez de tu madre. La recuerdo como un ser depresivo. Pobre abuela. Otra foto eras vos excedido de alcohol, manejando un Fiat 1500, de noche, tarde, y los dos solos perdiendo el rumbo del destino, y por suerte no chocamos. Recordarlo me despierta de aquel sueño o de la fantasía de no habernos accidentado.

Un día salí de la escuela en Independencia y Jujuy, en Capital. Era horrible, lo pasé mal ese año, fue el primer desarraigo, venía del Sur y de ahí al centro diariamente en el Roca. De la escuela a tu nuevo domicilio, en Belgrano y Sáenz Peña, almorzaba solo y de ahí a Temperley.

Eras divertido y bromista, excedido en el tabaco y en el asma que te azotaba y te ponías muy colorado, con escaso aire, tosiendo sin piedad. Nuestro Club de Temperley nos recibía con la cancha de paleta; eras bueno en el juego. Más tarde cuando ya no estabas, practicaba el mismo juego en los largos veranos de pileta. Un día tuve que ir a vivir con Yoly a la provincia de Jujuy y nunca más el deporte.

¿Por qué te fuiste tan rápido?

El carácter era como una bomba de tiempo con un reloj indesarmable a punto de explotar, una estrella fugaz en el cielo nocturno del Sur, te fuiste antes de la primavera. Un 28 de agosto.

Allí quedó mi infancia junto a otros recuerdos que permanecen quietos ahí, para siempre detenidos en el tiempo como la última vez que te vi. Y a lo mejor este domingo 21 de junio te estemos esperan-

do junto con mis hermanas, tus otras hijas, a que retornes con el mejor de los recuerdos, y que la sonrisa sea el gesto que nace del perdón, y dejé de esperarte porque sé que no estás ni vas a venir.

¡Un fuerte abrazo, papá!

Tu hijo

El cerdo puede tener una vida de amor o desamor, según sea la reencarnación que transita.

Y su destino o pasos en este mundo dependerán del origen de su árbol *yin-yang*.

Conozco ambos casos: los que tuvieron sobredosis de lactancia materna y los que fueron expulsados del cordón umbilical prematuramente.

También, los que tuvieron el equilibrio entre ambas partes; y se fueron temprano a explorar el mundo para convertirse en Robinson Crusoe o Julio Verne.

Este sensual, epicúreo, tierno cochinillo será un jabalí salvaje, según su necesidad de supervivencia, o un cerdo hedonista que no se privará de los pecados mortales ni capitales y dejará un *boomerang* según sea la nutrición que haya elegido en esta vida: la material o la espiritual.

En ambos sexos y en los que se derivan en épocas transgénicas, su capacidad intelectual, manual y multifacética es muy elevada.

La autodisciplina, las reglas y los horarios son indispensables para que se concentre y llegue a consolidar un oficio, profesión o *hobby* que lo estimule y le procure su supervivencia.

El cerdo, más que otros signos, necesita ser estimulado, apuntalado, consultado, inspirado para salir de la pocilga al mundo y desarrollar su imaginación que como la de Spielberg puede despertarnos hacia otras realidades cósmicas a través del arte.

Los vicios llamarán a su puerta desde que es pequeño.

La soledad, el abandono, la inseguridad para confiar en sí mismo, las malas compañías pueden corroer su salud desde temprano, causándole daños irreparables si no los ataja a tiempo.

Los primeros amores, si son interrumpidos o rechazados, pueden crear traumas difíciles de superar; y si no practica terapias alternativas o constelaciones familiares puede vivir con un agujero de ozono o a la intemperie por el resto de su vida.

Su hipersensibilidad será un don que puede jugar a favor o en contra, según sea su autoestima.

Para artistas geniales como Maria Callas o Elvis Presley, el amor será siempre el punto G que les lleve a su triunfo o a su derrota, su talón de Aquiles o su varita mágica para conquistar al prójimo y al mundo.

El cerdo sabe que es el último animal que llegó por azar a la llamada de Buda para formar un zodíaco.

Cuando el ministro bajó a la tierra en busca del duodécimo animal que faltaba en el cielo, vio a un campesino que llevaba hacia el matadero un cerdo atado que daba unos alaridos que le conmovieron, y por eso lo eligió.

Quizá este sea el motivo por el cual este animal siempre siente que desentona con el resto del zoo, y busca refugiarse en su propio universo interior.

El Cerdo en el Trabajo

Al cerdo no le gustan los jefes, ni los horarios estrictos para cumplir con su tarea.

Rebelde, independiente, intentará sublevarse y marcar el paso de baile a su estilo.

Su talento es inmenso; pulir el diamante en bruto que trae de fábrica y mejorarlo será parte del aprendizaje.

La suerte lo acompañará; amigos, mecenas, parejas lo ayudarán a conseguir su camino y valorarán los resultados.

Estará siempre dispuesto a cooperar, enseñar, transmitir su experiencia desinteresadamente.

Es un buen alumno y profesor de su oficio, y en muchos casos autodidacta.

Según sea su posición social y económica sabrá administrar su dinero o dilapidará fortunas propias y ajenas.

El cerdo bien criado se conformará con lo imprescindible para vivir y a sus hijos les dejará más herencia espiritual que material.

El Cerdo en el Amor

OMOMOM. AAAYYYYYY.

No hay código, reglas, tradición para la manera en que ama, posee, siente o crea lazos afectivos.

Ingenuo, naif, el sexo es el motor de su vida en su juventud. Algunas veces unido al amor o el enamoramiento, y otras como necesidad de relacionarse con el prójimo. El cerdo necesita «aparearse».

No puede vivir solo: compartir cada comida, idea, viaje o juego de cartas con su pareja es fundamental para su estabilidad emocional.

Se casará una o varias veces en la vida; traerá hijos o los adoptará y podrá sentirse muy buscado como amante o cónyuge.

Tendrá su propia moral, la infidelidad es común en este signo, y a veces puede caer en situaciones de sadomasoquismo o muy perversas sexualmente.

Cuando emerge del inframundo es el ser más adorable para tenerlo en casa compartiendo la vida cotidiana con sentido común y planes amenos.

Tendrá conflictos con sus padres, hermanos, hijos y parientes si no resuelve su antagonismo interior.

El Cerdo en la Familia

Es familiar al estilo Campanelli y Campanella en *Luna de Avellaneda.*

Sabe enseñar laborterapia a quien lo rodee y estará en todo momento dispuesto a preparar el asado de los domingos para el zoo.

Siempre le gusta ser el jefe, dominar y controlar los movimientos de su prole.

Es dinámico, servicial y buen administrador de los ingresos familiares. Sabe educar, poner límites y recompensar a sus seres queridos cuando lo merecen.

Un ser muy apreciado en la familia y venerado en China, pues afirman que trae prosperidad y suerte.

L. S. D.

Encuestas

Cerdo de Agua - Fecha de nacimiento: 28/12/1983

- **¿Qué te apasiona?** ¡Me apasiona componer canciones!
- **En el amor, ¿quieres dar o recibir atención?** El amor es dar. En corazón y en alma (como decía Dickens). Dar siempre, si quieres esperar a cambio, *it's up to you.* Pero lo mejor es dejarse llevar por la propia intensidad y dar de manera transparente.
- **Tus locuras por amor son:** Me disfracé de la cajita de «blur» para el cumple de una exnovia.

- **¿Qué lectura haces de la incondicionalidad en el amor?** El amor más incondicional que existe (porque sí, existe) es el de una madre con un hijo. El amor del vientre es eterno. El de parejas, sí, también. Pero hoy menos. Aunque aún creo en los dedos anulares de las personas mayores que tienen anillo.

Cerdo de Agua - Fecha de nacimiento: 19/02/1983
- **¿Qué te apasiona?** Tocar la guitarra.
- **¿Cuál es tu arma de seducción fatal?** La charla.
- **¿Eres cazador o cazado?** Cazo.
- **¿Qué te aburre?** Las peleas.
- **¿Qué te hace sentir libre?** Conducir un coche.
- **¿Propones o dispones?** Ambas cosas.
- **Tus locuras por amor son:** Viajar para verla.
- **¿Qué lectura haces de la incondicionalidad en el amor?** Es lo que espero de la otra persona.

Cerdo de Agua - Fecha de nacimiento: 16/11/1983
- **¿Qué te apasiona?** Me apasiona lo que estudié, el medio ambiente, y me apasiona también el rugby.
- **¿Cómo atraes?** Por lo general, intento averiguar qué es lo que le gusta a la persona que me atrae. Intentar conectar en principio por ese camino, el de escuchar y hablar.
- **¿Cuál es tu arma de seducción fatal?** No tengo un arma de seducción fatal, creo mucho en un montón de estrategias que sean parejas pero me apoyo mucho en saber cocinar dos o tres platos ricos y voy por ese camino cuando la cosa está medio resuelta.
- **¿Eres cazador o cazado?** Soy cazador, aunque a veces trato de hacer que ella se acerque a mí.
- **¿Qué te da seguridad?** No hay algo específico que me dé seguridad, pero tampoco soy inseguro. Cuando tomo una determinación, voy seguro en busca de eso.
- **¿Qué te aburre?** Me aburre la persona que habla siempre de sí misma y no se interesa por la otra persona.
- **¿Qué te hace sentir libre?** Un fin de semana con amigos me da la sensación de libertad.
- **¿Propones o dispones?** No tengo problema en adoptar ninguna de las dos posiciones. En general soy más de proponer.
- **En el amor, ¿quieres dar o recibir atención?** Creo que en el amor es fundamental el equilibrio de las dos cosas; algunas

veces hay que estar a disposición de la persona que elegimos, y viceversa.

- **¿Hechos o palabras?** Hechos. Las palabras como introducción, pero lo importante son los hechos
- **¿Qué te colma?** La mentira y el engaño en muchos casos me producen ira.
- **¿Cómo demuestras rechazo y cómo atención?** La forma que mayormente adopto para demostrar rechazo es la falta de interés o atención. Por consecuencia, para demostrar a la otra persona que me interesa le muestro que le presto atención en las charlas o en los hechos.
- **Tus locuras por amor son:** Apariciones sorpresa. Regalos. Escribir notas en lugares poco comunes. Generar eventos, citas inesperadas.
- **¿Qué lectura haces de la incondicionalidad en el amor?** Bueno, el amor se puede manifestar de muchas formas, no creo mucho en la incondicionalidad en el amor en la pareja. Pero sí es así, entre familiares y amigos/as, en el deporte o instituciones. Si la pregunta es específica a la incondicionalidad en el amor en la pareja, la veo más problemática.

CERDO DE MADERA - FECHA DE NACIMIENTO: **12/10/1995**

- **¿Qué te apasiona?** Hacer lo que me gusta.
- **¿Cuál es tu arma de seducción fatal?** El humor.
- **¿Eres cazador o cazado?** Ambas cosas, según la persona y el día.
- **¿Qué te aburre?** La comodidad de las personas.
- **¿Qué te hace sentir libre?** Ser yo mismo.
- **¿Propones o dispones?** Ambas cosas.
- **¿Qué te colma?** Disfrutar de mis amigos, familia, animales.

El Cerdo y su energía

CERDO DE MADERA (1875-1935-1995) UN CERDO FELIZ.

Este cerdo nació con la vida solucionada. El dinero le llega sin que haga esfuerzos, todo le resulta fácil; tiene habilidad para manejar sus bienes y los de los demás con una solvencia innata, ideal para dirigir cualquier empresa. Esa facilidad también puede ser su perdición, y arrastrarlo a una vida disipada. Pero se salva por su buen corazón y porque sabe congeniar con la gente que elige como amigos. Tiene talento para lo que se proponga, y aunque la suerte lo acompaña, a veces se obstaculiza a sí mismo. No se priva de nada.

Cerdo de Fuego (1887-1947-2007) Un cerdo valiente.

Esta combinación es bastante explosiva, pues su carácter apasionado y su lucidez no siempre se llevan bien; es muy ciclotímico. Pero su coraje y su osadía pueden ayudarlo a triunfar, sobre todo si está decidido, en una causa o ideal. Su optimismo lo lleva a subestimar el peligro. Gran jefe del clan, cariñoso, generoso, se desvive por ellos y acumulará riquezas para los demás. Cuando las cosas no le salen como las imaginó puede ponerse agresivo, déspota y resentido; tanto en el bien como en el mal es capaz de todos los extremos. Es el amante ideal y cotiza al alza.

Cerdo de Tierra (1899-1959-2019) Un cerdo apacible.

Es un sabio, aunque la vida no le resulte siempre fácil, pero sabe ajustar sus deseos a sus medios, lo que le permite ser fundamentalmente apacible y feliz. Si se le mete una idea en la cabeza puede demostrar la más extrema obstinación, porque es un cabezota. El mejor amigo que existe sobre la faz de la tierra: incondicional, capaz de dejar su cama y su plato de comida a un desconocido. Es un sibarita, ama la buena vida y tiene un sentido del humor extraordinario.

Cerdo de Metal (1911-1971) Un cerdo *de luxe*.

Este cerdo está iluminado; ve fluir riquezas y amigos a través de su vida. Se siente feliz porque le encanta ser popular y adora los placeres terrenales. Muy sociable, no discrimina en sus elecciones, y muchas veces su entorno se convierte en gente que abusa de su generosidad e ingenuidad. No nació para callarse y su excesiva confianza le puede jugar malas pasadas. Pero sabe aceptar sus fracasos y tomar el timón a tiempo.

Cerdo de Agua (1923-1983) Un cerdo purasangre.

Este cerdito tiene una lucidez extrema que a veces puede paralizarlo en la acción. Auténtico, perspicaz, intuitivo, sabe penetrar notablemente en la psicología de los demás, y muchas veces le estafan económica y moralmente. Tiene una devoción total por su familia y sus amigos. Pero este cerdo, más que cualquier otro, es víctima de sus pasiones desenfrenadas.

El Cerdo y su ascendente

Cerdo ascendente Rata: 23.00 a 01.00
Un cerdo más astuto que otros, sabrá procurarse el sustento, no será tan ingenuo y tendrá una mente ágil.

Cerdo ascendente Búfalo: 01.00 a 03.00
Tendrá honor, lealtad y palabra. Se moverá con lentitud, reflexionará antes de actuar y vivirá relaciones tumultuosas.

Cerdo ascendente Tigre: 03.00 a 05.00
Este cerdo será un tigre apasionado. Sus creencias serán elevadas y buscará arriesgarse en cada acto de su vida. Se defenderá y atacará cuando quieran invadir su pocilga. Será entusiasta y comunicativo.

Cerdo ascendente Conejo: 05.00 a 07.00
Un cerdo voluptuoso que amará el lujo. Sociable, diplomático y muy taimado, buscará relacionarse con personas influyentes. Tiende a ser débil y fácil de tentar.

Cerdo ascendente Dragón: 07.00 a 09.00
Es un cerdo con valor, coraje y poder de decisión. Apostará a lo grande y controlará sus sentimientos.

Cerdo ascendente Serpiente: 09.00 a 11.00
Será un cerdo astuto, intuitivo y muy permisivo. Entablará relaciones en forma simultánea y no dará explicaciones de sus actos.

Cerdo ascendente Caballo: 11.00 a 13.00
Este cerdo tendrá vitalidad, alegría y un espíritu innovador que le llevará a la conquista. Muy independiente, no renunciará a la libertad ni a los derechos. Dará su vida por amor. Desbordará sensualidad y egocentrismo.

Cerdo ascendente Cabra: 13.00 a 15.00
Un nativo muy pintoresco. Tendrá una ingenuidad muy seductora y tendencia a vivir en un mundo imaginario. ¡Que no le falte dinero!

CERDO ASCENDENTE MONO: 15.00 A 17.00
No se dejará embaucar. Será un as para los negocios y tendrá un humor negro muy especial. Sus virtudes y defectos estarán muy exaltados. Desbordante en el amor.

CERDO ASCENDENTE GALLO: 17.00 A 19.00
Será un guerrero y defenderá a quien se lo merezca. Vivirá en un mundo utópico. Su tenacidad y sentido práctico le aportarán solidez y prestigio.

CERDO ASCENDENTE PERRO: 19.00 A 21.00
Un pesimista. Vivirá en un mundo real y buscará amigos fieles y leales. Programará su vida y no dejará nada al azar. Su encanto será notable.

CERDO ASCENDENTE CERDO: 21.00 A 23.00
Es un ser elevado. Buscará armonía y equilibrio, a pesar de dar rienda suelta a sus pasiones. Brillará y hará fortuna en lo que decida hacer. Un misterio a develar.

Cuéntame un cuento chino

Joaquín Sabaté Pérez • Cerdo de Metal • Director General de Ediciones Urano (España)

Esto es un embuste, es falso... un engaño. Por mis tierras así definimos «un cuento chino». Muchas son las teorías sobre el origen de estos embustes, algunos opinan que fueron los occidentales quienes, buscando mano de obra barata y vendiendo falsas promesas, lograron atraer a estos hombres hacia una vida llena de... oportunidades.

De todas las teorías que he leído, quizás es la que me suena menos engañosa y da cierto equilibrio a lo que popularmente conocemos como un «cuento chino».

Por motivos profesionales, prefiero no desnudar mi personalidad, sería sin lugar a dudas mi ruina en el sector, pero sí dar pistas, en un tono más jocoso, de un cerdo que piensa y atiende a los mandatos de su YO interior.

Dos principios fundamentales son los que me acompañan en mi día a día.

El primero es promover una comunicación clara. Imaginen ustedes lo tortuoso que puede resultar el no ser explícito con sus colaboradores, permítanme que les cuente:

Shuan Mung, atemorizado cogió el teléfono y llamó a su jefe.

—Jefe, perdone, pero me encuentro francamente mal, adolorido, descompuesto, tengo un dolor de cabeza infernal, mucho me temo que tendré que quedarme descansando en casa.

El jefe, desconfiado, le responde.

—Shuan Mung, no me hagas esto, te necesito sin falta en tu puesto. Yo cuando me encuentro delicado, le pido a mi señora que practiquemos sexo. Eso recompone mi cuerpo y me llena de energía. Te recomiendo que hagas lo mismo, seguro que te ayuda.

A las pocas horas el empleado llama a su jefe y le comenta:

—Querido jefe, no tengo palabras, estoy muy agradecido por el consejo, me siento realmente mucho mejor, me visto y salgo corriendo hacia el trabajo. Permítame que le felicite por su preciosa casa, la decoración, la iluminación, lo cómoda que es su habitación... y sí, la verdad es que su esposa hace milagros.

El segundo principio fundamental en mi vida es respetar las opiniones de los demás, creo firmemente que es una de las mayores virtudes que se puede tener, no sólo juzgar, comprender y entender que cada ser humano es único y actúa y piensa de forma diferente, permítanme que les cuente:

Un caballero estaba en un cementerio colocando unas flores en la tumba de un pariente; justo a su lado se encontraba un hombre chino que meditaba frente a una tumba y en lugar de flores había depositado un plato de arroz. Perplejo le pregunta:

—Perdone que le moleste, pero, ¿realmente cree usted que su ser querido se levantará y se comerá el plato de arroz?

—Sí le respondió el chino, exactamente en el mismo momento en el que el suyo se levante para oler sus flores.

Soy un cerdo feliz que respeta su entorno en busca de equilibrio y armonía con los demás. La vida se abre camino aún cuando los caminos parecen inexistentes, si la vives sin cargas y agradecido, encontrarás el sendero que te lleve a un nuevo punto de partida.

Colorín colorado, este cuento chino se ha terminado.

Gustavo Cerati
Cerdo de Tierra

Personajes famosos

CERDO DE MADERA (1875-1935-1995)
Lula Bertoldi, Pocho Lavezzi, José Mujica, Luciano Pavarotti, Woody Allen, Mercedes Sosa, Bibí Anderson, Julie Andrews, Eduardo Gudiño Kieffer, Dalai Lama, Maurice Ravel, Antonio Ravazani, Isabel Sarli, Jerry Lee Lewis, Elvira Domínguez, Julio Maharbiz, Pinky, Alain Delon.

CERDO DE FUEGO (1887-1947-2007)
Richard Dreyfuss, Mijail Barishnikov, Oscar W. Tabarez, José Carreras, Hillary Clinton, Jorge Marrale, Brian May, Glenn Close, Carlos Santana, Le Corbusier, Mick Taylor, Steve Howe, Deepak Chopra, Steven Spielberg, Paul Auster, Keith Moon, Georgio Armani, Chiang Kai-Shek, Iggy Pop, Oscar Moro, Ron Wood, Arnold Schwarzenegger.

CERDO DE TIERRA (1839-1899-1959)
Jorge Luis Borges, Gustavo Cerati, Alfred Hitchcock, Fred Astaire, Victoria Abril, Juan José Campanella, Semilla Bucciarelli, Humphrey Bogart, Pedro Aznar, Indra Devi, Ana Torroja, Val Kilmer, Michelle Acosta, Fabiana Cantilo, Claudio Gallardou, Angus Young, Bobby Flores, Al Capone, Hugh Laurie, Ramón Díaz, Darío Grandinetti, Nito Artaza.

CERDO DE METAL (1851-1911-1971)
Paulo Vilouta, Diego Torres, Ernesto Sabato, Ricky Martin, Ginger Rogers, Claudia Schiffer, Máxima Zorreguieta, Mario Moreno «Cantinflas», Eugene Ionesco, Dolores Cahen D'Anvers, Robert Taylor, Juan Manuel Fangio, Winona Ryder, Carolina Peleritti, Gloria Carrá, Martín Ciccioli, Pablo Trapero, Julieta Ortega, Wally Diamante, Gastón Pauls.

CERDO DE AGUA (1863-1923-1983)
Alberto Ajaka, Natalia Lafourcade, Gustavo López, Maria Callas, Darío Barassi, Sabrina Garciarena, René Favaloro, Carlos Páez Vilaró, Celeste Cid, Carlos Jimena Butti, Guillermo Cooke, Richard Avedon, príncipe Rainiero de Mónaco, Eduardo Falú, Agustina Cherri, Henry Kissinger, Piru Sáez.

Tabla de compatibilidad

	Amor	Salud	Trabajo	Amistad
	4	4	4	5
	3	5	5	5
	3	3	3	5
	4	4	3	4
	3	4	4	3
	3	4	2	1
	2	2	1	1
	3	3	3	3
	3	2	1	3
	2	3	3	3
	4	4	4	4
	4	3	3	3

1 • mal 2 • regular 3 • bien 4 • muy bien 5 • excelente

Café Gijón - Rata

Marcelo Ríos - Conejo

Rafael Nadal - Tigre

Jean François Casanovas - Perro

Natalie Portman - Gallo

Sagrada Familia - Caballo

Belinda - Serpiente

Quino - Mono

Museo Van Gogh - Búfalo

David Bisbal - Cabra

Gustavo Cerati - Cerdo

Marta Minujín - Dragón

Campo Núbico, una ventana abierta para la salud integral

por Flavia Canellas Grinberg

Y son las puertas de nuestro mundo interno
que se abren majestuosas y humildes,
densas y leves, sombrías y luminosas, para comprender aquello
que aún no tiene forma ni existencia en la memoria.

MIREYA BAGLIETTO

Los seres humanos somos entidades sensibles y racionales, ceñidas a cambios incesantes. Nuestro desarrollo polifacético está insertado en una confluencia dinámica de fuerzas naturales y sociales, con abundancia de influjos personales y transpersonales que moldean nuestra identidad. Algunas de esas fuerzas, como el mundo del consumo, la manipulación de la espiritualidad y la primacía de la rivalidad, forman parte del contexto de nuestras vidas cotidianas y poseen tal naturalidad que se nos presentan como verdades absolutas, infalibles e inmutables. Todo ello acontece en el contexto de los seres vivos y bajo la influencia de las vibraciones telúricas de la naturaleza y del cosmos, las que generan campos energéticos inter-trans-relacionados e interactuantes, a menudo desconcertantes. Vivir es una especie de malabarismo infinito entre la luz y la oscuridad, entre la revelación y la confusión.

Hoy el mundo nos impone un desafío más complejo: seguir naturalizando condiciones aberrantes, perversas y destructivas instaladas bajo el paraguas del consumo, o bien inspirarnos para desplegar un movimiento profundo de conciencias que haga posible revertir la tendencia agónica que aún prevalece sobre la Madre Tierra.

¿QUÉ NECESITAMOS MODIFICAR?

En principio necesitamos ampliar la percepción desde y sobre nuestro cuerpo y nuestro espíritu para establecer una comunión profunda con nosotros mismos, los otros y el ambiente, así como despegarnos de la tiranía que impone esta sociedad deshumanizada y/o acechada por la brutalidad.

En virtud de todo esto también surge la necesidad imperiosa de redefinir nuestro concepto de salud, asumiendo nuestra responsabili-

dad, no solo sobre los procesos personales sino también en los comunitarios, e integrar de forma natural la mente, el cuerpo y el espíritu.

¿CÓMO HACERLO?

No se trata de fórmulas mágicas ni de otros artilugios misteriosos. Nuestra meta requiere provocar nuevas miradas y nuevos abordajes relacionados con el despliegue natural, sintético y profundo del protagonismo de nuestra libertad. De esta manera se generan acciones que expanden las conciencias como una artesanía del alma sin estorbos paralizantes, mandatos o prejuicios heredados ni estigmas culturales.

Entre múltiples recursos, abordaremos aquí los principios y experiencias que propone el Arte Núbico, creado por la artista Mireya Baglietto, con el cual a través de experiencias de ingravidez y atemporalidad dinámica se provocan estados expandidos de conciencia.

Estoy segura de que cuando se trata de evolucionar, no hay poder más terapéutico que la libertad. Sentirse libre hace florecer los dones que la vida nos ha concedido sin pedir nada a cambio.

ALGO DE HISTORIA

En 1983, en la XVII Bienal Internacional de São Paulo, conocí a quien después sería mi amiga entrañable. Mireya Baglietto estaba presentando «La Nube III en São Paulo», un espacio para cuyo acceso la gente esperaba paciente e impacientemente haciendo cola. Un espejo era el motivo de tal espera. Al acceder a La Nube me invadió un estado de sorpresa y plenitud. La empatía movió hasta la última célula de mi cuerpo y me disparó hacia un futuro completamente diferente del que pude haber supuesto en mi vida; se trataba de un porvenir amistoso, una promesa de mundos posibles. Me conecté conmigo misma en una nave del tiempo abierto.

Desde el año 1980 Mireya venía trabajando en la necesidad de construir un «puente» a través de esta cultura, que realimentada por los mismos errores del pasado sigue destruyendo al hombre a través del propio hombre. Su objetivo era y sigue siendo ir más y más atrás de lo conocido para provocar nuevas chispas detonantes de la comprensión. Su intención era poder renovar nuestro sentir sobre la Tierra, y para ello resultaba importante sensibilizarse con el Espacio-Tiempo y así lograr acceder a otros territorios de conocimiento.

Tras estos y otros conceptos e inquietudes dejaba claro que no se trataba de un arte de objetos, sino de vínculos espaciales y sensoriales. La mirada dinámica, la virtualidad y lo efímero serían los recursos para construir la experiencia buscada. Al cabo de más de treinta años de iniciar este proceso fundado en la creación de los espacios participativos, es menester aclarar que ese concepto de espacio aludido por Baglietto es traducible al concepto de «campo morfogenético» al que se refiere el biólogo contemporáneo Ruperyt Sheldreak.

Se trataba de crear un campo sin coordenadas temporo-espaciales, un espacio «sin gravedad». Para ello necesitaba crear los artilugios que lo hicieran posible. Telas colgadas del techo sumadas a un simple espejo permitieron modificar sustancialmente la visión sin tiempo, una

perspectiva holística podía ser tanto retroprogresiva al origen como proyectada asimismo a un tiempo totalmente desprovisto de reloj. Era simple y claramente un espacio que carecía de las coordenadas newtonianas/cartesianas, las cuales, aún transcurridos tantos siglos, siguen referenciando nuestra obsoleta visión del mundo.

Después de treinta y cinco años, Baglietto suma en su haber infinidad de espacios núbicos, muchos de ellos han marcado la historia del arte contemporáneo, a los que se suman ceremonias, rituales, experiencias sensoriales, espacios escénicos, trabajos en grupos, docencia y meditaciones públicas, entre las que vale destacar la llevada a cabo como apertura del primer acto interreligioso realizado en 1992 en la Catedral de Buenos Aires en homenaje a S.S. el Dalai Lama.

En 2009, mientras yo cursaba asignaturas de neuropsicología, en un posgrado, tuvimos nuestras primeras conversaciones acerca de la relación del Arte Núbico con nuevos descubrimientos relacionados con las Neurociencias y la Psicología.

Hoy, en este inevitable salto vital en tránsito hacia a la dimensión profunda de la conciencia humana y planetaria, juntas llevamos adelante esta propuesta al territorio de la psicología, considerando que no es por la vía de la sumatoria de conceptos que cambiaremos el mundo, sino por la deconstrucción de márgenes obsoletos.

ARTE NÚBICO Y PSICOLOGÍA INTEGRAL

No es signo de buena salud el estar bien adaptado
a una sociedad profundamente enferma.

KRISHNAMURTI

La Psicología Integral busca expandir los campos de la investigación psicológica integrando las filosofías tradicionales de Oriente y Occidente a los conocimientos científicos contemporáneos, centrándose más en el estudio del todo que en el de las partes. Con herencias de Carl G. Jung, Abraham Maslow y Anthony Sutich se desarrolla la Psicología Transpersonal, enfoque terapéutico que busca que el ser humano logre su salud psicológica, más allá de los límites del ego, dando importancia a las modificaciones de los estados de conciencia, conectando lo psicológico con lo espiritual en la búsqueda de la autorrealización y la autotrascendencia. Ken Wilber participa de los principios de esta corriente y avanza para componer una teoría más abarcadora; su trabajo está influenciado por pensadores como Nãgãrjuna, Huston Smith, Ramana Maharshi, J. Habermas, Jean Gebser y Teilhard de Chardin, quienes, por diferentes caminos y propias singularidades, buscan la integración del ser humano con el universo.

La Teoría Integral podría ser el primer modelo realmente comprensivo que amalgama múltiples modelos teóricos y «promueve un nuevo entendimiento de cómo la evolución afecta al desarrollo de la conciencia y la cultura».

Con el Arte Núbico estamos ante un acontecimiento inaugural, prístino, que no tiene antecedentes ni referentes y que tampoco posee archivos previos en la memoria cultural, ni en la ordinaria, ni en la emotiva. El espacio, convertido en campo de estimulación sensorial, obra, al igual que un útero, acompañando y potenciando el desarrollo de las capacidades humanas más allá del propio espacio de estimulación.

Se trata de una experiencia sensorial de ingravidez que provoca silencio interior facilitando el acceso a territorios primitivos donde recala lo más profundo de la libertad, esos campos del espíritu en los cuales no hay patrones ni mandatos y donde es posible elegir el punto de vista de la propia comprensión.

La aventura núbica constituye una aventura totalmente inusual que no es fruto del azar ni de una coincidencia coyuntural. Tampoco responde a estímulos formales ni a una ensoñación, tal como podría suceder con la ingesta de sustancias alucinógenas o a causa de prácticas de hiperventilación holotrópica, o por la inducción de ensueños dirigidos; métodos estos desarrollados para la alteración de la conciencia con el fin de acceder a contenidos transpersonales. Todo es producto de la convergencia de estímulos simples que se aúnan de manera sincrónica dentro del sistema sensoperceptivo del participante. La experiencia núbica es efectivamente inusitada y a causa de ello no posee una correlación descriptiva dentro de los lenguajes comunicativos verbales. El juego sitúa al participante en un estado de pertenencia espacial indescriptible que está fuera de todo atisbo determinista, hecho que modifica radicalmente el punto de vista habitual de la realidad.

Baglietto toma un espacio arquitectónico original y lo transforma de modo radical para ocultar todo vestigio de ortogonalidad constructiva. Por medio de telas colgadas del techo y las paredes que caen por simple gravitación se crean múltiples formas y volúmenes. El participante recorre el espacio con un espejo que enfoca al techo, o sea, a las telas colgadas, las que se reflejan invertidas creando un mágico e insó-

lito suelo virtual que modifica radicalmente su percepción. Ella crea de este modo un Campo Núbico, un espacio de contención orgánico que produce circuitos y vínculos sintéticos para la obtención de nuevas respuestas existenciales.

Aquí el foco central de la obra es la persona y su vivencia. La exploración de este campo orgánico habilita un registro de interacción holística que transita por los territorios de un sentir fundacional.

Se trata de una ética y estética de lo inconcluso y transformador que se completa a partir de la singularidad que cada persona ofrece. De este modo la persona entra en su propio campo de sabiduría primordial donde todo sucede por causa del juego especular, allí se movilizan y abren percepciones dimensionales que exceden ampliamente la noción de dualidad y el análisis puramente racional. Cada Nube se multiplica en muchas Nubes, tantas como sus exploradores recorren ampliando y oxigenado su propio universo interior.

Ken Wilber, en su Teoría Integral, crea nuevas matrices y mapas que permiten comprender y dar sentido integral a nuestro ser y a nuestras múltiples interrelaciones. Él toma en consideración la conciencia holística, o sea, la totalidad no dividida. La orientación integral estimula en cada persona la observación y la utilización consciente de todos sus recursos, tanto internos como externos. Asimismo busca estimular el crecimiento consciente de todas las inteligencias y formar una síntesis que entiende la evolución como un proceso de trascendencia e inclusión.

Reconoce y premia el valor de la experiencia mística y espiritual y proclama el ir más allá del racionalismo y el materialismo en virtud de la práctica de la Vida Integral. Del mismo modo reconoce las alteraciones de la conciencia como valiosas en lugar de patológicas, e incorpora técnicas de yoga y meditación y contemplación como recursos facilitadores de la evolución de la conciencia.

Desde hace varios decenios se propicia en el mundo, y especialmente dentro de las tendencias de orientación holística, el encuentro del arte, la ciencia y la espiritualidad como una triangulación reveladora y útil para el desarrollo de los grandes cambios por los que hoy transita la humanidad. Sin ninguna duda, los movimientos de la ciencia y la espiritualidad han ido evolucionando exponencialmente en pos de estas inquietudes, pero lamentablemente no ha pasado lo mismo con la generalidad de las creaciones artísticas, las que por diferentes motivos permanecen en su gran mayoría dentro de sus propias disciplinas dualistas.

El Arte Núbico parece ocupar ese espacio aún vacío en dicha triangulación, ya que desde su origen es un arte de interactuación holística. En tal sentido, más allá de que Wilber conozca o no el Arte Núbico, este resulta ser una versión práctica y sensorial de la propia matriz del Pensamiento Integral.

Con estos referentes, presentamos nuestro trabajo que trae desde el arte un nuevo espacio terapéutico: el Campo Núbico. Este nuevo marco referencial permite desplegar vínculos sintéticos simples y directos para acceder a un territorio de energías creativas inaugurales para el desarrollo del potencial humano. Este campo pasa a ser un recurso facilitador del proceso terapéutico, que se refiere a la flexibilización de estructuras rígidas, a la ampliación de la percepción de los sentidos y a la generación de nuevas miradas del ser y el estar en el mundo.

A lo largo de treinta y cinco años, Baglietto ha realizado múltiples espacios núbicos y ha recogido miles de testimonios. Hemos elegido algunos relatos sobre la experiencia.

El espacio y el tiempo se rompen. Es entrar en una cuarta dimensión.

El reloj se torna obsoleto.

La experiencia traspasa mi cuerpo para enseñarme que existen otros mundos.

Esto no es un espacio arquitectónico, es un espacio del alma.

Floté dentro de un organismo que estaba dentro de mí, ¿y dónde están los límites?

Espacio libre con un gran movimiento. La libertad está en él.

Creo que perdí la noción del espacio tridimensional.

Fue un momento de encuentro, de éxtasis y de ganas enormes de vivir las cosas buenas de la vida sin miedo.

Tuve la sensación de reencontrarme con mi cuerpo.

Lo relacioné con la muerte y la llegada a otra dimensión, volvería cientos de veces más.

Traslado hacia el cosmos dentro de la armonía universal. Viviendo cada instante rodeada de belleza sin igual; sensación de plenitud absoluta, más allá del tiempo y del espacio.

Vivencié la apertura de mi espacio interior que me conecta con las Energías del Universo.*

Sentí una paz interior muy profunda, poder despreocuparme de todo.

Encuentro con mi capacidad de creer en mí, como ser capaz de encontrarme y depender de mí como única conductora de mi liberación.

Pasamos hacia un mundo espiritual donde nuestro cuerpo acompaña nuestras mentes.

Durante unos instantes tuve la impresión de estar muerto y en total libertad, caminando sobre nubes trascendí totalmente hacia el otro mundo.

«Hace ya mucho tiempo me di cuenta —dice Mireya Baglietto— de que cuando lo lineal, formal y mensurable se licua en los valles del espíritu, los sentimientos se tornan fértiles y comienzan a nutrir ciertas semillas alojadas en la memoria natural. Aquello que en origen era un sentimiento prístino va mutando en ideas entre las cuales, muchas de ellas, se convierten en nuevos destellos de la conciencia. En los momentos en que pude practicar la entrega, supe que era posible habitar la naturaleza de la realidad, la realidad ancestral que está implíci-

* Es una palabra habitual en la jerga de psicología, muy extendida en su ámbito y de uso válido. Al ser una palabra técnica, el DRAE no la incluye, sin que ello implique que sea incorrecta.

ta en el todo y no se vale de ningún recurso de los que nuestra comunicación habitual utiliza para construir lenguajes».

LA EXPERIENCIA PSICOLÓGICA EN EL CAMPO NÚBICO

Como una paradoja, la materia revela una «sustancia inmaterial» que obra como reactor alquímico de la sensibilidad humana.

MIREYA BAGLIETTO

Nuestro trabajo es una acción sutil de desarrollo para la conciencia integral. Los datos corporales y espirituales, psíquicos y sociales son articulados para que uno pueda empoderarse de sus percepciones interiores y desarrollar el silencio y la escucha de sus propios procesos, lo que permite dejar que la vida fluya en la peculiar modalidad de cada uno.

La experiencia que presentamos completa el circuito de aprendizaje que normalmente se focaliza en el movimiento de fuera hacia dentro donde el estímulo externo es percibido, procesado e integrado al sistema de comprensión y al saber de cada cual.

Desde la experiencia psicológica integrativa en el Campo Núbico proponemos un nuevo movimiento que complementa el proceso de conocimiento habitual. El mismo revierte la tradicional dinámica de la dirección de fuera hacia dentro por la de dentro hacia fuera. Esta dinámica habilita el sentir como guía sensible para acceder a la búsqueda de información personal y transpersonal. Se trata de un camino exento de datos externos que abre y flexibiliza las propias capacidades humanas.

La experiencia sensorial vivida en el Campo Núbico es contenedora y segura, provoca la expansión de la conciencia sin alterarla. Esto sucede al mismo tiempo que predispone y viabiliza el acceso a los datos supraconscientes de la mente, capacidades innatas que poseemos todos los seres humanos en las que residen los recursos creativos para la solución de los múltiples desafíos que la vida nos propone.

La salud, psíquica y física, como la entiendo, es un movimiento que admite ritmos peculiares, distintos en cada persona. En tanto, las enfermedades son procesos naturales que debemos entender con la mente y comprender con el alma para poder asimilarlos en la evolución de la vida que nos permite vivir en plenitud. Para abordar este proceso dinámico necesitamos métodos blandos que activen el eje de identidad energético para que desde ese eje el cuerpo pueda habilitar una dinámica sensorial de acercamiento distinto a la información personal. De este modo, el Campo Núbico ofrece el despliegue de nuevas síntesis.

- Desarrollar la percepción del espacio interno y externo como unidad que nos conecta de manera integral al espacio único e indivisible. Un espacio donde podemos ampliar la mirada, integrarla y desarrollarla de forma protagónica, individual o grupal.
- Dar valor a lo efímero, lo virtual y lo que fluye para el encuentro de nuevas dimensiones.
- Darnos cuenta de los movimientos complejos de los que somos partícipes ya que pertenecemos al pulso planetario donde somos receptores y emisores de vibraciones constantes, sabiendo que desde ahí podemos transmitir intencionadamente información, crear campos que promuevan la salud y la armonía personal, grupal y planetaria.
- Abrir e iniciar el abordaje para gritar las señales que nuestras mentes y cuerpos nos transmiten. Flexibilizar hábitos, creencias y visiones rígidas, ampliar la escucha del proceso adaptativo y rehabilitar el diálogo entre el cuerpo y la conciencia y así recuperar la confianza en la sabiduría de la totalidad de nuestro ser desde el cuerpo y sus procesos.

ACTIVIDADES GRUPALES EN CAMPO NÚBICO

No es posible integrar lo que no se ha diferenciado todavía.

KEN WILBER

Desde los mismos conceptos y pautas que se aplican para la creación y el desarrollo de los espacios núbicos, se crean actividades grupales con distintas características entre las cuales nos ocuparemos de aquellas que hacen a la perspectiva terapéutica.

La propuesta se lleva a cabo en tres etapas, todas ellas entrelazadas dan continuidad a la meta final, que es acceder a un estado ampliado de conciencia que permita desarrollar el protagonismo y la responsabilidad del propio ser y estar en el mundo. La propuesta actúa como un campo de estimulación sensorial abarcando diferentes etapas.

Conexión con el campo núbico/período de precreatividad:

Nivel 1. Descarga / Ablandamiento / Encuentro con materiales

- Por medio de sonidos y palabras se invita al movimiento corporal necesario para abandonar las tensiones que cada uno trae consigo.
- A partir de esas acciones se inicia una centralización desde el eje que nos une a la Madre Tierra y al Universo, el que atravesando virtualmente nuestro cuerpo actúa a través de los centros energéticos y la conciencia.
- Se trabaja complementando percepciones sonoras, táctiles, visuales, kinestésicas, estímulos preverbales a los que se suman materiales como telas, espejos e instrumentos musicales.
- Cabe destacar que la percepción está relacionada con el asombro y la sorpresa, actos que a su vez bien pueden inaugurar nuevos territorios del conocimiento.
- A través de diversas acciones comunicativas se logra la conexión y la comunicación con el campo vibratorio, se provocan estímulos con los materiales disponibles proponiendo experiencias sensoriales que no lleguen a crear objetos ni situaciones formales que tengan lugar en la memoria.
- Desde este planteamiento la persona actúa circularmente a partir de su percepción, intuición e imaginación, modificando su mirada domesticada para desacomodarla de su encaje cultural.

Nivel 2. Experiencia especular / Retroprogresión al origen / Acceso al punto cero.

- Se incorpora el espejo y, a través del movimiento y el ritmo que cada uno le imprime, se crean percepciones totalmente inusuales de la realidad. Se pasa así a una mirada ampliada que no es solo ocular sino polisensorial y desde la cual se accede a un estatus integral para abrir nuevos espacios internos.
- Mediante esta experiencia de estimulación es posible acceder a un capítulo retroprogresivo, al origen.
- Una vez que se logra el acceso a esta percepción a través de la experiencia, se inicia una nueva etapa de reconocimiento y concienciación.

Nivel 3. Etapa de reconocimiento y concienciación para:

- Apertura de la identidad prístina.

- Elaboración de nuevas claves para la comprensión de la salud.
- Creación de una dialéctica para las nuevas síntesis.
- Activación de la mirada espiritual para la superación de conflictos.
- Movimiento y concienciación de la energía creativa de la sexualidad.
- Vivencia del coro silencioso para profundizar nuestra humanidad en el encuentro grupal.
- Más allá del dolor, la revaloración de lo inconcluso y de lo que fluye.
- El desbloqueo de trabas creativas, movilizando proyectos personales y grupales.
- Otros temas.

Para ello, integramos técnicas propias de la psicología, del desarrollo espiritual, métodos de relajación, masajes, técnicas de sanación vibratoria, oraciones en «Lenguas», Ecos-Gibberish: juegos con lenguajes inventados, estimulación de diferentes centros energéticos, rituales de pasaje y convivencia de celebración de la vida.

La experiencia que aventuramos tiende al surgimiento de una nueva matriz donde podamos dar por iniciado el viaje consciente de nuestros potenciales más profundos, articular nuestra percepción expandida con las transformaciones deseadas y necesarias que influyan en la generación de personas con conciencia integral, impulsando a la construcción de una humanidad justa y una ética con el compromiso de la restauración planetaria.

Predicciones

Predecir es presentir
dejar que siga su curso
y no temerle al cuco.
Ser oráculo
no sufrir ante el cambio
¿si es bueno o es malo?
hay que pasarlo.
Estar en la vida;
que para extrañarla
tendremos memoria infinita.

L. S. D.

Convocatoria Fundacional

por Miguel Grinberg

El cielo nos llama. Si no nos destruimos a nosotros mismos,
un día nos aventuraremos hacia las estrellas.
Un amanecer aún más glorioso nos espera, no solar sino galáctico.
Una mañana iluminada por 400.000 millones de soles.
El amanecer de la Vía Láctea.
El cosmos está inconmensurablemente lleno
de verdades elegantes, de exquisitas interrelaciones.
De la asombrosa maquinaria de la naturaleza.

CARL SAGAN (1934-1996)

Ante nosotros, un mundo inédito se predispone a que lo transitemos. Late como una dimensión inesperada en situación de advenimiento. No aparece para combatir circunstancias preexistentes, ni para fomentar algún nuevo credo. Se manifiesta espontáneamente a quienes ya han podido intuir su inmediatez, captada desde el plano espiritual, fuera de las ideologías que empobrecen el acto de vivir. Titila como una luciérnaga en la noche oscura. Aparece o desaparece por encima de nuestras apetencias y deja siempre un sabor de serenidad en el alma.

Es captado por hombres y mujeres en vías de mutación existencial, y se manifiesta en ráfagas, como anticipo de una realidad que poco a poco se torna más evidente, menos misteriosa. Va constituyendo una especie de envoltura reveladora, clima de conciencia individual plena que la multitud trastornada no alcanza todavía a percibir.

A veces se parece a una angustia, pero enseguida se convierte en una especie de grieta que permite abrirse más al porvenir y facilita desprenderse de los lastres del pasado. Es un simple atisbo de la eternidad y la neta percepción del océano de futilidades que atravesamos días tras día. Ello genera algo así como un malestar al mismo tiempo tenue y profundo. Uno se siente despegado de la plétora de circunstancias cotidianas y es proyectado hacia una rotunda levedad. Y poco a poco, la serenidad comienza a manifestarse con mayor ímpetu: empezamos a darnos luz a nosotros mismos, en pos de una libertad asombrosa.

Pero no nos confundamos, no es un puerto de llegada sino una rampa de despegue hacia territorios desconocidos. El oráculo nos advierte entonces de que todo ciclo espléndido de florecimiento cultural acarrea también peligros reales. Pues según la ley universal de la causa y el efecto, todo crecimiento va seguido de un decrecimiento.

Desde las alturas recibimos lecciones. Por ejemplo: una vez que se ha llenado, la imagen de la luna comienza a disolverse. Igualmente, no bien alcanza el mediodía, el sol pasa a declinar rumbo al horizonte. Tal es también nuestra travesía en la tierra y la interacción con el cielo. Algunas veces —según las estaciones— la vida luce pletórica y desbordante, pero en otros momentos se presenta escasa y opaca. El esplendor y la abundancia no son eternos: tarde o temprano llega un período de declinación. Entonces, no perdamos de vista la enseñanza milenaria: así como toda nueva criatura se gesta en el seno de un ser maduro en vías de declive, así toda nueva cultura amanece entre los restos desfigurados de su pasado esplendor.

Simultáneamente, mientras algunos se martirizan en combates feroces, anclados en dogmas obsoletos, tentados por la crítica y la negación, otros se entregan a un fervor fundacional donde amasan los cimientos del paso siguiente en el devenir de la humanización del orbe. En esta latitud, el hexagrama Yü (entusiasmo) del *I Ching* le dicta a los fundadores que es propicio designar ayudantes y actuar en las líneas de menor resistencia, basados en la armonía del movimiento inmanente de las cosas. Por esta causa, los cuerpos celestes no se desvían de sus órbitas y todo el acontecer natural tiene lugar con firme espontaneidad.

Entonces, ante nosotros, bulle un amanecer galáctico: la alianza entre la humanidad y la divinidad, la confluencia mística entre el mundo terrenal y el mundo celestial. Cada cual tiene un papel que desempeñar en esta epopeya cosmológica. Osho nos recuerda que la palabra *entusiasmo* proviene de dos raíces: *en* y *theos*. Theos, en griego significa Dios. Cuando alguien está colmado de Dios, está cargado de entusiasmo. Estar colmado de Dios significa estar desbordante de esperanza. Así se comprende que la actualidad no es el fin del mundo, sino que lo que ha ocurrido no es nada comparado con aquello que va a suceder: el pasado es muy limitado y el futuro no tiene fin: «la actualidad es apenas una muy pequeña parte de lo posible. Lo posible es vasto como el cielo. La actualidad es solo tu casa, no mucho… una muy pequeña isla en un océano de posibilidades. Esperas alerta, esperas con confianza. Sabes, en lo más profundo, que va a ocurrir. No ha ocurrido aún pero hay una gran certidumbre en tu corazón de que va a ocurrir. Eso es lo que significa entusiasmo».

Se nos ha brindado el privilegio intenso de reformular, no la Vida como un Todo, sino la siembra espiritual en una de sus provincias náufragas del Sur distante. Hasta hoy, un caso explícito de amor contradictorio, conocido como Argentina, donde en nombre de lo supremo hemos estado cultivando el fanatismo bárbaro y el retroceso cíclico. Fenómeno patológico que comienza a declinar, marchito de sus insuficiencias, agotado y reseco sin remedio. Desde ahora, suavemente, priorizamos el fervor fundacional y la celebración indómita, renaciente.

OTRORA

El universo no es más que un albergue
de todo lo visible. La oscuridad y el día,
transitorios huéspedes del Tiempo. La vida se escapa,
un sueño de escasa alegría y contenido escaso.
¡Ah! sabios los ancianos filósofos que buscaban
prolongar sus largos atardeceres entre flores,
robándole inmaculadas horas a la joven noche
e instantes con luz menguante cargados de dulzura.

Li Po (702-762)

El drama inhumano en la Tierra no comenzó con el saboreo del fruto prohibido, sino con el asesinato de Abel, fratricidio por cuenta de Caín. Los libros considerados «sagrados» por la humanidad son en gran parte antologías del espanto, crónicas incesantes sobre *el arte del homicidio*. Los textos de historia completan esa travesía espantosa, con reseñas minuciosas sobre guerras de conquista y dominación, donde sujetos que se consideraron «superiores» promovieron el exterminio de los *diferentes*, presuntamente signados por la inferioridad y, por lo tanto, aptos para la explotación, la inmolación, el sacrificio… en fin, su cancelación violenta. En el siglo XX, los «ismos» genocidas más letales (todos ellos de raigambre europea y asiática) desembocaron en una Segunda Guerra Mundial, que causó 70 millones de muertos, la mayor hecatombe de toda la historia de la humanidad.

La celebración humana de la existencia, también a través de los siglos y en todas las latitudes, ha venido decantando costumbres, purificando culturas, redactando poemas y revelando sabidurías, hasta el punto de podernos diferenciar de los bárbaros de la prehistoria simplemente por cotejo de estilos de vida.

Las artes de todos los tiempos, desde los pictogramas de remotas cavernas hasta los mandalas diseñados mediante ordenadores, han registrado ampliamente los dones excelsos de individuos o grupos de personas en sintonía con exquisitas interrelaciones centradas en la *elevación*, el éxtasis, la armonía, el afecto, la alabanza, la devoción y otras verdades elegantes.

Lamentablemente, los sistemas «educativos» mundiales ponen más énfasis en el estudio de las atrocidades verificadas antaño que en el análisis de los múltiples ejemplos de exaltación y refinamiento de la *humanidad* en el sentido más reverencial del término. Hay más énfasis en el repaso de las barbaries que en la ponderación de la ternura o la sabiduría.

Las técnicas pedagógicas del mundo materialista (mercantilizado) en que vivimos raras veces exaltan el contacto con la naturaleza terrenal y la cosmogonía universal. En cambio, destacan el perfeccionamiento incesante de los artefactos de destrucción y ponderan la tecnopotencia de la llamada «sociedad opulenta». La niñez y la juventud mundial son sacrificadas actualmente en los altares del consumo a toda costa, lo cual desemboca pavorosamente en rutinas de violencia destructiva (toda la televisión comercial es un tiroteo incesante), nihilismo, feminicidio, toxicomanía, depravación, racismo, xenofobia y sadismo.

¿Cuál sería el bálsamo providencial? ¿En qué dirección podría ir la llamada «enseñanza formativa»? Hay centenas de relatos que podrían contribuir a pacificar la vida cotidiana de millones de niños y adolescentes sumidos en las tinieblas de la *sociedad de consumo*. He aquí a continuación un simple ejemplo de «calidad de vida»:

Desde lo más recóndito del siglo XII refulge la personalidad visionaria de la abadesa Hildegarda de Bingen (1098-1179), mística, compositora, escritora, terapeuta y líder monástica de la orden benedictina. Fue la menor de diez hijos de una familia de la nobleza, por lo tanto de niña fue destinada como «diezmo» a la Iglesia, según la costumbre de la época. Desde pequeña, Hildegarda tuvo visiones que posteriormente la propia Iglesia declararía como inspiradas por Dios. Tales episodios, descriptos como una gran luz que la rodeaba, le afectaban con intensidad e incluso le cegaban temporalmente.

Escribiría: «Sucedió en el año 1141 después de la encarnación de Jesucristo. A la edad de cuarenta y dos años y siete meses, vino del cielo abierto una luz ígnea que se derramó como una llama en todo mi cerebro, en todo mi corazón y en todo mi pecho. No ardía, solo era caliente, del mismo modo que calienta el sol todo aquello sobre lo que pone sus rayos. Y de pronto comprendí el sentido de los libros, de los salterios, de los evangelios y de otros volúmenes católicos, tanto del Antiguo como del Nuevo Testamento, aun sin conocer la explicación de cada una de las palabras del texto, ni la división de las sílabas, ni los casos, ni los tiempos».

El redescubrimiento del talento de esta mujer excepcional se debe contemporáneamente a los musicólogos. Abundan hoy en toda Europa decenas de grabaciones de las obras corales que compuso para *elevar* el espíritu de las religiosas de la orden a la cual perteneció. Pero sus dones fueron mucho más allá de lo que se esperaba (y se permitía) de una mujer en la Edad Media, de allí que Hildegarda también se haya convertido en un ícono feminista. Ahora comienzan a difundirse en todo el mundo sus libros, que abarcan desde la teología hasta la medicina natural. Y más que eso, o sea, dos volúmenes con la descripción de sus visiones místicas, que comenzaron a producirse poco después de que cumpliera 42 años: *Libro de los méritos de la vida*, y *Libro de las obras divinas.*

Sin formación musical previa, Hildegarda compuso 78 obras musicales, agrupadas en *Symphonia armonie celestium revelationum*: 43 antífonas, 18 responsorios, 4 himnos, 7 secuencias, 2 sinfonías (con el significado propio de su siglo), 1 aleluya, 1 *kyrie*, 1 pieza libre y 1 oratorio premonitorio (pues el oratorio se inventó en el siglo XVII). Además, compuso un auto sacramental musicalizado llamado *Ordo Virtutum* («Orden de las virtudes», en latín), sobre las virtudes.

Fue *diferente* desde la infancia. Ya a los tres años comenzó a captar imágenes y definiciones supremas. Hasta que, convertida en una persona adulta, tuvo una visión de Dios que le permitió entender plenamente los textos religiosos. Lo registró enfatizando dos fenómenos cargados de misticismo: la apertura de los cielos y una luz cegadora que atravesó todo su ser, en particular su cerebro. No se trató de un fenómeno físico sino metafísico, que inflamó su raciocinio permitiéndole asimilar textos que nunca había logrado asimilar antes.

Como en su época abundaban las herejías y eran severamente castigadas, le escribió a san Bernardo pidiéndole su bendición, sin imaginar que el religioso elevaría ese requerimiento al papa Eugenio, quien la estimuló para que concretara su primer gran libro: *Scivias* (Conoce los senderos del Señor). Ese texto visionario se difundió velozmente por toda Alemania.

Hildegarda padecía fuertes dolores de cabeza, y ninguna de las medicinas que le recetaban la aliviaban. Pensó que debía existir un remedio en la Naturaleza, y por su cuenta, guiada por la intuición, comenzó a investigar sustancias y plantas de la región. Se inspiró en la tradicional cosmología griega sobre los cuatro elementos (aire, agua, fuego y tierra) y los trasladó a las cualidades de sequedad, humedad, calor y frío. Descubrió que en el cuerpo humano, cada una de ellas es generada por energías o humores específicos que al desequilibrarse producen males o enfermedades. Y que para restablecer el equilibrio se podía recurrir a hierbas, piedras, fibras de animales y aves, o raíces y frutos de árboles. Investigó todo ello en profundidad, hasta que descubrió el *remedio* para sus migrañas. Todos sus estudios (que caratuló como «Libro sobre las sutilezas de la naturaleza diversa de las cosas») fueron volcados a dos tomos titulados (en latín) *Physica* y *Causa et Curae*, considerados en la actualidad como obras maestras de la medicina natural.

Otro de sus talentos *visionarios* afloró cuando espontáneamente comenzó a ilustrar la descripción literaria de sus percepciones con el dibujo de láminas y mandalas que se conservan y figuran en muchas antologías de arte sagrado. La espiritualidad descomunal de Hildegarda ha hecho que se la conozca también como la *Sibila del Rin* y los himnos que compuso suelen calificarse como *angelicales*.

Según Bárbara Newman, la mayor especialista en la vida y la obra de Hildegarda, fue la única mujer a la que se reconoció autoridad en materia de doctrina cristiana; la primera que recibió autorización explícita del Papa para escribir obras teológicas; la única que gozó del privilegio de predicar en iglesias y en plazas al clero y al pueblo; la primera autora de una pieza dramática moral, con música, y única en el siglo XII que no es anónima; la única compositora de su época conocida por su nombre y por un importante cuerpo de música que ha llegado hasta nuestros días; la primera científica en tratar temas de sexualidad y de ginecología desde una perspectiva netamente femenina; y la primera santa cuya biografía oficial incluye párrafos autobiográficos, en primera persona.

Así describió sus dones: «La luz que veo no pertenece a un lugar. Es mucho más resplandeciente que la nube que lleva el sol, y no soy capaz de considerar en ella ni su altura ni su longitud ni su anchura. Se me dice que esta luz es la sombra de luz viviente y, tal y como el sol, la luna y las estrellas aparecen en el agua, así resplandecen para mí las escrituras, sermones, virtudes, y algunas obras de los hombres formadas en esta luz».

En 1148, un comité de teólogos, a petición del papa Eugenio III, estudió y aprobó partes de *Scivias*. El mismo Papa leería públicamente algunos textos durante el sínodo de Trier. Tras la aprobación, envió una carta a Hildegarda, pidiéndole que continuase escribiendo sus visiones. Con ello comenzó no apenas una tarea literaria aprobada canónicamente, sino un nexo epistolar con múltiples personalidades de la época (tanto políticas como eclesiásticas), que pedían sus consejos y orientaciones. Mucha gente la buscaba para escuchar sus palabras de sabiduría, para curarse o para que los guiara. De este modo, se convirtió en una figura fundamental de la sociedad europea de entonces.

Ya siglos antes, el poeta chino Li Po había resumido en una línea la tragedia de los seres *normales* de muchas épocas: un sueño de escasa alegría y contenido escaso.

Pese a ello, nuestra especie fue refinando sus costumbres y así dejó atrás anomalías como el canibalismo y el incesto. La aberración máxima de la actualidad es el homicidio. Que la televisión no deja de documentar de sobra todo el tiempo: en la ficción y en la realidad.

AHORA

El futuro del pasado está en el futuro.
El futuro del presente está en el pasado.
El futuro del futuro está en el presente.

John McHale (1922-1978)

Hablemos de pedagogía fundacional. En un pequeño pero poderoso libro publicado hace más de cuatro décadas en portugués, el inspirado pedagogo brasileño Lauro de Oliveira Lima (1921-2013) tomaba y desarrollaba 35 fragmentos de un breve artículo del pensador canadiense Marshall McLuhan (1911-1980) y elaboraba un manifiesto generativo que no produjo notables impactos en las anquilosadas estructuras educativas de nuestra región hispanoparlante.

Decía Oliveira Lima en su introducción: «En general, las personas no tienen *imaginación* para prever o percibir las *mutaciones* en su propio campo de acción. Mientras todos los que están fuera del proceso han identificado ya los cambios estructurales, las personas involucradas en él creen permanecer en el *statu quo*. De ahí la sorpresa que sobrecoge a estas personas cuando especialistas de otras áreas vislumbran situaciones nuevas (muchas veces ya presentes) en el proceso a que están sometidas. McLuhan fue capaz de realizar todas las previsiones que los educadores más osados venían haciendo en relación con el sistema prospectivo de la *institución escolar*». Cabe resaltar que hacia 1988, al agotarse la 19ª edición del libro, este llevaba vendidos en Brasil casi doscientos mil ejemplares.

¿Qué sostenía primordialmente el fundador McLuhan? Conviene recordarlo:

1. Llegará un día —quizá ya sea una realidad— en que los niños aprenderán mucho más rápidamente en contacto con el MUNDO EXTERIOR que dentro del recinto de la escuela.
2. Las escuelas gastan cada vez más múltiples energías preparando a los alumnos PARA UN MUNDO QUE YA NO EXISTE.
3. Habrá una revolución en lo que concierne a los papeles de alumno y maestro.
4. Los ciudadanos del futuro serán recompensados por su DIVERSIDAD y su ORIGINALIDAD.
5. Una red mundial de ordenadores hará accesible en pocos minutos cualquier tipo de información a los estudiantes de todo el mundo.
6. Las escuelas experimentales han descubierto que es artificial y hasta inútil imponer a los alumnos programas rigurosos y restricciones espacio-temporales.
7. La primera tarea será desaprender las viejas prohibiciones que destruyen la verdadera originalidad.
8. Si los estudiantes viven en estado de exploración constante, cada descubrimiento abrirá nuevas perspectivas de estudio.
9. Apenas comenzamos a darnos cuenta de cuán pequeña es la parcela de posibilidades humanas que exploramos.
10. La «escuela-clausura» está a punto de convertirse en «escuela-apertura», o mejor, en la «escuela-planetaria».
11. Educar será sinónimo de aprender a querer progresar, a mejorar siempre; ese día educar no significará más *formar* y mantener a los hombres a medio camino de sus posibilidades de florecimiento sino, por el contrario, será abrirse hacia la esencia y hacia la plenitud de la propia existencia.

Oliveira Lima resaltaba que el hombre y la mujer son seres en tránsito, no una realidad concluida. Que *educar* no es reproducir un modelo: es hacer un nuevo hombre en la progresión genética de su futuro evolutivo. «Educar vendrá a ser, simplemente, una facilitación de la creatividad, reponiendo al ser humano en su línea evolutiva histórica». Visualizaba nuestras escuelas como cámaras frigoríficas que aíslan y enfrían el entusiasmo. Y proponía una *escuela* del futuro sin currículos ni programas, «instrumentos usados por la *gerontocracia* (Consejos de Educación, por ejemplo) para evitar una explosión del conocimiento, determinada por las posibilidades de imaginación de los jóvenes. Pero es la propia sociedad quien exigirá esto: todo lo que es programable será entregado a las máquinas (automatización), quedándole a la inteligencia humana la función indagadora».

¿De qué marco emanó el pensamiento generativo de Lauro de Oliveira Lima? Nació en Ceará. Su vasta y original obra pedagógica, volcada a numerosos libros, fue influenciada simultáneamente por las ideas evolucionistas del sacerdote jesuita Pierre Teilhard de Chardin (1881-1955) y del psicopedagogo Jean Piaget (1896-1980). Cursó estudios superiores en Ciencias Jurídicas y Sociales en la universidad de su estado natal, y luego se orientó hacia los estudios filosóficos, obteniendo la Licenciatura respectiva en 1952. Fue profesor de enseñanza media y alcanzó sucesivamente los cargos de inspector de enseñanza y de inspector federal de enseñanza secundaria, centrado siempre en la actualización y la renovación pedagógica. Con su esposa y sus hijos fundó el Centro Experimental y Educacional Jean Piaget (avalado por ese psicólogo suizo). Su credo pedagógico quedó resumido en un libro anterior al ya mencionado: «Es hora de que comencemos a pensar en otro tipo de escuela, no simplemente, como a veces se hace, en el sentido de incorporar a la vieja estructura escolar los *recursos modernos de la tecnología*, como si diésemos una transfusión de sangre nueva a un organismo destruido, sino en el sentido de dar a esta institución las formas de acción y las influencias capaces de competir con otros agentes presentes en el cuerpo social, sobre todo quitando de la escuela la idea de información, mucho mejor realizada por los medios modernos de comunicación».

En resumidas cuentas, Oliveira Lima cree que para asumir la dimensión social, o sea, para incidir de modo creativo en la dinámica comunitaria, la vida escolar deberá atravesar una transformación radical. Remarca que ante la absoluta carencia de *vida social* en la escuela actual, resulta indispensable que la vida escolar imperante sea reemplazada por una intensa y natural vida grupal, donde se establezcan y se asuman las relaciones sociales y donde la «dinámica de grupo» sea la fuerza organizadora y correctora.

Claro está, al ir en tal dirección, la posición del maestro sufre una modificación absoluta. Deja de ser el *magister dixit* que aporta soluciones a todas las incógnitas intelectuales y afectivas, que propone cierto tipo de formación y coacciona a los alumnos para que lo acepten. Debe, en cambio, adoptar una discreta posición didáctica de animador (o estimulador) que pone a disposición de los alumnos todos los elementos para que decidan libremente. En particular, descubrirá las fuerzas que presiden las relaciones grupales para, a través de ellas, actuar sobre los grupos e individuos, sin violar su libertad y sin quitarles la responsabilidad que van asumiendo progresivamente. Su intervención se alternará entre el trabajo junto a los liderazgos escolares de manera individual, y junto a los grupos de alumnos como un todo. Los individuos, acostumbrados a respetar y a ver respetada la realidad de su conducta, se predispondrán espontáneamente para aceptar el mismo *juego* (o dinámica) en el campo social. La escuela pasa a ser un semillero de ciudadanos lúcidos y activos.

Tales procesos fundacionales inducirán un cambio radical en la rutina escolar, advierte Oliveira Lima. Toda contención —silencio, atención forzada, incomunicabilidad, orden artificial y externo, obediencia irracional— sería reemplazada por vínculos progresivos y el estímulo para la comunicación: debates, trabajo en equipo, atención motivada por la naturaleza de la actividad, orden interior, deliberación libre de los grupos. Y puntualiza: «La imposición de fuera hacia dentro sería reemplazada por una convicción personal, emanada de las exigencias de la vida grupal». Y desde la perspectiva de la programación, la *realidad* se convertiría —como objetivo evidente— en la temática y la preparación para la acción (en provecho propio y para el bien común). El aprendizaje de los diferentes contenidos pasaría a tener un valor puramente instrumental: así, educar sería preparar al individuo para la acción en vista de una idea mejor. El lema preferido del pedagogo brasileño es: *El maestro no enseña, ayuda al alumno a aprender*.

El método *psicogenético* impulsado por Oliveira Lima cuestiona el «verticalismo» de la sociedad (que produce simples testigos y espectadores) y promueve la horizontalidad «generativa» (una comunidad de protagonistas). Obviamente, a la hora de referirse a las relaciones de la escuela con la comunidad, su primera propuesta es abolir los muros que segregan a la escuela. Y dice: «es renunciar a que sea el cuerpo docente y no la comunidad quien eduque». Destaca que la escuela debe ser vista no como una institución donde los alumnos (menores de edad) se preparan —aislados de la vida— sino como un elemento fermentador de la comunidad entera que se cristaliza, en ciertos momentos, en la institución: «Las familias deben comenzar a participar de todas las formas del proceso educativo, de la manera más efectiva posible. A su vez, la escuela debe extender su acción educativa también a los círculos familiares. La asociación de padres y maestros es la entidad que debe ser realmente educadora, donde solo la especialización distinga la función de cada miembro».

Las problemáticas del nuevo siglo y las crisis sociales, políticas, económicas y laborales que conmocionan a la sociedad actual indican que la escuela puede y debe servir a la comunidad por todos los medios, y participar de todas las actividades de la comunidad. Oliveira Lima sostiene que los líderes (culturales, espirituales e ideológicos) de la sociedad deben ser aprovechados en la tarea educativa y, por otra parte, deben sentir las influencias de las aspiraciones propagadas por la escuela en un diálogo constante que favorezca la adhesión de tales liderazgos a los propósitos de cambio surgidos en el quehacer educativo. Igualmente, las empresas y las demás instituciones de la comunidad deberían ser una extensión natural de las aulas, que a su vez recibirían de aquellas la experiencia práctica allí adquirida, y llevarían a ellas las formulaciones teóricas que surgen de la escuela a través del análisis reflexivo de las situaciones. Aquí nos dice: «En este sentido, los educadores son al mismo tiempo líderes sociales, por lo menos en el sentido de la capacidad para hacer circular una corriente de influencias entre la escuela y la comunidad. Una escuela así sería menos un *depósito de alumnos*, y en cambio sería más un *centro de comunidad* especializado en la maduración de la juventud».

A esta altura resalta que, obviamente, sería necesario que la comunidad tuviese a la escuela como el eje propulsor de su vida, punta de lanza del cambio social evolutivo, lugar donde los jóvenes se preparan para el *futuro*, porque ella misma sería ya un poco del futuro. Y en nombre de la juventud, la institución escolar se esforzaría por anticipar el mañana, ya sea en sus temáticas, ya sea por la preparación de la comunidad para aceptar el cambio que los jóvenes provocarían inevitablemente. Oliveira Lima es aquí bien explícito: «En esta arena se resolvería el llamado *conflicto generacional* provocado, precisamente, por la falta de diálogo entre el pasado y el futuro». Una confrontación clásica, ya perfilada desde la antigua Grecia a través de las luchas entre el ayer (los *senex* o adultos maduros) y el hoy (los *puer* o jóvenes inmaduros).

Oliveira Lima, un joven veterano (que vivió 92 años), nos dice que dentro de esta dinámica generativa bastaría saber que la comunidad entera —con sus liderazgos y con sus instituciones— pasaría a ser parte de la *escuela* y al mismo tiempo la *escuela* estaría presente en toda la vida social. Los programas y los currículos no serían la obra de presuntos *técnicos* ministeriales, deducida a partir de teorías (razonables o no), sino la temática indispensable para que los jóvenes alumnos se pongan a prueba como hombres y mujeres de acción dentro de su comunidad. De este modo, fábricas, instituciones públicas y privadas, fundaciones, cooperativas, hospitales, asilos, universidades, museos, bibliotecas, editoriales, embajadas, ayuntamientos, en fin, todos los núcleos en que estuviese organizada la comunidad, abrirían sus puertas para recibir al alumnado, y las escuelas convocarían para el trabajo docente a todos los elementos claves de la comunidad. Todo y todos educarían a la juventud en una dinámica integrada «en la cual el objetivo sería alcanzar un *ideal mejor* que se expresase en la búsqueda del bien común».

El aprendizaje de la solidaridad y de los valores humanos esenciales para la vida colectiva civilizada solo podrá concretarse en la práctica, jamás en las programaciones «pedagógicas» abstractas. La *pedagogía generativa* (fundacional) formula y a la vez asume este desafío. Durante mucho tiempo, los sistemas escolares trataron de cristalizar contenidos (o detener la *evolución, la propia esencia de la vida*). Pero la vida siempre se rebela y acaba encontrando los medios para ser fiel a la biogénesis, la psicogénesis y la sociogénesis. «*Cada niño que nace inicia una nueva humanidad*».

PORVENIR

Sean de nuevo Adán y Eva y hagan de esta tierra el Jardín del Edén. Perciban el desafío: el hombre jamás enfrentó antes tamaña responsabilidad, la responsabilidad de renunciar al pasado entero y de erradicarlo de su ser. Podemos ejercer una transformación total: podemos crear gente inocente, gente amorosa, gente que respire en libertad, gente que se ayude entre sí para ser libre.

Osho (1931-1990)

Algunas cosas sabemos. Otras, las imaginamos. El resto, jamás llegaremos a conocerlas y eso está reservado para los humanos del futuro. Entretanto, sabemos que el tiempo transcurre como las aguas de un río imperturbable cuyo caudal varía según las estaciones, alternando épocas de inundación y de sequía, abundancia y escasez, intensidad y ausencia. Otras veces, arrasando. En épocas, fecundando. Así han crecido y asimismo desaparecido civilizaciones antaño poderosas.

Entretanto, insertada en el cosmos, la Madre Tierra se desplaza hacia el infinito, aunque también nos invita a una cita para celebrar el acto de vivir alineados con las energías del universo.

Todos estamos siendo convocados a regenerar la vida en este planeta: si bien nunca lo sabremos por completo. Y eso sucederá aunque nunca nos enteremos. Las generaciones y sus monumentos pasan, el *espíritu* no se disuelve, perdura, se trasmuta, se evapora y reaparece.

El impulso fertilizador no es espectacular, se parece a una especie de latido. Surge como una idea inesperada en cualquier vigilia o como un impulso agudo durante el sueño. Este mandato fundador vibra con fuerza en la soledad de muchos, a veces con un tono de angustia. Y asimismo brota en individuos sumergidos en el tumulto de estadios atestados. Pero lo primordial es que la energía del evento circula más allá de los instrumentos convencionales de comunicación y el margen de atención de las personas convocadas. El mensaje básico es sencillo y también inequívoco: asentar las bases de una fraternización terrenal y estelar. Somos la gente que queríamos recibir y abrazar.

Ha llegado el famoso momento de asumir la existencia plena y expandir los poderes naturales que poseemos y no hemos sabido expresar antes. De modo permanente, combinados con otros individuos que son parte de este impuso fundador: una tribu celestial.

Mana la certeza y el oráculo expresa: «Aquí, las tinieblas ya están disminuyendo, por eso todo lo que mutuamente se corresponde, se junta. También en este caso ha de encontrarse la complementación: a la alegría de actuar debe unirse la necesaria sabiduría».

Este año nos envuelve con el signo Feng (la plenitud), donde es preciso enfatizar que según la ley universal del acontecer, a todo crecimiento le sigue un decrecimiento, a toda plenitud le sigue un vacío. Existe un solo medio destinado a obtener bases firmes en épocas de grandeza: la *expansión espiritual*.

Un sentimiento de veneración agita a parte de la humanidad. No a toda la gente, sino apenas a una parte de los integrantes de nuestra especie. Surge de un estado de *entusiasmo* que describe el *I Ching* cuando recomienda eludir la espectacularidad, no propalarlo a los cuatro vientos como una plataforma ideológica. Nada de eso. Bajo su influjo surgen impulsos de preparación. Emanan como sutilezas y ante la incomprensión de quienes no han abordado todavía ese ánimo de revelación expansiva, asume actitudes amigables, compatibilizadoras.

¡A fundar se ha dicho! Horadando la roca de una bestialidad ancestral. Pacientemente. En el Edén de las almas esclarecidas.

Llegó la hora de la plenitud, del momento culminante de un largo viaje a través del aislamiento involuntario causado por la indiferencia de una sociedad trastornada. Cada cual se encuentra con las situaciones y los acompañantes que le estaban destinados desde el principio de los tiempos. En diversas latitudes, gente de todas las edades manifiesta su disponibilidad ante nuevos orientadores cuya modestia abre espacios para que los desorientados presten atención al consejo de los capaces. Propuesta sencilla que en nuestro caso ha sido bautizada como *Fundación Espiritual*. Acto colectivo para consolidar la renovación individual y comunitaria del acto de vivir. O sea, transformarse y fusionarse como parte de un acto inaugural.

Predicciones para el año del Mono de Fuego basadas en el I CHING, la intuición y el bazi

Este universo es un animal único que contiene dentro de sí a todos los animales... sin estar en contacto, las cosas actúan y tienen necesariamente una acción a distancia... el mundo es un animal único, y por esto es absolutamente necesario que esté de acuerdo consigo mismo; no hay azar en su vida, son una armonía y un orden únicos.

Comparto la idea de Plotino.

Nos alejamos del origen cósmico y planetario.

Y el año del mono de fuego nos guiará hacia el orden interior para balancear el desequilibrio que en conjunto hemos producido en el mundo.

La realidad supera a la ficción.

Algo se trastocó demasiado en el tejido del alma.

Estamos experimentando una nueva enseñanza.

No es información, ni enciclopedias.

Es la iluminación que cada uno de nosotros tengamos en nuestra conciencia para encender la chispa.

Un invisible proceso evolutivo se gesta en medio del fin de «este mundo».

Y la transición requiere mucha atención, como dice el poeta Han Shan.

Hay olor a cambios sistémicos en cada continente, país, región, ciudad, pueblo, vecindario, persona...

El mono de fuego nos purificará con su energía *yang*, eficacia, espíritu rebelde y revolucionario y nos sacudirá las últimas dudas del año caprino.

Desde la raíz, el tálamo, la dermis, los chakras, el aparato digestivo, respiratorio, reproductor, parasimpático hasta oxigenarnos la sangre con un nuevo torrente de magia que se plasmará en la vida cotidiana, social y antisocial que será el nuevo escenario mundial.

Mientras transitamos por el año de la cabra de madera vemos que el mundo está en cortocircuito, transmutación, desvíos de último momento ante la crisis de Grecia en la Eurozona, la alienación de su pueblo con el futuro que sienten que no tendrán asegurado, pues dentro de la conducción política hay traiciones, intentos de independencia que no son tales, corralitos y estafas de quienes evaden impuestos hace milenios; lejos está la Grecia del período clásico y dorado que alumbró a la humanidad con sus filósofos Sócrates, Platón, Aristóteles, sus poetas, Homero en la *Ilíada* y la *Odisea*, donde las experiencias humanas estaban guiadas por dioses, mitos, leyendas que daban a los humanos una luz para tener fe en el destino.

El mono es el signo que une el mundo espiritual con el material y trae desde la convocatoria de maestros, profetas e iluminados, un aire renovador al planeta.

Sabe que sin la inspiración, el conocimiento, la creatividad, el ser humano está destinado a perecer, a masificarse como un robot, a renunciar a su espiritualidad y don de cocreador del universo, pero si recupera su memoria cósmica, su misión y capacidad para transformarse en esta transición que nos abarca, podremos balancear parte del caos hacia una adaptación inevitable de cambios en las formas de vida en el planeta.

El mono de fuego es un guerrero zen, samurái si ha cultivado las virtudes; pero puede ser King Kong si obedece a sus bajos instintos, pecados mortales y capitales acentuados en tiempos de revancha, sin descuento hacia una nueva guerra del fuego.

Las potencias están repartiéndose los recursos naturales, los límites, el agua dulce, los mejores latifundios para sembrar y alimentar a sus pueblos a costa de los que están aún sometidos y en estado de esclavitud.

El mono de fuego actúa por intuición y experiencia.

Habrá saltos cuánticos en movimientos revolucionarios, sociales, y la gente renunciará a la forma de hacer política para acostumbrarse a convivir en la comunidad con valores oxidados, intoxicados, enterrados a merced de esta larga noche oscura del alma.

Oriente buscará tener en vilo a Occidente a través de Isis y los movimientos de lobos solitarios que se inmolarán en nombre de Alá o de un incierto futuro personal, familiar, y para sus pueblos.

La mediación del simio deberá estar al servicio de unir a los pueblos concienciando los miles de años que Occidente invadió, saqueó, violó a Oriente, dejando montones de muertos, hambre y pestes, y plantando sus banderas en sus territorios.

Boomerang. Ley de causa y efecto.

¿El universo está cobrando peaje a la raza humana o inhumana en la que la mayoría se ha convertido?

Nadie salvará a nadie si no se salva a sí mismo.

El mono admira a quienes han labrado su propia tierra y creencias y han pasado todas las pruebas y los obstáculos para merecer el trono.

Dice la mitología china que Buda es mono.

Que renunció a su reino y privilegios para salir del palacio en su gran peregrinación y cuando vio la muerte, la enfermedad y la pobreza se iluminó y regresó a conocer a su hijo que había abandonado al nacer, a su esposa y a su padre.

Renunciar es a veces el camino para transitar lo que nos iguala a los mortales, y no sentirnos superiores ni inferiores en la condición humana.

Llegarán mensajes desde el cielo y desde las entrañas de la tierra, de los cuatro jinetes del Apocalipsis (aire, fuego, tierra y agua) y de las estrellas.

Somos responsables de restaurar el origen cósmico en la Tierra si no queremos desaparecer.

La llave es invisible y está a nuestro alcance.

Las fuerzas de la meditación y la sanación espiritual serán las nuevas medicinas que sin dudar necesitaremos para transformarnos en un solo tejido entre cada ser humano del planeta.

Cambiarán radicalmente las costumbres y la economía, y retornará el trueque de almas como intercambio entre los seres humanos.

El mono reconciliará lo imposible, blindado, acentuado por la voracidad del G20 y de las repúblicas bananeras que con dictadores han dejado diezmado el eros.

Los militantes de la ecología encontrarán eco; trabajos en equipo y en la comunidad de los hombres son el camino para empezar una etapa de grandes planificaciones de los recursos naturales: energía eólica y solar, y administración de medios y bienes de la naturaleza para distribuirlos con equidad.

Renacerán las letras, el arte, la magia como posibilidad de inspiración con el prójimo, y cada continente explotará después de años de oscuridad para lanzar nuevas ideas.

El mundo nos espera…

L. S. D.

El I CHING aconseja:
9. Hsiao Ch'u
La Fuerza Domesticadora de lo Pequeño

EL DICTAMEN
La Fuerza Domesticadora de lo Pequeño tiene éxito.
Densas nubes, ninguna lluvia de nuestra región del Oeste.

La parábola procede de las condiciones reinantes en la China durante la época del rey Wen. Él era oriundo de Occidente, pero en esa época se encontraba en la región oriental, en la corte del Gran Soberano, el rey tirano Chou Hsin. El momento para actuar a lo grande aún no había llegado. Tan solo podía refrenar al tirano en cierta medida valiéndose de palabras amables. De ahí la imagen de abundantes nubes que se levantan prometiendo al país humedad y bendición, pero sin que por el momento se precipite lluvia alguna. La situación no es desfavorable. Hay perspectivas de éxito final. Pero todavía quedan obstáculos en el camino. Solo es posible realizar trabajos preparatorios. Así, únicamente mediante los pequeños recursos que brindan las palabras de persuasión, amables, puede obtenerse algún efecto. La época de la acción penetrante en gran medida aún no ha llegado. Sin embargo, se consigue por lo menos ejercer, en una medida limitada, una acción refrenadora, amansadora. Al proceder de este modo y para lograr imponer su voluntad, hace falta una firme decisión en lo interior y una suave adaptación en lo exterior.

LA IMAGEN
El viento recorre el cielo:
La imagen de La Fuerza Domesticadora de lo Pequeño.
Así el noble va refinando la forma exterior de su naturaleza.

El viento, si bien va juntando las nubes en el cielo, como solo es aire y no posee un cuerpo sólido, no produce efectos grandes, duraderos. Así también al hombre, en épocas que no permiten una gran acción hacia afuera, solo le queda la posibilidad de refinar en lo pequeño las manifestaciones de su naturaleza.

Ya te alejas de mí, querida musa,
que acompañaste a un tiempo mi tristeza,
sé que ahora reclamas la entereza
del que debe seguir, sin más excusa.
Ahora ofrezco a tus manos la conclusa
historia de un amor que siempre empieza,
lo mismo que la luz que no tropieza
cuando es el astro rey el que la usa.
Me despido de ti, todo vaciado
de esto que causó mi poderío
en un tiempo
obediente a tu dictado.
Callado he de seguir, pero confiado
en que algo quedará que sea mío
en el alma del dios enamorado.

FERNANDO DEMARÍA

Predicción general para el año del MONO DE FUEGO *yang* 2016-4714

Los monos son demasiado buenos para que el hombre pueda descender de ellos.

FRIEDRICH WILHEM NIETZSCHE

El año del mono comenzará el 8 de febrero de 2016 (4714 en el calendario chino), durante un año «ciego», es decir que la primavera china, que comenzará el 4 de febrero, ocurrirá aún dentro del año de la cabra. Eso significa que el año 2016 no será un año fértil, sino un año de clima difícil para la agricultura y la economía de los países que están del Suroeste hasta una parte del Oeste.

En Occidente, la imagen de toda clase de primates nos recuerda al niño interior, el juego, la alegría y la vida en comunidad. El zoólogo y etólogo Desmod Morris nos describe como Monos Desnudos; Jane Godall y Diane Fossey nos abrieron los ojos ante la tragedia de nuestros primos cercanos, los gorilas, los chimpancés y los bonobos. La evolución nos ha enseñado que no descendemos del mono, SOMOS MONOS.

Es el único signo que se considera dual para el taoísmo, y se estima que es de buena suerte nacer bajo su dominio.

En la novela *Jornada al Oeste* Xï Yóu Jì西遊記, del autor clásico Wu Cheng'en, encontramos una descripción del mono como ser místico. En esta épica, el Rey Mono Sûn Wùkōng 孙悟空 es el encargado de llevar al Monje Xuánzàng 玄奘, de la dinastía Tang, desde la India hasta la Montaña de Cinco Picos, portando consigo los Sutras budistas que tenían que ser traducidos correctamente del sánscrito al chino. Junto a otros personajes viven 81 dificultades* hasta llegar a China con los Sutras y convertirse al final en Bodhisattvas gracias a su labor. El Rey Mono, para la astrología china, es el símbolo de la entrada del budismo en la cosmogonía Taoísta-Confucianista de la Dinastía Ming.

---

* El número 81 se repite constantemente en los libros de medicina tradicional china. En esta cosmogonía, todas las dificultades posibles que puede vivir una persona, proceso u objeto, son 81.

El ejemplo más válido de lo que será el año del mono 2016 es el último año del mono de fuego vivido por la humanidad: 1956.

Ese año del mono de fuego fue un año musical. Elvis Presley se consolidó en la conciencia del mundo con el *Hotel de los corazones rotos* y sus caderas en *El Show de Ed Sullivan.* El *rock and roll* salió de las fronteras de Estados Unidos para llenar los oídos de las siguientes tres generaciones.

Aparece por primera vez Eurovisión para modelar el gusto musical europeo y la televisión comienza a retransmitir por medio de cintas de vídeo.

Desgraciadamente fue un año bélico. En el mundo el Este entró en conflicto, con la intervención, claro, de los países del Oeste. El conflicto milenario entre judíos, musulmanes y cristianos se modernizó. Esperemos que este año sea el último anfitrión de estos conflictos.

La relación de la energía fuego *yang* del año 2016/4714 con la energía fija del signo del Mono

Los doce signos del zodíaco chino tienen una energía inamovible que se complementa con la energía universal que cambia cada año y este año es un año de fuego *yang*: el fuego del sol, el fuego del incendio. Por eso, aunque el mono es siempre de metal *yang*, a este año le llamamos Mono de Fuego.

2016 tiene una variante en la energía del planeta. En este año las energías de tierra convergen en una diagonal que se llama «Línea de muerte» con la tierra llamada «Dos Negro» en el centro. A diferencia del año 1956, que tenía a la tierra «Ocho Blanco», que es una energía benévola y fértil, la energía del Dos Negro produce esa diagonal de muerte que hace que el Nordeste del planeta esté en peligro de pandemia, guerra y conflictos.

La energía 2 nos habla de enfermedades por culpa de la decadencia, por lo tanto este año el enemigo a superar tiene que ver con las enfermedades nuevas o con virus y bacterias mutantes que se alimentan de suciedad, negligencia y podredumbre. Esto nos hace pensar en la potencia de viejos conocidos como el sarampión y otros virus que se creían erradicados.

Este será también un año de lluvias. El fuego toma al metal y lo derrite: eso provoca huracanes e inundaciones, pero la combinación incluye la energía de la tierra decadente, por lo tanto el agua estará contaminada. Solo el uso de técnicas sostenibles será de ayuda.

Predicción de Feng Shui para 2016 mediante el Lo Shu y la estrella voladora

Lo Shu 洛書 para el año 2016 del calendario gregoriano, 4714 en el calendario lunar chino

La energía que circula en el universo este año es de tierra decadente, esa energía se instala en el centro del planeta para ocupar ese lugar hasta que termine el año del mono.

La energía decadente provoca enfermedades. En combinación con otras energías acarrea disturbios, sobre todo cuando se junta con la energía Cinco Amarillo, que es también destructiva. El Dos Negro se aloja en la casa del Cinco Amarillo y con eso provoca la peor de las combinaciones posibles. Hay que tener cuidado con cavar, destrozar, perforar, afectar y bombardear (con pruebas nucleares subterráneas). Cualquier evento de este tipo, sea público o privado, afectará a todo el planeta.

Será pésimo para las industrias que utilizan perforación. La industria del petróleo, la minería a campo abierto, la arquitectura y la ingeniería civil sufrirán accidentes.

Este no será un año fértil para la agricultura. Es probable que llueva un poco más que en tiempos pasados en el Oeste de los continentes americano y africano, pero las prácticas heredadas de la era industrial siguen usándose y eso seguirá afectándolo todo.

Sureste 1 *Uno Blanco* *Kân* 坎	*Sur* 6 *Sān Shā* *Tres Asesinos* 三殺	*Suroeste* 8 *Gèn* *Ocho Blanco* 艮 *Tài Suì* *Gran Duque* 太歲
Este 9 *Li* *Nueve Morado* 离	*Centro* 2 *Hëi Sè Èr jìn* *Dos Negro* 黑色二劲	*Oeste* 4 *Xùn* *Cuatro Verde* 巽
Nordeste 5 *Wû Huáng* *Cinco Amarillo* 五黄 *Suì Pò*歲破	*Norte* 7 *Duì* *Siete Rojo* 兑	*Noroeste* 3 震 *Zhèn* *Tres Jade*

Cada parte del cuadro Lo Shu está ocupada por la energía que pasará un solo año allí, para después moverse a otro lugar.

La siguiente tabla muestra el significado de las Aflicciones, las energías destructivas.

Nombre en chino	Nombre en español	Descripción
Tài Suì 太歲	Gran Duque Júpiter	Tránsito de Júpiter sobre el signo zodiacal del año. Afecta a la integridad de los que osan alterar el domicilio fijo del signo del año en curso. No hay que ver de frente esta energía.
Suì Pò 歲破	Rompe año	Es el lugar opuesto a la localización del Gran Duque. Afectar esta área produce pequeños problemas de salud y de dinero.
Sān Shā 三殺	Tres Asesinos Tres Muertes	Indica la energía opuesta a la posición del signo del año y sus signos compatibles. No hay que dar la espalda a esta energía.
Wǔ Huáng 五黄	Cinco Amarillo	Se refiere al tránsito de la energía tierra acumulada. Trae enfermedades y bancarrota.
Hēi Sè Èr jìn 黑色二劲	Dos Negro	Se refiere al tránsito de la energía tierra decadente. Trae enfermedades.

Zonas conflictivas y auspiciosas para el año 2016/4714 Mono de Fuego *yang* y sugerencias a seguir en la casa.

Sur 6 *Sān Shā* *Tres Asesinos* 三殺

SUR

El hemisferio Sur tendrá conflictos azuzados por la inestabilidad social y política.

Esta combinación de energías representa el metal en una casa de fuego: el resultado es de lluvias intensas, inundaciones constantes, corrimientos de tierras, accidentes en instalaciones y aparatos eléctricos.

En casa

El Feng Shui sugiere colocar tres piedras de río grandes en la zona sur de la casa.

Cuidado con las instalaciones y los aparatos electrodomésticos en la cocina y el baño.

No se pueden usar chimeneas o fogones en el sur de la casa.

Las personas con problemas cardíacos e hipertensión no deben dormir en el Sur.

Norte *7* *Duì* *Siete Rojo* 兑

NORTE

El Norte alojará al metal rojo. Esta energía representa a las mujeres jóvenes. La combinación atrae escándalos sexuales, enfermedades venéreas, romances irresponsables.

Cuidado con los adolescentes. Refiere a avances en las artes marciales y la milicia. Puede significar la creación de una nueva arma.

En casa

Hay que tener paciencia con las mujeres jóvenes, solteras o casadas. Las mujeres embarazadas corren peligro en el norte de la casa.

Este *9* *Li* *Nueve Morado* 离

ESTE

La combinación en esta zona presagia incendios y sequías, aunque es auspiciosa para los niños y jóvenes que estén en la escuela.

Las escuelas y universidades en el este del planeta serán productivas y harán cosas que les atraerán fama y fortuna.

En casa

Hay que colocar en el Este el escritorio donde los niños hacen los deberes, pero se debe tener cuidado con la instalación eléctrica, y no permitir que se enciendan velas o lámparas de aceite en esa zona.

Oeste *4* *Xùn* *Cuatro Verde* 巽

OESTE

La energía propicia el poder femenino. El Oeste será el hogar de mujeres fuertes que aportarán a la humanidad. Hay conflicto con la energía madera, lo cual atrae deforestaciones y sequías. Además, la energía está un poco afectada por el Gran Duque, por mera cercanía.

En casa

La nuera podrá ganar poder sobre la suegra y eso provocará conflictos familiares; es mejor que no vivan bajo el mismo techo.

Sureste
1
Uno Blanco
Kân
坎

SURESTE

Este año puede que la economía mejore, pero habrá conatos de revoluciones, cambios en la conciencia de los habitantes de esa zona. Eso se debe a que esta área incrementará una energía relacionada con la inteligencia. Eso ayudará a que las universidades de esta zona sean semilleros de mentes brillantes. Hay que aprender a hablar con calma y debatir de buena fe y sin lastimar.

En casa

Los hijos jóvenes y adolescentes serán un dolor de cabeza para los padres que no quieran evolucionar y comprender que tal vez sus hijos sean seres más adelantados. Se ruega aprender las artes de la mayéutica propuesta por Sócrates.

Nordeste
5
Wû Huáng
Cinco Amarillo
五黄
*Suì Pò*歲破

NORDESTE

Esta zona está afectada por el Cinco Amarillo y el Suì Pò, una de las energías más destructivas. Eso provocará la posibilidad de pandemias relacionadas con enfermedades estomacales. Se ven problemas climáticos graves en el océano Atlántico; lo peor que pude ocurrir allí es que sigan perforando en busca de petróleo y gas de lutita o pizarra (*shale*). Eso podría atraer tragedias ambientales y humanas.

En casa

La energía se encuentra en la mansión del Ocho Blanco, que es también de tierra, pero tierra fértil; produce éxito en bienes raíces, estabilidad familiar lúdica entre padres e hijos. Es importante tener mucho cuidado con la manipulación de alimentos si la cocina o el comedor están en esa zona.

Noroeste
3
震 *Zhèn*
Tres Jade

NOROESTE

Esta es una buena zona para descansar o pasar mucho tiempo sin que haya consecuencias. Los países del Noroeste estarán tranquilos, pero se podrán ver afectados por la vecindad con el Oeste. Esta zona será buena para la agricultura e inclusive lugares que no son tradicionalmente fértiles resultarán bendecidos con buenas cosechas.

En casa

Hay problemas con aparatos electrodomésticos en esta zona, pero solo será molesto. Para incrementar la energía positiva, hay que llenar de plantas esa área, más que nada las plantas que estén enfermas, o quienes estén un poco enfermos del hígado podrían curarse en esa zona de la casa. El Feng Shui recomienda poner una campana de viento de seis u ocho tubos huecos en esa zona para incrementar la energía constructiva.

CENTRO

No se puede cavar más allá de los 2000 metros porque eso atrae desastres naturales y enfermedades que se pueden volver crónicos. Esta combinación 2 en el centro atrae enfermedades y desgracias ocasionadas por la furia de la naturaleza. A la combinación Dos Negro en la mansión de tierra Cinco Amarillo se la traduce también como «Viuda en Casa». Eso cobra especial importancia hoy, en que la fractura hidráulica o *fracking*, a pesar de ser peligrosa, es la inversión preferida de corporaciones multinacionales.

En casa

Hay que colocar una campana de viento con cinco tubos huecos en el centro de la casa para mitigar la energía destructiva. No hay que pasar mucho tiempo en el sótano de la vivienda y menos si el sótano está realmente bajo tierra, en la ubicación del centro. No se puede dormir ni hacer el amor en el centro de la casa.

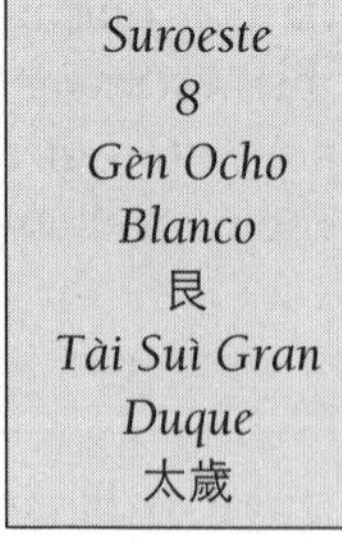

SUROESTE

Esta es la zona más peligrosa del planeta porque ahí está alojada la energía del Tài Suì. No se puede cavar, reformar, romper paredes, realizar actos violentos o matar animales en esa zona, ni siquiera cucarachas.

Hay que presionar a los gobiernos y empresas para que no afecten esta zona del planeta, o sobrevendrán tragedias inconmensurables.

En casa

Hay que colocar una lámpara color rojo y un reloj de manecillas o un móvil de metal que se mueva pero que no haga ruido. Todo eso ayudará a que la energía del Tài Suì circule, pero sin restar el beneficio de la energía del Ocho Blanco. No se puede ver de frente esta dirección, por lo que se recomienda colocar el escritorio dando la espalda al Suroeste. Hay que evitar las rencillas en esta zona y si la entrada de la casa está ahí, hay que entrar por otro lado si es posible, o entrar y salir sin hacer ruido y sin mirar de frente al Suroeste.

1	6	8
9	2	4
5	7	3

En resumen: El mono nos viene a enseñar a ser más humanos y eso significa que tenemos que echar mano de lo que nos hace mejores. La entelequia, la empatía y el libre albedrío son las herramientas que necesitamos para lograrlo, y los resultados son amor, inteligencia y paciencia, tres virtudes que se aprenden por medio de la experiencia. Esto lo tenemos que ver en los demás, por muy tontos o crueles que ellos puedan parecer.

Qí Mén Dùn Ji 奇門遁甲 para 2016

Qí Mén Dùn Jiǎ significa «guerreros milagrosos». Este oráculo fue inventado durante la Era de los Reinos Combatientes (475 a. C. - 221 a. C.) tiempo que precedió la fundación de la dinastía Qin, anterior a la construcción de la Gran Muralla y el Ejército de Terracota. Este sistema era usado con fines marciales y se trata del análisis del comportamiento de la energía Qi (Ki, Chi) estudiado por el Taoísmo.

Cada persona tiene un número guía, llamado Ki. Este número traza un trayecto energético por las direcciones del universo, la tierra y el tiempo. Como el tiempo es cíclico, las energías se mueven por el espacio del mismo modo y el resultado es como una rueda de la fortuna. A veces arriba, a veces abajo. El Qí Mén Dùn Jiǎ sirve para saber en qué lugar de esa rueda de la fortuna estamos. Por ejemplo, si el Qí Mén Dùn Jiǎ nos dice que la energía destructiva está en el Oeste y nuestro Ki está en el Oeste, podemos evitar ir al Oeste de vacaciones o sentarnos en el Oeste de la casa. Para usar el Qí Mén Dùn Jiǎ, es necesario saber el número Ki de las nueve estrellas y para ello, tenemos la siguiente tabla.

NOTA: La energía no es igual en hombres y mujeres, por lo tanto, hay dos tipos de número Ki: Ki/F (femenino) y Ki/M (masculino).

Instrucciones

1. Busque su año de nacimiento en la primera o en la séptima columna de la siguiente tabla. Hay que poner especial atención en caso de haber nacido en enero o febrero.
2. Revise cuál es el principio o el final del tiempo que corresponde a su Ki en las columnas 2, 3 y 8, 9.
3. Anote el número Ki, ya sea Ki/F o Ki/M. Si le toca el número 2 (5) o el 8 (5), significa que su número Ki es 5, pero esa energía es muy fuerte porque es la energía del planeta tierra y usted tiene que «tomar prestadas» las otras dos energías superficiales de tierra: 2 para los hombres y 8 para las mujeres, porque esas energías son más fáciles de manejar cuando está uno en ellas.

Tabla del Ki de las nueve estrellas

AÑO	INICIO	FINAL	Ki/F	Ki/M	SIGNO	AÑO	INICIO	FINAL	Ki/F	Ki/M	SIGNO
1912	18-02-12	05-02-13	8	7	Rata	1967	09-02-67	29-01-68	9	6	Cabra
1913	06-02-13	25-01-14	9	6	Búfalo	1968	30-01-68	16-02-69	1	2 (5)	Mono
1914	26-01-14	13-02-15	1	2 (5)	Tigre	1969	17-02-69	05-02-70	2	4	Gallo
1915	14-02-15	03-02-16	2	4	Conejo	1970	06-02-70	26-01-71	3	3	Perro
1916	04-02-16	22-01-17	3	3	Dragón	1971	27-01-71	14-02-72	4	2	Cerdo
1917	23-01-17	10-02-18	4	2	Serpiente	1972	15-02-72	02-02-73	8 (5)	1	Rata
1918	11-02-18	31-01-19	8 (5)	1	Caballo	1973	03-02-73	22-01-74	6	9	Búfalo
1919	01-02-19	19-02-20	6	9	Cabra	1974	23-01-74	10-02-75	7	8	Tigre
1920	20-02-20	07-02-21	7	8	Mono	1975	11-02-75	30-01-76	8	7	Conejo
1921	08-02-21	27-01-22	8	7	Gallo	1976	31-01-76	17-02-77	9	6	Dragón
1922	28-01-22	15-02-23	9	6	Perro	1977	18-02-77	06-02-78	1	2 (5)	Serpiente
1923	16-02-23	04-02-24	1	2 (5)	Cerdo	1978	07-02-78	27-01-79	2	4	Caballo
1924	05-02-24	23-01-25	2	4	Rata	1979	28-01-79	15-02-80	3	3	Cabra
1925	24-01-25	12-02-26	3	3	Búfalo	1980	16-02-80	04-02-81	4	2	Mono
1926	13-02-27	01-02-27	4	2	Tigre	1981	05-02-81	24-01-82	8 (5)	1	Gallo
1927	02-02-27	22-01-28	8 (5)	1	Conejo	1982	25-01-82	12-02-83	6	9	Perro
1928	23-01-28	09-02-29	6	9	Dragón	1983	13-02-83	01-02-84	7	8	Cerdo
1929	10-02-29	29-01-30	7	8	Serpiente	1984	02-02-84	19-02-85	8	7	Rata
1930	30-01-30	16-02-31	8	7	Caballo	1985	20-02-85	08-02-86	9	6	Búfalo
1931	17-02-31	05-02-32	9	6	Cabra	1986	09-02-86	28-01-87	1	2 (5)	Tigre
1932	06-02-32	25-01-33	1	2 (5)	Mono	1987	29-01-87	16-02-88	2	4	Conejo
1933	26-01-33	13-02-34	2	4	Gallo	1988	17-02-88	05-02-89	3	3	Dragón
1934	14-02-34	03-02-35	3	3	Perro	1989	06-02-89	26-01-90	4	2	Serpiente
1935	04-02-35	23-01-36	4	2	Cerdo	1990	27-01-90	14-02-91	8 (5)	1	Caballo
1936	24-01-36	10-02-37	8 (5)	1	Rata	1991	15-02-91	03-02-92	6	9	Cabra
1937	11-02-37	30-01-38	6	9	Búfalo	1992	04-02-92	22-01-93	7	8	Mono
1938	31-01-38	18-02-39	7	8	Tigre	1993	23-01-93	09-02-94	8	7	Gallo
1939	19-02-39	07-02-40	8	7	Conejo	1994	10-02-94	30-01-95	9	6	Perro

AÑO	INICIO	FINAL	Ki/F	Ki/M	SIGNO	AÑO	INICIO	FINAL	Ki/F	Ki/M	SIGNO
1940	08-02-40	26-01-41	9	6	Dragón	1995	31-01-95	18-02-96	1	2 (5)	Cerdo
1941	27-01-41	14-02-42	1	2 (5)	Serpiente	1996	19-02-96	06-02-97	2	4	Rata
1942	15-02-42	04-02-43	2	4	Caballo	1997	07-02-97	27-01-98	3	3	Búfalo
1943	05-02-43	24-01-44	3	3	Cabra	1998	28-01-98	15-02-99	4	2	Tigre
1944	25-01-44	12-02-45	4	2	Mono	1999	16-02-99	04-02-00	8 (5)	1	Conejo
1945	13-02-45	01-02-46	8 (5)	1	Gallo	2000	05-02-00	23-01-01	6	9	Dragón
1946	02-02-46	21-01-47	6	9	Perro	2001	24-01-01	11-02-02	7	8	Serpiente
1947	22-01-47	09-02-48	7	8	Cerdo	2002	12-02-02	31-01-03	8	7	Caballo
1948	10-02-48	28-01-49	8	7	Rata	2003	01-02-03	21-01-04	9	6	Cabra
1949	29-01-49	16-02-50	9	6	Búfalo	2004	22-01-04	08-02-05	1	2 (5)	Mono
1950	17-02-50	05-02-51	1	2 (5)	Tigre	2005	09-02-05	28-01-06	2	4	Gallo
1951	06-02-51	26-01-52	2	4	Conejo	2006	29-01-06	17-02-07	3	3	Perro
1952	27-01-52	13-02-53	3	3	Dragón	2007	18-02-07	06-02-08	4	2	Cerdo
1953	14-02-53	02-02-54	4	2	Serpiente	2008	07-02-08	25-01-09	8 (5)	1	Rata
1954	03-02-54	23-01-55	8 (5)	1	Caballo	2009	26-01-09	13-02-10	6	9	Búfalo
1955	24-01-55	11-02-56	6	9	Cabra	2010	14-02-10	02-02-11	7	8	Tigre
1956	12-02-56	30-01-57	7	8	Mono	2011	03-02-11	22-01-12	8	7	Conejo
1957	31-01-57	17-02-58	8	7	Gallo	2012	23-01-12	09-02-13	9	6	Dragón
1958	18-02-58	07-02-59	9	6	Perro	2013	10-02-13	30-01-14	1	2 (5)	Serpiente
1959	08-02-59	27-01-60	1	2 (5)	Cerdo	2014	31-01-14	18-02-15	2	4	Caballo
1960	28-01-60	14-02-61	2	4	Rata	2015	19-02-15	07-02-16	3	3	Cabra
1961	15-02-61	04-02-62	3	3	Búfalo	2016	08-02-16	27-01-17	2	4	Mono
1962	05-02-62	24-01-63	4	2	Tigre	2017	28-01-17	12-02-18	1	5	Gallo
1963	25-01-63	12-02-64	8 (5)	1	Conejo	2018	16-02-18	04-02-19	9	6	Perro
1964	13-02-64	01-02-65	6	9	Dragón	2019	05-02-19	24-01-20	8	7	Cerdo
1965	02-02-65	20-01-66	7	8	Serpiente	2020	25-01-20	11-02-21	7	8	Rata
1966	21-01-66	08-02-67	8	7	Caballo	2021	12-02-21	31-01-22	6	9	Búfalo

4. Una vez conocido el número Ki de las nueve estrellas, podemos revisar en qué situación nos encontramos en el cuadro Lo Shu:

Sureste Mansión de madera 1 BUENA SUERTE Y VIAJES DE PLACER	Sur Mansión de fuego 6 ALEGRÍA Y FORTUNA FELICIDAD	Suroeste Mansión de tierra 8 PROBLEMAS MALA SUERTE AMOR CON DISGUSTOS
Este Mansión de madera 9 SALUD ALEGRÍA HONORES	Centro Mansión de tierra 2 CAMBIO DE EMPLEO O DOMICILIO FALTA DE DINERO ACCIDENTES, ROBOS	Oeste Mansión de metal 4 DINERO BUENA SUERTE EN TODO AMOR
Nordeste Mansión de tierra 5 DESGRACIAS ENFERMEDADES MUERTE	Norte Mansión de agua 7 MELANCOLÍA TRANQUILIDAD SERENIDAD	Noroeste Mansión de metal 3 FORTUNA BUENOS NEGOCIOS MEJORA LA SITUACIÓN

La descripción de cada recuadro nos dice a grandes rasgos cuál es la calidad de la energía anual para cada uno de los números Ki.

NOTA ACLARATORIA: el Sur está arriba, el Este a la izquierda y el Oeste a la derecha porque los cuadros del Lo Shu y el Qí Mén Dùn Jiǎ son dos gráficos, no son brújulas y tampoco son mapas. La energía universal se lee desde el universo hacia la Tierra, no al revés. Es como si pusiéramos una brújula boca abajo sobre nuestras cabezas, entonces en efecto, el Norte quedaría enfrente y el Sur atrás, con el Oeste a la izquierda y el Este a la derecha.

Este año, los números más vulnerables son los números 5. El número Cinco Amarillo cambia para hombres 2 (5) y mujeres 8 (5). Así que las personas nacidas en estos números de tierra deberán tener particular cuidado todo el año del mono.

Todo parece indicar, además, que este año será telúrico, ya que el Qí Mén Dùn Jiă señala que la diagonal afectada está formada por los cuadros Nordeste, Centro y Suroeste, todos palacios de tierra. Hay un exceso de energía tierra y eso afecta mucho a la salud de numerosos grupos de gente al mismo tiempo. Para evitar que haya problemas con esos grandes grupos de gente, se ruega a los individuos en particular que pongan atención a su salud e higiene para evitar propagar enfermedades contagiosas por contacto fortuito, y que eviten ir a lugares peligrosos.

Predicciones generales mes por mes

ENERO • **Mes del Búfalo. Tronco celeste 6 de tierra *yin*. Inicia el 6 de enero. Estrella voladora mensual: 3**

El año de la cabra aún no ha terminado. La cabra y el búfalo son signos opuestos y rara vez llegan a acuerdos. La cabra reaccionará de manera violenta si algo ha afectado el decoro y la lealtad; por lo tanto, el que siembre tormentas cosechará tempestades.

Será un mes de discusiones familiares molestas; los chismorreos o problemas de carácter político afectarán a los miembros de la familia, provocando separaciones temporales. Resultará peligroso inmiscuirse en pleitos callejeros o con borrachos, así que mejor ignorar voces necias. Las redes sociales estarán muy nutridas con discusiones tontas.

El fin del año de la cabra y el inicio del año del mono serán molestos. Tenemos que aprender a calmarnos, volver a la lectura de los clásicos de todas las corrientes filosóficas humanísticas. Será bueno para los investigadores sociales, científicos y estudiantes que busquen desentrañar el comportamiento humano. Todos los secretos e infidelidades saldrán a la luz.

FEBRERO • **Mes del Tigre. Tronco celeste 7 de metal *yang*. Inicia el 4 de febrero. Estrella voladora mensual: 2**

Este mes se prevén avances en la ciencia médica. Es posible que se produzca un descubrimiento o la mejora de medicamentos ya existentes, pero hay que estar atentos a las noticias, ya que probablemente las buenas nuevas queden enterradas entre el estercolero de información que se ha formado en internet desde su creación.

Este mes se debe tener cuidado con las pandemias gástricas.

El conflicto entre el tigre y el mono ocurrirá durante este mes, por lo tanto se prevén los conflictos clásicos entre estos dos personajes: deslealtad, castigos por medio del metal, pleitos callejeros que acabarán por descontrolarse y no entenderse. Se ruega buena voluntad e inteligencia. Hay que tener especial cuidado en el centro de las casas, sobre todo si allí está la cocina.

MARZO • **Mes del Conejo. Tronco celeste 8 de metal *yin*. Inicia el 5 de marzo. Estrella voladora mensual: 1**

El mes del conejo será difícil para quienes poseen cargos de autoridad en todos los niveles, desde un director de escuela hasta un presidente o un monarca. Se verán conatos de rebeldía azuzados por repentinos brotes de enfermedades gastrointestinales graves y sublevaciones de adolescentes. Será un mes entretenido si lo vemos desde fuera, pero quienquiera que se dedique a la política, la enseñanza o cualquier industria que requiera el manejo de grandes grupos de gente muy joven no sabrá qué hacer.

El Sur será muy frío, el Norte y los trópicos lluviosos, lo cual resultará bueno en el Oeste, que padece varios años ya de sequías, pero en zonas cercanas a ríos y barrancos, y ciudades con sistemas de drenaje deficientes habrá que tener mucho cuidado.

ABRIL • **Mes del Dragón. Tronco celeste 9 de agua *yang*. Inicia el 4 de abril. Estrella voladora mensual: 9**

Hay tendencia a las enfermedades gastrointestinales durante todo este año, pero este mes también afectará a los ojos.

Existen probabilidades de pleitos en el mundo como consecuencia de actos llanamente tontos entre hombres poderosos. Entre mujeres también hay tendencia al conflicto, pero alrededor de competencias desleales entre ellas; se ruega acceder a la sororidad (hermandad entre mujeres). La gente que tenga proyectos y que sea compatible tanto con el signo del mono como con el signo del dragón estará inspirada, pero es posible que olvide a sus familiares y amigos.

Se esperan lluvias torrenciales en el Norte, heladas en el Sur y tormentas en los trópicos. Eso es porque el mono y el dragón forman una combinación de agua. Los días de la rata, 12 y 24, serán más peligrosos, sobre todo si se vive sobre las márgenes de los ríos, cerca o frente al mar o en zonas montañosas con riesgo de aludes (avalanchas).

Los niños que nazcan en la hora de la rata, de las 23 horas a la 1 de la madrugada, serán genios, auténticos budas, pero con un toque de Rey Mono.

MAYO • **Mes de la Serpiente. Tronco celeste 10 de agua *yin*. Inicia el 5 de mayo. Estrella voladora mensual:** 8

Cuidado con autoridades con complejo de pequeño César. Hay tendencia a las represiones violentas y tratos inflexibles dentro de los gobiernos en el mundo.

El Nordeste del planeta sufrirá movimientos telúricos provocados por la mano del hombre. Se prevén heladas atemporales en el Sur, lluvias catastróficas en el trópico.

Habrá choques violentos entre padres e hijos ya que la energía motiva la rebeldía entre jóvenes y personas que padezcan alguna alteración en la química cerebral. Para familias ya estables y sin adolescentes o pacientes mentales en casa, será un mes productivo. Es un período difícil para la gente sensible, se ruega atención y cuidados profesionales.

JUNIO • **Mes del Caballo. Tronco celeste 1 de madera *yang*. Inicia el 5 de junio. Estrella voladora mensual:** 7

El mes del caballo tiende al encierro y la violencia en gente extravagante que se aísla. Provoca problemas en toda clase de transporte público. Para evitar accidentes hay que hacerle caso al sexto sentido si se viaja en barco o en avión.

Será un mes lleno de escándalos en la farándula y la política. Habrá desfalcos, conflictos de autoridad y negocios sucios que saldrán a la luz con todo lujo de detalles. Todos los secretos serán descubiertos y el castigo será inmediato. El tránsito en todo el mundo estará peor que nunca sobre todo desde las 11 de la mañana a la 1 de la tarde.

JULIO • **Mes de la Cabra. Tronco celeste 2 de madera *yin*. Inicia el 7 de julio. Estrella voladora mensual:** 6

Este será el mejor mes para casarse. Los matrimonios contraídos durante este período serán prósperos y duraderos. Para las personas ya casadas o en relaciones formales, también es un buen mes. Los solteros estarán ansiosos por formar pareja, pero no por ser fieles.

Se presentan conflictos relacionados con la energía fuego, sobre todo con incendios intencionados que se descontrolan. Será un mes bélico en el Norte, en particular en Estados Unidos ya que es un país del signo del mono y a lo largo de este mes se comportará de manera errática en sus relaciones con Oriente Medio y Asia.

AGOSTO • **Mes del Mono. Tronco celeste 3 de fuego *yang*. Inicia el 7 de agosto. Estrella voladora mensual: 5**

Este mes será el más peligroso para excavar. No vayan a modificar estructuralmente sus casas mientras aún vivan en ellas. Este año, sobre todo a partir de este mes, no es bueno para reformar, construir, excavar, abrir pozos, etcétera. Hacer esto significa «Muerte en la familia» o «Suerte de la viuda». Solo las personas que vivan en casas construidas entre 1944 y 1964 tendrán buena fortuna. Si reforman edificios de oficinas o centros comerciales mientras la gente todavía trabaja ahí, el resultado es el mismo que en casas particulares, pero los perjudicados serán los dueños de esas propiedades, no los empleados.

Es importante no especular y tratar de asegurar los bienes aunque sea con candados, ya que hay peligro de violencia, natural o bélica.

SEPTIEMBRE • **Mes del Gallo. Tronco celeste 4 de fuego *yin*. Inicia el 8 de septiembre. Estrella voladora mensual: 4**

El mes que atrae noches de juerga, erotismo irresponsable. Será un período divertido, pero no si lo que se quiere es formalizar una relación de pareja o si se desea tener un gallito el año que viene. No es un mes adecuado para iniciar ningún proyecto a largo plazo ni para comprometerse. Tampoco es el momento apropiado para programar operaciones innecesarias. Los pulmones y los bronquios se verán afectados. La depresión será relevante, aunque es probable que se hagan hallazgos al respecto de este y otros padecimientos cerebrales y glandulares.

Resulta un mes excelente para realizar una limpieza profunda en el hogar, la oficina y las finanzas personales pero, debido a eso, también es un mes de hallazgos vergonzosos y en algunos casos, sus responsables resultarán incriminados.

OCTUBRE • **Mes del Perro. Tronco celeste 5 de tierra *yang*. Inicia el 8 de octubre. Estrella voladora mensual: 3**

Los conflictos serán a nivel doméstico y en empresas familiares. Los problemas se presentarán entre los hijos adolescentes, principalmente las hijas y las suegras o madres de familia. Esto podría propiciar separaciones y ataques de ansiedad en personas propensas o con algún problema psíquico y ataques de rabia fuertes que podrían ser devastadores en quienes padezcan hipertensión o problemas cardíacos.

Las amistades entre mujeres se verán afectadas. La energía perro es una energía reflexiva. Esta energía nos puede ayudar también a concluir aquellos proyectos escritos o artísticos abandonados.

NOVIEMBRE • **Mes del Cerdo. Tronco celeste 6 de tierra *yin*. Inicia el 7 de noviembre. Estrella voladora mensual: 8**

Este mes es el peor del año: tome precauciones. Hay peligro de pandemias relacionadas con el sistema respiratorio en gente que vive en zonas urbanas. Las energías de este mes tienden a la mutación y eso es lo que provoca las pandemias. Además, el clima estará más que descontrolado.

Los secretos descubiertos serán particularmente escandalosos gracias a las redes sociales. Las personas más afectadas serán hombres mayores con posiciones elevadas en la política, la religión y las grandes empresas.

Este no es un mes para iniciar ninguna relación amorosa.

DICIEMBRE • **Mes de la Rata. Tronco celeste 7 de metal *yang*. Inicia el 7 de diciembre. Estrella voladora mensual: 1**

La combinación rata con mono da como resultado agua, MUCHA agua. Este mes será muy frío en el Norte, huracanado en los trópicos, y en el Sur sentirán que el verano no llega nunca. Los días más peligrosos son el 14 y el 24, que son días de dragón y provocan una combinación de agua todavía más fuerte que la ya vivida durante el mes de abril.

Las comunicaciones estarán atascadas en cuanto a su emisión, pero la formulación de ideas y descubrimientos será fluida. Este mes también propicia fallos eléctricos.

Muchos rechazarán las vacaciones para entretenerse con los mil y un proyectos que, motivados por la empresaria rata, surgirán a pesar del encierro por el clima. Algo que podría resentir a la familia. ¡Cuidado!

Los monitos que nazcan en este mes serán atléticos y fuertes, además de inteligentes. Se les dará muy bien la natación, sobre todo si nacen en las horas del dragón, de las 7 a las 9 de la mañana.

El equilibrio, la alegría, el deseo de estar con la familia y los amigos son los grandes objetivos principales a seguir este mes de celebraciones.

Que el Tao les sea propicio.

Predicciones para Argentina basadas en el I CHING, la intuición y el bazi 2016

El progreso de la humanidad consiste en el progreso de los sentimientos de las comunidades humanas que las componen. En cambio, el progreso intelectual no es el indicador decisivo del nivel metafísico de la historia, y está sometido, como todos los hechos humanos, a la vigencia de los trascendentales, que son las estructuras de los sentimientos.

La historia, tanto individual como colectiva, arroja una enseñanza que se desprende de la estructura metafísica del hombre: una sola obligación tienen tanto los individuos como los pueblos, y es la de crecer. Crecer es ascender en la evolución del sentimiento, luchar en la conquista de los trascendentales, que condicionan una actualización cada vez más alta de la energía psíquica; y crecer es, finalmente, querer a personalidades y a pueblos, en quienes se manifiesta una mejor vida espiritual, una mayor capacidad para recibir y ofrecer la interioridad del sentimiento.

FERNANDO DEMARÍA

La sincronicidad en la que vivo, siento y actúo me invitó a leer esta mañana de ballotage porteño* al sabio amigo con quien me reencontré hace dos años en la Navidad en Piriápolis.

Fernando y Ushi, quien este año ilustra el libro simio, son dos fundanautas dignos de acompañarnos en la última fase de predicciones, que coincide con la de nuestro país: Argentina.

Sentirme parte del todo, desde la geografía, los límites del mapa y sus veintitrés provincias —que felizmente conozco en su mayoría gracias a mi curiosidad precoz de andariega y las posteriores giras de tres décadas— me da un termómetro de la marea alta, el magma en ebullición, el estado sísmico de transformación de nuestra Argentina, que deviene en los inmaduros doscientos años de una independencia que no fue como cuentan en términos de integración del país que existía en 1816.

La realidad del vasto territorio, inabarcable por medios de transporte que también involucionan diariamente a pesar de los subsidios y los impuestos que nos debitan arbitrariamente, nos enfrenta a un país que

---

* La autora hace referencia al día en que se eligió a través de una segunda vuelta electoral al nuevo Jefe de Gobierno de la Ciudad de Buenos Aires.

tiene 41 millones y medio de seres humanos que no saben cómo seguir viviendo en la única verdad que es la realidad del día a día.

La improvisación, la tragicómica sucesión de acontecimientos de los que somos víctimas y verdugos nos saca del TAO (camino) desde lo esencial hasta lo virtual.

Se ha roto, cortado, bloqueado el CHI (la energía) que es el manantial para que el agua llegue al tanque, y podamos tener la capacidad de vivir en un mundo ficticio que, en vez de facilitarnos el día a día, lo atasca, acorrala, empantana con palabras vacuas, flechas envenenadas, gritos mudos, atropellos físicos entre el salir a la calle y retornar a algún lugar (casa, trabajo, templo) con los siete cuerpos en alineación y balanceo, o sea, íntegros.

Hemos llegado porque lo hemos permitido. Desde lo más ínfimo: una agresión verbal, una demanda injusta con amenazas de la AFIP (Administración Federal de Ingresos Públicos), los repetidos «la próxima vez lo resuelvo», «ahora no tengo tiempo» o «prefiero ir al *gym*».

Lo anunciaron los sabios, profetas, astrólogos e iniciados: quien se aleja del orden cósmico, del GRAN ESPÍRITU, pierde el rumbo en la tierra, y lo que es arriba es abajo. En el I CHING el orden es matemático: los 64 hexagramas representan las 64 posibilidades humanas, que se repiten cíclicamente. Sistema binario dentro del microcosmos: en nuestro ADN se encuentra el macrocosmos.

Alterar el orden fue y es parte de la historia de la humanidad para someter a los pueblos.

Y en Argentina esta plaga nos impide elegir conscientemente nuestro presente y futuro.

Nada cambiará si no nos decidimos a tomar el timón o la liana en la jungla que el año del mono de fuego nos pondrá de forma visible o invisible, según sea nuestra evolución para que la realidad cambie.

Se cayeron a pedazos las ilusiones, los ídolos, las promesas: ¡¡¡AL FIN!!!

El bastón de mando presidencial nos pertenece por elección de «quienes son tus dioses en el cuarto oscuro», y antes y después de ese momento de soledad único e irrepetible donde empieza el «trabajo en lo echado a perder», que tantas veces se presentó en una elección patria.

Cada región del país tiene para entretenerse: NOA, NEA, SOA, SOE, Cuyo, Mesopotamia, centro y ¡¡nuestro Buenos Aires querido!!

No existen gobernadores, intendentes, idóneos o corruptos, para que cambie algo en el país. Es el SATORI, ese rayo que en medio de la noche nos ilumina un instante y nos da el giro visceral y vital, lo que necesitamos para continuar con paso firme hacia ese sueño de vivir en armonía con lo que heredamos física y espiritualmente, con lo que hicimos con eso y con las semillas o árboles que dejaremos en el futuro.

Hace doce años que Argentina tiene una nueva energía fundacional: en Ojo de Agua, Nono, nuestro Cuzco argentino, centro del país, lugar por donde pasaron hacia el Alto Perú, por el Camino Real, desde jesuitas con sus mulas hasta criollos y españoles, en guerras con los sanavirones y comechingones, dejando más silencio que murmullos para continuar integrandooo.

El inconsciente colectivo actuará para despertarnos de un intenso letargo. A partir del momento en que cada argentino decida cuándo siente que comenzó la unificación espiritual del país,

Existen fuerzas que hace tiempo han expresado que no comulgan con la bipolaridad de los extremos y, como Don Quijote con los molinos de viento, en la mayor de las indiferencias han seguido revelando fotos en cuartos oscuros para sacar a la luz la verdad: desde el desembarco de Juan de Solís en la primera fundación y Pedro de Mendoza en la segunda han creado un país en la zona del puerto, que hasta hoy es más de contrabando y negocios ilícitos que de intercambios humanos y culturales.

Ser unitario o ser federal es el River-Boca que se sigue disputando más por cuestiones políticas y económicas que por patriotismo.

La metamorfosis que vivirá Argentina en el año electoral, con los votantes conscientes de querer proyectar a medio plazo el país hasta la llegada del año del mono, será equivalente en alianzas, traiciones, muertes, revoluciones, golpes inesperados a la de los últimos doscientos años.

La avidez del poder concentrado se revertirá a través de la conducción integradora de nuevas personas que representan a la comuna o municipio o ciudad donde vivimos.

Argentina se organizará regionalmente, tendrá vida interior, recuperará sus culturas regionales con su propio intercambio y medios de transporte y aparecerán como en la antigüedad personas con virtudes cultivadas que demuestren su capacidad para guiar al rebaño.

Argentina no resucitará de golpe como Lázaro de la tumba; ni con el pensamiento mágico.

Seremos cada uno el eslabón perdido reintegrándonos en un nuevo viaje de encarrilar las vías, cabalgar por caminos de campo, mar y serranía y viajar por senderos que se arreglen con nuestros impuestos desde los baches hasta las señalizaciones para no perder la vida antes de vivirla.

El entusiasmo renacerá, el mono de fuego es un gran inspirador y transformador de los cambios en nuestro rumbo desde el nacimiento de las ideas hasta su ejecución.

Sabe que a través de sus representantes simios ha dejado la tierra bien arada para cultivar nuevas semillas que se puedan comer en el país y en el mundo.

Hay que animarse a reformular la educación primaria, secundaria y terciaria con planes de vida que conecten a los estudiantes con su creatividad e integración familiar, y les ayuden a estudiar sin que aparezcan otras interferencias en el camino.

Hablar de sexualidad desde el jardín de infancia, evitar el *bullying* a partir de planes pedagógicos y de asistencia social y, además de marchar por «ni una menos», ponerlo en práctica desde nuestros valores familiares y espirituales.

Entre todos, sin sentir que somos más o menos que el prójimo, reencontrarnos en un país que sin duda, como dijo el profeta Solari Parravicini, es el que recibirá con el corazón al mundo que arde en llamas. Eso ya pasa en el nuestro; seamos más humanos, solidarios y, como dicen los mayas, «IN LAKECH», yo soy otro tú.

El I CHING aconseja:
26. El Poder Dominante de lo Grande
La Energía Potencial

Por más amplio y ambicioso que sea un proyecto, hay fuerza suficiente para llevarlo a cabo.

La capacidad para controlar fuerzas, dirigirlas, retenerlas o usarlas con un fin mejora la reputación y la cualidad para reafirmarse.

Ahora es posible inspirar, motivar y entusiasmar a los otros. Hay medios y conocimientos suficientes para iniciar un plan importante, pero el éxito será mayor cuando el objetivo sirva al bienestar del resto.

Es necesario observar con honestidad y detenimiento la motivación y los objetivos planteados, y preguntarse si estos podrían servir a una causa mayor. Esta etapa de fuerza colectiva es demasiado importante como para desperdiciarla con asuntos nimios y rutinarios.

Utilícese la fuerza para contribuir al cambio verdadero. La experiencia y los conocimientos han formado una imagen clara del entorno y del ser en sí mismo. Hay un tesoro escondido; encontrarlo podría generar una gran transformación.

Sin cambio: si uno permanece inmóvil, la fuerza colectiva se vuelve explosiva. Se puede buscar asesoramiento y lograr la armonía consultando métodos milenarios.

¡¡¡AL GRAN PUEBLO ARGENTINO, SALUD!!!

L. S. D

Leopoldo Marechal
campeón del verbo
peso pesado de los
que convirtieron a la pluma
en una espada.
Lejos del éxito, caldo que cultivan
los ciegos del espíritu y dispépticos.
Galopando, galopando, con el megafón por trompeta.
El heptameron por bocina.
Con el rebaño de estrellas girando
alrededor de su tumba.
Usted el eje, yo su testigo.

FERNANDO DEMARÍA

Los astros danzantes y sus influencias en 2016 reveladas para Latinoamérica, Estados Unidos y España

por Ana Isabel Veny

Nuevas configuraciones estelares propician cambios necesarios - Trasmutación

El universo que habitamos está en constante cambio y nada retrocede. Nuestro sistema planetario se acopla a estas danzas cósmicas y se renueva a cada instante gracias a las melódicas vibraciones que llegan desde el centro galáctico de nuestra dimensión material. Estas nuevas corrientes de vida vienen a nosotros desde los planos más sutiles, solicitan que sean decodificadas con acierto las nuevas programaciones para un correcto avance hacia la luz espiritual que está en nuestro interior y que es una réplica de la que llega desde el Sol central de la galaxia. Cada astro es un foco de energía viva, también evolucionando dentro del contexto general de vida. Si bien podemos observar a nuestros planetas desde el cielo, ellos se manifiestan también dentro de nosotros. Recordemos que como es fuera es dentro, y todo es un constante reflejo. Funcionemos entonces con la sabiduría de las dimensiones más altas para seguir acompañando las nuevas configuraciones en esta marcha planetaria y ascender en el escalafón de la evolución humana y cósmica. La llamada para convertirnos en seres más luminosos y seguir nuestro camino hacia estados de conciencia superiores continuará en vigencia.

La llamada desde dentro de los corazones - Unificación

Una trama invisible lo une absolutamente todo dentro del orden universal. Nada es casual, aunque lo parezca, la humanidad tiene designados roles de importancia a cumplir en tiempos no tan lejanos dentro y fuera del planeta Tierra.

Es por medio del colectivo humano que se podrán lograr esas bases adecuadas para crecer en conjunto y superar toda clase de irregularidades. Dentro de los corazones está aún la llama encendida del amor y las aspiraciones más nobles, dejemos entonces que se expanda hasta unir a todas las almas y dar ese salto dimensional para el cual estamos designados. Poniendo orden en nuestras ideas, con sensatez, y conectando con el ser interior de cada uno se irá logrando ese mágico escenario donde nos alumbrarán la luz del arcoíris, la bondad y la felicidad grupal.

Cuantos más se sumen al maravilloso despertar de conciencia, anhelando el orden supremo y el bien para el prójimo, estaremos más próximos a cristalizar la tarea encomendada desde tiempos inmemoriales a nuestra humanidad.

Somos parte de un engranaje complejo, que puede multiplicar éxitos gracias a su diversidad, donde las partes y el todo son una misma cosa e interactúan intentando armonizarse. Lo prioritario para cada ser y su grupo comunitario es continuar en la búsqueda de verdaderas integraciones globales que den al planeta Tierra luz en niveles nirvánicos, búdicos, mentales, emocionales, vitales y materiales.

Muchos seres ya son conscientes de la llamada universal y otros —aún en ese proceso— irán despertando a los nuevos códigos desde dentro de sí mismos. Es hoy el momento en el cual las posiciones estelares permiten la apertura de portales dimensionales extraordinarios, y resulta más fácil acceder así a las misiones personales y las del conjunto social.

El sentido de la existencia tridimensional y los astros - Evolución

Somos viajeros en un tiempo-espacio de tres dimensiones: largo, ancho y espesor.

Existen otros planos que no percibimos aún pero también somos parte de ellos. Si bien por momentos podemos estar en automático, muchas veces las preguntas «¿de dónde venimos?», «¿por qué estamos?» y «¿adónde vamos?» rondan constantemente en nuestro ser.

Los astros cumplen con determinadas programaciones para lo individual y lo grupal con un fin específico: evolucionar, dar el salto cuántico y hacer un uso positivo del libre albedrío que poseemos. Cada cuerpo celeste nos irradia en nuestra maravillosa multidimensionalidad y solo vemos muchas veces un tenue reflejo de su luz o del resultado de su influencia en esos niveles más altos.

Además, las influencias planetarias actúan sobre las glándulas de secreción interna, muchas veces conectadas a poderes suprafísicos que la humanidad posee y han permanecido dormidos. Para ello es preciso armonizarse y descubrir que somos seres de un enorme potencial oculto (telequinesis, telepatía, levitación, visualización creativa, autosanación, viajar en otro espacio-tiempo, reconocer a nuestro doble en otros planos de existencia, por ejemplo). Los escenarios tridimensionales de vida promocionados por los astros e inteligencias superiores nos sirven para que el alma integre a sí misma las experiencias vividas, fortaleciéndose y migrando así a otras formas de existencia. En este sendero de la evolución, se hace importante la interacción conjunta de lo individual con lo colectivo, para que a cada instante la humanidad siga superando nuevos desafíos.

La Madre Tierra y sus Reinos: Animal, Vegetal y Mineral

Gaia solicita equilibrio para sus reinos y un cuidado amoroso.

Con el tránsito del benefactor Júpiter por el signo de Virgo es más probable que se acentúe a nivel planetario el cuidado por el medioambiente y sus recursos, que no son infinitos. Cada reino de la naturaleza tiene una razón de su existencia y se hace básico cuidar su equilibrio, asunto que va en beneficio de la humanidad que hace uso de sus recursos. Virgo, en su intrínseca naturaleza, representa a la virgen celestial, la pureza y lo que proviene del suelo. Los antiguos en sus ceremonias veneraban a Gaia para que sus cosechas fueran abundantes ya que les daba todo para sobrevivir. A nivel planetario, entonces puede llegar esa conciencia mayor para que los hijos de la Madre Tierra la preserven y la veneren como se merece en cada uno de sus valiosos reinos.

Los tránsitos en 2016 de los planetas generacionales de influencia colectiva:

Júpiter-Expansión - Transitará gran parte del año por el perfeccionista y terráqueo signo de Virgo, para pasar hacia el final al conciliador Libra.

Saturno-Organización - Transitará durante el año por el dinámico signo de Sagitario.

Urano-Inventiva - Seguirá transitando por el pionero signo de Aries.

Neptuno-Solidaridad - Continuará instalado en el espiritual signo de Piscis.

Plutón-Transformación - Seguirá su tránsito por el ejecutivo signo de Capricornio.

Nota: Las predicciones realizadas se basan en la fecha de independencia de los países que involucran, por lo general el año en cuestión a partir de su nueva revolución solar y un tramo del año siguiente, completando así doce meses.

ARGENTINA
NACIÓ EL 09/07/1816
SIGNO SOLAR: CÁNCER
NATURALEZA ACUÁTICA: GRAN EMOTIVIDAD

Continuará en la búsqueda de recursos para mejorar su futuro

Persistirán los esfuerzos comunitarios para hallar métodos apropiados que conduzcan a una recuperación global de la productividad y a reducir futuros riesgos en todo sentido. Aún en los primeros meses del nuevo ciclo, pueden presentarse desfasajes o incertidumbres respecto de cuál es el sendero correcto a transitar.

Con respecto a los aspectos anuales, Marte (iniciativas) se ubica en el signo de Cáncer, el mismo del Sol del país; dicho asunto, a pesar de agregar dinámica, aún no brinda la suficiente claridad, por lo que se esperan procesos graduales que conduzcan al equilibrio deseado por todos. Mercurio (el gran estratega celeste) también posicionado en el creativo Cáncer, puede aportar en este primer tramo algunas ideas ingeniosas para ir moderando el panorama global (esfera fiscal, inflación, empleo, etcétera). Las cuadraturas originadas por Urano y la Luna anuales desde Aries hacia el Sol en Cáncer son desafiantes, con la urgencia de hallar una brújula, quizás algo mágica, que marque el punto cardinal exacto para resolver gradualmente múltiples instancias.

Las exigencias del removedor planeta Plutón, con sede en Capricornio, aspectando a esa variedad de planetas anuales instalados en el signo de Cáncer en el primer tramo, representan una clara señal de que se estarían gestando nuevas variantes que den al contexto argentino un horizonte futuro mejor delineado.

Decodificando los mensajes cósmicos en la segunda parte del ciclo, encontramos que se suavizan un poco las configuraciones estelares, de forma que puedan moderar tensiones acumuladas y de a poco permitan visualizar algunas salidas viables, para poner luz en los asuntos de mayor interés público y social.

Con un visitante como Venus junto al Sol de la Natividad, este colectivo no quedaría exento de soluciones y sus vibraciones, unidas a las de Mercurio anual, ambas en buen aspecto a Marte, esta vez en Escorpio, representarían alcanzar ese nivel de comprensión adecuado para soltar interferencias y crear espacios más armoniosos. Para equilibrar la economía básica familiar y demás ítems prioritarios (indigencia, vivienda, seguridad, entre otros) para los habitantes hará falta todo el ingenio posible, y montar un rompecabezas que se adecue mejor a las actuales necesidades.

Enfocando con ilusión la agricultura, las exportaciones y las metas financieras

No se excluye la posibilidad de imprimir a la agricultura un mayor dinamismo y aumentar la capacidad exportadora del país en sus diferentes categorías; tal vez esto sea paulatino, pero igualmente valedero. En este período, el buen trígono de Júpiter junto a la Luna (expansión y productividad) desde el signo de Virgo hacia Plutón (el que propone nuevos diseños), en el ambicioso signo de Capricornio, en la segunda mitad del año le pone un sello de más eficiencia en lo relativo al suelo y sus ganancias. Si bien las modalidades inversionistas y el avance industrial y de servicios dependen de varios factores, pueden surgir contenidos algo más alentadores para complacer las ilusiones financiero-económicas. Pueden mejorar sensiblemente los acuerdos comerciales internacionales.

De educación, tecnología y creatividad

En el arte de la educación, los astros no niegan el acceso a técnicas que se adapten al presente, quizá ya más exigente en lo intelectual respecto a las buenas capacitaciones (Júpiter-educacionista, en amistad con Urano y Luna-creativos). Argentina en próximas instancias puede lograr significativos avances en las áreas de tecnología espacial y científicas (adelantos en salud).

Las raíces ancestrales seguirán abriendo espacios en beneficio de sectores indígenas.

Es un momento en el que podrá renovarse en arte con reconocimientos, bajo sus múltiples facetas: teatro, cine, danza, música, por ejemplo.

Fenómenos del medio ambiente

Las energías renovables (eólica, solar, etcétera) irán, cada vez más, ganando un lugar relevante, con los consiguientes beneficios ecológicos.

La predicción meteorológica anuncia inestabilidad, transitando tiempos extremadamente secos en contraposición a otros muy lluviosos, que invitan siempre a prevenir en muchos aspectos.

Respecto de lo volcánico, las advertencias continúan; un ciclo anual en el que conviene estar preparados para atenuar resultados.

Deportes

Sus equipos pueden incorporarse a importantes torneos del ciclo, esta vez mostrando perfiles más competitivos, y destreza en diferentes instancias deportivas.

Resumen de las influencias astrales en 2016

Ir regulando oscilaciones y superar las franjas de debilidad de los diferentes sectores del país puede llevar tiempo e inversión de energía pero no es imposible, según las influencias de los astros anuales.

BOLIVIA
NACIÓ EL 06/08/1825
SIGNO SOLAR: LEO
NATURALEZA FUEGUINA: FUERTE IMPULSO CREATIVO

Los augurios celestes para una sociedad que mantiene ideales

En una primera instancia de su carta anual, encontramos fricciones estelares representadas por la cuadratura Luna-Sol (la masa social y los objetivos a seguir), lo cual sugiere definir metas de forma más clara y práctica en los tiempos venideros.

Saturno (seguridades) desde su ubicación escorpiana, disonante con el trío desde Leo formado por Mercurio, Venus y Júpiter (acuerdos-bienestar y crecimiento) hacen clara referencia a replantearse rumbos y asegurarse más en sus principales categorías. El apoyo lunar, aunque algo distante a la conjunción mencionada, puede ofrecer alternativas para manejos financieros que moderen oscilaciones.

Año de revisiones, tal vez sobre gastos públicos, que se ajusten mejor a los paisajes generales para evitar recesiones de importancia. Las reclamaciones hacia la economía básica familiar y demás ítems salariales pueden llamar la atención y despertar la inventiva de los equipos especializados en la materia para evitar retrocesos importantes.

Sectores educativos y sanitarios esta vez también se agregarán a lo prioritario para mantener los niveles de eficiencia, igual que otras áreas sociales. Los esfuerzos primarios no serán en vano, se observan influencias equilibradoras pasando la mitad del período, aunque los astros anuales seguirán exigiendo objetividad y precisión en todo cálculo de parte de sus representantes. Aquí se hace presente un gentil aspecto lunar hacia el Sol de Bolivia, esto es a favor de atenuar esquemas alterados y definir caminos futuros con más eficiencia.

Suelos productivos

Un año de posibles mejoras en su producción agrícola respecto de nuevas técnicas, para así mantener su reconocido prestigio en cuanto a sus variados cultivos (entre ellos la siempre famosa quinua). Los esfuerzos de los primeros meses en este sector darán sus frutos sin lugar a dudas.

Las exportaciones podrán mantenerse en niveles intermedios pero igualmente productivos. No estará de más prestar atención al clima, que se presentará algo irregular respecto de precipitaciones o calores extremos, y seguir monitoreando zonas de riesgo climático.

Avances

Estará mejor posicionada el área turística, donde la mística boliviana se hace siempre presente y sus maravillas naturales la distinguen, con parques nacionales de rica biodiversidad, pinturas rupestres, lugares antiguos y sagrados, entre otras. Las reivindicaciones de los sectores indígenas esta vez estarán mejor articuladas para proyectarse al futuro.

Respecto a la tecnología, Bolivia seguirá avanzando a fin de actualizarse en diferentes aspectos: industriales, tecnológicas, en medicina, etcétera.

Finalizando el ciclo podrá lograr mejores conexiones internacionales.

Deportes

Algunos títulos en el deporte este año darán satisfacciones basadas siempre en una continua dedicación.

Resumen de las influencias astrales en 2016

Quedarán a la vista en el año los esfuerzos por mantener la solidez boliviana y seguir buscando respaldos para el futuro. Una sociedad que gradualmente contará con las claves que le permitan sostenerse y proyectarse de forma adecuada.

BRASIL
NACIÓ EL 07/09/1822
SIGNO SOLAR: VIRGO
NATURALEZA TERRÁQUEA: GRAN PRACTICIDAD

Sobre predicciones generales y desafíos

Es indudable que en diferentes escalas, dentro de Latinoamérica Brasil sigue ocupando una ubicación preferencial. Debido a su extensa superficie se multiplican las opciones de crecimiento, y cuenta además con una rica producción en distintas categorías agrícolas, en sus áreas industriales y en otros sectores.

Temáticas a resolver este año, que tal vez se arrastran del anterior, no dejan de ser menos importantes y durante el ciclo pueden desafiar los talentos de sus representantes. A pesar de que la conjunción anual de Venus y Marte puede ser conflictiva (reclamos populares, necesidad de ajustes económicos y fiscales, etcétera), se cuenta con el trígono de Urano (talentos) a la misma, que favorecería el sendero para alternativas del momento.

Sin duda será necesario realizar correcciones y actualizar diferentes contextos de vida para mantener la armonía dentro y fuera de sus fronteras (Saturno-orden, en Sagitario, en disonancia con el expansivo Júpiter).

Quizá sigan demandando atención ítems prioritarios como regular seguridad, salud, educación y continuar mejorando la economía básica. Aparecerán esos nuevos diseños que agreguen armonía, aunque todo será gradual y recurriendo a una profunda observación del panorama global.

En una gran parte del año, la oposición de Júpiter-beneficios a Neptuno-idealista, solicita realizar acciones de acuerdo con los recursos reales, tanto en inversiones como en diversos ajustes, y no traspasar las posibilidades. Utilizar la diplomacia para diálogos conciliadores es básico y altamente positivo a cualquier escala. Así lo exigirá la cuadratura de Mercurio, que atañe a convenios verbales o escritos con la Luna regente de colectivos, organizaciones, entre otros.

En el último cuatrimestre del año habrá más espacio para los replanteamientos positivos y las herramientas necesarias para llevarlos a la práctica (Júpiter, Venus y Mercurio en conjunción) y disminuir un poco las oscilaciones en sectores públicos, privados y sociales.

De cultivos y medio ambiente

Seguirán existiendo los buenos talentos para que la producción en cuanto a granos, energía, cuidados medioambientales, por ejemplo, cuente con técnicas actualizadas y dé el rendimiento deseado.

Dentro de zonas y paisajes tan variados, a lo largo del año la Luna en signos acuáticos puede dar sorpresas climáticas propiciando lluvias y vientos, aunque las sequías querrán también marcar presencia. La atención sobre epidemias ya convencionales continuará solicitando empeño, así como la conservación de bosques. Un país siempre excelente como destino turístico por sus bellezas naturales seguirá en cartel, manteniendo sus buenos niveles en este sentido.

Cultura e innovación

Mayor opción esta vez a expandir lo cultural, artístico y místico, fuera y dentro del país, con merecidos laureles.

La tecnología continuará siendo novedosa sin reducir el afán de perfeccionarse en muchas categorías.

Deportes

En este ciclo, quedan ligados a buenas expectativas en base a la perseverancia y los talentos.

Resumen de las influencias astrales en 2016

Si bien a Brasil le espera un recorrido anual donde son fundamentales la paciencia, la chispa creativa y adaptarse a nuevas exigencias en sus sectores comunitarios, podrá reformular ideales y continuar exhibiendo como siempre su grandeza y su prestigio a pesar de los altibajos.

CENTROAMÉRICA

Tierras de paisajes cálidos, acogedores y siempre originales

La región centroamericana está compuesta por: Belice, Costa Rica, El Salvador, Guatemala, Honduras, Nicaragua y Panamá. Sus comunidades seguirán inclinadas a plasmar los procesos integradores que brinden seguridades colectivas.

BELICE: Tendencia en el año a que se impulsen proyectos para la sociedad, que quizá demanden atención y esfuerzos, pero que progresivamente darán resultado.

Sectores turísticos, agrícolas, educativos, e iniciativas empresariales, esta vez mejor posicionados. Los desafíos a asumir, si bien exigen concentración, hallarán soluciones que se adapten al contexto general para no retroceder.

COSTA RICA: Existirá ingenio para cubrir mejor sus servicios sociales; también avances técnicos y deseos de equilibrar los diferentes perfiles de su comunidad.

Nuevas oportunidades para el comercio exterior sostendrán las expectativas. Los astros impulsarán renovaciones en diferentes sectores más rentables para el país.

La observación respecto de fenómenos atmosféricos no está de más, ya que puede darse más variabilidad durante el ciclo.

EL SALVADOR: Un año más atípico y de múltiples cambios, que en algunos tramos se vuelve más exigente y en otros aporta salidas apropiadas a las necesidades del momento. Podrá distinguirse esta vez en arte y cultura de forma original. Buena época para apostar por nuevos cultivos, se insertará con suerte en las demandas internacionales. Contará con mejor tecnología para controles sísmicos y en geología.

GUATEMALA: Etapa apta para conductas ingeniosas que introduzcan cambios graduales en sectores de importancia o de riesgo, para así generar un mejor avance.

Año que solicita una constante dinámica para organizar recursos y contemplar los requerimientos de sus distintas clases sociales en categorías esenciales. No se alejará demasiado de la balanza que brinde el equilibrio necesario. Será bueno monitorear áreas telúricas durante el período.

HONDURAS: Las influencias anuales pronostican resultados más afines a las ambiciones, tanto de sectores públicos como privados. Si bien los beneficios están en relación directa con los esfuerzos, pueden generar mayores satisfacciones. Las áreas financieras pueden lograr niveles más aceptables favoreciendo a categorías prioritarias.

La protección del medio ambiente es un tema que seguirá vigente en la agenda anual.

NICARAGUA: Período de renovaciones, en el cual si bien pueden darse altibajos y diferentes temáticas a resolver de la sociedad nicaragüense, las buenas aspectaciones que recibe de su carta anual actúan como regulador de dichas instancias. Sectores educativos, esta vez con opción a resultados esperanzadores. Si bien la macro y la microeconomía demandan esfuerzo, accederán a gráficas saludables.

PANAMÁ: Los astros harán resurgir la inspiración y los programas colectivos que beneficien a su población en los aspectos más importantes. Seguirá la atención sobre mantener una economía en desarrollo, inversiones que a medio plazo den resultado, y sobre la preservación de su ecología. Llega una mejor etapa para ir cumpliendo los objetivos ya trazados.

De interés

Centroamérica y otros países de América del Sur se encuentran dentro del llamado cinturón de fuego del Pacífico, una zona ligada a fuertes actividades sísmicas y volcánicas. La tecnología en este ciclo aportará cada vez más beneficios, para poder así establecer controles muy efectivos al respecto.

Resumen de las influencias astrales en 2016

Los países centroamericanos seguirán fortaleciendo sus sectores turísticos de gran fama internacional y sosteniendo objetivos múltiples que brinden mayor equilibrio a sus colectivos sociales. Un año que despierta más la creatividad e intensifica la tendencia del bloque a una mayor integración regional, asunto beneficioso en gran medida.

CHILE
NACIÓ EL 18/09/1810
SIGNO SOLAR: VIRGO
NATURALEZA TERRÁQUEA: DETALLISTA Y ESPECULATIVA

Un ciclo de nuevas estrategias para diseñar mejor el futuro

Chile cuenta con un primer semestre que le exigirá mantener esfuerzos para recuperar la confianza en sus inversiones e ir paulatinamente moderando su horizonte socioeconómico, con más precisión (Júpiter-desarrollo, en oposición a Neptuno-utopías). No está de más tomar precauciones, respecto a las fuentes de trabajo, fondos públicos, etcétera, pero no es imposible hallar técnicas de avance acertadas al respecto. Saturno desde Sagitario (estabilidad), en un aspecto de sextil al Sol de Chile (aspiraciones), permitirá ir controlando situaciones con análisis y lógica, aunque solicita generar más estímulos que devuelvan al país los buenos resultados de un pasado no tan lejano.

Replantear temas de consumo interno, educación, seguridad, servicios sociales, vivienda, entre otros tendrá vigencia constante, ya que se colocan en las agendas prioritarias (Luna-comunidad, en aspecto de fricción a Marte-reclamos). Por ahora tal vez cueste encontrar soluciones compatibles para que la organización general del país se muestre equilibrada, pero amoldándose a procesos y sumándole ingenio se hará viable. Pasará al segundo semestre con mejores resultados.

Un ciclo que funciona arrastrando, de la etapa anterior, esquemas demasiado sensibles en muchos sectores de la sociedad chilena, con el añadido de diversas catástrofes naturales que se han venido sumando en los últimos años.

En el segundo ciclo del año, las ambiciones e innovaciones a realizar pueden tomar una trayectoria más eficaz para reordenar temáticas pendientes e implementar tácticas de políticas fiscales y sociales que conformen más al colectivo chileno y repongan la confianza (Venus-bienestar y Júpiter-optimismo, ambos en el mediador signo de Libra).

Noticias de interés

Todo acuerdo de libre comercio puede resultar satisfactorio este año.

En exportaciones, habrá tendencia a que se luzcan productos del mar, arándanos y los ya tradicionales dentro de frutas, hortalizas y múltiples granos. La agricultura en pequeña y mediana escala podrá lograr mejores posiciones.

Sus importantes zonas turísticas continuarán deslumbrando.

Lo climático y el sector geológico

Sin duda el clima incide en el crecimiento económico y social de una nación, y las influencias anuales se inclinan más a contemplar todos los fenómenos medioambientales, como el cuidado del agua, los ecosistemas, la forestación, entre otros, y así evitar sorpresas que generen retrocesos. La agenda verde continuará abierta desde diferentes sectores para no descuidar intereses generales y conservar la armonía natural. Sus importantes y atractivas cadenas volcánicas siempre son dignas de monitorización. Las energías renovables seguirán fomentándose con más impulso.

Deportes

Estrategia y velocidad estarán unidas en este ciclo, y le darán al deporte un mayor lucimiento.

Resumen de las influencias astrales en 2016

La gráfica anual del país se muestra dinámica y con intenciones de regularizar las temáticas más áridas, asunto que podrá obtener gradualmente el equilibrio deseado con el transcurrir de los meses.

COLOMBIA
NACIÓ EL 20/07/1810
SIGNO SOLAR: CÁNCER
NATURALEZA ACUÁTICA: RESPETO A SUS RAÍCES Y TRADICIONES

Ciclo anual en el cual sus contextos renuevan ilusiones

Con el respaldo de los astros anuales, Colombia seguirá en la búsqueda de reformular en positivo las múltiples temáticas de sus diferentes gabinetes.

Las conductas pueden dar la efectividad deseada y mantener niveles ya logrados. En el primer semestre, Sol-planes, en buen aspecto al sólido Saturno-logros. Sus proyecciones en cuanto a las necesidades básicas de su sociedad tendrán una plataforma que sostiene aspiraciones a corto y medio plazo. Es muy posible que los índices de inflación en el período mantengan la uniformidad.

Los astros agregan nueva motivación a la toma de iniciativas para continuar generando diseños actualizados en las áreas fiscales, financieras y socioeconómicas. Al estar amigables la Luna (masa social) con Marte (puesta en acción de metas), se harán sostenibles los beneficios para su población (salud, educación, productos de primera necesidad, entre otros), y no se excluyen las buenas innovaciones. Más atención puesta en sistemas educativos generará esta vez mejores opciones de cambio para perfeccionarse.

Según aspectos anuales, para los sectores de mayor vulnerabilidad se marcan beneficios, si bien graduales, quizá con mejor incidencia.

En el segundo semestre, es predecible un mejor desarrollo industrial y en otras áreas, asunto que incidiría bien en aspectos salariales para mantener así las fuentes de trabajo (Marte-dinámica, en buen aspecto a Júpiter-expansión). La posibilidad de equilibrar con ingenio los aspectos más conflictivos con las metas ya trazadas estará vigente.

Sectores productivos

Opción a recuperar el equilibrio en las exportaciones de productos tradicionales y que siempre han dejado buenas divisas al país (caña de azúcar, bananas y su famoso café entre otros). Posibles avances para la agricultura familiar, que puede desarrollarse esta vez con mejores recursos.

Clima, turismo, arte y aspectos geológicos

A lo largo de los meses, el clima colombiano puede mostrarse polifacético, por momentos con copiosas lluvias y en otros demasiado seco. Los vientos permanecerán moderados. Más énfasis, según sus astros, en cuidados ambientales, lo que preservará sus riquezas naturales (recursos hídricos, forestales, y otros).

Sus diferentes espacios turísticos seguirán atrayendo visitantes, hacia el segundo semestre con más afluencia, que impulsará mejor dicha área. Su biodiversidad y regiones que seducen, como la Andina, Pacífica, Caribeña, por ejemplo, mantienen su fama.

Sus importantes volcanes, de atractivo turístico, seguirán exigiendo buenos controles tecnológicos y deberá continuar investigando respecto a otros que puedan aún permanecer ocultos.

Gracias a su originalidad, las producciones artísticas en sus variadas categorías —teatro, cine, danza, plástica, letras— ganarán nuevos espacios. No se descartan eventos de importancia durante el ciclo, sobre todo en cultura.

Deportes

Un nuevo impulso en lo futbolístico y en las estrategias del juego esta vez puede dar mejores resultados, sobre todo en los primeros meses.

Resumen de las influencias astrales en 2016

Tiempos que se alternan con notorios avances de la comunidad colombiana y otros más moderados en los cuales de igual forma se mantendrá el espíritu progresista.

ECUADOR
NACIÓ EL 10/08/1830
SIGNO SOLAR: LEO
NATURALEZA FUEGUINA: AMBICIÓN E IMPULSO

Las configuraciones generales del nuevo ciclo

En los primeros meses, el país cuenta con buenos impulsos que lo conducen hacia adelante y permiten que sus principales metas se vayan desplegando. Es decir que para cada problemática ya existente o que pueda surgir, existirán soluciones adaptadas al momento por el cual esté transitando. El Sol ecuatoriano, en conjunción con el benéfico planeta Venus, da indicios de mayor protección estelar. El combativo y pionero Marte posicionado en Leo (liderazgos) en contacto positivo con Saturno (recursos) es buena señal para que se cristalicen ambiciones con el criterio y la solidez necesarios. En sus comercializaciones con el exterior tal vez se descarten algunas metas y se acepten nuevos convenios más rentables, es decir que se podrá actuar con la objetividad necesaria (Mercurio-estrategias junto a Júpiter-expansión). Año más apto para recuperar acuerdos internacionales con países de relevancia. Puesta en marcha para el ciclo de mecanismos de integración comercial en pequeños y grandes mercados del exterior, que representan buenas posibilidades.

Las reclamaciones sociales (salud, seguridad, entre otras) podrán ser atendidas esta vez con mayor flexibilidad para ir poco a poco abriendo espacios que generen mejoras a medio plazo. Las prioridades educativas accederán a soluciones, con más beneficios para mejorar los niveles intelectuales del alumnado en general (Mercurio-intelecto, en su domicilio, Virgo). La economía familiar se hace acreedora en el ciclo de una mayor estabilidad.

En realidad, si bien los altibajos no se excluyen, el crecimiento progresivo seguirá vigente en sectores industriales, agrícolas, hidroeléctricas, etcétera. Es evidente que los enfoques de cambio para sus matrices productivas contarán con efectividad.

Promediando esta etapa y hacia el final sin duda los representantes continuarán empeñándose por delinear cada vez más los proyectos del inicio del año, para que concluyan con éxito. Pero es aquí, en este tramo mencionado, donde no se debe escatimar esfuerzos ni retroceder, y sí ahondar en ajustes diversos para materializar sueños. La Luna (comunidades) en fricción con el Sol (objetivos) del país, es un aspecto que necesita de voluntad sostenida y firme persistencia en esquemas de avance ya trazados, para que logren sostenerse a lo largo del tiempo.

Lo novedoso: Buena participación de Ecuador en el ciclo respecto al arte y la cultura. El turismo, siempre atractivo y original, seguirá potenciándose a cada instante. Sus diferentes culturas indígenas, las tradiciones, los sitios paradisíacos y selváticos son un buen motivo de afluencia turística.

Ecología

Existirá una permanente integración a los asuntos del cambio climático, lo que seguirá siendo positivo para su colectividad y para que lo natural conserve el equilibrio. Al igual que todos los países con cadenas de volcanes, lo ideal es que continúen monitorizándolos.

Deportes

En esta etapa sus equipos podrán mostrar un juego deportivo más firme, unificado y estratégico.

Resumen de las influencias astrales en 2016

El cielo anual de Ecuador se inclina mayormente a solucionar lo irregular, pero sobre todo a potenciar el afán de abrirse paso con talento. En una mezcla de habilidad, nuevos objetivos y, sobre todo, de persistir en tareas organizativas están las claves para que no retroceda.

ESPAÑA
NACIÓ EL 11/12/1474
SIGNO SOLAR: SAGITARIO
NATURALEZA FUEGUINA: ESPIRITUAL E IDEALISTA

Siguiendo en las rutas de la autotransformación

En ese empeño por alcanzar nuevos peldaños que conduzcan a la comunidad española a gráficas estables se podrán ver resultados algo más favorables.

La dinámica económico-financiera podrá encontrar, paulatinamente, formas de reciclarse con menos obstáculos (Júpiter-avances, en buen aspecto a Plutón-metas). Según su etapa anual, se irá progresando sobre múltiples aspectos, no sin antes realizar análisis inteligentes para que sus plataformas de apoyo sean más sólidas.

Las políticas de recuperación todavía siguen con ritmos lentos, aunque no se está tan lejos de complementar estrategias con medidas eficaces (Mercurio en Capricornio-ejecutivo y hábil). La demanda de mano de obra puede verse aumentada en diferentes categorías de actividad, pero siempre en aspectos moderados. Se vuelve muy visible la necesidad de un crecimiento que genere un impacto mayor, pero eso se irá dando en diferentes capítulos. En la órbita de sus exportaciones podrán notarse adelantos y resultados que volverán a contar con ciertos privilegios, y también en el consumo interno. La masa social tendrá que seguir adaptándose a las diversas condiciones emergentes, hasta hallar ese horizonte de luz que le permita fluir con mayor estabilidad. Sin duda que urge atender a los sectores más vulnerables y relegados en servicios públicos, al contexto educativo para todas las edades, y también generar fuentes de trabajo que se sostengan en el tiempo.

Lo mencionado es una ardua tarea pero no imposible de concretar ya que los astros lentamente devolverán esas oportunidades tan ansiadas para el progreso.

El espíritu de modernización y adaptación al tiempo presente para buenas inversiones gradualmente tiende a renacer.

Informaciones generales: No caduca el interés por la conservación de recursos hídricos, avances en lo medioambiental para mantener el equilibrio y reafirmarse en nuevas tecnologías. Es un ciclo de muchos intercambios culturales que genera verdadero optimismo y nutre a su colectividad dentro de un clima de diversidad.

En cuanto a lo agrícola, las variantes que se introduzcan pueden fortalecerse a pesar de los altibajos climáticos. Sus variedades de cultivo conservarán sus buenos niveles ya tradicionales.

Neptuno, dueño del ilusionismo y la fantasía, esta vez se encuentra en excelente aspecto con Venus, el arte y la estética bajo diversas formas; ambos planetas en signos acuáticos profundos y sensibles pronostican un resurgimiento de la creatividad que puede plasmarse en muchas categorías, y con importantes reconocimientos (cine, teatro, pintura, entre otros).

Deportes

Tendrá opciones a lo largo del ciclo para equilibrar altibajos y mejorar su perfil en múltiples categorías deportivas (fútbol, automovilismo, esgrima, tenis, por ejemplo). Tendencia a funcionar con entrenamientos más efectivos.

Resumen de las influencias astrales en 2016

Según las influencias celestes, España, para recuperar posiciones, sin interrupción, deberá replantearse objetivos diversos, y no claudicar frente a las adversidades. Subyace en su carta anual la fuerza para renovar esquemas y mostrar los perfiles tan productivos que siempre han caracterizado al país, aunque esto se dará progresivamente.

ESTADOS UNIDOS
NACIÓ EL: 04/07/1776
SIGNO SOLAR: CÁNCER
NATURALEZA ACUÁTICA: REFLEXIVA Y TENAZ

Ciclo que inclina a recuperar diseños productivos

El mapa de ruta estelar para la colectividad estadounidense señalaría un mejor impulso, con la perspectiva de volver a posicionarse en niveles más convenientes, para que las futuras aspiraciones puedan tener una concreción real (Mercurio-soluciones, en su propio domicilio, Géminis, sumado a la conjunción benéfica de Venus y Júpiter en Leo, en el primer tramo del ciclo).

Lo crítico en diferentes sectores, ya sea en las áreas privadas y/o públicas, que se ha ido sumando a lo largo del tiempo solicita que continuamente se contemplen factores tanto internos como externos para un mejor avance. Las nuevas ideas no faltarán, la cercanía en el primer semestre del planeta Marte (energía puesta en acción) con el Sol en Cáncer de los Estados Unidos da un aporte positivo, siempre que se integre a ello un perfil reflexivo (Urano-lo imprevisto, en cuadratura, lo exige).

Durante el recorrido del segundo semestre, desde la visión astrológica, la puesta en marcha de proyectos y el resurgimiento general no se excluyen (buen aspecto entre Júpiter en Virgo-desarrollo, y el Sol y Venus en Cáncer-determinación).

La incidencia del exigente planeta Saturno posicionado en Sagitario, en cuadratura al optimista Júpiter es señal de que no podrán eludirse procesos pero se transitará esta vez por territorios más auspiciosos. La economía, si bien puede pasar por diferentes fases, tendrá nuevos factores que le infundan estabilidad (marco de negociaciones más productivas, mayor consumo interno, entre otros).

Transformaciones que den efectividad en cuanto a sus exportaciones, mejoras en cultivos, áreas industriales, tecnológicas, fuentes de trabajo y salarios, economía familiar, por ejemplo, quedan integradas en las agendas básicas, para alcanzar niveles más aceptables. En cuanto a lo climático, se establecen para esta etapa variantes que, en los primeros meses del ciclo, van de perfiles ventosos y algo secos (inciden Mercurio y Luna en signos aéreos), a últimos meses más lluviosos y húmedos (Luna en su domicilio-Cáncer, junto a Mercurio). Monitorizar sus zonas de seísmos y volcanes, gracias a tecnologías siempre renovadas, le otorgará grandes ventajas.

Novedosas aspectaciones

Una etapa en la que lo espiritual y lo creativo se ponen de manifiesto en sus múltiples expresiones, los perfiles artísticos fluirán bien (Neptuno-ilusionista y sutil en trígono a la Luna y Venus-sensibilidad).

Es indudable que sus atractivos destinos turísticos seguirán aportando prestigio y permanencia.

Deportes

En cuanto a competencias deportivas, se tendrá acceso a las variantes que brinden mejores posiciones. Gradualmente irá mejorando sus gráficas generales.

Resumen de las influencias astrales en 2016

De acuerdo con su configuración anual desde su cielo, para Estados Unidos habrá opción de replantear las temáticas principales con menos dificultades que en el pasado y, con nuevos criterios, retomar rumbos esperanzadores.

MÉXICO
NACIÓ EL 16/09/1810
SIGNO SOLAR: VIRGO
NATURALEZA TERRÁQUEA: METÓDICA Y DE FIRMES PROPÓSITOS

Seguirá firme en el afán de moderar sus diferentes contextos

La voluntad estará presente en el espíritu mexicano para encontrar el camino de vuelta a la estabilidad en todos sus órdenes. Urano, el planeta ingenioso y liberador, desde su posición en Aries en trígono a Venus y Marte anuales es sin duda un precursor para nuevos esquemas, y eso apoyaría renovaciones de forma gradual.

Si bien los procesos de avance se han manifestado paulatinos, se está en un ciclo de mayor definición para actualizarse, modernizar algunos sectores y dar otros perfiles a sus paisajes financieros. Es cierto que los adelantos dependerán de diversos factores externos, aún así, según su carta de revolución solar, no se excluyen los resultados que se acerquen cada vez más a las aspiraciones sociales y gubernamentales.

La presencia anual del no menos poderoso y magnífico Júpiter en Virgo, signo solar del país, en trígono al silencioso Plutón en Capricornio (su fuerza desintegra para volver a crear) señalaría la integración de ciertas energías intelectuales con las místicas que así proyectarían temáticas con nueva seguridad, y el acceso a transformar escenarios.

Las múltiples ambiciones de controlar la inflación, mejorar consumos internos, realizar nuevos acuerdos convenientes con el exterior, reciclar los sectores inversionistas, entre otros; tal vez ahora sí cuenten con recursos que den apertura a medio plazo. Sus desafíos internos ligados a regular temas de clases desfavorecidas, lo inherente a la inseguridad, el seguir potenciando sectores educativos, de salud, economías familiares, por ejemplo, seguirán integrando las agendas prioritarias, sin descartarse soluciones ajustadas al momento actual (Mercurio-estrategia, en Libra-signo cardinal, creativo). El aspecto discordante entre Plutón-transmutación y Mercurio-planificación genera tal vez el estrés necesario para no declinar a pesar de las tensiones, aunque aconseja apoyarse siempre en análisis profundos.

Medio ambiente y productividad

Para México, igual que para el resto de los países, será de gran importancia seguir estimulando la participación general en pro del medio ambiente: fauna, flora, preservar suelos del desgaste y controlar el uso de elementos agresivos para la naturaleza y su cadena ecológica.

En cuanto a cultivos tradicionales (maíz, trigo, cebada, etcétera) y atípicos (chía, quinua, amaranto, entre otros), seguirán ocupando posiciones ya ganadas.

La atención sobre sus sagrados volcanes, en apariencia dormidos, nunca está de más.

Noticias generales

En el año, los intercambios conectados con ciencias, tecnología, arte contemporáneo y turismo, entre otros, impulsarán campos de investigación para continuar desarrollándose con acierto.

Diferentes regiones mexicanas con su mística heredada seguirán seduciendo a turistas de todas partes.

Deportes

Se entra en una fase innovadora en técnicas y capacidades; en el ciclo eso puede asegurar un buen nivel en sus diversos torneos, siempre que se mantengan la constancia y el empeño.

Resumen de las influencias astrales en 2016

El país entrará en una etapa de mayor motivación, para volver, mediante procesos, a esquemas que den un mejor rendimiento. Las prevenciones que se deben tomar para afrontar imprevistos y sostenerse no estarán de más. La paciencia es necesaria, aunque los astros infundirán más coraje al espíritu azteca.

PARAGUAY
NACIÓ EL 14/05/1811
SIGNO SOLAR: TAURO
NATURALEZA TERRÁQUEA: CONFIADA, PACIENTE Y PRÁCTICA

Durante su nueva gestión anual conservará la solidez

Según los datos que ofrece su carta de revolución solar, el país tendrá la oportunidad de seguir trabajando sobre aquellos aspectos más vulnerables y prioritarios de su sociedad para, de ese modo, reafirmarse en sus contextos de vida. El generoso Júpiter (expansión), ocupando esta vez un signo tan hábil y productivo como Virgo, es buena señal para una sociedad que no ha disminuido esfuerzos en pro de sus objetivos a corto y largo plazo. Posición que favorece lo generado en suelos paraguayos, así como buenos adelantos tecnológicos respecto a la industria y una gradual modernización. La practicidad en este sentido se ve impulsada para adecuarse mejor al presente, que exige actualizarse continuamente. La capacidad para producir no disminuirá, aunque durante el año existan vaivenes.

Las ideas creativas harán su aparición, a favor de resolver conflictos y cristalizar ambiciones. El sentido común en la conducción general estará integrado (Mercurio-inteligencia, en Tauro-método) aunque existan desvíos de rutas (Neptuno-disolvente, en cuadratura a Marte-acción y a Saturno-logros concretos), para luego retomarlas con acierto. Un año que se transitará conservando recursos ya obtenidos, con más pasión por lograr nuevas posiciones y equilibrando compromisos asumidos, tanto continentales como internacionales.

En la agenda de las temáticas importantes, no faltarán para tratar las reivindicaciones de sectores indígenas, el atender las urgencias sociales, mejorar sus exportaciones, infancia, adolescencia, etcétera, mediante procesos que se inclinan al equilibrio (Sol-conducciones y Venus-beneficios, en buen aspecto a Plutón-nuevas etapas). Con Mercurio en Tauro (objetividad), en excelente aspecto a Júpiter en Virgo (intelectual y perfeccionista), los sectores educativos en general contarán con esquemas mejor adaptados a las necesidades y requerimientos del momento.

Diferentes informaciones

Las bellezas naturales paraguayas (saltos de agua, cuevas, lagos, vegetación, entre otros) y su original artesanía seguirán atrayendo visitantes. Continuará el interés por preservar lo hídrico y el medio ambiente a través de diferentes planificaciones.

Se incorporarán estímulos para que no retrocedan las siembras tradicionales y para dar a la agricultura una perspectiva innovadora que mejore sus dividendos, así como en el campo de la herboristería, con amplias propiedades medicinales.

Deportes

En el transcurso del año, y con empeño, irá superando altibajos, haciendo resaltar más sus verdaderas virtudes deportivas. No se descartan avances.

Resumen de las influencias astrales en 2016

Paraguay no se desviará demasiado del sendero que le permita abordar desafíos con inteligencia, fluidez y capacidad mediadora, en sus diferentes circunstancias anuales. Estará acompañado por el espíritu de moderación, que lo alejará de los desajustes.

PERÚ
NACIÓ EL 28/07/1821
SIGNO SOLAR: LEO
NATURALEZA FUEGUINA: VALIENTE E IDEALISTA

Prosiguen los procesos en busca de una nueva armonía global

Las medidas que se adopten durante el año a fin de regular los temas más importantes del país (entre ellos políticas económicas, fiscales, inversionistas, por ejemplo), y que permitan prevenciones futuras, sin lugar a dudas podrán ejercer un mejor control sobre los desajustes acumulados e ítems pendientes. Durante esta etapa, la permanencia de Mercurio en Leo claramente da energía al ánimo y potencia la creatividad en direcciones más positivas, un aspecto estelar que agrega pasión en planes a ejecutar. Salir de diferentes turbulencias y oscilaciones no será inalcanzable pero sí demandará una atención permanente para hacer uso de las buenas oportunidades que se presenten. Un ciclo donde en los primeros meses podrán brotar las buenas ideas, para irse luego concretando con el paso del tiempo y dar a los contextos peruanos los diseños adecuados para obtener equilibrio y nueva prosperidad (Júpiter-desarrollo, junto con Venus-armonía, en buena sintonía con Urano-innovaciones y la Luna-popularidad).

En una segunda etapa del año, lo considerado prioritario respecto de su sociedad no quedará al margen (desempleo, enseñanza, sectores básicos, nuevos mercados comerciales, etcétera), aunque la tolerancia será fundamental para permitir que los métodos de avance general maduren y se muestren efectivos (Saturno-confianza y seguridad, en aspecto de fricción con Neptuno-dispersión). Sin embargo, la influencia benéfica de la Luna (fertilidad) en Tauro (seguridad), en muy buen aspecto al generoso Júpiter en Virgo (productivo), refuerza los objetivos de carácter progresista. Esto favorece asuntos relativos a la agricultura y sus productos clásicos (cereales, hortalizas, mango, café, entre otros) tanto de consumo interno o para exportación. Atender la diversidad climática de sus regiones sigue siendo fundamental para atenuar todo resultado adverso (sequías, lluvias extremas, por ejemplo).

Lo destacado

Período conectado con las buenas alianzas en el comercio, la economía y en temas de cooperación internacional, que según sus astros llevarán por buena ruta.

Las agendas en investigación de efectos ambientales sobre los ecosistemas y aspectos sociales de sus diversas comunidades continuarán activas sin lugar a dudas. Un tiempo de renacimiento, esta vez para el campo del arte y una influencia estelar que incentivará más a abrir camino hacia áreas intelectuales y reafirmar vocaciones dentro de sectores académicos. Lo turístico indudablemente es fuente de buenos recursos.

Deportes

En el segundo semestre, la presencia de Marte en Escorpio (gran intensidad en la acción) aportaría lo necesario para que el país se posicione mejor en las actividades competitivas a desarrollar en el año. Esta posición astrológica dará motivación para seguir perfeccionándose.

Resumen de las influencias astrales en 2016

Para la sociedad peruana llegan tiempos de nuevas ambiciones e ingenio para enfocarse en lo más urgente, y además contrarrestar las antiguas dificultades. Mayor opción ahora a reducir decepciones y tener fe en las etapas venideras.

URUGUAY
NACIÓ EL 25/08/1825
SIGNO SOLAR: VIRGO
NATURALEZA TERRÁQUEA: RACIONAL Y RESERVADA

Generando flexibilidad y adaptación en el transcurso del nuevo ciclo

Se destaca durante el período mencionado, el posicionamiento del gran ingenioso estelar, Mercurio, esta vez en su propio domicilio, Virgo; desde allí queda reforzada su influencia especulativa, selectiva y perfeccionista. No faltarán los buenos impulsos para diseñar espacios productivos y modificar ámbitos para un mayor equilibrio.

También Júpiter, de cualidades generosas y expansivas, se hallará durante el año ubicado en el mismo signo; eso genera talentos especiales para que las energías y planes no se desborden demasiado. Recordemos que el país es virginiano, o sea que el Sol anual esta vez estará acompañado por buenos guardianes cósmicos, propiciando la coherencia a la hora de asumir acciones. Las influencias para gran parte del año le darán continuidad a proyectos anteriores, aunque será necesaria la prudencia e ir actualizándolos a un presente tanto nacional como internacional en continuo movimiento.

En los primeros meses, el buen aspecto de Urano-innovador a Marte-dinamismo, aplicado correctamente, sin duda brinda independencia y proyecta hacia el futuro múltiples temáticas nacionales. El desafío a lo largo de todo el período se sitúa en el utópico signo de Piscis, romántico, idealista y a veces demasiado imaginativo, cuyo visitante es el no menos poderoso Neptuno (exageradamente soñador), que aspecta al Sol del país y a Júpiter en oposición. Igual se llegaría a mitad del ciclo con suficiente visión objetiva para poder equilibrar las economías fiscales, trazar planes en todo el sector social, acceder a mejoras en comercio exterior y sostener proyecciones. Los sectores educativos y literarios tendrán la posibilidad de mejorar contextos y técnicas de avance intelectual, que serán notorias a medio plazo. En los últimos meses del año la cuadratura de Saturno-realismo, junto a Marte-acción, desde Sagitario hacia el Sol-representaciones, en el signo de Virgo solicita algo más de observación, aunque la destreza y el ingenio estarán presentes para seguir moderando los nuevos paisajes con ritmos adecuados.

Sobre la agricultura y el medio ambiente

Durante el transcurso del año, la producción en general y las exportaciones necesitarán visiones competitivas e innovadoras, aunque se tendrá la opción de mantener niveles. Los avances logísticos para el buen uso de los recursos ambientales (como por ejemplo la energía generada a través del viento y la preservación de áreas hídricas) contarán con influencias benéficas para su gradual concreción. El espíritu artístico en muchos campos seguirá resaltando.

Deportes

Para los diferentes sectores del deporte las transformaciones no se detendrán, y se inclinarán a la obtención de puntuaciones más significativas. Durante esta etapa el planeta rojo, Marte, que es energía en acción, permanecerá en signos de fuego, encendiendo la llama del entusiasmo.

Resumen de las influencias astrales en 2016

Si bien los buenos resultados para el país dependerán de diversos escenarios, tanto regionales como mundiales, sus astros le seguirán aportando salidas originales e ingeniosas frente a cada desafío futuro.

VENEZUELA
NACIÓ 19/04/1810
SIGNO SOLAR: ARIES
NATURALEZA FUEGUINA: OPTIMISTA E INGENIOSA

Intentando reactivar su dinámica general

De acuerdo con la nueva configuración solar venezolana, las ubicaciones planetarias y sus diferentes conexiones generarían tiempos de claridad y otros que solicitarían reflexión respecto de sus diferentes sectores (socioeconómicos, comerciales, etcétera).

Interpretando en primera instancia la llamativa conjunción de Saturno (organizativo) con Marte (impulsa a activar planes) en Sagitario, esto nos trasmite que la racionalidad sería fundamental para avanzar hacia adelante con mejores resultados. A esto se adhiere la cuadratura de Neptuno desde Piscis, sugiriendo reducir toda dispersión, por lo cual dichas posiciones astrales recomiendan un análisis permanente en lo prioritario para un mejor aprovechamiento futuro de sus recursos en múltiples sectores.

Las buenas influencias se manifiestan en el período a través de Mercurio (soluciones), colocado en el práctico signo de Tauro (metódico), en aspecto armonioso con Plutón (dinámica regeneradora) en Capricornio (ejecutivo), es decir que se podría contar con diferentes factores moderadores durante esta etapa respecto de lo que pueda solicitar atención inmediata, como por ejemplo servicios esenciales, economía básica familiar, actividades financieras. El aspecto positivo entre Júpiter y Mercurio anuales, dos planetas asociados al conocimiento, estimularía el avance en sectores del aprendizaje y en nuevas tecnologías, así como todo intercambio cultural. Desde la astrología, la agricultura contaría con más suerte para una mayor estabilidad respecto de sus cultivos tradicionales (caña de azúcar, maíz, arroz, entre otros) así como también para introducir innovaciones que mejoren los resultados y protejan aspectos del medio ambiente. En meteorología, las influencias nos dicen que se podrá contar con más uniformidad respecto de procesos climáticos en sus distintas regiones.

Generalidades

Cada vez en mayor medida, mejores técnicas de prevención sísmica aportarán amplios beneficios a las zonas más involucradas en dichos fenómenos.

Haciendo mención a sus espacios turísticos, siempre tan apreciados, y sus excelentes temperaturas tropicales, seguirán teniendo ventaja y manteniendo vigencia.

Un año más afín para los gremios artesanales, que pueden categorizarse mejor. Un regreso a las tradiciones por medio de la música y la danza y también la aparición de tendencias innovadoras en ese sentido pueden resultar muy estimulantes para dicha colectividad.

Deportes

Los astros se inclinan esta vez a planificar técnicas de juego con objetividad y continuar firmes en el logro de las aspiraciones deportivas, en sus distintas facetas. Llevar a la práctica nuevas estrategias puede resultar innovador y beneficioso para el deporte.

Resumen de las influencias astrales en 2016

Las aspiraciones enfocadas a lograr un mayor progreso general, según los astros, se alcanzarían progresivamente. No se descarta que las alternativas y la creatividad durante el ciclo aporten beneficios.

Predicciones preventivas para la Rata basadas en el I CHING, la intuición y el bazi

Volví a mi habitación del Nordeste, encendí la chimenea, la templé, y me encontré con la foto de Beatricce en la esquina de la ventana, saludándome, en día rata en el calendario de los diez mil años.

Pensé en mis amigos del alma de este signo, en el difícil tránsito planetario del año caprino y deseé que tuvieran el mejor año simio de sus vidas.

El I CHING resultó favorable para cada rata que acompañó el proceso de predicciones.

Sus partículas, sus moléculas comenzaron a reunirse en la noosfera, para lentamente volver a la 3D y sentir que su mayor fan, admirador y patrocinador, el mono, les abrirá las puertas del corazón primero, y luego les construirá una autopista para que recuperasen su habitual dinamismo, atletismo y espíritu creativo y pudiesen refundarse o reinventarse con todo el FENG SHUI a favor.

Su voluntad, ánimo y apoyo afectivo y familiar serán claves para que la rata salga de la madriguera derrumbada o apocalíptica y se anime a estar receptiva con las señales del agitado y abundante año del mono de fuego.

Después de soportar pruebas que afectaron su salud y vocación recibirá sobredosis de propuestas laborales, mediáticas, de participación en la comunidad de los hombres para brillar con su talento y su capacidad organizativa.

Estará estimulada desde que escuche los aullidos en la selva el 08/02/2016 hasta el último *gong* del año del primate.

LA LIBERACIÓN de un tiempo de caos y confusión llegará a su fin.

Sentirá alas en su cuerpo, desafiará la ley de la gravedad y revertirá su karma con liviandad.

Las pérdidas de los últimos tiempos estarán recompensadas con nuevas apariciones, nacimientos, adopciones y gente excluida que será parte de su familia.

Podrá llorar hasta quedarse dormida, reír hasta el paroxismo, celebrar la nueva etapa de cambios y florecimiento en sus utopías hasta convencerse de que la vida le cobró peaje, pero que cursó todas las asignaturas para convertirse en Ratatuille.

Sus seres queridos estarán también liberados y contentos al notar su «retorno al mundo de los vivos».

Su capacidad de inventiva será primordial en tiempos de crisis, trueque y solidaridad.

La llamada de Chita en la selva la incentivará a redescubrir su oficio, profesión, magia, artes culinarias y amatorias.

Viajar por estudios, becas o simplemente por placer será prioridad en su agenda.

Participar en constelaciones familiares para sanar heridas abiertas, traumas y rencores será su GPS del año.

Estará desbordante, eufórica, imaginativa, seductora, y no dejará títere con cabeza.

El mundo la espera para que le brinde sus dones, talento, sentido común y espíritu crítico.

Será la gran consejera, referente cultural, mediadora entre las altas jerarquías y el pueblo.

LA LIBERACIÓN es la recompensa por permanecer al lado de quienes la necesitaron, de gente que la auxilió para mantenerse a flote durante años del caos y sin futuro, y por su poderosa intuición que la ayudó a evitar las trampas que le pusieron sistemáticamente.

Atención: no caiga nuevamente en tentaciones, vicios ocultos y zonas erróneas al sentir que la vida le da una segunda oportunidad.

La experiencia de la rata sabia será encauzar, administrar bien su tiempo y energía.

Tendrá que elegir con la conciencia y no impulsivamente y saber decir «NO» cuando se sienta incapaz de digerir lo que recibe.

Año ideal para enamorarse, unirse a personas que ama y admira en búsquedas sociales, humanistas y artísticas.

Romperá lazos atávicos, sometimientos y maltrato.

Será una de las estrellas del año simio, y se llevará premios, condecoraciones y aplausos de su círculo íntimo.

Renacerá, renacerá, renacerá, como la cigarra, y podrá encabezar el *ranking* que la consagró como líder del zodíaco chino.

El I CHING les aconseja:
40. Hsieh / La Liberación

EL DICTAMEN
La Liberación. Es propicio el Sudoeste.
Si ya no queda nada a donde uno debiera ir,
es venturoso el regreso.
Si todavía hay algo a donde uno debiera ir,
entonces es venturosa la prontitud.

Se trata de una época en la cual comienzan a disolverse, a disiparse tensiones y complicaciones. En tales momentos es preciso retirarse cuanto antes hacia las condiciones comunes o normales: he aquí el significado del Sudoeste. Estas épocas de cambio son muy importantes. Semejante a una lluvia liberadora que afloja y disuelve la tensión de la atmósfera haciendo estallar brotes y pimpollos, también un tiempo de liberación de cargas oprimentes obtiene efectos salvadores y estimuladores que se manifiestan en la vida. Pero hay por cierto algo muy importante al respecto: en tales épocas es necesario que nadie intente exagerar el valor del triunfo. Es cuestión de no avanzar más allá de lo indispensable. Retornar al orden de la vida no bien alcanzada la liberación, he ahí lo que aporta ventura. Cuando aún quedan restos por elaborar es cuestión de hacerlo lo más pronto posible, a fin de que todo quede bien aclarado y no se presenten retrasos o dilaciones.

LA IMAGEN
Trueno y lluvia se levantan:
La imagen de la Liberación.
Así el noble perdona las faltas y exime de culpa.

La acción de la tormenta purifica la atmósfera. Así procede también el noble con respecto a las faltas y los pecados de los hombres que provocan estados de tensión. Mediante su claridad promueve él la liberación. Sin embargo, cuando las transgresiones surgen a la luz del día, no se detiene para insistir en ellas; sencillamente pasa por alto las faltas, las transgresiones involuntarias, tal como va perdiéndose el sonido reverberante del trueno, y perdona la culpa, las transgresiones deliberadas, al igual que el agua que limpia todas las cosas y quita toda suciedad.

El tránsito de la Rata durante el año del Mono

PREDICCIÓN GENERAL

Los doce signos del zodíaco se dividen en grupos de tres en tres, los cuales producen energía cuando coinciden en el tiempo y el espacio. La rata, al formar uno de esos triángulos, se convierte en líder de la energía producida, que es el agua. Los tres signos regidos por el agua son la rata, el dragón y el mono. Eso significa que después de años de estar a la sombra, la rata vendrá a reclamar su lugar como líder, con el mono como cómplice. A partir de este mes, cualquier cosa que haga se reforzará, sobre todo en las horas del dragón, que van de las 7 a las 9 de la mañana, y durante los meses de abril y agosto, que son regidos por el dragón y el mono respectivamente, aunque también se incrementará la ansiedad propia de la rata, que puede ser buena si está en modo de defensa y fuga, pero mala si no hay de qué preocuparse.

La rata deberá usar siempre el Triple Filtro Socrático: si la información que recibe y transmite es buena, útil y verdadera, entonces es información válida.

Será un año de vacas gordas en el que se le recomienda curar, ahorrar, guardar, preservar. Puede volver a la escuela, o aprender un oficio o pasatiempo.

El metal del mono alimenta el agua de la rata, y eso fortalece su energía. A su vez, el fuego del año 2016 representa riqueza, tranquilidad económica y una salud que hace mucho que no veía. Bienvenida al carruaje del éxito, que es el año del mono de fuego.

ENERO

La rata sigue bajo la influencia de la cabra, pero en el mes del búfalo. Se sentirá fuerte y con el deseo de hacer algo que la saque del encierro. Algunas querrán viajar; tendrán una sensación evasiva, pero en este caso no es mala idea evadirse un poco. Serán vacaciones, ya que pronto la vida de la rata se verá revuelta y activa. Hasta que el mono tome su lugar en el trono del emperador del año Tài Suì, la rata aún puede pasar desapercibida. La tranquilidad será su recompensa.

FEBRERO

El mes del tigre viene desordenado; implica la llegada del año del mono y el mes choca con el año. El choque será bienvenido porque representa energía agua. Estará en constante movimiento, y también más valiente que de costumbre. Se sentirá animado, y eso será muy bueno. Tendrá que agudizar los sentidos para no dejarse embaucar por las mentiras que circulan por Internet. Las ratas más jóvenes estarán deseosas de aprender y viajar. Los padres de las ratas de 2008 podrán llevarlas a hacer actividades culturales.

MARZO

La combinación con el signo del conejo traerá amor platónico, pero para las ratas que tienen relaciones amorosas estables podría significar un renacimiento de esa relación. Las ratas de 1936, 1948 y 1960 verán algunos cambios en su cuerpo, y estos deberán ser observados con atención, sobre todo en lo que se refiere a cualquier glándula. Las ratas jóvenes podrán enmendar alguna relación dividida. La energía metálica del mono es benéfica, pero la energía de madera del conejo hace que la rata compita por metal y eso la agota.

ABRIL

La energía va a poner a la rata a trabajar, así que este mes será el mejor del año. Tiene que aprender a economizar y utilizar la energía correctamente ya que no se trata de ahorrarla sino de reciclarla con el uso de técnicas de respiración, una dieta rica en nutrientes, y mucha paciencia, ya que la ira y el temor son ladrones de la energía agua que circula en los riñones y el aparato reproductivo. Será muy tentador obsesionarse con el trabajo, pero eso la dejaría sin salud el resto del año, lo cual sería desperdiciar las buenas energías anuales.

MAYO

Es posible que la rata se meta en enredos durante este mes porque los monos y las ratas comparten una combinación con el signo de la serpiente, que lleva a mezclarse en problemas pequeños. Hay una fuerte tendencia a sufrir accidentes menores o que los proyectos se detengan a lo largo del mes. Por todas partes habrá accidentes en medios de transporte, así que cualquier viaje que haga tendrá que ser con cuidado, nunca hacia destinos peligrosos, y con todos sus papeles en orden.

JUNIO

Vienen más oportunidades de las que esperaba. Lo mejor será dedicar este mes a cosas creativas. La escritura será su fuerte, sobre todo la poesía. También tendrá una gran capacidad para resolver acertijos;

pero cuidado, podría aislarse. Hay que acercar a las ratas jóvenes a los *juegos de rol* o juegos de mesa para que convivan con otras personas. Las ratas de 1972 y 1984 estarán muy atractivas, pero querrán aislar a la pareja, y el final puede ser muy dramático. Cuidado con los celos, estarán posesivas.

JULIO

La cabra aporta algo de calma a la psique de la rata, pero no trae paz en el trabajo; si quiere conseguir lo que se propone, tiene que organizar muy bien su agenda de trabajo para evitar los malos entendidos que podrían ocurrir después. Si desea aprender a dejarse llevar, deberá pedir ayuda a sus amigos del año del dragón que, si bien no son los mejores para explicar eso, por lo menos han encontrado un modo de trabajar sin que se les note. Si llevan la carga juntos, les resultará más liviana.

AGOSTO

Este mes la rata tiene que aprender a ser más flexible y a no discutir con la gente. No será un buen mes para los exámenes porque resultará muy difícil llegar a tiempo. Las ratas más jóvenes corren el riesgo de coger algún vicio, sobre todo el vicio de dejar todo para después. Las ratas que ya están peinando canas deberán pasar por desbordes emocionales ocasionados por competir con otros. Es mejor que no haga las cosas a solas y que no se tome nada como un asunto personal, ya que el desorden del que hablamos implica también actitudes violentas en otras personas.

SEPTIEMBRE

Este mes resultará un oasis en medio del desorden. El gallo siempre ha sido benévolo con la rata, y este mes será precioso. Es posible que encuentre oportunidades en la escuela y el trabajo. Estará más guapa que nunca, con la energía sexual bien enfocada y dispuesta para conquistar a todos. Podrá tener tratos sociales con gente de una mejor posición social y laboral. Esos contactos podrían ser beneficiosos a largo plazo. Se le recomienda evitar el aislamiento a toda costa para poder aprovechar al máximo esta racha.

OCTUBRE

El mes del perro le trae problemas con colegas jóvenes y en particular con mujeres, su filosofía de vida choca con los otros. Conforme cambie el clima, tanto en el Norte como en el Sur, sentirá que quiere competir con la gente. Su quórum será aún menos flexible que la rata y eso se prestará para choques muy fuertes. Eso, aunque suene negativo, lo puede aprovechar también de muchas maneras, pero es importante para las ratas jóvenes aprender a discutir sin enojarse. Instruirse en las artes del debate les será de gran ayuda.

NOVIEMBRE

El mes del cerdo refuerza la energía agua, y eso trae oportunidades para brillar en escena. Las ratas que se dediquen a la actuación o aquellas a quienes les dé por declamar poesía o cuentos tendrán más oportunidades que las ratas que no tengan esa predisposición. En lo negativo, el agua puede provocar conatos de ansiedad en ratas con susceptibilidad a trastornos mentales. Algunas sufrirán jaquecas y dolor de espalda, en especial las ratas de 1948 y de 2008, que son muy sensibles, sobre todo de los riñones.

DICIEMBRE

Las ratas podrían hacerse más sensibles, y presentir algo antes de que ocurra. Pondrán atención a cualquier teoría conspirativa dentro y fuera del trabajo. La rata disfrutará de una segunda oportunidad y tendrá muchas ganas de trabajar en cualquier proyecto que se le ponga enfrente, arriesgando así su salud. Es recomendable que trate de equilibrar el trabajo o los estudios con el ejercicio, o corre el riesgo de hacerse daño en la parte baja de la espalda y los órganos en esa zona, hasta las ratas menores estarán propensas. Necesitará tomar agua y practicar deportes acuáticos.

Felices fiestas.

Predicciones para la Rata y su energía

Rata de Madera (1924-1984)

Año de realización y *metanoia**, cambio de rumbo.

Sentirá que el sí la acompaña en cada decisión; no dudará en volcar su imaginación en nuevas empresas y proyectos que serán altamente cotizados en el mercado. Su pasión por el arte, el aprendizaje, la búsqueda espiritual encontrarán eco en la selva.

* Proveniente del griego, significa arrepentirse o cambiar de opinión.

Podrá formar un equipo de estudio, o laboral, o una ONG que la seguirá por su entusiasmo y sus ideas revolucionarias.

Será capaz de mantener a la familia a resguardo de un año de crisis en la madriguera, y de aportar el sustento.

SE ENAMORARÁ PERDIDAMENTE, DARÁ EL SÍ EN EL ALTAR O EN LA PIRÁMIDE DE KEOPS, Y GOZARÁ DE UN AÑO DE ABUNDANCIA, PLACERES Y RECOMPENSAS.

Rata de Fuego (1936-1996)

¡Bienvenidos, roedores, a la plenitud!

La capacidad de ordenar desde las asignaturas afectivas, los papeles, los socios y amores para atravesar el año pacífica o caóticamente será evaluada en el alto rango de los monos.

Usted deberá tener la gran cita con la vida y atreverse a descubrir su esencia, su naturaleza y apostar a «la gracia» para llegar a ser un buda.

Son consejos que practico hace un tiempo, y le serán útiles para que el *gong* no la encuentre distraída y sin saber hacia dónde va el TAO.

AMOR, SANACIÓN, VOCACIÓN, AMIGOS Y VIAJES SERÁN LA CONSIGNA DEL AÑO FLAMÍGERO.

Rata de Tierra (1948-2008)

Durante este año sentirá que los planes se disuelven como pompas de jabón.

OMOMOM. Practique el desapego y cuando resuelva desde lo cotidiano y cercano podrá soñar con ser convocada por Spielberg para convertirse en protagonista de una película.

Las deudas familiares serán apabullantes si no encara con decisión trámites, herencias, papeles y discusiones por los bienes materiales.

Su gran meta deberá ser poner en orden vínculos afectivos y familiares, para columpiarse en la selva en busca del mejor fruto y de las oportunidades que lloverán si está en el punto medio o en el TAO.

El amor, los celos, las pasiones resurgirán; es recomendable que no se mienta a sí misma y recupere el sentido del humor, que es su mejor virtud.

Rata de Metal (1900-1960)

AÑO DE PROFUNDOS CAMBIOS Y REFORMULACIÓN EXISTENCIAL.

Estar receptiva es la mejor idea durante el año del simio.

Si deja de lado el ego, la vanidad y el orgullo, y comparte consejos de sus socios, amigos, familiares y desconocidos podrá ser el rey de la selva o la primera dama.

Su apuesta será evaluada en el alto tribunal simio y podrá aceptar cargos y funciones para trabajar en la comunidad de los hombres.

Estará radiante, sensual, inspirada, con una legión de admiradores o nuevos amores que pedirán al menos una cita en la palmera para disfrutar de su pasión por el sexo y la poesía.

AÑO DE DESPEDIDAS AGRIDULCES EN EL ZOO Y DE UN NUEVO HORIZONTE PROFESIONAL.

Rata de Agua (1912-1972)

Crecerá cada día compartiendo los frutos que obtenga en la selva con sus seres queridos.

Su crisis deberá ser atendida por su corazón y personas que la apoyen en una nueva etapa.

Estará inquieta, demandante, y pedirá más de lo que necesita.

La estabilidad emocional es la clave para sentirse escuchada en sus reclamos y nuevos rumbos.

Se emancipará y podrá viajar sin billete de vuelta; disfrutando el día a día de un tiempo de nuevos desafíos, intercambios y situaciones inesperadas, con trabajo, amor y conocimiento.

L. S. D.

Mira la rata; tiene pellejo.
El hombre sin dignidad,
el hombre sin dignidad
¿qué hace que no se muere?

Mira la rata; tiene dientes.
El hombre sin peso,
el hombre sin peso
¿a qué espera para morirse?

Mira la rata; tiene patas.
Un hombre sin modales,
un hombre sin modales
más vale que se muera pronto.

DE *CHE KIG* O *LIBRO DE ODAS*

Predicciones preventivas para el Búfalo basadas en el I CHING, la intuición y el bazi

El búfalo está aun metabolizando, digiriendo los desvíos que le produjo la cabra en su metódica existencia.

Sabe que su vida es un antes y después de perder el control que siempre mantuvo con autodisciplina y firmeza.

Llegará exhausto, reciclado, refundado y refundido al año del mono de fuego.

Su asombro se encenderá a cada instante, pues el mago del zoo chino lo hipnotiza, seduce y convence, y logra domesticarlo y suavizar su carácter e ideas.

La sinergia del nuevo tiempo le inspirará para salir del ostracismo o de su vida bucólica, ermitaña y solitaria, y lo pondrá en el escenario en la comunidad de los hombres.

Su buena fe estará a prueba durante este año; las monerías, trampas y dobles mensajes lo apabullarán y, en vez de pelearse con todo el mundo, hará fluir su humor, su espíritu, y se dejará llevar por el rey de la selva.

El compromiso social, humano y solidario encontrará un rumbo definitivo en su existencia.

Después de un largo viaje interior su alma estará en paz.

Sentirá que no debe luchar más con los molinos de viento ni con los nibelungos; aceptará sus límites, su cansancio y obstinación y los transformará en arte, compromiso y búsqueda de un nuevo paradigma.

Debajo de su dura piel sentirá un cosquilleo que lo mantendrá enamorado y decidido a salir de una vida de rigor, maltrato y despotismo.

Buscará avatares, ayudantes, amigos de otra época para viajar como Lao Tsé por el mundo, predicando con el ejemplo y recuperando millas de entusiasmo.

El búfalo estará fuera de sí; estará desconocido, debido a la espontaneidad y el desapego hacia personas, inmuebles, negocios y la rutina que transitó durante toda su vida.

Tendrá una activa vida social en la comunidad y será líder de opinión.

Conocerá más gente en el año del mono que en el transcurso de toda su vida.

Levantará el cepo a exparejas, amantes y gente a quienes sometía laboralmente para darles libertad.

Se enamorará perdidamente y abdicará de su reino ante el estupor familiar y social.

Su buen humor resultará terapéutico: médium entre la enfermedad y la salud, promocionará su sabiduría con técnicas de meditación, yoga, *fitness*, pilates y masajes.

Estará radiante, extravertido, cariñoso, y contagiará con su espíritu solidario a quienes se acerquen.

Tendrá un fuerte dilema familiar: el nido vacío, una separación, un cambio de lugar, mudanza, o vivir fuera del país por razones políticas lo desestabilizarán emocionalmente.

Dentro del caótico año del mono la continuidad de la ayuda al prójimo será el motivo de su vida.

Mantenerse atento, ágil, liviano de equipaje es esencial para no deprimirse en los saltos cuánticos que vivirá durante el reinado simio.

Retornará a su lugar en el mundo, buscará aliados para echar raíces y comenzará una nueva vida inmerso en la naturaleza.

Los deportes y los pasatiempos serán parte de su nueva etapa de maestro y discípulo a la vez.

L. S. D.

El I CHING les aconseja:
8 Pi / La solidaridad (El mantenerse unido)

EL DICTAMEN
La solidaridad trae ventura.
Indaga al oráculo una vez más,
ve si tienes elevación, duración y perseverancia;
si es así no habrá defecto.
Los inseguros se allegan poco a poco.
El que llega tarde tiene desventura.

Es cuestión de unirse a otros, a fin de complementarse y de estimularse mutuamente mediante una solidaria adhesión. Para semejante solidaridad, es preciso que exista un centro en torno al cual puedan congregarse los demás. El llegar a ser centro para la solidaridad de los hombres, es un asunto grave que implica una gran responsabilidad. Requiere, en el fuero interno, grandeza, consecuencia y vigor. Examinese, pues, a sí mismo, quien desee reunir a su alrededor a otros, con el fin de cerciorarse si se halla a la altura de la situación; pues quien pretenda reunir a otros sin estar munido del sello que da una verdadera vocación, ocasionará una confusión mayor que si no hubiera tenido lugar unión alguna.

Pero donde existe un verdadero foco de unión, allí los inseguros, aquellos que al comienzo vacilan, van acercándose, paulatinamente, por sí mismos. Quienes llegan tarde sufrirán los perjuicios que ellos mismos se causan. También en el caso de la solidaridad se trata de caer en la cuenta de cuál es el buen momento, el tiempo justo. Los vínculos se establecen y se fortalecen de acuerdo con determinadas leyes internas. Los consolidan experiencias vividas en común, y el que llega tarde y ya no puede participar de esas fundamentales experiencias conjuntas, tendrá que sufrir, en su condición de rezagado, las consecuencias de encontrar la puerta cerrada.

Ahora bien, quien ha reconocido la necesidad de la cohesión y no siente dentro de sí la fuerza suficiente para actuar él como centro de la solidaridad, tiene el deber de unirse a otra comunidad organizada.

LA IMAGEN
Sobre la tierra hay agua:
La imagen de la solidaridad.
Así los reyes de tiempos antiguos otorgaban en feudo
los diferentes Estados y mantenían trato amistoso con
los príncipes vasallos.

El agua sobre la tierra rellena todas las cavidades y se adhiere firmemente. La organización social de la antigüedad se fundaba en este principio de solidaridad entre los dependientes y los soberanos. Las aguas confluyen por sí solas, porque las mismas leyes rigen el agua en todas sus partes. Así también la sociedad humana ha de mantenerse unida gracias a una comunidad de intereses por la cual cada uno ha de sentirse miembro de un todo. El poder central de un organismo social debe procurar que cada miembro encuentre su real interés en la solidaridad, como era el caso en la relación paternalista entre el Gran Rey y los príncipes vasallos de la antigüedad china.

El tránsito del Búfalo durante el año del Mono

PREDICCIÓN GENERAL

La primera mitad del año será de malos entendidos provocados por rumores. Habrá mucha energía fuego que aumentará la energía tierra del bovino, haciéndolo todavía más taciturno y fácil de manipular. Su cabeza cavilará mucho. Será un tiempo de despedidas.

Tiempo de reflexión y aprendizaje. Los búfalos que pasen de los sesenta años afianzarán su personalidad: será difícil que quieran cambiar de opinión, aprender nuevos trucos, comprender a los jóvenes.

Este año es mejor ser discretos y absorber toda la energía metálica posible de la segunda mitad del año, hacer mucho el amor del TAO, ver amaneceres y sacar partido a todas las conexiones profesionales.

Los búfalos de 2009 aún están por dar el salto cuántico, pero hay que cuidar que no se metan en conflictos con los tigres que tienen un año menos y que pasarán por primera vez su año Tsui Po —es decir su año opuesto complementario— y serán imposibles de controlar. Los pequeños búfalos tratarán de controlar a los alocados tigres y podrían salir heridos. Si quienes leen esto son padres o profesores de una clase con búfalos y tigres, por favor no se tomen su rebeldía en forma personal; traten de enseñar a los jóvenes a hacer las preguntas que les despertarán la curiosidad y así podrán llevar la cosa en paz.

ENERO

El mes del búfalo provocará un choque a nivel mundial que podría afectarle en lo personal. Cuidado: en el camino existe el riesgo de ganarse algunos enemigos. Este es un mes para relajarse, leer mucho y tal vez volver a visitar a un viejo amor. Se les ruega no desatender a sus familiares y amigos; una hora al día basta para no abandonarlos y que les permitan volver al mundo después; así no sufrirán sus reproches. Los pequeños de 2009 se verán muy distraídos, pero no hay que apresurar diagnósticos, y menos prescribirles drogas.

FEBRERO

El mes del tigre inaugura el año del mono, por lo tanto el búfalo estará confundido entre los beneficios del tigre y el desorden del mono. Por un lado hay oportunidad de amor, de comenzar alguna relación emocional estable o matrimonio. Deberá tener en la mente un contrato emocional bien redactado, ya que no es el mejor mes ni el mejor año para comenzar una relación amorosa, pues podría tener bases débiles o asentarse en una mentira. El mes se presenta propicio para leer, estudiar, trabajar y concentrarse en lo que aporte estabilidad económica.

MARZO

La energía del conejo absorberá la energía excedente de fuego, por lo tanto producirá aún más energía tierra, lo cual puede afectar mucho al búfalo y mantenerlo en una especie de encierro incómodo. En el caso de los pequeños de 2009 y los posadolescentes de 1997, eso podría provocar problemas en la escuela: posiblemente los de 1997 en particular se involucren en rencillas y protestas contra la autoridad. Los pequeños de 2009 podrían ser castigados por asociarse con chicos más traviesos.

ABRIL

El dragón que gobierna el mes de abril trae una tregua al alocado trote del búfalo, que sigue confundido por el año del mono. Es posible que este mes sea adecuado para desarrollar o aprender alguna habilidad nueva. El mes se presenta propicio para tratar de dejar de picar entre horas y comer dulces, visitar al médico o a un experto en nutrición y que le prepare una dieta equilibrada que no le mate de hambre y restaure el equilibrio; esto vale para todos los búfalos, ya que hasta los pequeños de 2009 estarán muy caprichosos y podrían tener un problema de obesidad.

MAYO

Habrá una combinación de fuego con la serpiente que rige el mes y eso puede hacer que pierda algo con lo que siente apego. En especial los búfalos de 1997 verán que es importante el servicio, pues están en una edad en que la solidaridad entra en sus vidas de manera natural. Los pequeños de 2009 podrían ingresar en los *boy scouts* o algún club, o comenzar alguna disciplina deportiva como la gimnasia olímpica o las artes marciales, para beneficio propio y de quienes les rodean. Esto podría también ayudar a los búfalos mayores.

JUNIO

Con la llegada del verano/invierno, el búfalo estará muy alocado. Será una combinación confusa, que dependerá de su situación emocional y la calidad de sus relaciones amorosas. Este mes habrá rupturas y engaños. Un período apto para las aventuras sin complicaciones.

Para el trabajo y la escuela, resultará un mes excelente, con mucha energía atractiva y muy útil para pedir un aumento o promoción. Atención con los precoces búfalos de 2009.

JULIO

El mes de la cabra se reforzará con el año del mono. Todavía no hay que cantar victoria. Mejor no realizar actividades importantes; nada de firmar papeles, cambiarse de casa o de colegio. Conviene relajarse, evitar cualquier confrontación... en pocas palabras: WU WEI, que significa «hacer sin esfuerzo». Si fuerzan las cosas podrían hasta hacerse daño en un tobillo o algo parecido. Para evitar problemas deberán reunirse con sus amigos cerdo y rata, ya que juntos se potencian.

AGOSTO

Probablemente quiera hacer todo lo que no pudo realizar durante los meses anteriores, pero es mejor hacer las cosas con calma. Este mes es de doble mono, quiere decir que el mes y el año son del mono, y por lo tanto el mundo entero se encontrará como en *shock*, pero el búfalo estará listo para organizar y servir como catalizador. Podrá ser el líder moral o de opinión aunque le cueste un poco explicar ante los demás lo que ha estudiado hasta el cansancio. Tendrá más energía, ya que el resto del año será mejor energéticamente.

SEPTIEMBRE

Este mes será excelente. Las energías del año del mono y la del mes del gallo traen una carga de trabajo fuerte pero bienvenida. Los chicos de 2009 podrían ser reconocidos en el colegio. Los demás búfalos estarán tan ocupados salvando al mundo entero, que no tendrán tiempo de pensar en tonterías, algo ideal para ellos. Algunos hasta podrían ver mejorar su salud con poco esfuerzo, así que aprovechen para poner en orden la casa por medio del FENG SHUI auténtico.

OCTUBRE

El mes del perro será el menos afortunado dentro de la temporada otoñal/primaveral, pero solo necesita organizarse bien y no dejar que se acumule el trabajo ni la tarea. Esto será difícil para las mujeres búfalo, ya que podrían sentir la necesidad de competir por la atención de alguien. Para ellas, se recomienda aprender a llevarse bien con otras mujeres, a ser más solidarias; después de todo, la envidia y los celos son ladrones de energía y a nadie le gusta envejecer prematuramente, lo cual es un efecto negativo en la energía del cuerpo.

NOVIEMBRE

El mes no es compatible con el año, por lo tanto los búfalos podrían ayudar con su capacidad de liderazgo ya renovada. Los de los años 1937 y 1949 no podrán evitar alguna mudanza o cambio importante a pesar de no tener ganas de modificar nada. WU WEI de nuevo: hay que hacer las cosas sin esfuerzo; a fin de cuentas, un cambio significativo en la vida podría ser una aventura maravillosa, como cambiar de dieta o aspecto, hacer más ejercicio. Como esto será inevitable, solo queda disfrutar lo que se pueda.

DICIEMBRE

Este mes es perfecto para aclarar malos entendidos y terminar las discusiones bizantinas. Hay que dedicarse a disfrutar en familia, más que nada si hubo cambios importantes durante el mes anterior. Los rebeldes búfalos de 1997 y los de 2009 se irán de vacaciones un poco a regañadientes; la escuela ha probado ser un reto y con tantas anécdotas de travesuras, los más jóvenes del rebaño se sentirán aburridos si no están haciendo cosas. Recordad búfalos: buscad la flexibilidad y el WU WEI. Felices fiestas.

Predicciones para el Búfalo y su energía

Búfalo de Madera (1925-1985)

Su amigo incondicional, el mono, le ayudará a crecer espiritualmente para atravesar el tsunami del nuevo tiempo.

Estará decidido a emprender un viaje sin consultarle a nadie el tiempo ni el lugar.

Comenzará una etapa de estudios, de trabajos humanitarios en ONG, Cruz Roja, dispensarios y escuelas, y será el jefe y guía en los momentos de incertidumbre.

Año de cambio, desde el ADN hasta el aspecto, el FENG SHUI y las relaciones afectivas.

Búfalo de Fuego (1937-1997)

Etapa de cambios inesperados y nuevos horizontes para vivir.

El reencuentro con un amor, una amiga o un socio le llevará a trabajar en su oficio o vocación en la comunidad de los hombres.

Se enamorará, volverá a compartir filosofía y tacones de aguja entre sus nuevos amigos del TAO.

Recibirá una herencia o regalo inesperado que le ayudará a tener el I-SHO-KU-JU (techo-vestimenta y comida) y un amor como el de *las mil y una noches*.

Búfalo de Tierra (1949-2009)

La llegada del año chino le llenará de energía, buen humor, cambios en el amor y en la relación con su familia.

Su mayor deseo será viajar y transmitir su conocimiento a través de su vocación.

Estará rodeado de artistas, filósofos, músicos, amigos que le inspirarán para recuperar la autoestima, la solidaridad y el trabajo en equipo.

Su ritmo será a los saltos; dejara hábitos, costumbres, y se adaptará a las reglas del juego del tiempo simio.

Un gran amor le transportará a nuevas formas de vivir sin dar explicaciones de horarios ni de sus actividades.

Estará abierto a escuchar consejos antes de actuar y de acompañar a la constelación familiar con interés y respeto.

AÑO DE GRAN TRANSMUTACIÓN Y PLENITUD.

Búfalo de Metal (1901-1961)

El grito de Chita en la selva lo sacudirá desde las pezuñas hasta los cuernos y emprenderá un viaje para fortalecer sus siete cuerpos y chakras.

Sentirá ganas de rebelarse, soltar el control remoto de personas y lugares y seguir la voz de su corazón.

Se vinculará con maestros, gente de otras culturas, y aprenderá un nuevo idioma.

Su pasión por el arte y el conocimiento lo llevará hacia nuevos horizontes.

Aceptará el nido vacío, la renovación en el amor y la llegada de un tiempo de elecciones profundas y desinteresadas.

Escuchará el canto de los pájaros, hará ceremonias en solsticios y equinoccios y trazará el GPS de su nueva vida.

Fortalecerá sus siete cuerpos y sentirá que puede vivir en comunidad sin quejarse de diferencias y de las condiciones de hábitat.

Dejará la armadura y como Diógenes se quedará al sol desnudo, con un cuenco para beber agua del río y fluir.

AÑO DE NUEVOS PARADIGMAS EN SU COSMOVISIÓN.

BÚFALO DE AGUA (1913-1973)

El aprendizaje del año de la cabra lo mantendrá alerta y muy activo para participar en la comunidad de los hombres.

Se rebelará y dejará las actividades rutinarias para el año del gallo.

Una propuesta causal para viajar al extranjero será la llave para reencontrarse consigo mismo.

Sentirá deseos de ser parte de un grupo de ayuda espiritual, humanitaria o social que le requerirá dedicación a tiempo completo.

Su corazón estará atento a las señales en la selva.

No se mantendrá atado a nadie que no le conmueva o le cause admiración.

La buena letra y las promesas serán reemplazadas por la curiosidad y las aventuras en las que será protagonista de una historia de novela o ciencia ficción.

AÑO DE FUERTES CAMBIOS EN SU VIDA EMOCIONAL QUE LO LLEVARÁN HACIA OTROS ENCUENTROS HIPERREALISTAS.

L. S. D.

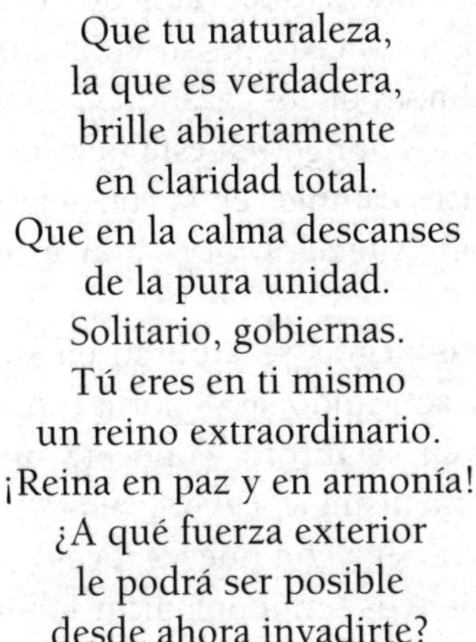

Que tu naturaleza,
la que es verdadera,
brille abiertamente
en claridad total.
Que en la calma descanses
de la pura unidad.
Solitario, gobiernas.
Tú eres en ti mismo
un reino extraordinario.
¡Reina en paz y en armonía!
¿A qué fuerza exterior
le podrá ser posible
desde ahora invadirte?

HAN SHAN

Predicciones preventivas para el Tigre basadas en el I CHING, la intuición y el bazi

El gran desafío del tigre durante el año de su opuesto complementario, el mono, será poner a su favor los obstáculos, las trabas, los impedimentos que acumuló en los últimos tiempos para fluir dentro de la jungla ante lo inesperado.

Las buenas intenciones serán premiadas en cada aspecto de su vida.

La leyenda mítica cuenta que el mono puso en ridículo al tigre cuando debía rendir examen ante el Emperador de Jade.

El felino no olvida esta acción simia y será constante la relación dual de amor-odio, admiración-envidia, confianza-desconfianza entre ambos.

En el año caprino, el tigre empezó su carrera para sorprender al mono y descolocarlo.

Lo logró, pero para el simio la lealtad es el pan nuestro de cada día, y en un año donde los valores están fuera de moda, y los negocios son ilícitos, el tigre estará a prueba con su conciencia minuto a minuto para no caer en las trampas de los cazadores, estafadores y cínicos que se reproducirán como los hongos en este tiempo.

El tigre tendrá fuertes cambios en la constelación familiar.

Su devoción, cuidado, atención y PRANA invertido en el zoo cerrarán un ciclo liberador.

De pronto sus rayas negras se diluirán en su aterciopelada piel y retozará en la selva practicando su deporte o pasatiempo favorito, se distenderá pensando en su futuro, conocerá nuevos amigos, tendrá flechazos, pasiones, practicará *EL TAO DEL AMOR Y DEL SEXO* y renovará su ADN, pelaje, *look* y FENG SHUI con nuevas ideas y creatividad.

Sus principales objetivos serán organizar la nueva estructura familiar, refundar su oficio o profesión con tiempo para el ocio creativo, dejarse influenciar por otras culturas y quedarse un tiempo en el extranjero difundiendo su conocimiento, arte y profesión.

El tigre puede ser el primer escolta del mono si está libre de segundas intenciones y cumple su tarea con profesionalidad y perfil bajo.

Tendrá ganas de dar un salto cuántico en su patrimonio; ojo, mida las consecuencias de «el fin justifica los medios».

No se deje tentar por los falsos profetas, gurús y gente sin aptitudes. Recuperar la inocencia es un signo de buena suerte para el I CHING.

Las intenciones claras y sin especulaciones serán premiadas por el simio; deberá rendir diezmo y tributo a quien le otorgue los beneficios.

El tigre se enfrentará en combates y persecuciones desleales; será un año de muchos cambios sociales, políticos y económicos en el país y en el mundo y, al estilo de Fidel con la revolución cubana, tendrá ganas de luchar por la libertad y la justicia.

Renacerá el espíritu rebelde, el de Robin Hood, entre sus hermanos, amigos y compatriotas.

En su pecho sentirá un nuevo sol que le guiará con inocencia hacia su destino.

Estará abierto al amor, a salvar una relación que agoniza o a seguir célibe por el planeta, sin compromisos.

LA INOCENCIA será observada por el gran espíritu que le alertará con señales cósmicas para que no se desvíe.

El tigre tendrá una lucha interna con él mismo.

Tal vez el desapego, el salir de su ego u ombligo le hará más domesticable y cariñoso.

Deberá dejar de preocuparse por los problemas que no son suyos, hacer constelaciones familiares o técnicas de autoayuda para no perder el centro, el foco, los objetivos pequeños que son los cimientos de su nueva construcción espiritual.

Y practicar la diplomacia, los buenos modales y resucitar su sentido del humor y espíritu lúdico.

Año de cambios profundos que marcarán la próxima década con entusiasmo.

L. S. D.

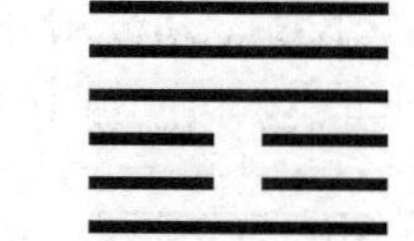

El I CHING les aconseja:
25. Wu Wang / La Inocencia (Lo Inesperado)

EL DICTAMEN
La Inocencia. Elevado éxito.
Es propicia la perseverancia.
Si alguien no es recto tendrá desdicha,
y no será propicio emprender algo.

El hombre ha recibido desde el Cielo su naturaleza originalmente buena, inocente, con el designio de que esta lo guíe en todos sus movimientos. Al entregarse a esta índole divina que tiene dentro de sí, alcanza el hombre una límpida inocencia, la cual, sin segundas intenciones en cuanto a recompensas y ventajas, hace sencillamente y con instintiva certeza lo que es correcto. Esta certeza instintiva obra elevado éxito, y es propicia mediante la perseverancia. Pero no todo es naturaleza instintiva en ese elevado sentido de la palabra, sino que lo es tan solo lo correcto, aquello que concuerda con la voluntad del Cielo. Sin observar lo correcto en este sentido, un modo de obrar instintivo e irreflexivo tan solo acarreará desgracia. El Maestro Kung dijo al respecto: «El que se aparta de la inocencia, a dónde irá a llegar? La voluntad y la bendición del Cielo no acompañan sus acciones».

LA IMAGEN
Bajo el cielo va el trueno:
Todas las cosas alcanzan el estado natural de la inocencia.
Así, ricos en virtud y en correspondencia con el tiempo,
cultivaban y alimentaban los antiguos reyes a todos los seres.

Cuando el trueno —la energía vital— vuelve a agitarse bajo el cielo durante la primavera, todo brota y crece y todas las criaturas reciben de la naturaleza creadora la inocencia infantil de la esencia primigenia. Así obran también los buenos gobernantes de los hombres: con la riqueza interior de su ser cuidan ellos de todo lo que vive, y de toda cultura, y realizan a su debido tiempo todo lo que es necesario para su cultivo.

El tránsito del Tigre en el año del Mono

PREDICCIÓN GENERAL

El tigre necesita prepararse para lo que venga en su año opuesto o Suì Pò 歲破. No es una fiera que se deje llevar fácilmente; al final, prefiere destruir y reconstruir lejos de todo. Este año podría cortar con su *Kali Yuga* (ciclo destructivo) personal y afrontar los defectos que todos sabemos que sí tiene y que el felino no puede aceptar.

Este año todos los tigres que viven en este ciclo terrestre, sin importar su edad, condición social o salud, estarán sometidos a la voluntad juguetona del mono, razón por la cual es mejor dejarse llevar, y probablemente eso los coloque en otros lugares. El año prevé viajes, mudanzas, cambios, rupturas, reconciliaciones. Si tan solo dejara de enfadarse por cada tirón de cola, el tigre lo pasaría mejor y hasta tendría al mono quitándole las pulgas.

La primera mitad del año será más sencilla debido a que la energía fuego le traería algunas oportunidades y muchas atenciones en el aspecto social. Estará guapo y *sexy*, pero la salud no será la mejor, sobre todo la salud visual, y en el caso de los tigres ya mayores, podrían tener problemas con la presión sanguínea o el hígado debilitado, para lo cual les recomendamos que vean a un médico alópata que sepa de medicina tradicional china.

En la segunda mitad del año comenzarán los verdaderos retos; pero si el tigre permanece flexible, podrá sacarle partido al año entero. Como reza el dicho: «el que se enoja, pierde» y ese será el foco de su evolución durante el año del mono: mantener el corazón caliente y la cabeza fría.

ENERO

Aún sigue bajo los mimos de la cabra. Si bien ha estado distraído y ha tratado de hacerse el distraído, presiente que este mes es solamente una tregua.

Como siempre cuando se trata de superar las pruebas del signo que le produce Suì Pò 歲破, la única manera de enfrentarse a lo que venga es juntándose con sus amigos, el perro y el caballo. Si los tres se organizan desde el inicio del año podrán sortear los retos que se avecinan.

La clave está en ponerse de acuerdo antes de que el mono le caiga encima con toda su energía.

FEBRERO

Con el mes del tigre viene el año del mono, y es la energía fuego la que va a levantarse con más fuerza durante la primera mitad del año; con particular fuerza a partir de este momento, por lo tanto el tigre podría sentir que de pronto le dejan caer una tonelada encima.

Si tuvo cuidado de no comer en exceso durante las fiestas navideñas, este mes gozará de buena salud. Cuidado, inclusive los pequeños tigres de 2010 podrían haber sumado unos cuantos kilos de más, y eso les traerá problemas de salud. La actividad física será su amuleto.

MARZO

Este mes de conejo querrán hacerse un ovillo y no salir de casa. Eso se debe al exceso de fuego en el ambiente. Los problemas pueden variar según la edad y los más vulnerables serán los niños de 2010 que serán precoces; se pide a padres y profesores que vigilen a esta generación de niños que van a entrar en primaria. También los tigres de 1998 estarán desatados. Los adultos deberán poner la pasión en el lugar donde va. El fuego en la chimenea es delicioso, pero el fuego en todo el vecindario se convierte en una tragedia.

ABRIL

Pasada la locura del mes del conejo, el mes del dragón viene a cerrar con broche de FUEGO el primer trimestre del año chino. Los tigres de 1962 sentirán por primera vez en sus vidas que les pesa la edad, y no lo van a poder creer. Los tigres de 1974 en adelante tendrán algunos choques con las autoridades. Tienen que aprender a llevar las cosas con calma para no arruinar el resto del año. Los niños de 2010 y los adolescentes de 1998 seguirán rebeldes y no se ve cuándo van a parar.

MAYO

Este mes será kármico. Comenzará a pagar lo que hizo en otras vidas, sin importar lo recto o moral haya sido en esta vida. Empezará a sentir el rigor del año del mono que se va a emparejar con la serpiente. Ese sentimiento está ligado con un agotamiento de la energía madera por acción del fuego. Se volverá agresivo. Para controlar esto puede usar la tristeza, que está ligada al metal, y se puede curar leyendo novelas melodramáticas o viendo culebrones junto a una caja de pañuelos de papel.

JUNIO

El mes del caballo va a calmar un poco al tigre nuclear con toneladas de tarea y trabajo, pero también con arte, música, mimos y comida. Este mes será muy entretenido y posiblemente el mejor del año. Solo deberá tener cuidado con la organización porque, si no lo hace, la siguiente mitad del año le desbordará y no le será posible ponerse al día hasta... vaya, posiblemente hasta que se acabe el año del mono y el del gallo. A partir de ahora comenzarán los cambios de residencia o de trabajo.

JULIO

El mes de la cabra será más benévolo. La combinación de energía que forman el tigre con el mono y la cabra es tranquila. Tal vez no sea el mejor, financieramente hablando, pero es un buen momento para revaluar las metas y acciones a seguir durante este año, para reflexionar e iniciar cualquier tipo de terapia de psicoanálisis o alguna disciplina como tai chi chuan o yoga y meditación. Los tigres adolescentes estarán más tolerantes, algo que hay que aprovechar. Pero no tiene que distraerse, aún es su año opuesto. Cuidado.

AGOSTO

Como decíamos en la introducción a estas predicciones, el mes del mono en el año del mono se podrá vivir, siempre y cuando el tigre aprenda a ser flexible y se dé cuenta de que no siempre tiene la razón. Si se resiste a las lecciones de amor, ética y moral, no gozará del aprendizaje y las recompensas que vengan. Este mes le pondrá a prueba hiriendo lo que más aprecia; eso cada quien tendrá que analizarlo con calma, ya que para unos podría ser doloroso que le ganen en una competición y a otros les dolería perder una posesión.

SEPTIEMBRE

El mes del gallo presenta una extensión benévola en este año. El mono ha sido como el maestro chino, el Sifú que obliga a su discípulo a aprender a hacer el Puño de Hierro a punta de golpes sangrientos. En cambio, el gallo es el otro lado del Sifú, el que le enseñará el Wu Shu, las cinco artes, por medio de la observación. El mes del gallo será un tiempo para observar y aprender a través del juego lo que es ser flexible. Con ayuda del gallo que rige el mes de septiembre será más sencillo que logre vivir, crecer, perdonar y ser perdonado.

OCTUBRE

El mes del perro será de ayuda para sanar lo que haya sido malherido durante los meses anteriores. Todos estarán sumamente creativos. Sacarán a relucir sus capacidades artísticas y científicas para beneficio de la gente que les rodea. Este es un mes que se puede aprovechar para perfeccionar alguna habilidad —sin arriesgarse físicamente—, un mes para revaluar actitudes propias y ajenas, sin modificar más que los propios defectos de carácter con ayuda de alguna terapia o disciplina.

NOVIEMBRE

El mes del cerdo renovará la energía madera que se había agotado con tanto fuego y metal. Esta energía traerá de vuelta al tigre furibundo que todos conocemos, pero estas fieras, salvo los tigres de 2010 y 1998, serán más templados, enfocarán su rebeldía en causas ordenadas. Los tigres que sacarán más provecho de este mes y del aprendizaje general del mono son los de 1938 y los de 1950, porque ya conocen todas las jugadas del mono y son como los árboles milenarios, que no se queman con tanta facilidad en los incendios.

DICIEMBRE

El mes de la rata le traerá algunos sobresaltos al tigre. Apenas se estará reponiendo de meses anteriores, pero la rata lo pondrá a trabajar fuera de temporada. No será un mes para apostar dinero, ni siquiera para prestarlo. Tampoco es un mes para experimentar con nada nuevo ya que se prevén accidentes; corre el riesgo de pasar el mes con algún hueso roto o castigado en su cuarto. Aún faltan dos meses para terminar el año del mono, por lo cual es preferible que se tranquilice y evite meterse en discusiones hasta en internet, porque podría perder lo único que le queda: su reputación.

Predicciones para el Tigre y su energía

Tigre de Madera (1914-1974)

Sentirá que tiene alas debajo del pelaje y emprenderá un nuevo ciclo en su vida.

El amor será el motor para decidir sus prioridades: grandes propuestas golpearán su MSN, mail o chat para convencerle de dar un salto cuántico al otro extremo del *planeta de los simios.*

Una relación que surgió desde el tantra se definirá con la llegada de monitos al hogar.

Matizará el ocio creativo con cacahuetes, plátanos, despedidas en la constelación familiar y un contrato laboral memorable.

Tigre de Fuego (1926-1986)

Romperá con lazos tóxicos y con mandatos, y será el líder en la selva con la manada.

Estará abierto a cambios profundos en la elección de un nuevo oficio, profesión y vocación.

La pasión le llevará por nuevos rumbos: cambio de domicilio, etapa nómada y aventuras del Discovery Channel.

Sentirá la llamada de Chita en la selva y la seguirá «caiga quien caiga».

Un fuerte aprendizaje de equilibrio entre razón y pasión será lo que deberá cursar durante la edad de la inocencia sin desviarse del TAO.

Tigre de Tierra (1938-1998)

El año del mono le brindará honores, premios y reconocimiento a su trayectoria, humanidad y generosidad.

Sentirá la fuerza vital para emprender un cambio de ciclo en su vida; los estímulos serán desde lo imaginario hacia lo cotidiano.

Fluirá un manantial inagotable de prana, ideas, inspiración, que concretará a través de su buena relación con la comunidad de los hombres.

Pondrá límites a una relación simbiótica y sentirá que la pasión renace en su búsqueda insaciable de amor, sexo y *rock and roll.*

AÑO DE CIENCIA FICCIÓN Y MAGIA.

Tigre de Metal (1950-2010)

Tiempo de revancha y de alineación y equilibrio existencial.

El mono le pondrá en un nuevo escenario familiar y tendrá que resolver situaciones inesperadas en lo afectivo y en lo económico.

Surgirán nuevas formas de gobernar: buscando diálogo, propuestas, e integrando a sus íntimos enemigos.

Año de reformulación de valores; la agitación exterior lo mantendrá alerta, en buen estado físico y mental para dar un zarpazo cuando llegue el *gong*.

AÑO DE BÚSQUEDA ESPIRITUAL Y VIAJES INICIÁTICOS.

Tigre de Agua (1902-1962)

El tigre se dirá a sí mismo «Solo sé que no sé nada».

Cambios inesperados, estados ciclotímicos, búsqueda de nuevos rumbos en la profesión y en la vocación serán recompensados con honores.

En la constelación familiar habrá cambio de roles: tendrá que asumir nuevas responsabilidades y dejar que actúe el WU WEI (no acción).

El amor actuará como cable al cielo y a la tierra.

Renacerán la pasión, el idealismo, la autoestima y la inocencia.

Viajará sin billete de vuelta y dejará en cada puerto amigos, examantes, futuros cónyuges que esperarán su regreso.

Los amigos de la juventud lo agasajarán y le propondrán una sociedad en la que podrá plasmar sueños, utopías, y ser guía en una nueva cosmovisión del *planeta de los simios*.

Ordenará asuntos legales y mundanos y desarrollará nuevas técnicas de solidaridad en la comunidad de los hombres.

AÑO DE PROFUNDOS CAMBIOS EN SU INSACIABLE BÚSQUEDA DE JUSTICIA Y LIBERTAD.

L. S. D.

Aquel que no hace flores,
se dice que hace espinas.

HAN SHAN

Predicciones preventivas para el Conejo basadas en el I CHING, la intuición y el bazi

En estos días apareció Andy, mi amiga coneja con la que compartimos los viajes a las rutas mayas hace un katún.

Esa experiencia nos cambió la vida a ambas: ella se enamoró de un búfalo arqueólogo y formó una familia en Tilcara, y siguió, al estilo conejo, hilando con las hijas de la luna, mantas, ponchos y alfombras que son obras de arte.

Mi vida ya la conocen: continúo escribiendo los anuarios chinos, poesía, y participo desde hace doce años en la Fundación Espiritual de la Argentina en Traslasierra, donde vivo, mientras crío perros, gatos y río cuando la luna está llena frente a mi ventana, con el conejo que me guiña sus ojos para seguir inspirada.

En el inicio del invierno soy una mujer entre los humos de la estufa.

Necesito estar templada por dentro y por fuera para emitir buenas vibraciones como los gatos.

El año del mono es para el conejo un tiempo de sinceridad y búsqueda de la verdad interior.

OMOMOM.

Sabe que al mono le gusta vivir conectado con un cable a la tierra y otro al cielo simultáneamente y no «interferir en el karma ajeno». Y el conejo adora entrometerse en la vida de todo el mundo y olvidar los deberes que tiene que hacer consigo mismo.

La admiración mutua que se tienen pondrá a prueba al conejo para demostrarse a sí mismo que el *gong* le llegó.

No puede escaparse a la selva; el mono lo vigilará desde lo alto de la ceiba*.

Es cierto que la suerte de la que goza este triple inmortal (gato, liebre o conejo) es causa de envidia del zoo chino.

Sus virtudes siempre caen bien, y cuenta con refinamiento, sensibilidad, humor e intuición que lo alertan para no caer en la trampa y logra salirse con la suya en todas las ocasiones.

---

* Árbol americano bombacáceo, de 15 a 30 m de altura, de tronco grueso, ramas rojizas, flores rojas tintóreas y frutos de 10 a 30 cm de longitud, que contienen seis semillas envueltas en una especie de algodón.

Su buena predisposición al diálogo, a los lugares cálidos y confortables es apreciada por el prójimo.

Sabe crear magia en cada cita y llevar de las narices a su presa: menos al mono, quien le pondrá a prueba en cada encuentro.

Algunos conejos tienen una situación familiar tan traumática que a veces prefieren huir a miles de años luz para no saber nada de sus parientes.

Otros, en cambio, adoran los domingos clásicos en familia, las bodas, los bautizos, los cumpleaños, y celebran el privilegio de ser el director de orquesta familiar que les divierte y les da su cariño.

¿¿PLACER??

A veces el conejo se mete en situaciones sadomasoquistas y no puede salir de ellas.

El I CHING les aconseja que se pongan al servicio de los inferiores para darles su sabiduría, pues sin entrar en conflicto o situaciones peligrosas se puede llegar a la psiquis del otro.

Liviandad del ser, gracia, sintonía y sinergia para lograr lo que tanto quieren en la vida.

El año del mono les ofrecerá un abanico de oportunidades: cambios de casa, viajes a países remotos, sociedades con y sin fines de lucro, reuniones con amigos, cursos y seminarios que les abrirán nuevos portales galácticos donde fluirán con el TAO.

Pero en cada rincón, propuesta, escenario, habrá trampas y vicios ocultos.

El tiempo lo necesita despejado, médium de los mensajes proféticos para decodificar en la tierra, y libre de segundas intenciones.

La energía del cambio del año le mantendrá muy estimulado, vivaz, alegre, *sexy*, inventivo y más generoso de lo que habitualmente es.

LA VERDAD INTERIOR es un hexagrama con mensajes claros, y si escucha al sabio I CHING el conejo alcanzará el SATORI.

L. S. D.

El I CHING les aconseja:
61. Chung Fu / La Verdad Interior

EL DICTAMEN
Verdad interior. Cerdos y peces. ¡Ventura!
Es propicio cruzar las grandes aguas.
Es propicia la perseverancia.

Los cerdos y los peces son los animales menos espirituales y por lo tanto los más difíciles de ser influidos. Es preciso que el poder de la verdad interior haya alcanzado un alto grado antes de que su influjo alcance también a semejantes seres. Cuando uno se halla frente a personas tan indómitas y tan difíciles de ser influidas, todo el secreto del éxito consiste en encontrar el camino adecuado para dar con el acceso a su ánimo. En primer lugar, interiormente hay que liberarse por completo de los propios prejuicios. Se debe permitir, por así decirlo, que la psiquis del otro actúe sobre uno con toda naturalidad; entonces uno se le acercará íntimamente, lo comprenderá y adquirirá poder sobre él, de modo que la fuerza de la propia personalidad llegará a cobrar influencia sobre el otro a través de esa pequeña puerta abierta. Cuando luego ya no haya obstáculos insuperables de ninguna clase, podrán emprenderse aun las cosas más arriesgadas —como la travesía del agua grande— y se obtendrá éxito. Pero es importante comprender en qué se funda la fuerza de la verdad interior. Esta no se identifica con una simple intimidad o con una solidaridad clandestina. Vínculos íntimos también pueden darse entre bandidos. También en este caso significa, por cierto, una fuerza. Pero no es una fuerza venturosa puesto que no es invencible. Toda asociación basada en intereses comunes solo puede llegar hasta un punto determinado. Donde cesa la comunidad de intereses, también termina la solidaridad, y la amistad más íntima se transforma a menudo en odio. Tan solo allí donde lo correcto, la constancia, constituye el fundamento, la unión seguirá siendo tan sólida que triunfará del todo.

LA IMAGEN
Por encima del lago está el viento:
La imagen de la verdad interior.
Así el noble discute los asuntos penales,
con el fin de detener las ejecuciones.

El viento mueve el agua porque es capaz de penetrar en sus intersticios. Así el noble, cuando debe juzgar faltas cometidas por los hombres, trata de penetrar en su fuero interno con gran comprensión para formarse un concepto caritativo de las circunstancias. Toda la antigua jurisprudencia de los chinos tenía por guía esa idea. La más elevada comprensión, que sabe perdonar, se consideraba como la más alta justicia. Semejante procedimiento judicial no carecía de éxito; pues se procuraba que la impresión moral fuese tan fuerte como para no dar motivos de temer abusos como consecuencia de tal falta de rigor. Pues esta no era fruto de la flaqueza, sino de una claridad superior.

El tránsito del Conejo durante el año del Mono

PREDICCIÓN GENERAL

Es raro que un conejo se asocie o comience una relación de cualquier tipo con un mono. No pululan por los mismos círculos. Por ese motivo, solo algunos conejos sabrán qué está pasando y podrán manejar lo que viene. El año del mono le traerá al conejo una sorpresa desagradable tras otra, con pequeños períodos de tranquilidad que no serán fáciles de afianzar; la supervivencia de su especie dependerá de su capacidad de adaptarse a lo que ocurra durante los días que siguen al 8 de febrero, comienzo del año del mono.

El conejo, que es un ser de pradera o de bosque, tendrá que pasar un año entero en la jungla. Puede, de verdad, acabar en el estofado. Entonces sin lugar a dudas hay que ponerse de acuerdo con familiares y amigos para no perder de vista ninguna oportunidad y equilibrar las energías.

ENERO

El año de la cabra aún no termina, y el mes del búfalo es difícil. Una de las características de la energía es una especie de lealtad cuando se junta con la energía «amiga»; en este caso, la energía de la cabra y la del conejo son energías compatibles y hacen equipo cuando se topan con energías no compatibles. El conejo puede controlar la energía del búfalo mejor que la cabra y pasará solamente un mes incómodo, pero es posible que personas que no pueden manejar sus necesidades emocionales busquen al conejo para pedir consejo constantemente aunque el conejo no esté del todo estable.

FEBRERO

Es posible que comience una racha de incidentes negativos. Para evitar esas situaciones, tiene que hacer oídos sordos a las críticas y realizar actividades de carácter espiritual y deportes. Puede reafirmar lazos con viejos amigos y con familiares que permanezcan leales.

La salud estará regular, incluso entre los pequeños conejos de 2011, ya que son muy sensibles a la energía exterior.

MARZO

Podrá moverse a sus anchas durante un período corto y se sentirá bendecido porque estará tan ocupado que no tendrá tiempo para pensar en tonterías. Eso se debe a que durante los meses de la primavera y el verano en el Norte y del otoño y el invierno en el Sur, la influencia de la energía fuego será muy fuerte, pero esa influencia se convertirá en energía agua al llegar el otoño. La energía fuego ayuda al conejo a hacer más atractiva su energía y con eso provoca que la gente le dé más oportunidades de trabajo, así como atenciones, además de hacer más dulce su carácter.

ABRIL

El conejo no siempre lleva las de ganar con el dragón cuando se trata del mes en curso, a diferencia de su afinidad con la gente de este signo. En la vida cotidiana ese choque se expresa por medio de pequeños accidentes y rencillas. Esto se remedia practicando algún deporte o disciplina que le acerque a la naturaleza, como acampar, hacer montañismo y dar largas caminatas a campo abierto. Eso ayudará a poner en orden los pensamientos y las estrategias para seguir adelante.

MAYO

El mes de la serpiente da inicio a la temporada de fuego. Existe la oportunidad de viajar, aunque deberá tener cuidado con las leyes de los lugares adonde vaya. En el año del mono, las asociaciones energéticas entre el mono, la serpiente y el tigre son fatales para los que tengan la mala pata de ponerse en medio, por lo que es necesario no hacer nada ni remotamente arriesgado. Los conejos de 2011 estarán irritables y torpes. Es un buen momento para mostrarles distintos tipos de pasatiempos que no requieran salir de casa.

JUNIO

El mes del caballo va a ayudar a levantar el ánimo de los conejos, y entonces ellos estarán tan bien, que por un momento se olvidarán de los peligros que encierra el año del mono. En el amor se sentirán confundidos; con el dinero estarán motivados, pero en general será necesario que evalúen sus privilegios y vean que la vida les ha dado beneficios que no han sabido reconocer. Si asumen eso, resultará más fácil aceptar las bendiciones y perdonar a los que les han agraviado de algún modo u otro.

JULIO

Necesita cuidar su dieta. Eso parece difícil y, si le quedan dudas, puede consultar con un médico especializado. Esto pasa porque la energía del mes de la cabra y las energías del año, más el ego del conejo, producen energía tierra, y esa energía pierde su equilibrio fácilmente y afecta así a todo su metabolismo. Si sumamos la energía fuego que transita en este año, tenemos problemas de circulación y agotamiento de la energía *yin* en los riñones. Los conejos de 1987 serán susceptibles a subir de peso, y los de 1939 y 1951 se sentirán débiles.

AGOSTO

El conejo sentirá que todos estarán divirtiéndose a su costa. Deberá poner especial cuidado en su integridad física, evitando cualquier deporte o actividad de alto riesgo. Este es un mes para aprender algún pasatiempo nuevo, para hacer ejercicio moderado y comer cosas saludables hechas en casa, así que si planeaban comer pez globo en Tokio o mariscos en el mercado más escondido de alguna ciudad lejos del mar, mejor deje ese tipo de aventuras para otro mes o preferiblemente otro año.

SEPTIEMBRE

El gallo es un aliado del mono y el conejo no tiene fuerzas para enfrentarse a los dos al mismo tiempo. No puede ser osado en el trabajo, sobre todo los conejos que trabajan en profesiones peligrosas. Sería bueno que se tomaran un mes sabático, aunque hacerlo el año entero sería mejor. Los conejos de 2011 estarán muy curiosos y tal vez se dejen llevar por las ocurrencias de los tigres de 2010, que son sus contemporáneos. Por seguirles la corriente podrían ser castigados, así que hay que inculcarles una gran independencia emocional y premiarles las buenas acciones.

OCTUBRE

El conejo vivirá una tregua energética durante el mes del perro, ya que este signo no significa riesgo alguno e inclusive es terreno fértil para su imaginación. No será raro que algún conejo de 1999 comience a escribir poesía o ficciones mágicas. Es importante impulsar a los conejos sin pensar en la edad que tienen; las rachas de creatividad son bienvenidas por todos. El despertar de conciencias que comenzó en el año del dragón está abriéndoles las puertas a los más artísticos del zodíaco, y el conejo está entre ellos. ¡Hay que aprovechar esta tregua!

NOVIEMBRE

El mes del cerdo hará que su salud mejore, en especial la de los conejos nacidos en los años 1939, 1951 y 1963. Los demás conejos serían capaces de continuar con sus proyectos con más energía, lo que probablemente desquiciará a los padres de los gazapos de 1999 y de 2011. Estos jóvenes podrían experimentar un enamoramiento fugaz y también ganas de comenzar a comerse el mundo. Pero por mucho que se sientan como una liebre loca, es mejor que sigan esperando y que se recuperen del todo ya que todavía hay posibilidades de que sean regañados y puestos bajo estricta vigilancia.

DICIEMBRE

El mes de la rata aumenta la energía romántica y aún se sentirán con la motivación suficiente para enamorarse de cualquier persona o ideal que se les ponga enfrente. Deben ser muy selectivos y no arriesgarse, o sufrirán mal de amores. Este mes es para disfrutarlo en familia, recomponer viejas amistades, comprar regalos, sin excederse con las tarjetas de crédito, y buscar más motivos para sonreír en medio del caos provocado por el mono.

¡Felices fiestas, Conejo! Lleva tus asuntos con calma y verás que sobrevives el resto del año con las orejas bien plantadas sobre la cabeza.

Predicciones para el Conejo y su energía

Conejo de Madera (1915-1975)

Durante este año resolverá problemas que le quitaban el sueño.

Ordenará el zoo, conseguirá un trabajo afín con su vocación y tendrá ganas de mudarse cerca del mar o a algún lugar que conoció por casualidad.

Su humor oscilará como un péndulo.

Guiará su vida por sus amuletos de la buena suerte; amigos, pareja o su mascota.

Entablará una relación platónica con un maestro que le abrirá nuevos horizontes y posibilidades de cambios en su vocación.

Conejo de Fuego (1927-1987)

Tendrá un año de cambios reales y palpables en su vida.

El amor, los hijos, la pareja serán el pilar fundamental para proyectarse a corto, medio y largo plazo.

Su capacidad laboral encontrará eco y recibirá una oferta que le hará que tiemble el suelo bajo sus pies.

Cambios profundos en su psiquis le darán el empujón para poner en orden desde la constelación familiar hasta los ratones de la casa.

Su crecimiento será palpable interior y exteriormente.

DEBERÁ CUIDARSE DE LAS TRAICIONES DE LOS QUE LE ENVIDIAN Y SER MÁS ASTUTO ANTES DE HABLAR.

Conejo de Tierra (1939-1999)

La verdad interior será el motivo de su búsqueda durante el año del mono.

A través de ayuda terapéutica, cursos, seminarios de registros akáshicos y de constelaciones laborales encontrará la llave para tener paz, armonía y sustento.

Los mecenas golpearán su puerta para ofrecerle el oro y el moro.

Tendrá que estar atento a las bendiciones disfrazadas.

AÑO DE JUEGOS PROHIBIDOS Y CONSECUENCIAS.

Conejo de Metal (1951-2011)

Antes de sentir los aullidos simios en la selva buscará tener relaciones diplomáticas para salir bien parado y no ser buscado por acreedores, exparejas y *hackers*.

Su talento brillará en el cénit; será reconocido, premiado, invitado a participar en otros países en los que desplegará su encanto, *glamour* e inteligencia.

Estará abierto a nuevos encuentros afectivos: una relación del pasado volverá, o tendrá que acostumbrarse a lamerse solo las heridas.

Año de reencuentro familiar, viajes y orden en el plano legal: herencias, sucesiones y sociedades se disolverán como pompas de jabón.

¡¡HABRÁ MUCHA PIZZA Y CHAMPÁN!!

Conejo de Agua (1903-1963)

Un año de cambios profundos a través de LA VERDAD INTERIOR.

Sentirá que saca kalpas de vidas pasadas y quedará desnudo al sol, despertando a una nueva realidad.

Sabrá elegir mejor, poner en orden sus asuntos y no depender materialmente de nadie.

Logrará encauzar su talento, sus dones, y los plasmará con éxito.

El amor será un capítulo especial en su vida. Renacerán la pasión, el diálogo y el compañerismo.

Habrá viajes y sorpresas gratas en medio de la jungla.

AÑO PARA DESPERTAR DE UN LARGO SUEÑO Y ACEPTAR LÍMITES Y CAMBIOS INEVITABLES DEL CONTEXTO AFECTIVO.

L. S. D.

El que vive es un viajero en tránsito,
el que muere es un hombre que torna a su morada.
Un trayecto muy breve entre el cielo y la tierra,
¡Ahime!, y no somos más que el viejo polvo de los diez mil siglos.
El conejo en la luna busca en vano el elixir de la vida.
Fu Sang, el árbol de la inmortalidad, se ha desmoronado en un montón de leña.
El hombre muere; sus blancos huesos enmudecen
cuando los verdes pinos sienten el retorno de la primavera.
Miro hacia atrás y suspiro: miro hacia adelante y suspiro.
¿Hay algo más sólido en la vaporosa gloria de la vida?

LI PO

Predicciones preventivas para el Dragón basadas en el I CHING, la intuición y el bazi

Bienvenidos al planeta de los simios, queridos dragones celestiales y terrenales.

La empatía mutua ayuda a visualizar un año con grandes cambios internos que se verán reflejados en el año del gallo o materializados entre el paso de un signo al otro.

Después del *rock and roll* caprino y de algunos planes que se diluyeron por las alas psicodélicas que levantaron vuelo antes de tiempo, su guía, maestro y acompañante terapéutico, el mono, los alineará y equilibrará para que renazcan en otra vida, como el ave fénix.

Llenos de entusiasmo e inspiración celebrarán en su platea VIP el año del mono de fuego.

Varios acontecimientos serán convergentes para el despegue: un sueño que se materializa después de años o décadas, el tiempo propicio para renunciar a lo que no les pertenece, y delegar el mando a distancia a quien está capacitado para continuar con la tradición, el gran proyecto, la búsqueda del tesoro, los soldados que formarán *la armada brancaleone* y los amigos que ayudarán a la construcción del hogar con su energía, experiencia y *glamour*.

El dragón tendrá que despedir a más de un ser querido que el mono llevará a descansar entre los cuatro puntos cardinales del universo; algunos dejarán hondas huellas en el corazón indeleble del rey del cielo chino.

Su temperamento, humor y despotismo se exaltarán durante este año, y deberá practicar yoga, meditación, chi kung, taichí para armonizar el carácter en la comunidad de los hombres.

Su obra será reconocida nacional e internacionalmente y podrá cosechar años de soledad y exclusión con creces.

Su patrimonio crecerá y se dará gustos que estaban esperando un golpe de suerte para desplegar su caudal hidroeléctrico y magnético.

Habrá traiciones, trampas y muchas flechas envenenadas rozando sus alas. Advierte el I CHING: «El Ejército tendrá que estar alerta para actuar y defenderse sin derramar sangre entre hermanos».

Su familia aparecerá reclamando presencia y contención afectiva: es un año en el cual pondrá en orden herencias, juicios, y demandas.

El mono le tentará con «el oro y el moro» y estará en medio de personas que fueron leales y desleales a sus principios, y tendrá que tomar partido.

Habrá nuevos bríos en su seducción: mejorará el *look*, hará deporte, pilates, tenis, natación y podrá elegir un *casting* de pretendientes a último momento.

Su energía contagiará a quienes estén «fuera del sistema».

Obtendrá importantes puestos públicos y, si es honesto, impulsará el bienestar, la sinergia y la armonía en la comunidad de los hombres.

La reunión es una gran deuda a saldar entre amigos, familiares, maestros y discípulos.

Deberá reconocer la influencia de cada uno en su vida, y el aporte creativo para su salud y enriquecimiento.

Algunos dragones comenzarán una etapa de estudio que será óptima. Becas, viajes a lugares remotos del planeta le cambiarán la visión local y será más samaritano y generoso.

Algunos dragones indagarán en el misticismo y descubrirán nuevas formas de reinventarse y adaptarse a un cambio brusco de vida, hábitos y costumbres.

L. S. D.

Predicción para el dragón en el año del mono

Como un circuito que se cierra, en este año cambias y concretas lo que fue soñado, anhelado, frustrado y esperado; esperado como yo espero la desaparición del último rayo de sol, con una desesperación poética que se calla cuando su luz se apaga ya.

Los dragones de 1964, entre carcajadas y nostalgias, consumirán lo que les queda de pasado y con la ayuda del mono construirán una dimensión absolutamente nueva en su vida. La otra mitad de la vida, esta, la que abre el mono en 2016, les dará el impulso que tienen los comienzos naturales, emanando una energía de desparpajo, y en ese desparpajo, las risas y pasarlo bien son beneficios que llegan. «Estoy en la mitad de la vida, y aun no pasó lo mejor» será el lema del dragón de madera.

Todo dragón de pura cepa ha pasado tres años, desde el año de la serpiente hasta el año de la cabra, de contradicciones que modifican la mirada, esa mirada que nos cambia, hasta el punto de indagar cuál será la mirada propia, la mirada que estuvo afeando las facciones en el tiempo mencionado; pero ahora, el mono contendrá los ojos más ingenuos, sin tanto pesar, sin tanto esperar. Dragón: frena tu sed de hacer y calla la mirada que ya no tienes más en tu espejo, se fue.

Los dragones conocerán la ternura de la mano de algún monito o monita encantado que nacerá y que reclamará afectos y atenciones, y puede ser la mano de hijos, nietos, o del entorno, un monito que llegará como un oráculo sanador.

La ternura transformará las brasas del dragón ególatra con rayos tibios que iluminarán la guarida. La cueva del dragón cambiará de forma sustancialmente, sea una mudanza definitiva con drenaje mobiliario o en forma de escombros, planos, estufas, galerías, que se llenan de promesas mentales de momentos futuros, disfrutables, de espacios a ocupar del todo. Las sorpresas de la vida son tan inmensas como los tormentos de no entender los porqués.

Date cuenta de que la vida ya es otra.

Los cielos del dragón se definen en matices más perfectos.

En un día cualquiera, cuando ya no pienses, un reencuentro que alisa la vida se dará y sentirás que cerraste un ciclo que estuvo mal cosido y mal terminado en su época de pasión.

El dragón mutará el dorado de Prince por celestes puros de cielos por cumplir. Una serenidad sin bacterias sacudirá con brisas reconfortantes el karma que fue establecido antes por estructuras que pesaron e hicieron que abandonara la búsqueda del ser.

Despegarse, desatarse, descansar y entregarse a esta dimensión es de acróbata emocional. Estado de gracia. Simpleza de ser. La nada. La nada que me sumerge en lo que soy. En todo.

En el año del mono, no hagas nada de lo que te arrepientas en los años venideros. Cuidado con la alta energía que el mono proporciona en cada arrebato de ganas. Las estrategias que sigas pueden llegar a tener efectos colaterales graves.

GABA ROBIN

El I CHING les aconseja:
45. Ts'ui / La Reunión (La Recolección)

EL DICTAMEN
La Reunión. Éxito.
El rey se acerca a su templo.
Es propicio ver al gran hombre.
Esto trae éxito. Es propicia la perseverancia.

Ofrendar grandes sacrificios engendra ventura.
Es propicio emprender algo.

La reunión que forman los hombres en sociedades mayores es ora natural, como sucede en el seno de la familia, ora artificial, como ocurre en el Estado. La familia se reúne en torno del padre como jefe. La continuidad de esta reunión tiene efecto en razón de las ofrendas a los antepasados, celebraciones durante las cuales se reúne todo el clan. En virtud de un acto de piadoso recogimiento los antepasados se concentran en el espíritu de los deudos, para no dispersarse y disolverse.

Donde es cuestión de reunir a los hombres, se requieren las fuerzas religiosas. Pero también ha de existir una cabeza humana como centro de la reunión. Para poder reunir a otros, ese centro de la reunión debe primero concentrarse en sí mismo. Solo mediante una concentrada fuerza moral es posible unificar al mundo. En tal caso, grandes épocas de unificación como esta dejarán también el legado de grandes obras. Es este el sentido de los grandes sacrificios ofrendados. Por cierto también en el terreno mundano las épocas de reunión exigen grandes obras.

LA IMAGEN
El lago está por encima de la tierra:
La imagen de la reunión.
Así el noble renueva sus armas
para afrontar lo imprevisto.

Cuando el agua se reúne en el lago elevándose sobre la tierra, existe la amenaza de un desbordamiento. Hay que tomar precauciones contra ello. Así también donde se juntan hombres en gran número surgen fácilmente querellas; donde se juntan bienes se produce fácilmente un robo. Por eso es preciso, en época de reunión, armarse a tiempo, con el fin de defenderse de lo inesperado. La aflicción terrenal se presenta en la mayoría de los casos a causa de acontecimientos inesperados para los que uno no está preparado. Si uno se halla preparado y en guardia, la aflicción puede evitarse.

El tránsito del Dragón durante el año del Mono

PREDICCIÓN GENERAL

El dragón es amigo del mono porque su energía tierra/agua no se agota con la acción del metal fijo del mico. Pero la primera mitad del año sería complicada de abordar porque es cuando la influencia del fuego *yang* cubre la energía anual. Esa primera mitad será impredecible. La segunda mitad será perfecta. El dragón estará sociable, más vivo y, en algunos casos, hasta más atlético. Tendrá la oportunidad de restablecer lazos rotos y crear quimeras fantásticas en todo lo que imagine y cree con sus propias manos. Este año será perfecto en muchos sentidos. Los jóvenes dragones de 2000 se enamorarán perdidamente por primera vez, y los otros dragones, a pesar de verse envueltos en algunas rencillas, tendrán tanta energía que no sabrán cómo canalizarla.

Encontrará las palabras perfectas para usarlas en los momentos perfectos. Si capitaliza esta habilidad no habrá nada que lo detenga, y todos los años anteriores en los que se partió el lomo fructificarán en este con muy buena suerte; por lo tanto, si se meten en algún problema será por culpa de la envidia de otros o por no medir su presupuesto.

ENERO

Uno podría decir que el año de la cabra en realidad es del burro de carga, pero ya casi se acaba, y el dragón no se puede quejar: la billetera está mejor, las relaciones más estables, los amigos le son fieles a pesar de su ausencia. El dragón se podría ver involucrado en discusiones y pleitos ajenos. Eso es porque acostumbra salir al rescate de los desposeídos. Tiene que organizar los compromisos y pensar antes de dejar de lado lo que es importante para usted. A fin de cuentas, no quedará mal con nadie, pero si se empeña en componer las urgencias de los demás, podría descuidar lo propio y quedar agotado.

FEBRERO

A partir de este mes del tigre, lo que le ocurra bien podría aparecer décadas después en un libro de aventuras. Quienes vivirán el año más importante de sus vidas serán los dragones de 2000 que, con la llegada a sus dulces 16, enseñarán al mundo lo que pueden hacer. No habrá escuela, cárcel, seminario, colegio o matrimonio que los detenga, y el que no pueda seguir a la par de sus impulsos será olvidado. Al lado de sus amigos primaverales, el tigre y el conejo, el dragón será el pivote de todas las acciones dramáticas de este trío revolucionario, a pesar de que tanto el tigre como el conejo no se llevan bien con el mono, el dragón le pondrá acción a sus correrías.

MARZO

El mes del conejo será tan intenso como el del tigre, con la variable de la energía, que podría hacer que muchos alrededor de él monten dramas, lo cual provocará que el dragón se cierre un poco e incremente las dudas con respecto a sus sentimientos.

Puede evitar eso encontrando momentos de intimidad emocional en los que se sienta seguro. El secreto está en no aislarse y en nunca negarse a la aventura. Más le vale pedir perdón que pedir permiso. También podrá encontrar sorpresas, nuevas amistades, y la necesidad de un cambio de aspecto.

ABRIL

Es posible que se enamore apasionadamente, aunque le cueste admitirlo. Tendrá oportunidades en lo laboral o en la escuela. El secreto para aprovechar todo esto es no boicotear su propio trabajo y evitar al máximo las confrontaciones que no le conciernen. La energía de la combinación dragón/mono genera energía agua, particularmente durante las horas de la rata, de las 23 a la 1 de la madrugada, por lo cual estará inquieto a esas horas de la noche y es posible que se sienta tentado a desvelarse, lo que podría afectar a su rendimiento en general, a pesar de que la gente confía en su calidad de líder. Necesita ordenar sus prioridades.

MAYO

El mes de la serpiente será parecido al anterior en cuanto al trabajo y el rendimiento en las labores diarias, pero él estará aún más inquieto, especialmente de noche; algo muy tentador para los ya de por sí trasnochados dragones de todas las edades.

Para los dragones del año 2000 esto atrae un conflicto en su sistema energético, pues podrían comenzar a experimentar con algún tipo de estimulante. La experiencia dicta que los dragones tienden a buscar la energía fuego aunque no les convenga, y la energía del fuego *yin* de la serpiente equivale al cigarro. Pocos dragones han sido capaces de deshacerse del vicio. Los demás dragones ya están metidos en ese berenjenal y no parece que quieran dejarlo, pero la advertencia vale para todos.

JUNIO

La combinación de fuego *yang* del año está a punto de alcanzar la cumbre de su potencia y el dragón estaría en peligro de evaporarse si se esfuerza en exceso. Los más jóvenes podrían sufrir episodios estomacales molestos y los mayores, problemas circulatorios. Necesitan hacer ejercicio para prevenir el tener que pasar un mes entero en cama.

Los dragones de 1928 y de 1940 serán los más susceptibles durante este mes, así que también será necesario que no se alteren con nada; están aquí para enseñar, no para «encabezar un batallón». Los dragoncitos de 2012 podrían comenzar a hablar con más claridad acerca de lo que desean en términos intelectuales, para sorpresa de sus padres y otros adultos.

JULIO

El mes de la cabra trae trabajo bien remunerado, pero también competencia constante. Algunos dragones detestan marchar al ritmo que otros imponen y es posible que se den por vencidos antes de empezar. El dragón podrá demostrar nuevamente que es un ser evolucionado, de acuerdo con modos de pensar y actuar de una era más justa.

Sigue un poco la debilidad en el estómago, lo cual podría ser una gran oportunidad para desintoxicarse o iniciar una dieta más equilibrada, algo perfecto para los dragones de 1976 y los mayores. Se les recomienda buscar la ayuda de un médico competente en el tema de la nutrición natural y holística.

AGOSTO

El mes del mono tendrá a todos desconcertados, por lo que el dragón será muy solicitado. Por una vez, la energía está de acuerdo con la solidaridad y, si le apetece, podrá ayudar a quien sea con el tema que sea, más que nada si se trata de gente de su familia o amigos. Es posible que los más necesitados sean sus contemporáneos el tigre y el conejo. Esto se dará con más fuerza entre los dragones de 2000 que son precoces y prefieren convivir con estos últimos aunque sean uno y dos años mayores. Solo podemos recomendar a los padres que pongan atención para que esas aventuras no se descontrolen. Los adultos podrán divertirse sexualmente a sus anchas, pero con cuidado.

SEPTIEMBRE

El mes del gallo siempre trae al dragón con más *sex-appeal* del que puede manejar, pero con ayuda de la energía del año del mono, este mes podría resultar bueno para consumar cualquier deseo, incluso los laborales o intelectuales. Tendrá gente que le respalde en cualquier decisión que tome porque su energía será atractiva y su mente estará enfocada en concretar todos sus proyectos. Si la energía sexual es mucha y no hay pareja, cuidado. Podría caer con casi cualquier persona, le guste o no realmente. Mejor será que busque algún viejo amigo o amiga con derechos antes que comprometerse de más.

De nuevo, los padres del dragón de 2000 tendrán que estar muy atentos a todos los movimientos de su quimérico hijo; este mes podría ser el mes en que deje atrás la infancia para siempre.

OCTUBRE

La energía tierra del mes perro estará muy entretenida con la energía metal del mono, por lo cual el dragón se mantendrá fuera de peligro o incidentes molestos a nivel personal. Tal vez en el mundo exterior sí existan algunos conflictos, pero el dragón sabrá sortearlos sin problemas. Podrá conquistar todos los círculos sociales en los que quiera destacar, y tendrá la oportunidad de cambiar de trabajo, viajar por donde desee hacerlo, cambiarse a una casa mejor. Vamos, hasta los divorcios serán amigables.

El mes del cambio viene bien aspectado, y con ello el dragón podrá estar complacido, siempre y cuando no se encierre en sí mismo de nuevo como acostumbra cuando las cosas comienzan a salir bien.

NOVIEMBRE

Puede que circulen algunos chismes sin sentido a su alrededor, pero no le afectarán si no se deja manipular. Será un mes perfecto para contraer matrimonio en el caso de los dragones que estén listos para dar ese paso. Si uno de los novios es dragón, cualquier matrimonio efectuado durante el mes del cerdo será largo, bendecido por la tranquilidad emocional y financiera. Por supuesto esto deja fuera a los dragones de 2000, que en su loca carrera por crecer podrían pretender un contrato emocional de ese tamaño. En ese caso, padres y profesores... tal vez un terapeuta logre tranquilizar los arrebatos románticos del dragón de metal, que tendrá el corazón perfectamente derretido.

DICIEMBRE

El dragón podrá terminar el año gregoriano rodeado de su familia y amigos. Habrá música y espacios para la reconciliación. La rata se combinará con el mono y ambos con el dragón formarán la energía de la comunicación, la inteligencia y la velocidad. El dragón aprenderá a ser más flexible, a no abandonar a nadie y si tienen que dejar a alguien atrás, este acto será a través de la compasión y el perdón.

Diciembre será un mes perfecto, con equilibrio entre la salud y el trabajo. Un mes benévolo, aunque discreto. Felices fiestas, dragón, aún te faltan dos meses más de maravilla, así que a disfrutar y nos vemos en 2017.

Predicciones para el Dragón y su energía

Dragón de Madera (1904-1964)

Comenzará el año del mono de fuego encendido, libre, soltando lazos atávicos y con convicción del GPS del año.

Saldrá a conquistar nuevos territorios, se impregnará de otras culturas y florecerá desde la dermis a la epidermis.

Tendrá un mensaje de Venus en sueños.

Tal vez retorne un gran amor o renazca el actual, completamente transformado.

Viajará y su trabajo será el medio para establecerse en otra ciudad que lo colmará de nuevos estímulos y amigos.

En la familia habrá rebelión, es recomendable que visite seminarios de constelaciones familiares y registros akáshicos.

AÑO CON PASAPORTE A UNA NUEVA MANERA DE VIVIR.

Dragón de Fuego (1916-1976)

El dragón deberá enfrentarse o alinearse al ejército para transitar el año del mono al resguardo de posibles barricadas, complots y traiciones.

Deberá apelar a sus instrumentos *New Age* para estabilizarse en inesperadas cuestiones relacionadas con el ámbito laboral.

Tendrá invitaciones VIP para conocer lugares sagrados de la mano de maestros, chamanes y habitantes de la tierra.

Pondrá en la balanza los factores en pro y en contra de jugársela con un cambio sideral de vida y elegirá conscientemente su nuevo camino.

Año de contradicciones internas que deberá apuntalar con el zoo, con su almohada y con los nahuales que habitan en su carta natal.

Es recomendable que busque consejos de monos de fuego para no desviarse del TAO.

AÑO DE SORPRESAS INESPERADAS QUE REFORMULARÁN SU VIDA.

Dragón de Tierra (1928-1988)

Durante el año del mono, sentirá el impulso de tomar decisiones drásticas, y lo logrará.

Su necesidad de formar una familia será una prioridad que se cruzará con una fuerte vocación artística, científica o samaritana.

Sentirá deseos de rebelión en la familia, cortará lazos tóxicos y conocerá nuevos amigos que le abrirán caminos diferentes.

Recibirá becas, premios, honores y la propuesta de un viaje que marcará a fuego su cosmovisión enraizando en una nueva cultura.

ESTÉ ATENTO A LOS ESPEJISMOS Y A LAS PROMESAS EN EL BIDET.

Dragón de Metal (1940-2000)

Año de nuevos interrogantes y dudas.

Los caminos están abiertos, pero las propuestas no son afines a su forma de ver el mundo. «Mucho ruido y pocas nueces».

Tendrá ganas de viajar sin billete de vuelta e iniciar una etapa de estudios esotéricos en antiguas civilizaciones.

Conseguirá patrocinadores para sus travesías entre el supra y el inframundo.

Un amor del pasado volverá con ganas de llevarlo al altar y de revivir los años de pizza y champán.

Búsqueda interna, definición de herencias, papeles y banquetes báquicos y dionisíacos.

Dragón de Agua (1952-2012)

Llegará al año del mono con la lengua afuera y las escamas para un servicio en un *spa* en Júpiter. Los excesos de vicios y tentaciones le mantendrán aún en relaciones superficiales que deberá evaluar.

La magia, la pasión, el enamoramiento platónico y carnal lo avasallarán en situaciones inesperadas que le sacudirán existencialmente.

La reunión se producirá después de un gran alejamiento de relaciones del pasado que volverán renovadas y con un as debajo de la manga.

Novedades en la familia lo transformarán en un dragón cariñoso, hogareño y doméstico capaz de grandes sacrificios entre el zoo.

Su transmutación comenzará a mitad de año y se plasmará en el año del gallo con esplendor.

L. S. D.

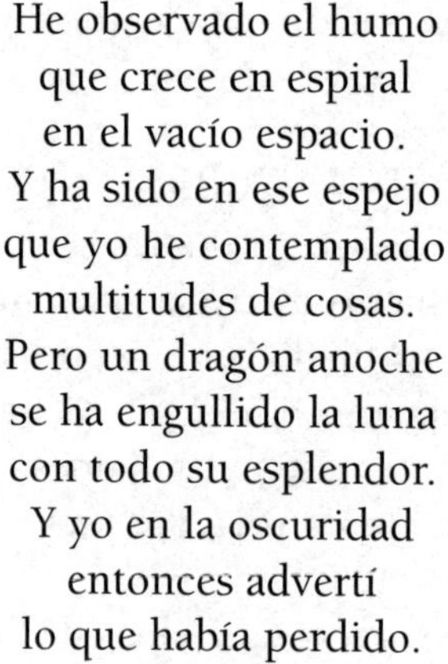

He observado el humo
que crece en espiral
en el vacío espacio.
Y ha sido en ese espejo
que yo he contemplado
multitudes de cosas.
Pero un dragón anoche
se ha engullido la luna
con todo su esplendor.
Y yo en la oscuridad
entonces advertí
lo que había perdido.

HAN SHAN

Predicciones preventivas para la Serpiente basadas en el I CHING, la intuición y el bazi

Mientras el Papa nos bendice en guaraní desde Paraguay, les cuento:

El año de la cabra le brindó a la serpiente un tesoro de aprendizaje en todo sentido.

Supo esperar enroscada en el mástil de un barco o debajo de una piedra de cuarzo o amatista que la convocaran para actuar a cámara lenta y desplegar con cautela sus múltiples talentos, siendo testigo y protagonista de un año inolvidable en la historia de la humanidad.

Su sed de protagonizar capítulos bizarros la mantuvo vigente, fue tentada con «el oro y el moro» y se desvió de su TAO (camino).

Para el ofidio, el año del mono será la oportunidad para blanquear sus zonas erróneas.

Como el árbol que crece en la cima de la montaña, necesitará reacomodarse estratégicamente y jugar en el tablero de ajedrez con el tercer ojo. El esfuerzo, el tesón, la perseverancia y la fe en los objetivos serán claves para lograr un salto cuántico en su vocación, desviada por situaciones inesperadas.

El mono admira y tiene muy calada a la serpiente en su estrategia para enroscar a quien se le ponga a tiro.

Y no dejará que traspase los límites del prójimo sin sancionarla.

La autoridad simia es innata, y durante este año cualquier intento de rebelión puede costarle caro al ofidio.

El viaje interior de la sierpe, el cambio de piel, será histórico.

No tendrá memoria celular y aprenderá a subsistir con lo cotidiano, con su talento, dones y esfuerzo.

El intercambio de los dos máximos estrategas del zoo chino será un duelo de titanes o una danza del vientre digna de dos eximios bailarines.

El año se presentará muy excitante y mantendrá a la serpiente con una agenda que explotará de invitaciones sociales, propuestas laborales y definiciones familiares.

Mantendrá sus hábitos y costumbres, pero deberá tener el pasaporte al día, pues le aguardan viajes inesperados y a veces inoportunos para resolver situaciones límite.

Cuando el I CHING se refiere a LA EVOLUCIÓN, alude a que tocará fondo en sus zonas blindadas y tóxicas, y logrará iluminarlas.

Su humor bi o tripolar oscilará en *ups* y *downs*; es recomendable que se prepare con un equipo de flores de Bach, masajes tántricos, retiros espirituales, constelaciones, yoga, taichí, y lo que sienta que le sirve para remontar el barrilete.

Su ejemplo debe ser Gandhi, que logró liberar a la India a través de la paz.

Para la serpiente, el año del simio es el de mayores exámenes con su conciencia y ante los tribunales del país y de la ONU.

El peaje le costará más caro o barato según sea su karma; pero el mono será justo si siente que salda su deuda en la AFIP (Administración Federal de Ingresos Públicos) como el resto del zoo.

Los flechazos, apariciones con exparejas o amantes serán el *leitmotiv* del año. Intentará enroscar a un amor que perdió por egoísta y podrá saldar asignaturas pendientes.

Su patrimonio crecerá y podrá establecerse definitivamente en un lugar que añora.

Fortificará sus músculos, piel, seducción, inteligencia y buen humor compartiendo más tiempo con gente positiva que valora sus aptitudes.

Tendrá un año de balance profundo, encontrará a un interlocutor válido para sus confesiones inconfesables.

Será responsable de la conducción de una nueva empresa, SRL, ONG o de la orquesta del barrio.

Un cambio en su intolerancia la ayudará a ser más compasiva, altruista, abierta a otras ideas... y a despertar el KUNDALINI para renacer holísticamente.

L. S. D.

El I CHING les aconseja:
53. Chien / La Evolución (Progreso paulatino)

EL DICTAMEN

La Evolución. Casan a la muchacha. ¡Ventura!
Es propicia la perseverancia.

Es vacilante la evolución que conduce a que la muchacha siga al hombre a su hogar. Es necesario cumplir las diversas formalidades antes de que se realice la boda. Esta paulatina evolución puede transferirse también a otras circunstancias, siempre que se trate de relaciones correctas de cooperación, por ejemplo cuando se designa a un funcionario. En tales casos hay que esperar que las cosas se desarrollen correctamente. Un procedimiento precipitado no sería bueno. Lo mismo ocurre finalmente cuando se pretende ejercer influencia sobre otros. También en este caso se trata de una vía evolutiva correcta lograda mediante el cultivo de la propia personalidad. Todo el influjo ejercido a la manera de los agitadores carece de efecto duradero.

También en lo interior la evolución ha de emprender el mismo camino, si se aspira a obtener resultados duraderos.

Lo suave, lo que se adapta, y que sin embargo al mismo tiempo penetra, es lo externo, que debe surgir de la tranquilidad interna.

Precisamente lo paulatino de la evolución hace necesaria la constancia. Pues únicamente la constancia logra que a pesar de todo el lento progreso no se pierda en la arena.

LA IMAGEN
Sobre la montaña hay un árbol:
La imagen de la evolución.
Así permanece el noble en digna virtud
a fin de mejorar las costumbres.

El árbol sobre la montaña es visible a lo lejos y su evolución influye en la imagen del paisaje de toda la comarca. No emerge rápidamente hacia arriba como las plantas del pantano, antes bien su crecimiento se produce paulatinamente. También el efecto que ejerce sobre los hombres tan solo tiene efecto persistente. Y para lograr este progreso en la opinión pública, en las costumbres públicas, es preciso que la personalidad adquiera gravitación e influencia. Esto se logra mediante un cuidadoso y constante trabajo dedicado al propio desarrollo moral.

El tránsito de la Serpiente durante el año del Mono

PREDICCIÓN GENERAL

De todos los signos del zodíaco, el de la serpiente es el que más altibajos sufre en cuanto a relaciones personales y de energía se refiere y por eso prefiere las actividades altamente intelectuales y artísticas que reduzcan el roce con mucha gente. Energéticamente, la suma entre un mono y una serpiente es igual a la energía agua, pero la serpiente es un signo de fuego *yin*, por lo tanto, aunque la energía que se produce es 50% culpa de la serpiente, esta no es en esencia compatible con ella. La energía agua controla a la energía fuego, esto afecta básicamente al ego, y con ello a los rasgos de personalidad comunes en la serpiente.

La primera mitad del año será mejor que la segunda, aún así es pertinente tomar algunas precauciones antes y durante este año. Los rumores se combinarán con la realidad hasta el punto de confundir a las serpientes, más que nada a las pequeñas de 2013 y las adolescentes de 2001, que tendrán que trabajar mucho en su autoestima. Se les recomienda terapia y aprender un pasatiempo relacionado con las artes plásticas, la danza, la actuación o las artes marciales; también leer sobre inteligencia emocional, practicar yoga o meditación. Algo que las saque de su «zona de confort» y les brinde una perspectiva más excitante de la vida. La serpiente tiene que encontrar su lugar en la jungla y para eso está el mono. ¡Adelante!

ENERO

El mes de la rata es más o menos neutro. Se sentirá un poco acomplejada y por lo tanto tendrá que continuar trabajando con su autoestima. Este es también un mes para planear los proyectos a largo y medio plazo. Tal vez pueda servirle escribir un diario o llevar una agenda para ayudarse. Durante este mes, la concentración será algo difícil de conseguir y el año no ayudará en ese proceso. Con paciencia y amor propio podrá conseguir la disciplina necesaria para organizarse, aunque la tentación de aislarse y programar un cambio de piel será enorme.

FEBRERO

Al comenzar el mes del tigre, el día 4, la serpiente tendrá la sensación de que las cosas no saldrán bien en general, pero hay una gran diferencia entre presentir y predeterminar. El 8 de febrero sentirá una oleada de energía constructiva que tendrá que aprovechar para que esa energía se quede, sobre todo en su mente. Un ejemplo de mal manejo de energía es una tendencia molesta a criticar a la gente que no es igual a ella. Para controlar eso puede llevar una dieta y un programa de ejercicios que la ayude. Los niños de 2013 estarán sensibles. Lo mejor que pueden hacer sus padres es darles muchos mimos y practicar terapia de contención en vez de dejarlos llorar sin control.

MARZO

El mes del conejo nunca ha sido sencillo para la serpiente porque representa aislamiento; un escudo que le impide hacer o concretar lo que desea, y la inclina a albergar sentimientos negativos hacia otras personas. Para controlar sus sentimientos tiene que aprender a canalizar sus impulsos por medio de la danza, las artes marciales, la meditación. Otra cosa que funciona es buscar la ayuda y el consejo de un amigo o profesional del signo del gallo. El gallo es un gran amigo de la serpiente y le gusta protegerla; además, los gallos también estarán algo presionados por la influencia del conejo. Este tipo de asociaciones será de ayuda siempre, pero también deberá abrirse y aceptar que la convivencia cotidiana con otros, en especial con los que pueden ayudarla, es importante.

ABRIL

El dragón será benévolo con la serpiente durante este mes, las experiencias de la serpiente serán casi perfectas, pero con una condición: que no confíe sus sentimientos a ninguna mujer joven, sobre todo si se trata de una relación amorosa. Este no es un mes para enamorarse ni para intentar llamar la atención de nadie. En cambio, la energía está perfecta para buscar más allá de las emociones, en el campo de lo espiritual. Abril es el momento indicado para comenzar una rutina de yoga, meditación trascendental Qi Gong, o algo que la sustraiga del enfoque del ego. Los deportes también ayudarían, así como practicar danza o tocar algún instrumento musical. A los niños de 2001 y 2013 les conviene comenzar a aprender música ya que este mes es perfecto para la concentración.

MAYO

El mes de la serpiente tiene energía fuego (igual que junio y julio), y combinada con la del año terminará por elevar el ánimo de la serpiente. Tanta energía fuego dotará a la serpiente de ganas de salir y conquistar el mundo entero. Es posible que le propongan algún buen negocio o que alguien la ayude a progresar en su carrera. Tendrá que aprender el arte de la diplomacia para poder aprovechar esas oportunidades. Hay que meditar, hacer ejercicio y dedicarle un tiempo a las artes, pues eso ayudará a controlar su ego. Las oportunidades no llaman a su puerta tan a menudo, y siempre es mejor aprovecharlas.

JUNIO

Este podría ser el mejor mes del año. El caballo trae romance, para lo cual la serpiente tiene que sacudirse el pesimismo y dejarse llevar por el corcel. No será raro ver vídeos graciosos de niños en internet y la gran mayoría de estos histriones serán serpientes. Las de 2001 serán precoces y comenzarán a juntarse con chicos de mayor edad; solo se les deberá pedir que no se precipiten, ya que aunque el año va bien y será mejor, los siguientes se presentarán difíciles, y la estabilidad emocional y sexual es esencial para las serpientes.

JULIO

El mes de la cabra será neutro. Si trabaja en el área de las artes plásticas, la danza, la interpretación, la música, mejor aún. Tendrá a todo el mundo prestando atención a sus movimientos. Para aprovechar esta temporada, necesita retomar viejos contactos que pueden mostrar interés por algún proyecto que tenga entre manos. Las serpientes que se desempeñen en un trabajo estable de oficina podrán pedir aumentos de sueldo o una mejor posición en el escalafón de mando. Las demás serpientes estarán tranquilas, sin mayores novedades.

AGOSTO

En el mes del mono la energía fuego de la serpiente se convertirá en agua. Esto siempre ha sido un proceso difícil, ya que la naturaleza individual de cada ofidio es delicada. La personalidad de la serpiente depende de la alquimia de cada uno de sus signos de nacimiento: hora, día, mes, año. Para equilibrarse deberá ignorar a la gente que la admira o envidia. No es mala idea borrar sus cuentas en redes sociales.

SEPTIEMBRE

Tanto el gallo como el mono cobijarán a la serpiente y le darán oportunidades de oro. Ahora que la energía de fuego *yang* se ha retirado para dar paso a la energía metal *yin* y *yang* del mes y del año, la serpiente podrá probar qué se siente al ser recompensado por lo que uno hace. Se le recomienda tomar medidas lógicas y ahorrar, cuanto más mejor, ahora que se puede. Por ahorrar nos referimos también a cuidar de la salud. No es que esté propensa a contraer enfermedades, pero probablemente en su entorno sí habrá personas enfermas.

OCTUBRE

El mes del perro traerá amor en todas sus formas. Es el momento ideal para establecer relaciones amorosas duraderas. Este mes las coloca en una posición apropiada para conocer gente nueva que se interesará en ellas. También hay posibilidades de encontrar a un viejo amor que podría haber evolucionado lo suficiente como para mantener una relación más estable. Es un mes excelente para el amor, así que estén preparados. Las serpientes de 2001 podrán también reconciliarse con algunos compañeros que habían tenido una idea equivocada de ellas.

NOVIEMBRE

Este es el mes del cerdo. ¡Cuidado! Tanto la serpiente como el mono chocan con este signo y por mucho que en este año el mono sea el más relevante, la energía del cerdo se presenta fuerte e, irónicamente, esa energía agua *yin* será reforzada por la energía de la propia serpiente. Esta energía puede provocar «cambios de piel» algo dolorosos. En caso de que la serpiente tenga alguna condición preexistente, hay posibilidad de hospitalización. Para pasar por este trance sin resultar dañada no debe pensar que se puede arreglar sola; necesitará ayuda.

DICIEMBRE

Si sobrevive el mes del cerdo con las escamas intactas, la serpiente tendrá un mes energético. Si bien no es propensa a la cooperación, no le quedará otra posibilidad que aprender a trabajar en equipo. En el caso de que la serpiente se dedique a artes individuales, como la pintura o la literatura, el aislamiento no será fácil porque tendrá que vérselas con editores y marchantes. Este mes es de fiestas, así que la buscarán mucho para participar de ellas. Tendrá que aprender a relajarse; si no, podría arruinar lo que resta del año y eso sería un desperdicio de energía, porque el mono sigue allí tratando de ayudarla como puede.

Predicciones para la Serpiente y su energía

Serpiente de Madera (1905-1965)

Después del altruista año de la cabra, le hará falta un año sabático para acomodar sus siete cuerpos como una boa en las arenas blancas de Cancún.

Tendrá que resolver temas legales, es necesario que busque gente idónea que no se lucre con su inocencia y buena fe.

Viajes por amor, placer o reencuentros en la selva le darán energía para confiar en nuevos candidatos que la mimarán real o virtualmente.

AÑO DE CAMBIOS SISTÉMICOS, NUEVOS AMIGOS Y VIDA INTERIOR

Serpiente de Fuego (1917-1977)

El año del mono le abrirá nuevas autopistas para deslizarse con sabiduría, intuición y sentido común.

Tendrá ofertas para reformular su vida holísticamente.

Saldará deudas, abrirá el tercer ojo y enroscará a su presa siendo la sierpe que tentó a Adán y a Eva en el paraíso.

Su evolución dependerá de su decisión de planear su vida a medio y largo plazo.

Una etapa de estudios, investigación o contacto con maestros le abrirá puertas ocultas.

Se presentarán viajes cortos y largos en su destino, y nuevas oportunidades para echar raíces en su lugar en el mundo.

La paciencia es la llave para no claudicar en sus objetivos y utopías.

Será protagonista en la conducción de temas sociales en la comunidad de los hombres.

AÑO DE AUTOAYUDA Y CONVIVENCIA CON ANDARIEGOS.

Serpiente de Tierra (1929-1989)

Año de alineación y equilibrio en su vida afectiva y familiar.

Tendrá que transmutar el veneno en elixir de la inmortalidad.

Estará abierta a nuevas ideas, proyectos que la sacarán de la madriguera y la cotizarán en yuans.

Sentirá que su cosmovisión será aceptada y le abrirán nuevas puertas para desarrollar sus ideas. Podrá participar en ONG, trabajos en las comunas y cooperativas de su pueblo y ciudad, aportando sus valores.

En la familia habrá despedidas y tendrá que ser fuerte para no dejarse llevar por el caos que la rodea.

Sus buenas intenciones serán premiadas y recibirá ofertas para seguir sus estudios en el extranjero.

AÑO DE MECENAZGO Y RECOMPENSAS.

Serpiente de Metal (1941-2001)

Durante este año rebobinará los mejores momentos de su vida y podrá recuperar la alegría, el sentido del humor y los amigos que tenía con tarjeta roja.

Estará activa, *sexy*, con inquietudes artísticas e intelectuales que encontrarán eco.

Podrá cerrar o recuperar una relación afectiva y sanar heridas; tener coqueteos y romances platónicos que la mantendrán en el mejor proceso de selección para ser elegida.

AÑO DE SORPRESAS GRATAS Y ALGUNA CÁSCARA DE PLÁTANO QUE PODRÍA MANTENERLA QUIETA UNA LARGA TEMPORADA.

Serpiente de Agua (1953-2013)

OMOMOM.

Le aconsejo recibir el año del mono entre bambalinas o escribiendo sus memorias para no olvidar ningún detalle.

Sentirá que la vida le cobra peaje por las tareas incumplidas, las promesas que dejaron al zoo en la ruina, y los amigos que no son tales.

Tendrá que pedir ayuda terapéutica o elegir el desapego o yoga del desprendimiento para liberarse del karma.

Sentirá que desde la copa del ombú el mono la obliga a cursar todas las materias que dejó libres y a enfrentarse al máximo tribunal del zodíaco chino.

A prepararse para la mejor actuación de su carrera artística, que tendrá platea VIP para despedirla con *flores robadas en el jardín de Quilmes.*

UN CAMBIO DE PIEL Y DE AMORES DEL PASADO.

Sentirá que su vida es de ciencia ficción y que el mágico mono la desenrosca de su vida.

L. S. D.

Nada nace, nada muere.
Todo simplemente es.
El nacer y la muerte.
Como el día y la noche.
Como el agua corriendo,
como un estanque inerte.
Como una flor surgiendo
y desapareciendo.
¿Puedo encontrar el punto
donde ellos transmutan?
¿Acaso mi nariz
puede ver hacia arriba?

Han Shan

Predicciones preventivas para el Caballo basadas en el I CHING, la intuición y el bazi

El caballo llegará al año del mono en mejor estado que en años anteriores.

Recuperó su lugar en el establo, en la familia, en la sociedad y a pesar de los vaivenes económicos y laborales despunta el año con las patas firmes sobre la tierra y la mirada hacia el horizonte lejano.

La cabra, su amiga y cómplice, aplacó heridas de guerra, deudas pendientes afectivas, familiares y laborales, pero falta mucho aún, y el equino sabe que el mono cobra el peaje en efectivo, por adelantado, y si es posible en yuans.

Los resultados fáciles no despiertan la admiración del mono: el progreso paulatino del caos al orden es lo que le toca cabalgar al signo más popular del zoo chino.

«Salud, divino tesoro» es la clave para seguir con planes, proyectos, sociedades, y sobre todo para soñar con utopías que únicamente se anima a autovaticinarse.

El caballo admira y envidia al mono; esta combinación puede ayudarle o retrasarle si no acepta el FENG SHUI a favor que tiene este año.

Será convocado para conducir en la comunidad de los hombres los derechos civiles, legales y de administración de los recursos naturales.

Dependerá de su honestidad cómo lo haga; y sobre todo de sus principios éticos para no dejarse corromper traicionando a quien lo elige.

Este año habrá fuegos artificiales y pompas de jabón flotando en el aire.

Los negocios oscuros le asediarán para que caiga en trampas que deberá estudiar con lupa para no arrepentirse.

Su carisma brillará y tendrá una legión de admiradores que le seguirán incondicionalmente por el país y el mundo.

Lo importante es que el caballo no se haga trampa con sus ambiciones, que son muchas, y sepa graduar las propuestas que le visitan.

Dentro de los movimientos sociales, grupales, de estudio o terapias alternativas tendrá la posibilidad de conocer a alguien que será fundamental en su vida.

La sintonía será holística (cuerpo, mente y alma) y podrá aceptar las reglas del juego de una relación que no tenía en su abanico de posibilidades.

El mono le estimulará si le ve haciendo la tarea cotidiana, el arduo trabajo de esperar, escuchar y aceptar a los demás con sus diferencias y posponer su lugar en la demanda de ego.

La imagen del árbol que crece en la cima de la montaña lentamente y con mucho esfuerzo es lo que el caballo transitará durante el reinado simio.

La creatividad será el motor del año; viajará, conocerá gente de diversas culturas que lo adoptarán como discípulo, y podrá capturar mensajes, ideas y fuentes de información que desconocía para su obra y su entorno social.

El caballo soltero sentirá la llamada de Chita en la selva, y es posible que decida darle el sí en el altar y traer simios al mundo.

SU VIDA CAMBIARÁ PARA SIEMPRE...

Reconocerá su capacidad de juego, de establecerse en el hogar, de salir de paseo con los monitos y divertirse a la par.

Descubrirá que puede conjugar su oficio, trabajo y vocación con la vida familiar, aceptando que es hora de sentar la cabeza y disfrutar con plenitud las bendiciones que le ofrecen para compartir.

Algunos caballos despedirán a sus seres queridos, pero estarán contenidos y más sabios cuando llegue la hora.

Es recomendable que empiecen al paso, al trote, para que, al terminar el año, galope con el mono como PI MA WEN (sanador de sus males) en completa armonía y alegría de vivir.

El intercambio entre el mono y el caballo será intenso; habrá largas charlas, confesiones inconfesables y se saldarán deudas afectivas y económicas con armonía.

El caballo volverá a la querencia y se reencontrará con sus afectos.

TIEMPO DE VOLAR COMO PEGASO, EL CABALLO ALADO.

L. S. D.

El I CHING les aconseja:
53. Chien / La Evolución (Progreso paulatino)

EL DICTAMEN
La Evolución. Casan a la muchacha. ¡Ventura!
Es propicia la perseverancia.

Es vacilante la evolución que conduce a que la muchacha siga al hombre a su hogar. Es necesario cumplir las diversas formalidades antes de que se realice la boda. Esta paulatina evolución puede transferirse también a otras circunstancias, siempre que se trate de relaciones correctas de cooperación, por ejemplo cuando se designa a un funcionario. En tales casos hay que esperar que las cosas se desarrollen correctamente. Un procedimiento precipitado no sería bueno. Lo mismo ocurre finalmente cuando se pretende ejercer influencia sobre otros. También en este caso se trata de una vía evolutiva correcta lograda mediante el cultivo de la propia personalidad. Todo el influjo ejercido a la manera de los agitadores carece de efecto duradero.

También en lo interior la evolución ha de emprender el mismo camino, si se aspira a obtener resultados duraderos.

Lo suave, lo que se adapta, y que sin embargo al mismo tiempo penetra, es lo externo, que debe surgir de la tranquilidad interna.

Precisamente lo paulatino de la evolución hace necesaria la constancia. Pues únicamente la constancia logra que a pesar de todo el lento progreso no se pierda en la arena.

LA IMAGEN
Sobre la montaña hay un árbol:
La imagen de la evolución.
Así permanece el noble en digna virtud
a fin de mejorar las costumbres.

El árbol sobre la montaña es visible a lo lejos y su evolución influye en la imagen del paisaje de toda la comarca. No emerge rápidamente hacia arriba como las plantas del pantano, sino que su crecimiento se produce paulatinamente. También el efecto que se ejerce sobre los hombres tan solo tiene efecto persistente. Y para lograr este progreso en la opinión pública, en las costumbres públicas, es preciso que la personalidad adquiera gravitación e influencia. Esto se logra mediante un cuidadoso y constante trabajo dedicado al propio desarrollo moral.

El tránsito del Caballo durante el año del Mono

PREDICCIÓN GENERAL

El caballo es un gran viajero. Este año querrá quemar las naves y modificar su vida entera. No todos los caballos harán cambios tan definitivos, pero es posible que el equino dé un giro de 180º en algún aspecto de la vida. Bajo esa perspectiva, cualquier cambio drástico será menos doloroso porque su visión le ayudará a revaluar las creencias y por eso se le pide que sea flexible. Los cambios más contundentes ocurrirán durante la primera mitad del año, que está regido por su propia energía fuego.

Una vez que comience el mes del mono, la energía fuego será menor y comenzará una etapa de seis meses más metálicos que ayudarán mucho a que recupere su cordura.

Los caballos que dediquen tiempo y energía a hacer ejercicio, a bailar, cantar o tocar algún instrumento lo pasarán mejor que otros corceles sometidos a trabajos de oficina entre otras labores sedentarias. Se presentarán oportunidades para comprometerse en empresas o en acciones más importantes que su propio ego, pero necesita dejarse llevar y ser menos asustadizo para poder aprovecharlas.

ENERO

Sigue la cabra amorosa consintiendo sus antojos. El año de la cabra ha sido un año de cambios importantes a su alrededor, pero ninguno resultó malo. Durante el año de la cabra el caballo sufrió únicamente daños colaterales. A pesar de las políticas aplicadas en su lugar de trabajo o estudio, su propósito ha sido curar las heridas del año propio, que parece lejano pero aún resuena en las consecuencias que lleva consigo.

El mes del búfalo sigue por ahí. Se prevén choques, discusiones tontas pero con finales agridulces, sobre todo con miembros de la familia. Es mejor dejar pasar los comentarios de terceros y mantener el perfil bajo.

FEBRERO

El mes del tigre le presta ayuda energética y puede conseguir oportunidades valiosas en lo sentimental, laboral e intelectual. Tendrá energía, pero no el enfoque necesario para concretar proyectos, sobre todo los caballos de 1930, 1966 y 1990 deberán tener cuidado con lo que digan si no quieren herir a alguien a quien quieren. Las asociaciones con tigres y perros podrían resultar de utilidad a lo largo de todo el año. Asociarse con la serpiente y la cabra también puede ayudarle. Las energías producidas por estas asociaciones refuerzan la energía fuego que rige al caballo, pero con las fluctuaciones emocionales que acompañan su caracter.

MARZO

El mes del conejo será más tranquilo porque se distraerá la energía fuego y el caballo estará en condiciones de relajarse. La música será su arma secreta, ya sea que quiera enamorar a alguien con sus interpretaciones o desee aprender a tocar un instrumento. El caballo tiene la música en sus venas. Será un mes para conquistar hasta las piedras, pero no vale andar por ahí rompiendo corazones, sobre todo si no pone en claro su intención desde un principio. Este no es un año para comprometerse en nada, a menos que el karma dicte lo contrario; si es así, entonces no queda otra cosa más que ser cauto y muy flexible si después de enamorarse viene el culebrón.

ABRIL

En el mes del dragón viene una combinación que podría lastimar un poco los pulmones, de por sí delicados, de todos los caballos. Sobre todo los caballos sureños podrían sufrir algún problema respiratorio, así que debe tener cuidado con su higiene.

Los caballos de 1930 estarán más delicados, aunque los pequeños de 2014 podrían también ser propensos a ello y a problemas de la piel. Se les recomienda evitar muchedumbres, sobre todo si no están vacunados.

Los demás equinos podrán tener problemas con mujeres jóvenes, ya sean familiares consanguíneas, empleadas, alumnas y colegas de menor edad. Cuidado con los rumores, no hagan más olas.

MAYO

Este mes es mejor quedarse en la caballeriza y no responder a ninguna provocación, porque hasta en las redes sociales podría ganarse enemigos y problemas de salud derivados del estrés. No podrá firmar papeles, tampoco hacer asociaciones y mucho menos emprender algo que requiera discreción, porque cualquier secreto suyo saldrá a la luz provocando que la gente pierda la confianza en su persona. Entonces, será mejor que comience una terapia ocupacional o disciplina deportiva de alto impacto. Claro, los caballos de 1930 y 2014 no están para esos trotes, pero podrán al menos jugar o leer o cualquier cosa que los aísle un poco del resto de los mortales.

JUNIO

El mes del caballo provocará que el equino sea más caballo que nunca, y con eso corre el riesgo de deshacer cualquier progreso. Hasta los amigos más fieles preferirán dejarlo en paz un rato. Los caballos de 1966, más susceptibles al influjo del fuego, tendrán que afrontar pérdidas irreparables si no toman conciencia y dejan de resistirse a los cambios. Su salud cardíaca estaría en riesgo si se estresan demasiado. Se verán en situaciones en las que la gente esperará de ellos más de lo que pueden dar. Atención a los que no son caballos y están leyendo esto: por favor, no presionen a los equinos, porque les pueden tirar de la silla de montar.

JULIO

El caballo estará más abierto a las críticas y sugerencias, por lo tanto este es un mes en el que puede confiarse y hacer todo lo que tenga que ver con asuntos legales, médicos y económicos. La cabra distrae la energía del fuego con su energía de tierra. Si algo muy dramático ocurre alrededor del caballo, será por asuntos ajenos. Afortunadamente está más tranquilo que antes. Este es un buen mes para iniciar una terapia, o retomarla en caso de haber dejado de asistir a ella.

Los niños de 2014 estarán muy irritables. Hay que tenerles paciencia y monitorear muy bien su salud, que podrían presentar dificultades en la piel y los intestinos.

AGOSTO

Por fin llega el mes del mono y la energía fuego pierde fuerza; por este motivo se le presentará la oportunidad de mejorar en todos los sentidos, porque la energía fija fuego, que les pertenece a todos los caballos sin importar de qué año, será estable, y podrá conquistar el propósito que elija.

El caballo frena y aprovecha muy bien la energía metal que es la dominante de aquí hasta el 28 de enero, por lo cual es importante que se arme de valor y vea cómo recomponer lo que rompió a lo largo del año y considere buscar amistades a las que pudo dejar abandonadas o heridas. Este mes es adecuado para concentrarse y trabajar con ahínco.

SEPTIEMBRE

El mes del gallo será romántico al estilo de *Romeo y Julieta*. Algo divertido para los caballos mayores de edad, sobre todo para el caballo de 1978, menos intenso, pero fatal para el pobre adolescente de 2002, que vivirá muchos dramas. Si no leyó la obra mencionada corre el riesgo de repetirla al pie de la letra. Los caballos de 1990, un poco más sabios, estarán propensos a meter la pata y más les vale prevenir porque las hormonas podrían confundirlos. Los caballos de 1930, 1942 y 1954 necesitan poner especial atención en sus gónadas —en actividad o no— ya que podrían presentar complicaciones que es mejor prevenir con una sola visita al médico.

OCTUBRE

El mes del perro ayudará al caballo, más que nada si tuvo que mudarse, cambiar de trabajo o de pareja. Si practica música, será un tiempo excelente, hasta tal grado que podría llegar a dominar perfectamente el instrumento de su especialidad. Lo único que se podría interponer en sus ambiciones es que la familia y los amigos intervengan, pero será mejor que lo dejen en paz. Necesita esas horas de concentración maníaca ya que estará muy intenso, y no será nada raro leer en la prensa del corazón chismes sobre algún caballo que se haya excedido al demostrar su maestría.

Los potrillitos de 2014 darán algunas muestras de genialidad, y pronto descubrirán que les gusta hacer reír a la gente.

NOVIEMBRE

En este mes del cerdo el equino podrá ver las opciones a su lado y no solo en el horizonte. Será como si le quitasen las gríngolas (trozos de cuero que van al costado de los ojos de los caballos de carrera para que no se distraigan). Por lo general la energía del cerdo no le resulta muy buena porque lo frena, pero después de haber vivido tanta intensidad, este mes será de vacaciones emocionales. La energía de sus amigos perro y tigre podrá ayudarlo, pero no para hacer cosas importantes y mucho menos que requieran papeleos legales.

Este mes, siempre que no quiera practicar deportes de alto riesgo, será muy bueno para tomarse unos días de descanso.

DICIEMBRE

Este mes de la rata le servirá como lección de vida. Se le recomienda no salir de casa más que para ir al trabajo o a estudiar, y que se dedique a limpiar a fondo y tirar a la basura o donar lo que ya no le sirva. Tendrá la oportunidad de gozar las fiestas de fin de año sin problemas, a menos que siga arrastrando los romances del mes del gallo. La alimentación será también un gran tema, por este motivo se le ruega evitar atracones, ya que cualquier kilo que sume requerirá después mucho esfuerzo por su parte para poder perderlo. Felicidades, y despacio, que va de prisa; recuerde que al mono le faltan dos meses más y el caballo todavía corre el riesgo de convertirse en su montura.

Predicciones para el Caballo y su energía

Caballo de Madera (1954-2014)

Renacerá, renacerá, renacerá con nuevas crines y bríos de vida.

El retorno al establo, a los afectos del pasado y a los suyos le dará un fuerte envión para asentarse emocionalmente.

Aparecerán candidatos, y tendrá que dejar una lista de espera para cuando esté con las defensas bajas.

Los vínculos familiares se estabilizarán y será huésped VIP en autocaravanas alrededor del mundo.

Conseguirá tener nuevas entradas económicas y serán a través de nuevas artes que practicará con guías y maestros.

VIAJARÁ, ROMPERÁ CORAZONES Y RECUPERARÁ EL SENTIDO DEL HUMOR.

Caballo de Fuego (1906-1966)

La reconstrucción de sus siete cuerpos será lenta, firme y segura.

Podrá hacer un repaso de su medio siglo y disfrutar de sus aventuras, romances, viajes y errores desde otra actitud.

Tendrá la capacidad de reconciliarse con sus zonas oscuras y aceptar límites y consejos con humildad.

El amor será el motor del año; tendrá ganas de asentarse, compartir, aprender y enseñar a su elegida.

Su profesión representará un gran valor agregado; se sentirá inspirado y con mérito obtendrá ganancias y recompensas.

Aparecerán amigos que lo integrarán en sociedades dinámicas de intercambio cultural y le brindarán nuevas fuentes de ingresos.

Un año de cambios paulatinos que le convencerá de sus aciertos y riesgos ante la adversidad.

BIENVENIDOS AL MEDIO SIGLO.

Caballo de Tierra (1918-1978)

Comenzará el año del mono al galope, con el empujón de su amiga la cabra; luego pasará a un trote constante para terminar al paso y reconocer que no hay que saltarse nada si se quiere lograr una vida de paz, amor y equilibrio.

Nuevas ofertas surgirán para cambiar de casa, lugar, comprar o vender un inmueble y asentarse en «su lugar en el mundo».

Logrará reconciliarse con la constelación familiar y adoptará simios en el planeta.

Un amor, una relación de maestría serán la clave para guiarlo en tiempos revueltos que tendrán final feliz.

Caballo de Metal (1930-1990)

Año de grandes cambios en la cosmovisión del planeta y su vocación de servicio.

Estará dedicado a su oficio y profesión, recibirá becas, medallas y honores nacional e internacionalmente.

Sentirá ganas de emigrar hacia nuevas praderas donde florezcan el amor, el arte y el conocimiento.

El amor le impulsará a formalizar una relación y tal vez a procrearse o adoptar simios.

Estará dispuesto a delegar responsabilidades para viajar o tomarse un año sabático.

Caballo de Agua (1942-2002)

Su gran admirador, el mono de fuego, le hará cabalgar en la 5ª dimensión.

Será un año psicodélico, lleno de energía creativa, sorpresas y viajes inesperados.

Aparecerán mecenas y la abundancia le acompañará en cada estación del año.

En la familia habrá despedidas y nuevos nacimientos que compensarán su necesidad de vida en el establo con algunas travesuras que lo conviertan en un potro pura sangre.

AÑO DE REVELACIONES, PEQUEÑOS MILAGROS Y GOLPES DE SUERTE.

L. S. D.

El tiempo es solo el ala
de un ínfimo mosquito.
El espacio es la otra.
El universo entero
es la crin de un caballo.

Han Shan

Predicciones preventivas para la Cabra basadas en el I CHING, la intuición y el bazi

Queridas cabritas de mi corazón:

Bienvenidas al reinado simio que comienza el 08/02/2016, y será el retorno al corral de un año de zozobras, despedidas, movimientos sísmicos, de esquila, sacrificios e inmolaciones como chivos expiatorios.

Hay que reconocer el gran esfuerzo que han hecho para dar ejemplo en el mundo social, político, del medio ambiente, de las artes y las ciencias.

A pesar de las flechas envenenadas y los misiles invisibles o reales, pusieron un balido de orden, justicia y respeto que enmarcó a la sociedad.

Su salud necesita un profundo chequeo médico para equilibrar sus siete cuerpos en sintonía con Los Siete Cabritos de las Pléyades, que la guiarán con plenitud.

Hay que vigilar lo que ama, ha regado, preservado, cuidado, compartido con el zoo y con la tribu cósmica.

Estar cerca de lo cotidiano, humano, cercano, desde padres, hermanos, hijos, pareja, amigos hasta lo que se despertó en su corazón: ayuda a niños huérfanos, comedores, asistencia social, espiritual y anímica a ancianos, enfermos y personas excluidas.

Su estrella durante el año del mono será benéfica; podrá con paso firme y seguro ser subvencionada por patrocinadores, mecenas, fundaciones y nuevos amigos que valorarán su talento y buena predisposición para cooperar.

El mono, su amigo, la recompensará con creces en las materias aprobadas en su año y le dará el lugar que merece en su profesión, partido, sociedad y comunidad de los hombres.

Sentirá que su motor comienza a encenderse con nuevas y revolucionarias ideas que concretará con su innato buen gusto, imaginación y talento.

Recibirá regalos, viajes y tal vez alguna donación inesperada para instalarse en la naturaleza.

Su buen humor resultará contagioso, será clave en la metamorfosis de un tiempo hacia otro donde el mundo necesitará avatares, cuidadores, almas generosas que se comprometan afectivamente.

Su luz se expandirá en el universo, estará ligera de equipaje y de karma para acompañar al rebaño, que necesitará más que nunca a la cabra madrina para no perder el rumbo.

Solucionará temas legales, papeles, y saldrá finalmente de juzgados, tribunales, artimañas, trampas mediáticas para refugiarse en su universo cósmico e interior.

La magia del año del mono le traerá *glamour*, fiestas, eventos, talleres *New Age*; seminarios y constelaciones familiares serán umbrales de una nueva relación afectiva que cambiará su vida.

Seguirá el mensaje de un maestro, guía espiritual, o de su intuición para desarrollar su vocación mística y de servicio en su entorno.

Su buena estrella le sorprenderá en cada encuentro genuino, de corazón a corazón, tomando mate, viajando en tren, metro o avión, recuperando su integridad humana, su chispa poética, sentido común y prosperidad.

Será la persona más buscada para alinearse y equilibrarse en el caótico y revolucionario año del mono de fuego.

L. S. D.

El I CHING les aconseja:
19. Lin / El Acercamiento

EL DICTAMEN
El Acercamiento tiene elevado éxito.
Es propicia la perseverancia.
Al llegar el octavo mes habrá desventura.

El signo, en su conjunto, alude a un tiempo de esperanzado progreso. Se aproxima la primavera. La alegría y la transigencia se van acercando entre sí con altibajos. El éxito es seguro. Lo único que hace falta es la realización de una labor resuelta y tesón capaz de aprovechar plenamente los favores del tiempo. Y otra cosa más: el tiempo de primavera no dura eternamente. Llegado el octavo mes los aspectos se invierten. Quedan entonces tan solo dos líneas fuertes, que empero no están avanzando, sino retirándose. Es necesario tener en cuenta a tiempo este viraje y meditar sobre él. Si uno de este modo se enfrenta con el mal antes de que se manifieste como fenómeno, más aún, antes de que haya comenzado a dar señales, llegará a dominarlo.

LA IMAGEN
Por encima del lago está la Tierra:
La imagen del Acercamiento.
Así el noble es inagotable en su intención de enseñar,
y en soportar y proteger al pueblo no conoce límites.

La tierra linda desde lo alto con el lago: es este el símbolo del Acercamiento y de la condescendencia de alguien superior con los de posición inferior: de las dos partes que conforman la Imagen surge su comportamiento frente a estos hombres. Así como aparece inagotable la profundidad del lago, así es inagotable la solicitud del sabio para instruir a los hombres: y así como la tierra es vasta sin límites y portadora y protectora de todas las criaturas, así el sabio es portador y protector de los hombres, sin poner fronteras de ninguna clase que puedan excluir parte alguna de la humanidad.

El tránsito de la Cabra durante el año del Mono

PREDICCIÓN GENERAL

La cabra ha tratado de lograr un lugar seguro para ver pasar las tormentas, pero eso le ha cansado. Hay que aclarar que en realidad no le fue demasiado mal en su propio año. Las cabras han luchado por mantener intactos su amor incondicional por los más desamparados, y la inocencia y la alegría de vivir que las caracteriza. Eso les da gracia y las ayuda a procesar los tragos amargos comunes del año propio.

Las cabras de 1979 no se están acostumbrando a la idea de su próxima mediana edad. Las de 2003 estarán inquietas con su llegada a la adolescencia, pero deberán tener cuidado ya que no gozarán del anonimato que disfrutaron las de otros años, pues ahora todo lo que hagan aparecerá en internet, y podrían sufrir de acoso en la red. La intuición estará un poco torpe este año, se podría enamorar sin medir las consecuencias.

ENERO

Con el mes del búfalo, su signo opuesto, viene el mes más pesado del běn mìng nián (año del signo propio) que aún está experimentando, ya que el año propio no terminará sino hasta el 8 de febrero. Habrá personas envidiosas descontentas con su trabajo. Tendrá que escoger a sus amistades si no quiere que la gente le involucre en rumores y eso le ponga algo violenta. Los padres y tutores de las jóvenes de 2003 tienen que prestar atención a las amistades de la cabrita, pues en esta época y en este mes podrían hacerse afectas a un vicio como el tabaco. Las demás cabras, con o sin vicios, estarán tan agotadas que tal vez ya su único hábito sea ver la televisión, y eso tampoco está bien.

FEBRERO

El año del mono llega durante el mes del tigre, gran camarada de la cabra. La influencia del tigre frenará la energía del mono. Todo esto confabulará a su favor de tal suerte que durante este mes podrá elaborar un plan de trabajo para su carrera, su educación, su vida profesional. Las cabras de 1955 estarán más abiertas al orden, así como las de 1967, que posiblemente se encuentren algo más neuróticas en cuanto a sus lugares de trabajo y la casa, por lo que se les pide que no se impongan sobre otros. Hay posibilidades de recibir noticias mezcladas con rumores. También es importante que pongan atención a sus dietas. Cuidado con sobrepasarse con la comida.

MARZO

El mes del conejo será benévolo. La primera mitad del año resultará buena en comparación con la segunda mitad, en la que se sentirá un poco cansada y triste. Podrá ponerse en contacto con la naturaleza y comenzar algún proyecto de decoración en casa (cuidado con las direcciones del FENG SHUI). Puede ser que descubra su talento para el diseño con materiales reciclados, porque tendrá la capacidad de encontrar belleza donde sea, hasta en los basureros.

Sentirá la necesidad de aislarse para lograr esa o cualquier cosa que se proponga, así que para no dar lugar a malos entendidos, deberá ser muy clara al manifestar sus intenciones, y así no va a hacer daño a nadie.

ABRIL

El mes del dragón no será propicio para la estabilidad amorosa, así esté comprometida, casada o soltera. Este mes será perfecto para reflexionar, trabajar o para descubrir alguna cosa nueva en lo relacionado con la economía, la ciencia o las artes.

Estará aguda, inteligente y locuaz, pero no tendrá suerte en el amor ni aunque lo intente, y será mejor así, porque el mes también se presta energéticamente a rupturas.

Podrá hablar de filosofía, mitología y religión. Será sabia e iluminada en temporada de retiro. Le convienen unas vacaciones, pero si es una cabra que no se lleva bien con sus jefes, probablemente las vacaciones sean a la fuerza.

MAYO

Este mes se inician los meses de fuego en el calendario chino; la cabra tendrá que cuidar su salud intestinal, algo delicado dada su composición energética de tierra y madera. El mes de la serpiente la tendrá ansiosa, propensa a escapar por todos los medios de momentos desagradables. También es un mes de cambios. Algunas cabras se sentirán tentadas a hacerse un tatuaje o un pirsin; puede ser el primero o uno más en la colección. Los signos indicados para ser algo así como su conciencia, al estilo de Pepe Grillo, serán el caballo, el conejo y el cerdo. Ellos aprenderán a domar sus propios impulsos con tal de aconsejar a la inquieta cabra.

JUNIO

El mes del caballo será el más productivo del año porque el equino detiene el impulso del mono y al mismo tiempo controla el metal de su energía. Es probable que la cabra se convierta en madre sustituta.

Las cabras de 2003 y 1955 podrían ser presas de vampirismo energético-emocional, unas por su juventud y otras por haber cumplido más de sesenta años, lo cual las deja vulnerables. Las cabras que se encontrarán más inquietas serán las pequeñas que nacieron el año pasado. Estarán muy sensibles y tímidas; no les gustará comer lo que les den y querrán atención, sobre todo de los padres. Paciencia.

JULIO

El mes de la doble cabra la pondrá susceptible. Es recomendable entonces que no se exponga a cualquier tipo de crítica o escrutinio por parte de nadie. La cabra no podrá soportar ni siquiera la autocrítica, así que este mes no será bueno ni para ir a terapia. Si es necesario hacer algún tipo de trabajo emocional, la cabra tiene que usar una terapia no verbal. La danza y las artes marciales podrían servir, pero si van a aprender una disciplina de esta clase, háganlo con maestros cualificados. Este mes podrían fallar en los exámenes, entonces, aquellas cabras que vayan a tener un examen o quieran buscar un nuevo empleo, mejor eviten presentarse este mes.

AGOSTO

El mes del mono en el año del mono hará que la cabra se sienta en la jaula de los simios. Podrá cambiar —una vez más— o consolidar un cambio proyectado desde antes. Igual deberá tener mucho cuidado ya que no es conveniente que viaje al Suroeste en este mes. Tendrá ganas de inventar nuevos mundos. Las cabras de 2003 encontrarán el poder de la imaginación, necesitarán libros de mitología, cómics y cualquier material que les dé alas, y conocerán un mundo que las mantendrá alejadas de vicios. Las cabras de otros años usarán su imaginación de maneras destructivas bajo la forma de los celos.

SEPTIEMBRE

Si no se cuida podría lastimarse o enfermar hasta el punto de tener que permanecer en cama mucho tiempo. Este mes será un microcosmos de lo que vendrá el año próximo, así que está advertida: lo que le pase hoy será igual al año del gallo.

Necesita tener precaución con las tarjetas de crédito, si es que las tiene; le costará mucho saldar las deudas que contraiga.

Otro aspecto que deberá cuidar es el íntimo, podría comenzar una nueva relación amorosa poco saludable que por poco tiempo la tendrá atada de manos. En cuanto a las cabras ya comprometidas, no se ve peligro alguno, más que lo ya comentado en cuanto a lo económico y su integridad física.

OCTUBRE

El mes del perro será neutro. La energía tierra le estabilizará los chakras y las emociones. Ahora sí podrá someterse a exámenes o entrevistas sin miedo. Podrá ir a terapia para que le «ajusten» el alma y podrá vivir sin temor a ser maltratada. Este mes lo tiene que aprovechar al máximo porque será el primero de una serie de cuatro meses muy productivos que desgraciadamente se quedarán atascados cuando llegue el año del gallo, por lo tanto todo lo que haga de aquí a enero le tiene que rendir en prevención y organización hasta el año que entra, porque es entonces cuando le costará mucho esfuerzo hacer que el dinero, el trabajo, la salud y el amor le alcancen.

NOVIEMBRE

Este será un mes muy productivo. Por lo general la cabra es la que consiente al cerdo, pero ahora, la energía agua del porcino ayudará a que la tierra de la cabra sea fértil. La cabra tiene todas las cualidades necesarias para embellecer lo que toque.

Seguimos con la tónica del orden y la planificación, ya que el gallo 2017 será duro. Para prevenir cualquier desarreglo interno, este mes deberá reflejar su salud emocional. Es hora de tirar, intercambiar o regalar lo que no necesita, lo que no le sirve y lo que le estorba, sin importar si es una montaña de revistas viejas o un examante que nada más está ocupando el espacio de algún pretendiente.

DICIEMBRE

Este mes será también para desechar lo viejo y alimentar la autoestima. Las amistades podrán ser un aparato de ayuda en casos de crisis y la apertura energética del mes de la rata la ayudará no solo a encontrar viejas relaciones, sino a convencerlas de juntar esfuerzos. Las cabras de 1979 sentirán el impulso de querer iniciar una familia, a lo que les recomendamos que esperen un poco más porque será mucho mejor formar una familia con cerdos y perros, pero no con gallos que son los que nacerían el año que viene, y son muy exigentes con los padres cabras. Tendrá que aprovechar lo que le queda al año del mono, porque el gallo será todo un rodeo.

Predicciones para la Cabra y su energía

Cabra de Madera (1955-2015)

Volver al futuro será el sentido de su existencia.

Recibirá premios, honores, becas, y una gran alegría en la familia.

Su sentido del humor la acompañará día y noche; su amigo el mono la pondrá a prueba en temas espinosos entre socios, pareja y mediáticamente. Deberá agudizar su intuición en esos temas para no caer en trampas ni dobles mensajes.

Restablecerá lazos afectivos y laborales en el extranjero; pasará una estadía en un lugar que añora y podrá vivir de emprender un negocio relacionado con la tierra o con bienes raíces.

El año estará lleno de sorpresas teñidas como un arcoíris en el camino a recorrer para alcanzarlo.

Confíe en las leguas y millas recorridas para sentirse parte del cambio profundo que ganó con paciencia china.

Cabra de Fuego (1907-1967)

El cielo otra vez será la recompensa de un año de transformaciones profundas en el GPS de su vida.

Sentirá deseos de reconciliarse con sus zonas erróneas, hacer constelaciones familiares y saldar deudas económicas y afectivas.

La energía del año simio la sacará del corral a pesar de su necesidad de paz hogareña.

Nuevos pretendientes, admiradores, amigos que le ofrecen «el oro y el moro» le llevarán de viaje a conocer culturas milenarias y a ser protagonista de situaciones de ciencia ficción.

Sentirá deseos de adoptar nuevos hijos o seres que necesitan de su protección y fuerza interior.

El aprendizaje cotidiano será una caja de Pandora y deberá adaptarse a situaciones límite y resolverlas en soledad.

Cabra de Tierra (1919-1979)

Un año de reformulación existencial.

Después de la crisis llega el acercamiento a personas y lugares que no veía desde hace mucho.

Podrá decidir el nuevo rumbo de su vida: una mudanza a otra ciudad o país.

Un nuevo trabajo o año sabático serán las oportunidades que le ofrecerá el año del mono de fuego.

Se enamorará locamente y expondrá sus prioridades a su pareja para crear, en unión, un microclima de amor, conocimiento y tareas compartidas.

AÑO DE REENCUENTRO CON SU ESENCIA Y DESPERTAR EN LA CONCIENCIA.

Cabra de Metal (1931-1991)

Después del retorno al sitio en que se ha criado y al corral sentirá que es tiempo de seguir con su búsqueda exterior y saldrá de viaje a continuar estudios y trabajos inconclusos.

Su alma encontrará a su gemela y nacerá un amor platónico, lleno de intercambios en un mutuo aprendizaje que la enriquecerá.

Estará divertida, curiosa, ávida de conquistas y con ganas de acrecentar su patrimonio.

Deberá elegir entre el crecimiento espiritual y el material en medio de la oferta y la demanda desleal del año del mono.

NO DEJE QUE LE CHUPEN EL PRANA.

Cabra de Agua (1943-2003)

Durante este año hará una apuesta máxima en su deseo de cambios sustanciales en su vida.

Comenzará con su pareja, familia, amigos, socios y vecinos. Organizará una nueva forma de vida en la comunidad de los hombres; a través del arte, la laborterapia, los encuentros humanos y literarios.

Pondrá en orden su constelación familiar y transformará rencores en actos de amor y apoyo.

Un viaje inesperado cambiará su vida; echará raíces en un lugar donde la sinergia humana la retroalimente en su inspiración, vocación y ganas de transmitir su experiencia a la comunidad de los hombres.

La salud será atendida holísticamente y podrá apreciar nuevas formas de sanación a través del reiki, la medicina ayurveda y la hidroterapia del cólon.

Sentirá que el año del mono es una recompensa a su búsqueda de SANNYASIN.

L. S. D.

Llega la primavera.
Los melocotoneros de Lunghua están en flor.
Florecen estas noches,
estas noches maculadas de sangre,
estas noches sin estrellas, estas noches de viento,
estas noches que oyen los sollozos de las viudas.
Pero ¡ah, esta vieja tierra!
Parece una fiesta sedienta y hambrienta
que se bebe la sangre de los jóvenes,
la sangre de los jóvenes obstinados.
Después del largo invierno,
después de los hielos y las nieves,
después de una espera sin fin,
esas manchas de sangre, esas manchas de sangre,
en una noche cercana,
noche de Oriente, negra, negra.
Surge la primavera en botones de flores
que adornan todo el sur del río.
Preguntan: ¿de dónde viene la primavera?
Contesto: de las tumbas que cercan la ciudad.

AI TS ING

Predicciones preventivas para el Mono basadas en el I CHING, la intuición y el bazi

Bienvenidos, hermanos simios, a nuestro tiempo de reformulación existencial.

Sabemos, o intuimos, que este año puede ser el que nos marque un antes y un después en nuestra existencia.

Los chinos afirman que cada doce años, cuando Júpiter da la vuelta alrededor del Sol, se retorna al punto cero o de origen.

La vida es, en cualquier cultura, un constante fluir entre lo que se da y se recibe; y en esto los monos sabemos que en general hay mucho desequilibrio en el intercambio; o damos mucho o recibimos más aún y no devolvemos, en términos chinos el CHI, el PRANA, el QUI o el efectivo que tanto aprecia el mono cuando lo tiene en su poder.

La cautela, la prevención, la atención que requiere su reinado —que comienza el 08/02/2016 y finaliza el 27/01/2017— es la llave para transitar su año con delicadeza y humildad.

El mundo lo reclama; el país, la comunidad esperan que el mono sea el Mago de Oz o el genio que sale de la lámpara de Aladino.

El simio se encontrará en situación de replantearse su existencia, hacer un repaso de sus acciones (karma, acción incompleta de lo que hace, dice y piensa), y preparar una lista con sus deudas pendientes: afectivas, laborales, familiares, de ética, y de promesas no cumplidas.

Su revolución interior dará lugar a la metamorfosis en la que ya se encuentra.

La imagen del zorro que cruza un lago congelado, fijándose bien dónde pisa, es clave para no caer en el agua y ahogarse.

Las cáscaras de plátano y las flechas envenenadas estarán acechando cada día y en todo lugar.

Los contratos que firme durante este año deberán ser mirados con telescopio Hubble, y no debe confiar ni en su sombra.

El mono es uno de los signos más envidiados del zoo chino; por eso, habrá una legión de adversarios que estarán esperándolo para ver su caída, derrota o fuga en un Airbus último modelo.

El mono, según su edad o reencarnación, nace sabio o necio; no mide sus actos hipomaníacos o sus delirios de grandeza.

En este año, en el que sentirá en carne propia los impactos de sus acciones previas, deberá cursar de la A a la Z y olvidarse de hacer con *la liviandad del ser*.

El aprendizaje será arduo o lleno de bendiciones, según sea la honestidad del simio, y encontrará en la selva nuevos guías, maestros, voluntarios para ayudarle en su gestión.

Lo más recomendable es que el mono organice holísticamente una agenda basada en la salud.

Dieta, ejercicios, deporte, yoga, taichí, pilates, chi kung deberán ser los pilares para mantenerse atento, como un samurái.

Practicar *EL TAO DEL AMOR Y DEL SEXO* con su pareja es el arte que debe retomar para sentirse feliz y estimulado.

El mono sabe que su carisma, astucia, audacia, coraje deben estar basados en sólidos cimientos si quiere ser el gran campeón del año.

Volverá a reconquistar una relación que le ayudó a crecer espiritualmente y quedó trunca con el tiempo.

Pedirá perdón, estará más amable, cariñoso, comprensivo, y menos demandante. Resolverá karmas pendientes con sociedades, empresas y consigo mismo.

Se alejará años luz de su casa, su país en busca de nuevos estímulos que lo enriquecerán culturalmente.

Establecerá vínculos profundos con colegas, abrirá nuevos sitios web o lugares para promocionar su obra e invitar a extranjeros y personas con trayectoria que sumen millas de experiencia.

Durante su reinado, el mono pasará anímicamente por *las cuatro estaciones*: de la euforia a la depresión, de la ira a la compasión, de la alegría a la tristeza.

Lo más recomendable es que busque ayuda terapéutica: flores de Bach, masoterapia, aguas termales, hidromasajes, y que no se exceda en vicios y placeres.

Es un año para estar en equilibrio, armonía, para caminar por el medio, no propasarse en nada. Un tiempo para tener orden, autodisciplina, constancia, hacer la tarea pendiente de años anteriores, escuchar consejos, ser solidario. La recompensa que obtendrá será el restablecimiento de vínculos afectivos que estaban erosionados.

Compartir en la Reserva de Monos Carayá un día, horas o momentos sintiendo al mono en carne viva es un consejo que nos transmutará hacia una nueva forma de ver el mundo.

L. S. D.

El I CHING les aconseja:
64. Wei Chi / Antes de la Consumación.

EL DICTAMEN
Antes de la consumación. Logro.
Pero si al pequeño zorro,
cuando casi ha consumado la travesía,
se le hunde la cola en el agua,
no hay nada que sea propicio.

Las circunstancias son difíciles. La tarea es grande y llena de responsabilidades. Se trata nada menos que de conducir al mundo para sacarlo de la confusión y hacerlo volver al orden. Sin embargo, es una tarea que promete éxito, puesto que hay una meta capaz de reunir las fuerzas divergentes. Solo que, por el momento, todavía hay que proceder con sigilo y cautela. Es preciso proceder como lo hace un viejo zorro al atravesar el hielo. En la China es proverbial la cautela con que el zorro camina sobre el hielo. Atentamente ausculta el crujido y elige cuidadosamente y con circunspección los puntos más seguros. Un zorro joven que todavía no conoce esa precaución, arremete con audacia, y entonces puede suceder que caiga al agua cuando ya casi la ha atravesado, y se le moje la cola. En tal caso, naturalmente, todo el esfuerzo ha sido en vano.

De forma análoga, en tiempos anteriores a la consumación, la reflexión y la cautela constituyen la condición fundamental del éxito.

LA IMAGEN
El fuego está por encima del agua:
La imagen del estado anterior a la transición.
Así el noble es cauteloso en la discriminación de las cosas,
a fin de que cada una llegue a ocupar su lugar.

Cuando el fuego, que de todas maneras empuja hacia lo alto, se halla arriba, y el agua, cuyo movimiento es descendente, se halla abajo, sus efectos divergen y quedan sin mutua relación. Si se desea obtener un efecto es necesario investigar en primer lugar cuál es la naturaleza de las fuerzas que deben tomarse en consideración y cuál es el sitio que les corresponde. Cuando a las fuerzas se las hace actuar en el sitio correcto, surtirán el efecto deseado y se alcanzará la consumación. Pero a fin de poder manejar debidamente las fuerzas exteriores, es menester ante todo que uno mismo adopte un punto de vista correcto, pues solo desde esa mira podrá actuar adecuadamente.

El tránsito del Mono durante su propio año

PREDICCIÓN GENERAL

Este año es el año del běn mìng nián 本命年, que literalmente significa «en esta vida». Y es en esta vida cuando se viene al mundo a superar lo que no se pudo superar en otras vidas. Como humanos tenemos la capacidad de cumplir con nuestras deudas y además dejar nuestro mundo mejor de como lo encontramos. ¡Ay! Es una tarea descomunal si no se trabaja en equipo y lo es más si el mono pretende ser siempre la atracción principal de este circo de tres pistas llamado civilización.

El běn mìng nián es el equivalente al retorno solar en la astrología caldea; significa que se han cumplido doce años del ciclo de los doce signos del zodíaco y que el mono debe pasar por un período de «muerte y renacimiento» en el cual todo representa una oportunidad para aprender, cambiar y crecer. Según el nivel de evolución espiritual y la inteligencia emocional de cada mono, el proceso será más doloroso o menos doloroso.

Todos los reflectores estarán apuntando al mico y será su responsabilidad terminar victorioso este año o salir en una camilla de ambulancia. La primera mitad del año será una hecatombe. El año no está bien aspectado porque lo que controla la energía fija del mono es el fuego.

Querido mono, este es el punto de ruptura: no hay manera de ocultar la verdad de su condición humana bajo la fachada de la perfección. Este año hay que reconocerse todo, lo bueno, lo malo, y lo que es puro, absoluto.

Felicidades, a pesar de las advertencias. Las oportunidades para disfrutar de la vida no faltarán, basta que no se mire a sí mismo por fuera, sino por adentro y que se dé la oportunidad de «detenerse a oler las rosas en el camino», para no perderse y para SER FELIZ.

Bienvenidos al běn mìng nián, no olviden ponerse el cinturón de seguridad: ¡Despegamos!

ENERO

El año de la cabra ha sido una mezcolanza de actividades y oportunidades productivas combinadas con problemas sin mayores repercusiones, y el mono no se sentirá preparado para cargar con el año propio, pero no le queda otra posibilidad. El búfalo que gobierna el mes de enero le ayudará a organizarse antes de llegar a su propio año, pero deberá ser muy paciente con quienes lo rodean y no enojarse por detalles, si no, se pasará todo este mes corrigiendo lo urgente y dejando atrás lo importante.

Una buena agenda de trabajo, algo de ayuda por parte de gente más paciente y organizada que él serán sus herramientas y el amuleto durante este año de locura.

FEBRERO

El año comenzará en el caos. Normalmente el mono está preparado para conquistar al tigre que rige el mes, pero no hay manera de poner equilibrio en las energías de este período. Su ego quedará igual que los espartanos en Las Termópilas. El mono tiene que aprender a expresarse claramente. Sentirá impulsos destructivos que deberá templar por medio de la meditación, el deporte y las artes marciales. Los monos de 1956, que cumplen su ciclo completo de běn mìng nián (sesenta años), podrían enfermar, pero están en condiciones de revertir eso con ejercicio y dieta equilibrada. No hay otra opción ya que existe el riesgo de que sufran una recaída en los meses de la serpiente y el caballo.

MARZO

El mes del conejo será benévolo en comparación con el anterior, pero se le recomienda seguir practicando alguna disciplina y una dieta saludable, porque la salud seguirá algo frágil.

Los monitos de 2004 tendrán conatos de furia difíciles de comprender para profesores y padres.

Lo único que se puede hacer es buscarles canales de desahogo saludables y cubrirlos de abrazos aunque se quejen. Los demás monos estarán más tranquilos, algunos hasta filósofos. Pero tienen que aprender a cuidarse solos. No es un mes para aprender a andar en motocicleta o a tragar sables, es decir que no pueden hacer nada que sea peligroso aunque quieran llamar la atención.

ABRIL

Los monos de 1992 llevarán la batuta emocional y artística del mes del dragón. Se resentirán menos de la transición del běn mìng nián y tendrán más fuerza para aprovechar la energía benéfica del dragón.

Todos deberemos poner atención a las maravillas de estos micos artísticos. Los demás monos estarán calmados aunque confundidos, pero resueltos a hacer de este año uno inolvidable. Para aprovechar este mes de tregua necesitan trabajar con ahínco e inspirarse en el despertar de conciencias que comenzó en 2012. Este mes no puede desperdiciarlo echando la mirada hacia atrás, y mucho menos si guarda resentimiento, miedo, ira o venganza.

MAYO

El mes de la serpiente conforma una combinación de energía que produce agua, y el agua ayuda a mantener la energía metal limpia, pero como esa energía ya ha sido rebajada por el exceso de fuego en la energía anual, el efecto es contraproducente y provoca problemas de salud, principalmente en vías respiratorias y en el estado de ánimo. En casos clínicos, diagnosticados o no, esta alteración de la energía metal conduce a la depresión. Los monos tienen que aprender a diferenciar entre la energía del cosmos y el comportamiento de la gente influenciada por esa energía. Los monos que trabajen con grupos grandes de gente serán muy vulnerables a ataques.

JUNIO

El mes del caballo añade fuego al año y el mono se sentirá en medio de una batalla. El mono es un excelente orador pero no podrá comunicarse bien con los otros. Así que será mejor no hablar con nadie significativo, de peso, no podrá firmar papeles importantes o redactar nada trascendente. Es mejor que se dedique a actividades no verbales mientras la energía se calma. Las actividades más favorables este mes son las relacionadas con la música instrumental. También la danza, las artes marciales y cualquier cosa que tenga que hacer con el cuerpo y sin convivir con otros. Otra opción es canalizar emociones practicando yoga, taichí y constelaciones familiares.

JULIO

El mes de la cabra ofrecerá una especie de tregua emocional, sobre todo para los hombres mono; a las mujeres mono les costará más trabajo bajarse del cocotero. No podrá contar con tanta estabilidad como en otros meses de tierra (la tierra alimenta al metal del ego del mico). Aún así podrá estar un poco más tranquilo. Si su salud ha sido mala, deberá incluir leguminosas, tubérculos (mientras más picantes mejor, como el jengibre y los rábanos) y brotes tiernos (semillas germinadas) a su dieta, a menos que un médico cualificado lo contraindique. Estos alimentos son altos en CHI metálico y podrían ayudar también a estabilizar su estado de ánimo.

AGOSTO

Agosto es el mes del mono y esto marca el fin de la energía fuego en el año y el inicio del metal. Al mono le costará mucho trabajo ser cooperativo, abierto y solidario, para lo cual la mejor terapia será proponerse hacer una buena acción al día. Deberá «quemar karma» por medio del Dharma voluntario o las lecciones de la vida, que serán obligatorias. Este mes también trae una mejora considerable en lo referente a la salud. Esto es importante para los monos de 1932, 1944 y 1956, que posiblemente recaerán en enfermedades vencidas anteriormente, sobre lo cual ya se les advirtió. Los demás deberán considerar hacer más ejercicio y comer cosas sanas.

SEPTIEMBRE

El mes del gallo será el mejor del año. Sentirá cómo le quitan un peso de encima. Necesita hacer una limpieza profunda de todo lo que lo rodea, sobre todo la casa donde vive. El secreto de un mejor běn mìng nián será el desapego. Resultará bueno que cambie de carrera si está incómodo. Sentirá la necesidad de cambiar por completo de estudios, inclusive abandonarlos por algo económicamente más estable. Hasta los monos que ya peinan canas querrán cambiar de piel cual serpientes y, de hecho, no estaría mal que consultaran con las amigas serpientes y los dragones qué se siente al modificar la vida radicalmente y si es posible reinventarse a cualquier edad.

OCTUBRE

Este mes del perro será neutral y podrá reanudar viejas amistades, perdonar y ser perdonado. Al igual que el mes anterior, este es una tregua que tiene que aprovechar, pero no para limpiarse por dentro y por fuera sino para recargar su batería por medio de la catarsis, gritando en una montaña rusa o algo así. El boxeo y las artes marciales podrían servir pero no serán suficientes para desahogarse. Otra posibilidad será buscar un lugar alejado del Suroeste (véase página 282) y romper platos viejos como en las bodas griegas. Al final de algunas sesiones de desahogo, podrá hacer fluir su creatividad y sacará viejos resentimientos que solo le hacen pesada la vida.

NOVIEMBRE

Si no previene confrontaciones, podría ser el foco de habladurías. Eso será molesto para los monos famosos —que son muchos— y para los adolescentes de 2004, que podrían acabar como alimento de trols (acosadores verbales) en internet. Será mejor que se alejen cuanto más, mejor, de cualquier actividad que requiera su protagonismo. Algo difícil para los monos de la farándula, pero que será posible si ponen alguna excusa o se esconden. Para superar esto, el altruismo anónimo podría ayudar a mitigar el efecto negativo y, de pasada, elevará sus puntos de Dharma. Cualquier acto de amor incondicional será muy bien recompensado, aunque no de manera inmediata.

DICIEMBRE

Cualquier cosa que aleje al mono de las marañas que se hace en la cabeza será buena.

Un buen mes para reorganizar lo que está haciendo, ya sea que se dedique a poner orden en el nuevo camino que ha elegido para recorrer o simplemente para organizar el aquí y el ahora de lo cotidiano.

El trabajo será bien remunerado, por lo que podrá pagar algunas deudas. Se sentirá capaz de comprender la importancia de la transitoriedad de la existencia en este planeta y, por medio del desapego, podrá evolucionar sin perder la cabeza en el proceso. Todas las disciplinas posibles están a su disposición para practicar alguna y sacarle partido a este año. Ánimo, querido Mono, el año propio ya casi se acaba.

Predicciones para el Mono y su energía

Mono de Madera (1944-2004)

Durante este año volverá a sentirse un niño; revitalizará sus músculos, su imaginación, y renacerá con nuevos desafíos.

Emprenderá tareas sociales en la comunidad de los hombres y podrá conocer gente diferente que le aportará cambios en sus hábitos y costumbres.

Una relación afectiva se definirá con sus factores en pro y en contra; estará en su decisión el rumbo que quiera darle: con cama dentro o fuera, y sobre todo compartiendo gastos y viajes a países remotos.

UN AÑO DE BÚSQUEDA DE RESPUESTAS A SU CURRÍCULUM VITAE.

Mono de Fuego (1956-2016)

BIENVENIDOS AL TAI SUI, AÑO CELESTIAL.

Desde este instante deben comenzar con las tareas preventivas de alineación y equilibrio y pagar las deudas kármicas.

Tomarán decisiones históricas en su vida; nuevos caminos de búsqueda personal le llevarán a definir su vocación y dejará de lado lo superfluo.

La familia será la prioridad y tendrá que ocuparse de seres que llegarán a su vida inesperadamente.

Solventará temas legales y pondrá en orden papeles y herencias con sinergia familiar.

Cambios en su vida afectiva le reencontrarán con su verdadera esencia.

UN AÑO DE INTROSPECCIÓN E INTERCAMBIO CULTURAL.

PODRÁ RECONCILIARSE CON SUS ZONAS ERRÓNEAS.

Mono de Tierra (1908-1968)

Comenzará con envión y buenas promesas de gente de poder que se irán diluyendo en gotas de rocío si no las concreta a tiempo.

En la familia habrá demandas de más tiempo, de dinero, y tendrá que repartirse entre sus múltiples actividades.

Abandonará un lugar, un inmueble, y se establecerá un tiempo en contacto con la naturaleza y con gente de otra cultura que le guiará hacia nuevas revelaciones.

El éxito del año será pedir ayuda, no sobrepasarse en actividades que le chupen el PRANA, y ser dueño de su tiempo.

Mono de Metal (1920-1980)

Año de cambios cuánticos: una beca, viaje o amor le llevarán al extranjero.

Se establecerá y acentuará su vocación con nuevos estímulos, y logrará ser líder en la comunidad de los hombres.

En la familia habrá rebeliones, disgustos por herencias o papeles que deberá encauzar con solvencia.

Su corazón latirá fuerte; estará abierto a consolidar una relación y traer monitos al planeta.

SE DIVERTIRÁ, HARÁ NUEVOS AMIGOS Y SERÁ EL REY DE LA SELVA.

Mono de Agua (1932-1992)

Su año le traerá la llave para definir su destino.

Estará abierto a cambiar el rumbo de su vida: por el reencuentro con un amor del pasado o por una beca o viaje al extranjero disfrutará de un tiempo renovador y lleno de estímulos.

Aprenderá a ejercitar la paciencia china, a graduar sus apuestas y dosificar los gastos.

Las pérdidas serán parte del juego que elige para mejorar como ser humano.

Abrirá su corazón al hermano que lo necesite y consolidará ONG o lugares para recibir gente desolada.

AÑO DE TRANSMUTACIÓN Y BÚSQUEDA DE LA TRASCENDENCIA.

SUERTE, HERMANOS SIMIOS, EN LAS PRUEBAS DEL TAO.

L. S. D.

¿Cuánto podrá durar para nosotros
el disfrute del oro, la posesión del jade?
Cien años cuando más: este es el término
de la esperanza máxima.
Vivir y morir luego; he aquí la sola
seguridad del hombre.
Escuchad, allá lejos, bajo los rayos de la luna,
al mono acurrucado y solo
llorar sobre las tumbas.
Y ahora llenad mi copa: es el momento
de vaciarla de un trago.

Li Po

Predicciones preventivas para el Gallo basadas en el I CHING, la intuición y el bazi

Hoy hay luna llena.

Se enciende la inspiración para el gallo, el signo más exótico del zoo chino.

El año de la cabra lo desplumó, lo dejó en carne viva; le abrió los chakras y los registros akáshicos para conducirlo a lo más profundo de su ser. Las pruebas fueron muchas, y todas con efecto dominó.

El buen gusto que le caracteriza, la diplomacia y el tacto se evaporaron como el rocío del amanecer y surgió su verdadero ser álmico desde la noche oscura del alma.

Años de grandes batallas perdidas como Don Quijote contra los molinos de viento.

Su COCOROCOCÓ, su KIRIKIKÍ se confundieron con el clamor popular, las marchas, piquetes, y el ensordecedor ruido interior.

El gallo sabe que el mono puede ser su aliado o un juez que lo mantenga entretenido con pruebas difíciles pero necesarias para llegar íntegro a su año, 2017 o 4715 del bazi.

Qué largo es el día y cuán corta la noche para ordenar el gallinero, los valores, las jerarquías, las relaciones peligrosas con las que convive hace mucho tiempo.

Cuánta ayuda necesita. ¿Se animará a pedirla, a reconocer que está averiado, lastimado, exhausto? ¿Podrá reconocer que se conforma con los rayitos del sol al alba para comenzar con la vida cotidiana, altivo, íntegro, solidario?

El año le pondrá a prueba emocional y afectivamente.

Sentirá un cosquilleo en la cresta que le obligará a delegar responsabilidades y confiar en el prójimo.

Deberá transmutar su ira en compasión, su dolor en alegría, su rencor en perdón, su pesimismo en optimismo.

Su gran oportunidad será convivir en armonía con nuevos miembros de la familia, aprender a no mangonear, a dosificar el arte de vivir y administrar su energía con modestia, pues el simio estará desbordado y no será conveniente aumentar el ambiente sino «mermar» cada situación que se presente.

OMOMOM.

Su mayor patrimonio personal es la capacidad de conducir al zoo en situaciones límite: psicosis, histeria, angustia, *bullying*, maltrato: para eso se requiere que esté «alineado y equilibrado» y pueda remar en contra de la corriente.

El gallo sabe que si pasa este año con humildad, paciencia, tejiendo, bordando, haciendo laborterapia, llegará eximido para un nuevo ciclo en su vida.

Su corazón estará latiendo alocado, arrítmico, desbocado.

Durante la travesía caprina y simia deberá despedir a parte del zoo y aceptar que es mortal.

LA MERMA es un hexagrama necesario para encauzar el desequilibrio en el que se encuentra, y le demandará voluntad, coraje, concentración, ser constante, coherente y metódico en cada acto que realice.

Tendrá muchos clientes golpeando el gallinero para pedirle turno terapéutico, de asistencia social, seguridad, o cariño.

Su humor cambiará como el clima; es recomendable que use flores de Bach, que haga taichí, chi kung, medicina núbica, y pueda aceptar su etapa reactiva a cualquier estímulo que afecte su salud.

La merma trae grandes lecciones que se irán decantando como la luna menguante.

Aparecerán mecenas que le buscarán; habrá ofertas tentadoras para cotizar en yuans, sentirá alas de libertad y ganas de emancipación en el gallinero.

Su ritmo de gran tic tac estará alterado por el biorritmo del mono que le descolocará con horarios, citas, planes y sorpresas gratas e ingratas.

Sentirá nostalgia del futuro y volverá a lugares y personas del pasado que le protegieron y le dieron su amor incondicional.

El I CHING se refiere a «cultivar el carácter», y muestra primero las dificultades y luego lo fácil.

De este modo se aleja el peligro.

LA MERMA unida a la veracidad tiene elevada ventura.

Confucio se refiere a que los inferiores brindan a los superiores una ofrenda.

La sinceridad con la que se entrega la ofrenda conduce al éxito.

Para el gallo, este año es el umbral para el florecimiento y el enriquecimiento holístico.

L. S. D.

El I CHING les aconseja:
41. Sun / La Merma

EL DICTAMEN
La merma unida a la veracidad
obra elevada ventura sin tacha.
Puede perseverarse en ello.
Es propicio emprender algo.
¿Cómo se pone esto en práctica?
Dos escudillas pequeñas pueden usarse para el sacrificio.

Merma no significa necesariamente y en todos los casos algo malo. El Aumento y La Merma llegan cada cual a su tiempo. Es cuestión de adaptarse entonces al momento, sin pretender encubrir la pobreza mediante una falsa apariencia. Cuando en virtud de un tiempo de cosas menores llega a manifestarse una verdad interior, no es lícito avergonzarse de la sencillez interior. En tales momentos la sencillez es precisamente lo indicado, lo que confiere fuerza interior gracias a lo cual podrá uno volver a emprender algo. No deben abrigarse escrúpulos ni siquiera cuando la belleza exterior de lo cultural, más aún, la conformación de las relaciones religiosas, se ven obligadas a sufrir menoscabo a causa de la sencillez. Es necesario recurrir a la fortaleza de la actitud interior para compensar la indigente apariencia externa. Entonces la fuerza del contenido ayudará a sobreponerse a la modestia de la forma. Ante Dios no hace falta ninguna falsa apariencia. Aun con medios escasos puede uno manifestar los sentimientos de su corazón.

LA IMAGEN
Abajo junto a la montaña está el lago:
La imagen de la Merma.
Así el noble reprime su cólera y refrena sus impulsos.

El lago, situado abajo, al pie de la montaña, se evapora. Por ello se ve mermado en favor de la montaña, enriquecida gracias a su humedad. La montaña da la imagen de una fuerza testaruda que puede acumularse y condensarse hasta caer en el enfado; el lago da la imagen de un incontrolado regocijo que puede desarrollarse hasta formar impulsos pasionales, cuando ese desarrollo se realiza a costa de las energías vitales. Entonces es preciso mermar: la ira debe disminuirse mediante la pacificación, los impulsos deben frenarse mediante la restricción.

En virtud de esta merma de las fuerzas anímicas inferiores se enriquecen los aspectos superiores del alma.

El tránsito del Gallo durante el año del Mono

PREDICCIÓN GENERAL

El año viene con habladurías, mentiras, robos menores y falta de independencia, tanto económica como emocional.

A pesar de que el mono y el gallo son de energía metal, no es lo mismo *yin* que *yang*. La imagen es la de una daga de jade compitiendo contra un hacha de acero.

Este año su paciencia y su salud serán puestas a prueba, deberá aprender mil y un mantras que le ayuden a soportar las limitaciones de los demás y las de él mismo.

Los gallos de 1957 podrán comprender las acrobacias energéticas del mono, por lo tanto tienen que aprovechar este año para organizarlo, para que no se les venga abajo el gallinero.

Los demás gallos necesitan aprender alguna técnica de relajación para poder enfrentar los meses siguientes. Cada uno de los meses que siguen son los ensayos generales para la hecatombe plumífera que viene en 2017. Más les vale afilar los espolones.

ENERO

En el fondo, los gallos son optimistas, así que siempre verán el modo de resolver todos sus problemas. El mes de enero trae la influencia del búfalo, que entrará en competencia con la cabra que aún rige el año, y el choque de ambas energías debilita al gallo. Entonces el mes resultará frustrante porque a pesar de tener grandes ideas, el ambiente será violento. Para sobrevivir a esas situaciones, el gallo necesita reservar sus mejores ideas en el papel o en tarjetas de memoria (nunca en el ordenador, porque también hay peligro de perder información). Una buena alternativa es aislarse un poco mientras la cabra y el búfalo terminan su pleito energético.

FEBRERO

La inauguración del año trae energía fuego en exceso y el gallo no estará cómodo con ello. Los más expuestos por cuestiones de salud física y emocional serán los gallos de 1933 y de 2005. El exceso de control, aunque sea natural en los gallos, les merma la energía, y este año no está como para comenzar ninguna riña de gallos, so pena de que terminen desplumados y en el guiso. Si se ven con ánimo, deberán atender las indicaciones de un médico nutricionista y empezar a hacer ejercicio de una vez por todas. Si deciden enfrascarse en más trabajo sin descanso o usar su tiempo en dirigir a gente que no les presta atención, se ganarán una visita al hospital.

MARZO

El gallo vivirá las consecuencias del mes anterior. La combinación de energía fuego con metal, y la madera del conejo provocan en el gallo niveles de confusión y falta de salud que podrían arruinarle el resto del año. Al gallo no se le da bien delegar y es a menudo blanco de los insultos de gente de cualquier signo que no comprende la necesidad de control que tiene. El perfeccionismo deberá dejarse para cosas sin importancia, como resolver un rompecabezas o jugar en internet, pero no podrá dirigir gente o proyectos, ya que la energía tiende al desorden. Corre el riesgo de terminar aislado por la gente que sí le interesa, y de manera permanente.

ABRIL

El mes del dragón será benévolo, siempre y cuando evite el contacto con gente de los signos cerdo y caballo. Esa combinación convierte su energía en un atolladero que atrae malos entendidos, accidentes y pleitos de todo tipo, aunque en lo positivo atrae también capacidad de análisis en los gallos dedicados a la economía, la lógica y la filosofía. Mientras el gallo esté en sus asuntos sin que nadie lo interrumpa, y además encuentre tiempo para descansar, comer bien y hacer ejercicio, no habrá cómo sabotear su trabajo profesional y sus emociones. El dragón va a consentirlo y la influencia competitiva del año del mono parecerá ausentarse.

MAYO

El mes de la serpiente traerá problemas graves a escala mundial, pero si el gallo se asocia de algún modo con alguien del año del búfalo, este mes será espectacular para ambos signos. Y si desean ayudar a alguna serpiente que esté desamparada, al formar el trío completo, más que miembros de un zodíaco, estos tres serán indestructibles. Deberá hacer el bien sin mirar a quién. De hecho, a los gallos de 2005 les vendría bien afiliarse a los *boy scouts* o algo similar. Los demás gallos, aun los de 1933, estarán en condiciones de consolidar proyectos mínimos que podrían fructificar mucho más adelante, así que tienen que aprovechar muy bien cada segundo de este mes.

JUNIO

La energía fuego estará al máximo este mes, lo cual podría bajar la energía y por lo tanto la salud del gallo. Este mes es para enamorarse apasionadamente, lo cual es bienvenido... es más, probablemente al gallo de 2005 le den su primer beso. Pero fuera de esos arrebatos amorosos, deberá ir con cuidado. El exceso de fuego atrae una serie de desastres amorosos que llenarán de gallos más de un bar en el mundo. Nuestras aves cantarán todos los tangos, *blues* y rancheras que hay en la lista del karaoke. No resultará una sorpresa que la canción del verano sea una de desamor y celos. Lo mejor que puede hacer es relajarse y no aferrarse a nada.

JULIO

El mes de la cabra le traerá algo de paz y quietud... posiblemente algo de aislamiento. Eso no tendrá nada de malo pues la influencia fuego de la primera mitad del año ya le tiene cansado y para el gallo la acción se le ha vuelto monótona. Entonces, ya vivido el arrebato amoroso del mes pasado y la explosión de torpezas —de los demás— durante los meses anteriores, el gallo podría tomarse el mes de la cabra de vacaciones. Si a lo largo de este mes puede evitar trabajar con mujeres jóvenes o adolescentes, mejor. Mientras tanto, no le viene mal desconectarse de internet para no ver lo que andan cotilleando los mercaderes del morbo a su costa.

AGOSTO

El gallo tiene que plantearse muy bien los objetivos de su vida social, y si realmente quiere convivir con gente que no le gusta. Sentirá que está bajo los focos y sin maquillaje. A partir de este mes, comienza la influencia de la energía metal, con la cual comienza una etapa de competencia en la que el gallo querrá demostrar su valía, aun cuando eso no haga falta, e incluso cuando no tenga realmente con quién competir. Se desesperará con gente tonta, por lo cual terminará separado del vulgo. Hay que poner mucha atención en los gallos jóvenes porque a ellos sí les puede afectar el aislamiento, así como a los de 1933. Todos necesitarán algo de terapia.

SEPTIEMBRE

El mes propio será tranquilo. La energía metal se ha asentado y el gallo sentirá que se puede mover a sus anchas. Para poder alcanzar la tranquilidad y recuperar su lugar en el espacio-tiempo, el gallo necesita poner atención en su salud. La recomendación que da la medicina tradicional china es dormir siempre apoyado en el lado izquierdo del cuerpo, comer más vegetales de hoja verde —a menos que un médico le diga lo contrario— y dormir ni más ni menos horas que las recomendadas para su edad y complexión. Hacerse el remolón en la cama más de lo debido podría debilitarlo. También es un buen momento para retomar o aprender taichí, yoga o danza.

OCTUBRE

El mes del perro será el mejor mes del año. Si tiene algún proyecto ambicioso, podrá llevarlo a cabo casi sin problemas, pero siempre y cuando no se obsesione demasiado con los detalles. Si aprende a ser flexible sin permitir que sus colaboradores le dejen hacer todo a él solo, este mes podría, además, atraer buenas conexiones profesionales tan importantes en esta época en que todo discurre en las redes sociales. Necesita tener serenidad y paciencia. Además, si logra acabar con lo más importante durante este tiempo, el mes que entra será también bueno.

NOVIEMBRE

Es posible que el gallo viva cambios y viajes, algo muy molesto para los pollitos de 2005, que desean estabilidad. Esto es muy importante también para los gallos de 1933 y los de 1957, que podrían tener algún problema en los bronquios. Necesitan cuidarse, comer alimentos ricos en energía metal, como por ejemplo nabos, rábanos, wasabi, jengibre, brotes de soja o de otras leguminosas, aves. También necesitan hacer más ejercicios que estimulen la energía metálica: esgrima, tai chi chien —con espada—, cetrería, tiro con arco y ejercicios de respiración. En cuanto a la posibilidad de viajar, es necesario tener todos sus papeles legales y de inmigración en orden, cuidado.

DICIEMBRE

El mes de la rata le da al gallo la oportunidad de poner de nuevo las cosas en orden. Podrá reconciliarse con alguna amistad, tendrá ganas de enamorarse y podría encontrar una ventana benévola para ello, pero no se puede asegurar que ese matrimonio dure mucho tiempo.

Deberá tener muy claros los objetivos a corto plazo y las herramientas que empleará para lograr la concreción de todo. La salud también necesita estar en orden así que cualquier comezón, dolorcillo o cambio, por muy nimio que sea, deberá ser explicado y analizado por un profesional de la salud competente, solo así el gallo estará preparado para el año que viene. ¡Felices fiestas!

Predicciones para el Gallo y su energía

Gallo de Madera (1945-2005)

Tiempo de siembra hacia un nuevo porvenir.

Cambiará el feng shui de su casa, el *look*, los hábitos, y podrá aceptar que debe restringir los gastos y negociar o hacer un trueque con sus servicios para no naufragar.

El reencuentro con exparejas o amigos de la infancia le ayudará a ser más cariñoso y confiable.

Un viaje de estudios o investigación le llevará a un descubrimiento inédito en su existencia que florecerá prematuramente.

Gallo de Fuego (1957-2017)

Celebrará la llegada del año del mono con la tarjeta VIP en la jungla. Allí atravesará «las mil y una siestas», aventuras entre el infra y el supramundo y cien años de soledad.

Mientras recibe la merma con estoicismo, descubrirá las múltiples facetas que tiene para refundar su existencia.

Su profesión le abrirá las puertas a un mundo de grandes logros profesionales y gente de otras culturas que le estimularán creativamente.

El cambio de roles en la familia lo encontrará buceando en su pasado, presente y futuro con eficacia, valentía y desapego.

Del extranjero habrá propuestas para establecerse y comenzar una etapa de estudios o especializaciones en su vocación.

Año de merma y florecimiento.

Gallo de Tierra (1909-1969)

Después del tsunami existencial del año del mono podrá ser el líder del gallinero y compartir los cambios propios y del zoo con más adaptación y desapego.

Viajará durante un tiempo y sentirá voces que le invitarán a participar en foros y asambleas de defensa del medio ambiente, en contra de la exclusión, la pobreza y la búsqueda de nuevos paradigmas.

Su experiencia nutrirá a gente joven y podrá crear vínculos con sus socios para nuevas empresas que serán de vanguardia.

Sentirá la llamada de Chita en la selva y dejará fluir el WU WEI (no acción).

Su gran logro será aceptar LA MERMA en cada situación como desafío, haciendo trueque y economía de intercambio regional.

AÑO DE REVELACIONES, MAGIA Y RESTRICCIÓN.

Gallo de Metal (1921-1981)

Tiempo de cambios sistémicos en la familia y en el trabajo.

Se disolverán lazos atávicos, relaciones tóxicas y podrá renacer debajo de un nuevo plumaje menos *fashion* y vistoso.

Año de pagar deudas, y poner en orden papeles y herencias.

Su espíritu curioso le llevará hacia nuevos maestros y amigos que le adoptarán por su honradez, claridad en los mensajes y destreza.

En la familia habrá sinsabores: cambios inesperados, rebeliones y partidas le mantendrán con la intuición alerta y el equipaje listo para partir hacia donde el amor le lleve.

Gallo de Agua (1933-1993)

Después de los desvíos en su TAO (camino) del año caprino intentará organizar su vida con mayor anticipación.

El año del mono lo transmutará en cambios internos que lo fortalecerán.

Su opinión de liderazgo servirá en la comunidad de los hombres: estará más convencido de participar en movimientos humanistas y con gente excluida de su tierra o condición social.

Un año fecundo de intercambios, nuevos amigos, viajes cortos y largos que le convencerán de su necesidad de vivir en contacto con la naturaleza, y con empeño lo conseguirá rumbo a su año.

¡¡SUERTE!!

L. S. D.

Apunta el alba en el barrio del Este,
las estrellas titilan y van palideciendo.
El gallo mañanero de Ju Nan se posa en la muralla y canta.
Cesa el canto del gallo, se para el reloj de agua,
mas las lluecas comienzan su cloqueo.
Esfúmase la luna, desaparecen las estrellas;
ha vuelto al mundo la mañana.
En mil verjas y en diez mil puertas
giran las llaves en forma de pez.
Alrededor del palacio y arriba, en el castillo,
vuelan cuervos y urracas.

Anónimo

Predicciones preventivas para el Perro basadas en el I CHING, la intuición y el bazi

Anoche la desilusión de la copa América, hoy votación en el país por las elecciones primarias.

Amanecí con un cielo tornasolado, y el reflejo fucsia de nubes que anunciaban un día especial.

Mi perra Bis ladra sin pausa; no sé si a espíritus o presagios, pues no veo a nadie cerca.

El año del mono será para el perro un tiempo de recuperación anímica, energética, afectiva, social y laboral que le mantendrá en el candelero, en el escenario político y mediático hasta sus límites (que le costará reconocer).

Su ansiedad, sentido del deber e hiperresponsabilidad no tendrán recreo ni podrá pedir refugio en la ONU, ni en la caseta más cercana del vecindario.

Su espíritu rebelde, curioso y justiciero deberá ser guiado con técnicas de meditación, taichí, yoga, hiperventilación para no sucumbir en cada pelea callejera o pública que lo sorprenderá en el agitado y taimado año simio.

Sus valores se verán hostigados por los vulgares; deberá sostener más peso del habitual para no derrumbarse y proteger al zoo, que sentirá su malestar y agitación permanentes.

Las oportunidades de expansión en su profesión serán múltiples e inesperadas.

Como un *boy scout* tendrá que apagar incendios dentro de su comunidad; los aliados de ayer serán los enemigos de hoy, su ánimo será ciclotímico y podría volverse rabioso si le cambian los planes, las tácticas en el último momento.

Una vocación de la infancia o un pasatiempo de la juventud le confirmará que los viajes cortos ayudan, son terapéuticos, deparan sorpresas, y tal vez algún romance apasionado le convencerá de que sigue siendo un *sex-symbol* o un artista como Liza Minnelli, que ladra una nota musical y enamora en un instante a su público.

Tendrá sed de aventuras; a pesar de su responsabilidad cotidiana consigo mismo y el prójimo, saldrá de la caseta a olfatear lo que pasa en la selva.

Allí encontrará al zoo debatiendo, eligiendo puestos de trabajo, becas y productos básicos para columpiarse en las lianas de la vida.

Su trayectoria, profesionalismo, honestidad serán consideradas en este tiempo de cambios radicales como un aporte clave en el rumbo de sociedades y empresas.

El perro sentirá la llamada mística o espiritual para salir de la rutina, de una vida familiar agobiante y llena de demandas y presiones que le harán reformular su constelación y ordenarla.

Su sentido del humor se acentuará; ácido, negro, marcará cada acontecimiento con lucidez y sangre fría dejando fuera de juego al zoo.

«El que mucho abarca, poco aprieta», y este año deberá elegir con cautela cuáles son sus prioridades si no quiere «morir en el intento».

Nacerá una nueva forma de relacionarse con quien esté a su lado; tiempo dentro y fuera de la caseta, amor compartido, sexo en temporadas y ascetismo en otras.

Se permitirá innovar en modelos de relaciones que no le tengan todo el tiempo en la caseta y le den oxígeno para seguir con sus travesuras en el vecindario.

Algunos perros maníacos, hipertensos, obsesivos deberán hacerse controles médicos para no llevar «la viga maestra» en su delicado cuerpo.

Las inclemencias del año del mono serán una alerta meteorológica para no caer en trampas, tentaciones, estados de paranoia, insensatez, y conocer más de su propia naturaleza que de lo que los demás quieran hacer de usted.

Aprenderá a jugar al ajedrez solo o acompañado.

L. S. D.

El I CHING les aconseja:
28. Ta Kuo / La Preponderancia de lo Grande

EL DICTAMEN
La Preponderancia de lo Grande.
La viga maestra se dobla por el medio.
Es propicio tener a dónde ir.
Logro.

Lo grande tiene sobrepeso. La carga es excesiva para las fuerzas portadoras. La viga maestra sobre la cual descansa toda la techumbre se dobla por el medio, porque sus puntas de sostén son demasiado débiles para la carga. Se trata de un «tiempo» con una situación que requiere medidas extraordinarias para ser superada, pues constituye de por sí un tiempo de excepción. Por eso hay que actuar, tratar de encontrar cuanto antes una transición: eso promete el éxito; pues si bien prepondera lo fuerte, ocupa sin embargo el medio, vale decir el centro de gravedad situado en el interior, de modo que no hay motivo para temer alguna revolución. Sin embargo nada se logrará con la aplicación de medidas violentas. Es necesario desatar el nudo penetrando suavemente en el sentido de la situación (tal como le sugiere el atributo característico del trigrama interior Sun); entonces la transición hacia otras condiciones tendrá éxito. Esto requiere una gran superioridad; por eso el tiempo de la Preponderancia de lo Grande es realmente un tiempo grande.

LA IMAGEN
El lago pasa por encima de los árboles:
La imagen de la Preponderancia de lo Grande.
Así el noble, cuando permanece solo, no se aflige,
y si debe renunciar al mundo, no desespera.

Tales tiempos extraordinarios de Preponderancia de lo Grande se asemejan a una inundación que hace que el lago cubra los árboles. Pero se trata de situaciones pasajeras. En los diferentes trigramas se indica la actitud correcta que corresponde adoptar en tales épocas de excepción: el símbolo de Sun es el árbol que permanece firme aun siendo un árbol solitario, y la cualidad de Tui es la serenidad que se muestra impertérrita aun cuando deba renunciar al mundo.

El tránsito del Perro durante el año del Mono

PREDICCIÓN GENERAL
El beneficio que pueda obtener del año del mono dependerá de con quién se asocie y del estado de la salud de su sistema respiratorio, que debe cuidar mucho.

El perro puede convivir bien con gente de distintos círculos y mezclarse como si fuera familia de todos. Eso es en general muy bueno y se debe a que el perro tiene no una, sino tres energías fijas: tierra/metal/fuego. Por lo tanto, el can será una especie de intérprete de la ONU tratando de hacer que dos energías combatientes (fuego y metal, que rigen el año) se lleven bien, y el nivel de beneficio que pueda obtener de aquí en adelante dependerá de quiénes sean sus amigos.

El perro reaccionará intensamente a todo la primera mitad del año. La segunda mitad será más testarudo, y al mismo tiempo le costará trabajo concentrarse. Cuando aprenda a canalizar las emociones, el mono lo va a cobijar y ayudar en todos sus deseos, los cuales seguramente son maravillosos para todos nosotros. Bienvenido al año del mono.

ENERO

Este será un mes neutro, a pesar de que la energía del mes pertenece al búfalo y este choca con la energía de la cabra, que aún no termina su reinado de este año. El perro podrá poner en práctica su ya legendaria capacidad empática. Estará reflexivo, abierto, atento.

No habrá quien se interponga en su camino a menos que se deje derrotar por la crueldad y la estupidez de otros. En esos casos, la recomendación será que trate de no frustrarse con las incompetencias ajenas y que no se imponga retos que dependan del desempeño emocional de otros. Algo sumamente difícil en estos tiempos, pero que el perro logrará remediar si hace caso y no se empeña demasiado.

FEBRERO

El mes del tigre será complicado porque la energía del año es parte de su propia naturaleza. La gente alrededor estará agresiva, y eso pone nervioso al perro. Tendrá que buscar un lugar pacífico, lejos del barullo y de la gente conflictiva. Entonces, a nivel familiar necesitará aclarar las cosas cuando encuentre alguna ventana de tranquilidad para asegurar a los suyos que se preocupa por ellos y que hará lo posible por ayudar. Es posible que traten de darle más responsabilidades de las que puede manejar él solo. Deberá aclarar muy bien sus posibilidades antes de que se le venga todo encima, porque una equivocación sería muy molesta.

MARZO

Ya una vez aclimatado a las energías discordantes y al exceso de fuego en el ambiente, el perro podrá relajarse. Si se trata de un perro soltero, se darán todas las oportunidades para enamorarse o simplemente para hacer tonterías. Los perros de 1946 y 2006 estarán muy atractivos, unos viviendo una segunda juventud, y los menores, precoces. Afortunadamente esto se puede remediar practicando algún deporte acuático o de invierno. Los demás podrán estar tranquilos porque si bien hay una llamarada de pasión, esta no sobrepasa la medida. Los perros de 1970 deberán aclarar a los otros la diferencia entre lealtad y fidelidad, porque podrían ser mal interpretados.

ABRIL

Este mes del dragón será benévolo, considerando que el dragón es el signo opuesto del perro; pero así como el perro es intermediario entre el mono y el tigre, el mono es intermediario entre el dragón y el perro, entonces podrá aprovecharse de todo lo que pueda ocurrir este mes. Estará agudo, sobre todo los perros de 1958, que pueden llegar a puntos de abstracción muy profundos, y que además podrían ser de gran ayuda para la humanidad en caso de trabajar en el campo de la ciencia. Otros perros podrán reflexionar sobre temas de filosofía y literatura que resultan casi inaccesibles. Las tiendas de antigüedades y libros usados serán sus escondites perfectos.

MAYO

Se dice que la fidelidad es la característica principal del signo del perro, tratando de hacer que el cánido y el humano se parezcan, pero este mes de la serpiente hay posibilidades para demostrar una lealtad inquebrantable… y también posibilidades para mentir y que después esa mentira se les vuelva en contra en forma de rumores y resentimientos. Para evitarlo, basta con aclarar las cosas desde el principio. Ocultar cualquier amante o amistad al otro saldría peor. Este podría resultar un buen mes, pero únicamente si es sincero consigo mismo. Advertencia: La fidelidad de la que hablamos no es solo sexual, se puede dar en todas las prácticas humanas, cuidado.

JUNIO

Habrá mucho trabajo bien remunerado, por lo cual no tiene de qué quejarse, a menos que los eventos del mes anterior le afecten todavía. Tiene que enfocarse y buscar la claridad en alguna forma de organización que vaya más allá de tratar de recordar horarios y citas. No hay excusas, en estos tiempos tan tecnológicos todos podemos tener un ayudante ejecutivo en la palma de la mano a través de teléfonos inteligentes y ordenadores portátiles. Tiene que poner las prioridades en orden para aprovechar cada segundo de este mes en el cual puede concretar en poco tiempo todas las metas que se fije.

Tiene el camino abierto, así que: ¡adelante!

JULIO

En el mes de la cabra, es posible que tenga que resolver cualquier asunto que haya dejado pendiente durante el año 2015. Una amistad abandonada, algún papeleo importante, alguna tarea incompleta en casa: todo lo que no se decidió a hacer antes pedirá a gritos su atención, y si no resuelve eso, el año entero será de preocupaciones innecesarias. También hay posibilidades de ganarse alguna enemistad por parte de una o varias mujeres jóvenes, ya sea por envidia o por malos entendidos, para lo cual deberá refinar su capacidad de comunicación efectiva. Será mejor que deje los proyectos nuevos o que no son tan importantes para otro momento más relajado.

AGOSTO

De aquí y hasta enero del año que viene, el perro será como una estrella de *rock* durante una gira.

Pero deberá tener todo en orden, tanto lo que lleve consigo como lo que dejará atrás.

Aparte de los inconvenientes propios del viaje o del cambio que viva a lo largo de los siguientes meses, tendrá la oportunidad de conocer gente nueva y, en el caso de los canes solteros, podría enamorarse de alguien nuevo. Parecerá que el perro es la única persona sin problemas en el mundo, por lo cual será llamado a mediar entre grupos. También podría ser solicitado como casamentero. Se las arreglará para ayudar a otros mientras se organiza, pero le costará mucho trabajo.

SEPTIEMBRE

Será un excelente mes a menos que trate de interponerse entre gente agresiva o irracional. El perro es un amante de la justicia, pero le convendrá dejar ese impulso bienhechor dentro del espacio virtual de internet, donde a veces sí se pueden arreglar algunas causas firmando un pliego petitorio o juntando clics en interminables batallas electrónicas. A los perros les gusta el contacto físico, la presencia real, pero este mes le costará trabajo salir de casa. En cambio será un buen período para reformar o cambiar de lugar los muebles, siempre y cuando use las instrucciones sobre FENG SHUI anual de este libro (páginas 279/283). Se sentirá creativo y entusiasta.

OCTUBRE

El perro se sentirá con mucha energía. Su inteligencia, más refinada que nunca, le llevará a resolver acertijos. Este mes es para crear sin barreras de tiempo y espacio. El mono le ayuda además porque no faltará dinero para elaborar todo lo que se proponga. También puede aprovechar este mes para firmar papeles importantes, iniciar asociaciones productivas entre personas o realizar inversiones. Todo se le dará con más facilidad, así que no tiene nada de qué preocuparse, salvo guardar un poco para el futuro. No hay que recordarle que tiene que ser solidario con otros, ya que en cuanto termine de leer estas líneas estará pensando en el prójimo.

NOVIEMBRE

Los meses del cerdo son siempre confusos y, con el mono guiando la energía, este mes se volverá aún más agitado. Para el perro esto significa que no habrá un solo día de descanso. Las buenas nuevas se mezclarán con un sinfín de situaciones que harán que su vida parezca como sacada de la mente de algún guionista de televisión. De nuevo, la organización será su arma más efectiva, porque en cuanto trate de comunicar algo, las palabras se le bloquearán en la boca. No será un mes apropiado para convencer a nadie de nada.

Mejor que deje ya definitivamente la comunicación y se quede en el campo del trabajo manual, por lo menos hasta que comience el año del gallo.

DICIEMBRE

Este mes es para quedarse en casa. No le será sencillo salir ni a la esquina. Si convierte su casa en un espacio pacífico se obsesionará menos por las cosas. Le ayudará aprender alguna técnica de respiración o meditación. Podrá dormir todo lo que no ha dormido en años. Este mes es también para convivir con amistades y familiares, a quienes tiene abandonados; eso bastará para cambiar la energía del ambiente y volverlo mucho más agradable. Tal vez se sienta inquieto y quiera salir de nuevo a las andadas, pero eso tal vez lo consiga más adelante, no ahora. Un mes en su caseta basta para ser feliz. Que así sea, y feliz año nuevo, perro querido.

Predicciones para el Perro y su energía

Perro de Madera (1934-1994)

Un año de transformaciones decisivas en su cosmovisión.

Saldrá del ámbito cotidiano y volcará su espíritu altruista en gente que necesita adopción, protección, educación y cultura.

Estará abierto a nuevas ideas, aceptará un cargo público o político para transmitir su experiencia y profesionalismo.

Nuevas relaciones reales o virtuales le acompañarán en una etapa en que estará más extravertido y divertido.

AÑO DE RECARGA ENERGÉTICA.

Perro de Fuego (1946-2006)

Tendrá que tomar una decisión clave en su vida: mantener lo que predicó o rebelarse y dar un coletazo hacia una nueva vida.

Deberes, demandas, situaciones legales le visitarán sin tregua.

Sentirá que debe retirarse a meditar, escribir, actuar u organizar estrategias para ser guía en la comunidad de los hombres.

El mono le convocará para el círculo rojo y los vicios ocultos.

Reivindicará su espíritu combativo y se enfrentará a situaciones inesperadas en la constelación familiar.

Perro de Tierra (1958-2018)

Tiempo de cosecha en las relaciones personales.

Recibirá honores, becas, premios y una nueva oferta para cambiar el GPS del año.

Estará estimulado por el cambio de ciclo; las nuevas oportunidades en el país y en el mundo le alejarán durante un tiempo de su caseta y lo mantendrán ocupado con su profesión y vocación.

Las relaciones afectivas demandarán más definiciones.

En este tiempo sentirá ganas de plantar un árbol, escribir un libro y tener un hijo.

Una mudanza o la compra de un inmueble le llevará a otra región donde renacerá.

Perro de Metal (1910-1970)

Su espíritu de lucha estará acompañado de cambios palpables y visibles a corto plazo.

Grandes oportunidades llamarán a su puerta y podrá definir una situación que le mantenía atado a una empresa que no le valoraba.

Se sentirá rebelde, con ganas de luchar por los indefensos, por los excluidos, y participar en la comunidad de los hombres.

Conocerá a una persona que le sacará las pulgas, le nutrirá física y espiritualmente y le dará amor indexado.

Se divertirá pues el mono le hará brotar su sentido del humor, su estética, su pasión por viajar y las ganas de refundarse desde el ADN hasta el *look*.

Perro de Agua (1922-1982)

Año de cambios sistémicos desde la constelación familiar hacia una nueva etapa en lo afectivo, laboral y espiritual.

Sentirá que debe cerrar asignaturas pendientes y reformular su GPS para que le ayude a buscar el camino hacia una nueva casa en el mundo.

Algunos lazos de amigos, exparejas o hermanos necesitarán de su atención y presencia para retornar a la paz interior.

Tendrá que elegir entre dos grandes oportunidades de vida: en la comunidad de los hombres o estudiando, viajando hacia nuevos territorios donde su influencia intelectual, virtual o de líder grupal sea una decisión vital.

Retornarán amigos, examores, y saldrá de su caseta más divertido, con espíritu de conquista y más *glamour* para seducir al zoo.

L. S. D.

El campesino goza del otoño caliente.
Buen año. Ya no hay hojas, apenas, en los árboles.
En los graneros, se amontona el trigo.
Frutos colgados en puertas y ventanas.
En la vega, tranquilo, se oye el ladrar de un perro.
Declina el día, tornan los bueyes al establo.
El labrador se sirve otra vez vino, bien ganado.
El labrador, en su cabaña, se afloja los vestidos.

Wang Chu

Predicciones preventivas para el Cerdo basadas en el I CHING, la intuición y el bazi

El nuevo cerdo, jabalí salvaje o cerdito picarón llegará al año del mono de fuego con desconfianza o animosidad.

El año de la cabra no solo le pulió, esquilmó, fortaleció, sino que le conectó con su esencia tapada por *spam*, lodo, miedos, culpas, rencores y nuevas responsabilidades.

La energía simia le produce electricidad, como el trueno y el rayo al que alude el hexagrama del I CHING.

Sabe que el mono le ama, quiere, admira y protege, pero sabe que en su año pueden revertirse los roles y…

¿Estará preparado para salir de la pocilga al mundo cruel y cada vez más hostil?

La travesía no será en primera ni en hoteles de cinco estrellas.

El obstáculo o las dificultades que le rodean ocurren porque no se enfrentó a ellas a su debido tiempo, y en el año del mono nadie espera a los remolones.

LUZ, CÁMARA, ACCIÓN.

Los cambios que fue imaginando ya llaman a su puerta.

El cerdo que tenga vida interior, un camino labrado sobre su pasado y presente estará mejor aspectado que el que siguió el día a día con el lema «amanece y ya verás».

En la tierra existen leyes que tienen que cumplirse a pesar de su rebeldía y fobia al sistema.

Y quien no hizo los deberes pagará el monotributo (Régimen Simplificado para pequeños contribuyentes).

Los cambios vendrán a pesar de su voluntad.

El caos, el desorden, los aullidos en la jungla le perturbarán más de la cuenta.

Es necesario que se aliste, antes de que termine el año caprino, para el tren bala que puede disfrutar o perder si no se prepara interior y exteriormente.

Para el cerdo, LA MORDEDURA TAJANTE es una situación liberadora; al fin siente que no duda más ni navega en aguas tormentosas.

La soledad será su amiga, aliada, compañera. Los amigos que estaban se perdieron en otras lianas.

Y el cerdo sabe que con amor, el maíz diario, sus hábitos y manías, su mate y despertar con sus mascotas cerca puede pasar el maremoto que será el año simio en su hipersensibilidad.

La dependencia con el prójimo será el punto G del año; tendrá que acostumbrarse a producir en su universo fuentes de energía eólica, solar y lunar para vivir como le gusta.

Los viajes serán su escape, su manera de sentirse integrado al *planeta de los simios*.

La causalidad, los amigos del extranjero lo convocarán para una estancia con todo pagado a cambio de trueque.

Se extrapolará, exponiendo su salud a cambios que no son los habituales.

Es recomendable que quienes tengan asuntos legales a medio camino los definan durante este año y no evadan responsabilidades.

En el transcurso del año del mono, el cerdo sentirá ganas de «ser otro» o «parecerse» a algún ídolo, estrella de la televisión o a su sombra.

Las exigencias sociales serán parte de una nueva etapa que tendrá que encauzar.

El cerdo sabio remontará el barrilete con sentido del humor, *glamour* y eficacia. Soltará amarras del pasado, se refundará con terapias alternativas y practicando *EL TAO DEL AMOR Y DEL SEXO*.

Definirá su nuevo hogar y comenzará a quitar las hierbas editando, haciendo una huerta, FENG SHUI y laborterapia.

El mono deshollinará sus vicios ocultos, zonas erróneas, cambios inesperados que perjudican la armonía del entorno.

Es recomendable que consulte sus estados ciclotímicos y de estrés, que se acentuarán en este período.

Amor, mucho amor, desde el erótico hasta el platónico, es la medicina para su salud emocional.

Sabe que después del agitado año del mono se reencontrará consigo mismo bendecido por el gallo, su amigo incondicional.

L. S. D.

El I CHING les aconseja:
21. Shih Ho / La Mordedura Tajante

EL DICTAMEN
La Mordedura Tajante tiene éxito.
Es propicio administrar justicia.

Cuando un obstáculo se opone a la unión, el éxito se obtiene atravesándolo con una enérgica mordedura. Esto rige en todas las circunstancias. En todos los casos en que no se logra la unidad, ello se debe a que se retrasa por un entrometido, un traidor, un obstaculizador, alguien que frena. Entonces es necesario intervenir a fondo y con energía, para que no surja ningún perjuicio duradero. Tales obstáculos conscientes no desaparecen por sí mismos. El enjuiciamiento y castigo se hacen necesarios para provocar la intimidación y la consiguiente eliminación.

Pero es preciso proceder al respecto de un modo adecuado. El signo se compone de Li, claridad, y Chen, conmoción. Li es blando, Chen es duro. La dureza y la conmoción sin más serían demasiado vehementes al aplicar castigos. A su vez, la claridad y la blandura serían demasiado débiles. Pero los atributos de ambos trigramas unidos generan la medida justa. Es importante que el hombre que decide, representado por el quinto trazo, sea de naturaleza bondadosa, aun cuando en virtud de su posición, inspire una actitud de gran respeto.

LA IMAGEN
Trueno y rayo:
La imagen de la Mordedura Tajante.
Así los reyes de antaño
afirmaban las leyes mediante penas claramente establecidas.

Las penas son aplicaciones ocasionales de las leyes. Las leyes contienen el registro de los castigos. Reina claridad cuando al establecer los castigos se discrimina entre leves y graves de acuerdo con los correspondientes delitos. Esto lo simboliza la claridad del relámpago. La afirmación de las leyes se lleva a cabo mediante la justa aplicación de los castigos. Esto es simbolizado por el terror del trueno. Claridad y severidad cuyo objetivo es mantener a los hombres en la observación del debido respeto. Los castigos no son importantes en sí mismos. Los obstáculos en la convivencia de los hombres se acrecientan siempre por la falta de claridad en las determinaciones penales y debido a la negligencia en su ejecución. Únicamente mediante la claridad y una resuelta rapidez en la ejecución de los castigos se afirman las leyes.

El tránsito del Cerdo durante el año del Mono

PREDICCIÓN GENERAL

A partir de febrero, vienen no solo uno sino dos años complicados que el cerdo tendrá que manejar con toda la inteligencia y la astucia que pueda. Los cerdos de 1947, los de 1971 y los de 2007 estarán muy vulnerables a incidentes desagradables. Es de suma importancia que se organicen en cuanto les caiga este libro en las manos. La cabra fue muy benévola, les dio espacio y oportunidades donde antes solo habían encontrado obstáculos. Pero el mono no será igual, es importante que el cerdo no pierda los contactos hechos y se ande con un perfil lo más bajo posible, aunque manteniendo cierto nivel para que la gente con más poder y posición note que es indispensable. Una forma de lograr pasar por ese año turbulento es evitar confrontaciones con la pareja y los hijos, y soslayar la competencia. Deberá ser menos cándido a la hora de analizar a la gente. También necesitará mantenerse actualizado en todo. Su ego será la trampa; disolverlo, su camino a la tranquilidad.

ENERO

Seguimos bajo el cobijo bienhechor de la cabra que le ha traído algunas oportunidades, un poco de buena suerte y, claro, mucha energía que, según parece, le irá abandonando poco a poco. Siguen varios meses en los que la energía se combinará para formar fuego, algo muy molesto para los cerdos de 1947 y de 2007, que son los más susceptibles a esta energía. Por este motivo, la mayor recomendación es evitar hacer gastos innecesarios, y en cambio ahorrar o invertir en fondos seguros y tratar de prepararse lo mejor posible antes de que comience el año del mono, que lo hará propenso a sufrir todo tipo de accidentes, pérdidas de trabajo, reputación o bienes.

FEBRERO

El mes del tigre arranca con rumores y críticas destructivas. Solo aprendiendo cosas nuevas y actualizando lo que ya sabía desde antes podrá salvar su reputación y la confianza que otros le tienen. Las oportunidades van a escasear, así que es importante mantener su reputación para que llegue al final del año con trabajo, salud, y dinero en los bolsillos. Podrá tener algunas rencillas con hombres jóvenes, y los chicos de 2007 estarán muy inquietos, algo agresivos. Es importante que participen en algunas actividades que les permitan desahogarse, como la natación y la acampada, por ejemplo.

MARZO

El mes del conejo trae un ligero respiro al cerdo, pero no será suficiente si se lastima o enferma. Por lo tanto tiene que cuidarse integralmente. Este mes es para trabajar mucho, y si deja que su imaginación le guíe, será también un mes muy bien remunerado, pero debe distribuir su trabajo a lo largo de las horas hábiles y no dejar las cosas para luego. De esa manera no tendrá que preocuparse. Sin embargo, la tentación de postergar todo es enorme, así que llegó la hora de armarse de valor y, si no lo consigue, entonces puede pedir ayuda a alguien que conozca bien y que, posiblemente, esté tan necesitado de ayuda como el porcino.

ABRIL

Hay detalles maravillosos en la relación energética entre el cerdo y el dragón que este año podrían quedar sin resolver, sobre todo en lo amoroso. Este mes sentirá ganas de enamorarse o de comprometerse a fondo en el caso de tener ya una pareja estable. Es posible que sus intenciones sean obstaculizadas por circunstancias molestas. Entonces resultará mejor que espere un par de años más antes de casarse o iniciar alguna relación, si es eso realmente lo que desea. En cuanto a la salud y el dinero, aún está a tiempo de ahorrar y de cambiar de dieta para mantenerse en condiciones estables a lo largo del año, pero sobre todo para afrontar lo que venga durante el mes próximo.

MAYO

La combinación de energías con el mono provoca que este sea el mes más peligroso del año, por lo cual resulta de suma importancia que no haga nada extraordinario, que no firme papeles, que no se comprometa a nada y, sobre todo, que no practique nada extremo, ni deportes, ni viajes en bicicleta en medio de los coches. Hasta la comida podría darle una sorpresa desagradable. Hay otras cosas que puede hacer en su hogar o en espacios controlados. La energía es también difícil para los demás signos del zodíaco, así que encontrará mucha solidaridad en el resto del zoo chino. Este mes se presta para reuniones con amigos o trabajar desde casa usando internet.

JUNIO

El mes del caballo será difícil, pero solo en la combinación muy específica que ocurre entre el cerdo, el gallo, el dragón y el caballo (ya abarcado por el mes) y esto ocurrirá durante los días 9, 14, 21 y 26 de junio. El año entero es de accidentes, eso se refuerza con la combinación de estos signos, de ahí que se haga un desglose de días tan detallado; pero es por la seguridad del cerdo, uno de los signos más afectados por la mala combinación que tiene el mono de fuego este año. Más le vale estar atento y no escatimar ningún esfuerzo en su seguridad. Los demás días serán neutros, pero aún así es mejor que no se la juegue por nada.

JULIO

El mes de la cabra será el mejor del año. Podrá recapitular y volver a lo básico. Es una oportunidad que le da el Tao para ver si ha logrado los objetivos propuestos a principios de año. De todos modos sigue en pie la recomendación de no arriesgarse con nada, pero este mes ofrece una ventana para iniciar un tratamiento de medicina no tradicional (acupuntura, herbolaria, masaje, entre otros) en caso de ser necesario, y también se presenta favorable para recuperar algún buen hábito que podría convertirse en una costumbre saludable. Asimismo, es un mes propicio para deshacerse de vicios que estén mermando su salud, como fumar o beber o desvelarse o comer mal.

AGOSTO

Este mes será mejor que no salga para nada de su pocilga. Probablemente tenga algunos enfrentamientos difíciles hasta en su casa. Este mes es para no soltar ningún secreto, para meditar antes de actuar. Son treinta días de terremotos emocionales sumados a una tendencia a coger malos hábitos. Por lo tanto, con mantenerse en el centro y pensar muy bien antes de hablar podrá sortear los obstáculos para no llegar «hecho una fiera» a final de mes, e incluso mejor preparado hasta el mes que viene. Es más, podría decirse que estos dos meses son como los planos de construcción de este año y del que viene, que tampoco será fácil. Hay que poner atención.

SEPTIEMBRE

El mes del gallo será una molesta extensión del mes anterior, con el añadido de que este mes podría ir a parar al hospital o ser detenido de alguna manera. No será raro oír de algún cerdo de 2007 castigado en la dirección de la escuela por haber sido acusado por algo que no hizo. Necesita tener en cuenta lo que ocurra este mes, porque es una síntesis de lo que pasará durante el año del gallo que viene. De nuevo será importante recordar la combinación de signos de los días más difíciles de este mes para todos los cerdos, sin excepción: 7, 12, 19 y 24. El mes limpiará su karma. El servicio social le prestará ayuda.

OCTUBRE

El cerdo puede tomarse un pequeño respiro este mes. La influencia de la energía del perro frena la energía de metal con fuego del mono y le da una pequeña isla de salvación, que a esta altura del año ya es bastante. Hay algunas sorpresas agradables, y cabe considerar que serán en el trabajo. Pero posiblemente haya algún problema en el campo de la salud, particularmente con la salud reproductiva, aunque solo durante un mes. Eso no es conflicto para los cerdos de 1995, que son independientes. Sí será tema para los cerdos de 1983, que podrían querer encargar un gallito, lo cual será algo difícil y tal vez no muy recomendable.

NOVIEMBRE

El mes del cerdo le traerá un poco de energía benévola, y es posible que con eso le den ganas de concretar algún proyecto. Esa energía no será suficiente, pero al menos es algo, y aunque no se recomienda iniciar nada nuevo durante este mes... o más bien durante este año y el año que viene, hay que destacar la parte positiva: ¡qué bueno que aún tenga ganas de realizar cosas! Lo más indicado es elaborar cuidadosamente sus planes a largo plazo y no decepcionarse si no se concretan en el primer intento. De nuevo, el orden es supernecesario para poder realizar lo que viene, y si puede tirar cachivaches o donarlos, mejor. El estado de lo externo es solo reflejo de su situación emocional.

DICIEMBRE

Este año es una montaña rusa de la que no se podrá bajar. Necesita ser paciente y solidario, sobre todo consigo mismo. El mes de la rata será bueno y tiene que aprovecharlo, pero no en todos los aspectos, porque sentirá la tentación de experimentar fuera del lazo matrimonial. Los cerdos solteros, en cambio, estarán muy a sus anchas, pero como ya señalamos antes, este año y el que viene serán complicados, por lo tanto, mejor que mantenga las cosas al margen y lo pueda controlar bien y que sea siempre abierto, sin usar mentiras ni secretos. Solo así pasará unas fiestas de fin de año alegres y en relativa paz.

Predicciones para el Cerdo y su energía

Cerdo de Madera (1935-1995)

Después del regalo adicional del año caprino deberá tomarse un año sabático o de retiro espiritual para hacer la digestión.

Cambios en los roles familiares le perturbarán y le sacarán de quicio.

Busque ayuda terapéutica, haga deporte, taichí, yoga y, sobre todo, reduzca sus vicios ocultos.

Sentirá ganas de dar «el grito primal» para quedar ligero de equipaje.

Su búsqueda espiritual y curiosidad lo conducirán hacia un nuevo amor que le cambiará de pies a cabeza y con quien tendrá deseos de formar una familia.

Cerdo de Fuego (1947-2007)

Posibles cambios de vida desde lo laboral hasta lo familiar.

Su vocación le llevará hacia otros destinos y podrá ser maestro y alumno al mismo tiempo.

Comenzará una etapa de estudios e investigación que le mantendrá en contacto con otras culturas y le brindará una llave dorada para transformar su existencia.

Cambios en los roles familiares le mantendrán alerta; si se siente desbordado busque ayuda.

Es recomendable que no caiga en la tentación: el mono podría hipnotizarlo con su magia y astucia y despojarlo de sus ahorros y bienes raíces.

Sepa administrar su energía, su tiempo, y cuide holísticamente de su salud.

AÑO DE PRUEBAS ENTRE EL SUPRA Y EL INFRAMUNDO.

Cerdo de Tierra (1959-2019)

AÑO PARA RECUPERAR LOS SIETE CUERPOS Y ACTIVAR EL TANTRA.

Estará despierto durante todo el día y no bajará la guardia frente a las cáscaras de plátano que caerán de la palmera.

Se mudará, planeará su nueva pocilga y viajará por trabajo y amor hacia lugares desconocidos.

Pondrá en la balanza los factores en pro y en contra de cambios profesionales, y se dejará guiar más por la razón que por el corazón.

Tiempo de nuevas relaciones, amigos, maestros y saldar deudas kármicas en la constelación familiar.

El mono le pondrá a prueba con desafíos, preguntas existenciales y tentaciones.

Cuide su salud de forma integral y practique el WU WEI (no acción).

CERDO DE METAL (1911-1971)

Cambios en su vida afectiva y familiar le mantendrán en alerta meteorológica.

Sentirá ganas de rebelarse de su rutina u obligaciones y pondrá un cepo a sus actividades.

Un flechazo inesperado le hará tambalear entre decisiones que pesarán en su alma.

Sentirá deseos de renovación en su búsqueda espiritual: viajará por rutas mayas, incas, quechuas, mapuches y también recorrerá a pie el camino de Santiago de Compostela.

El año del mono le recordará que, además de nutrir su cuerpo, deberá recuperar el eros, las ideas, los sueños y las utopías.

Tendrá que despedir a seres queridos y recibir a nuevos monos en el zoo.

CERDO DE AGUA (1923-1983)

El año del mono le pondrá a prueba para seguir adelante en la constelación familiar y tomar decisiones claves para lograr paz y armonía.

Cambios en su hábitat, lugar de trabajo o roles de jerarquía le sacarán de sus cabales.

Necesitará pedir ayuda terapéutica, hacer obras solidarias y participar en seminarios, talleres y ONG en los cuales volcar su caudal humanista.

Su necesidad de amor será correspondida dentro y fuera de la pocilga.

Sea preventivo y claro con cada animal que le proponga «las mil y una siestas».

AÑO DE CAMBIOS INTERNOS QUE LE MODIFICARÁN LA COSMOVISIÓN DE SU VIDA.

L. S. D.

Antes tú y yo éramos
uno solo, como el cuerpo y su sombra.
Ahora somos tú y yo
como la nube que huye después del aguacero.
Antes tú y yo éramos
como el sonido y su eco, acordes entre sí.
Ahora somos tú y yo
como las hojas muertas que caen de la rama.
Antes tú y yo éramos
como el oro o la piedra, sin mancha ni fisura.
Ahora somos tú y yo
como una estrella extinta o un esplendor pasado.

Fu Hiuan

Escribe tu propia predicción

Bibliografía

Demaría, Fernando: *Obras completas Volumen 2 Tierra de Elegía*. Editorial Letemendia, Buenos Aires, 2011.

Demaría, Fernando: *Obras completas Volumen 3 Tratado del Sentimiento*. Editorial Letemendia, Buenos Aires, 2011.

González, Roberto: *El canon de las 81 dificultades del Emperador Amarillo. Las preguntas más importantes sobre acupuntura y medicina china*. Ciudad de México, Editorial Grijalbo, 2000.

Grinberg, Miguel: *Ken Wilber y la Psicología Integral*. Campos de Idea, Madrid, 2005.

Holitzka, Klaus y Marlies Holitzka: *I Ching-Oráculo-Sabiduría-Conciencia*. Libero Editorial, Madrid, 2011.

Los poetas de la dinastía Tang. Selección de Roberto Donoso. Biblioteca Básica Universal. Centro Editor de América Latina S.A., Buenos Aires, 1970.

Reid, Daniel: *El Tao de la salud, el sexo y la larga vida*. Ediciones Urano, Barcelona, 1989.

Sheldreak, Rupert: *Una nueva ciencia de la vida*. Kairós, Barcelona, 2007.

Sans Morales, Teresa: *El Tao de la sexualidad. Textos clásicos de sexología taoísta*. Mandala Ediciones, Madrid, 1988.

Squirru, Ludovica: *Horóscopo chino*. Atlántida, Buenos Aires, 2000.

Steiner, Rudolf: *Atlántida y Lemuria*. Antroposófica, Buenos Aires, 2013.

Valiengo Berni, Luiz Eduardo: «A união da alma e dos sentidos: integrando ciência e religião». *PLURA, Revista de Estudos de Religião*, vol. 1, n.º 1, São Paulo, 2010.

Van Gulik, Robert Hans: Goldin Paul R. Int. *Sexual Life in Ancient China: A Preliminary Survey of Chinese Sex and Society from ca. 1500 B.C. till 1644 A.C.* Sinica Leidensia, Volume LVII, Brill Academic Publishers, Leiden, 2003.

Wilber, Ken: *A Consciência Sem Fronteiras*. Cultrix, São Paulo, 1982.

Wilber, Ken: *Graça e coragem: espiritualidade e cura na vida*. Gaia, São Paulo, 2007.

Wilber, Ken: *O Paradigma Holográfico e Outros Paradoxos*. Ken Wilber, Cultrix, São Paulo, 1991.

Wilber, Ken: *O Projeto Atman: Uma Visão Transpessoal do Desenvolvimento Humano*. Cultrix, São Paulo, 1999.

Wilber, Ken: *Psicología Integral*. Cultrix, São Paulo, 2009.

Wilheim, Richard: *I Ching*. Edhasa, Barcelona, 1981, y Sudamericana, Buenos Aires, 1991.

https://en.wikipedia.org/wiki/Main_Page

http://www.kenwilber.com

http://mbolshaw.blogspot.com.ar/2010/02/ken-wilber.html

http://www.psicologiatranspersonal.org/

http://www.artenubico.com/p/textos-mireya.html

http://miradasnubicas.blogspot.com.ar/